한국성씨의
역사적기원

한국 성씨의 역사적 기원

발행일 2022년 7월 18일 1쇄

지은이 박 동

발행처 상생출판

발행인 안경전

주소 대전시 중구 선화서로 29번길 36

전화 070-8644-3156

팩스 0303-0799-1735

홈페이지 www.sangsaengbooks.co.kr

출판등록 2005년 3월 11일(175호)

ISBN 979-11-91329-38-4

한국 성씨의
역사적 기원

박 동 | 지음

상생출판

　성씨라는 제도는 언제, 왜 만들어졌을까? 국내의 보학자들이나 역사학자들 중 다수는 성씨가 귀족들 중 일부가 고려 시대에 와서야 사용하던 것이라고 주장한다. 그리고 족보가 중요하다고 역설한다. 즉 씨성이 신분제도를 유지하기 위해 만들어졌다는 것이다. 그런데 이는 부분적으로만 사실과 부합한다. 씨성이 만들어진 근본적인 이유는 족내혼을 막기 위한 것이었다. 원시 인류들은 오랜 경험의 축적을 통해 근친 간 족내혼이 얼마나 인류를 퇴보시키는 재앙인가를 알게 되었다. 그 결과 족내혼을 막고 족외혼을 확산시키기 위한 제도가 필요하게 되었다. 그 결과 탄생한 것이 바로 성씨이다.[1]

　성(姓)은 원래적 의미로 생겨났다는 것을 의미한다(姓者生也). 어머니에게서 생겨난 것이므로 씨보다 더 오래된 것이 성이다. 씨(氏)는 부계사회로 넘어오면서 아버지의 신분을 나타내는 것이었다. 『설문해자』에서는 "성(姓)은 사람이 생겨난 곳이다. 신과 괴인이 점지해주고, 어머니가 하늘에 감응하여 아이를 낳는다고 해서 천호(天戶)라고 부른다. 태어남으로 인해 성이 된다. 여자를 따라 태어나며, 태어나면서 소리를 낸다. 춘추전에서는 하늘의 아이가 태어남으로 인해 성을 주었다고 말했다.[姓 人所生也 占之神怪人 母感天而生子 故称天戶 因生以爲姓 從女生 生亦聲 春秋傳曰天子因生以賜姓]"고 설명했다.

---

1 개미제국에 대한 연구 결과들에 따르면 여왕개미와 공주개미는 날개가 있느냐 여부로 구분한디. 날개를 가긴 공주개미는 근친 교베를 피히기 위해 최대한 멀리 날아가 새로운 집단의 수컷 개미와 결혼비행을 통해 새 개미집단의 여왕개미가 된다. 공주개미는 처음 애벌레를 낳은 후 날개 근육과 몸속 지방질을 녹여 애벌레들을 길러낸다. 그래서 여왕개미는 날개가 없다 (최재천, 2014).

『통지』「씨족략」에서 말하길 "하·상·주 3대 이전에 성씨는 둘로 나뉘었는데, 남자는 씨라 하고 여자는 성이라 했다. 씨는 귀천의 구별이 있었으며, 귀한 자는 씨가 있고 천한 자는 이름만 있고 씨가 없었다. 성은 혼인 여부를 구별하기 위한 것이다. 그러므로 동성(同姓), 이성(異姓), 서성(庶姓)의 구별이 있었다. 씨는 같지만 성이 다르면 혼인이 가능하지만 성이 같고 씨가 다르면 혼인할 수 없었다. (천하의 동성(同姓)은 한 집안이므로 동성은 혼인할 수 없었던 것이다.) 하·상·주 3대 이후 성씨가 하나로 합쳐졌고, 이는 모두 혼인 여부를 구별하기 위한 것이었다. 지망(地望)으로써 귀천을 가렸다.[三代以前 姓氏分而爲二 男子稱氏 妊人(女子)稱姓 氏所以別貴賤 貴者有氏 賤者有名無氏 姓所以別婚姻 故有同姓異姓庶姓之別 氏同姓不同者 婚姻可通 姓同氏不同者 婚姻不可通 (天下同姓是一家 故而同姓不婚)三代之後 姓氏合而爲一 皆所以別婚姻而以地望明貴賤]"고 했다.

백도백과(百度百科)에 따르면 성씨는 각 개인의 가족 혈연의 표시 또는 부호를 가리킨다. 더 나아가 부족의 명칭이나 부족 수장의 이름을 상징하기도 했다. 이러한 성씨는 각종 토템으로 표현되기도 하였다. 따라서 토템 숭배는 조상 숭배와 같은 의미를 갖는다. 토템 숭배가 성씨의 기원이 된 것이다. 중원에서는 진한(秦漢) 이래로 성과 씨가 합체된 것으로 나타나고 있다. 성씨의 기원은 인류의 원시 모계 씨족사회로까지 거슬러 올라간다. 한국인들이 성씨의 기원이라고 믿는 나말·여초는 성씨가 발원한 시기가 아니라 그것보다 몇 천 년 전에 성씨가 생겼던 것이다.

그럼에도 불구하고 우리나라 대부분의 문중에서는 성씨가 신라 또는 고려 시대에 생겨나거나 왕에게 사여받은 것으로 믿고 있다. 이는 강단사학자들이 우리나라에는 서기 6세기까지도 성씨가 없었다고 주장해왔기 때문이다. 중원의 성씨가 원시 시대에 만들어졌는데, 우리나라만 신라나 고려 시기에 가서 성씨가 생겼다는 것이 타당한 주장인가? 예를 들어 서기전 2

세기를 다루는 사마천의 『사기』 「조선열전」에는 조선의 재상 한음(韓陰)과 장군 왕겹(王唊), 대신 성기(成己)가 등장한다. 여기서 한(韓), 왕(王), 성(成)은 모두 성씨로서 고조선에서도 성씨를 사용하고 있었던 것이다. 더구나 한국인의 절대 다수는 중원을 거쳐 이주해온 사람들이었고, 이들은 한반도로 이동할 때 모두 성씨를 갖고 있었다. 중원에 가장 먼저 정착해서 살았던 것이 동이 한민족이므로 중국에 한국과 같은 성씨들이 존재하는 것은 당연한 일이다.

한민족은 태호 복희씨를 비롯하여 염제, 황제, 치우, 소호 금천, 전욱 고양, 제곡 고신 등을 시조로 한 매우 오래된 민족이다. 중원에서 하·상·주 시대를 열어 나간 것도 모두 한민족들이었다. 그러나 전쟁이나 씨족 해체 위협 등으로 인해 동이족 중 유력 세력들이 한반도로 이주해 왔다. 이주 시기는 성씨마다 다르다. 각 성씨들이 한반도로 이주했을 때 자리잡은 곳을 본관으로 삼았다. 중원에는 본관이라고 하지 않고 씨족들이 많이 모여 사는 곳을 군망(郡望)이라 부른다. 일본에서는 백제가 멸망하기 이전까지는 최초로 이주한 지역을 아예 성씨로 삼았다는 기록이 있다.

본관의 지명은 대부분 특정 씨족들이 자신들의 지표지명(指標地名)을 사용하여 만든 것으로 분석된다. 그래서 같은 본관인 경우에는 성씨가 다르지만 같은 종족일 수 있고, 누가 먼저 들어왔는가 하는 구별이 있을 수 있다. 한국 성씨의 기원은 중원의 성씨 못지 않게 오래된 역사를 갖고 있는 것으로 나타나고 있다. 우리 선조들께서 중원을 거쳐 왔다고 해서, 그리고 중원에 같은 성씨가 있다고 해서 스스로를 중국인이라고 생각할 하등의 이유가 없다.

더구나 한민족 성씨의 역사적 기원을 추적해 본 결과 상고 시대에 중원을 지배한 것이 바로 동이 한민족이었다는 사실이 드러나고 있다. 인류의 인문 시조로 숭앙받는 태호 복희씨는 풍씨(風氏)인데, 박씨, 백씨, 배씨, 임씨, 하씨 등이 그 후손인 것으로 분석되었다. 그리고 염제의 후손들은 강씨(姜氏)라 했는데, 강씨, 고씨, 최씨, 정(丁)씨, 손씨, 신씨 등이 모두 그 후손인 것으로 확인되고 있다. 소호 금천의 후손으로 김씨가 있고, 이씨는 고요의 후손이다. 이처럼 중원의 상고 시대에서 한나라 시기까지 중원을 지배한 것은 한민족이었다. 그러나 서진 말기 이후의 5호 16국 시대, 당나라 시기 안사의 난(安史之亂), 당나라와 송나라가 교체한 오대십국(五代十国) 등 크게 세 차례에 걸쳐 중원에 대란이 일어나면서 중원의 북서쪽에서 이민족들이 대거 중원에 들어왔다. 그 결과 오늘날과 같은 중국인들이 형성된 것이다.

한나라 이전까지만 해도 화하족이라는 것은 실체가 없는 것이었다. 하나라를 화하족의 나라라고 하지만 우씨의 시조인 우임금의 출신에 대한 분석을 통해 그가 화하족이 아니라 서강족(西羌族) 또는 서이(西夷)로서 동이 축융족들과 힘을 합해 하나라를 건국하였다는 사실을 알 수 있다. 그리고 상나라는 자성(子姓)으로 태호 복희의 후손들과 동이 구이족이 연합해서 만든 동이족 나라라는 사실은 이미 중국인들도 인정하는 사실이다. 주나라는 하나라의 후손인 서융(西戎)이 세운 나라이다. 진시황의 이름은 영정(嬴政)인데, 영씨는 동이족인 백익의 후손이다. 한나라 고조 유방의 시조는 요임금의 후손 유루(劉累)로 동이족의 후손이다.

이처럼 중원의 유력 왕조들은 대부분 동이족들의 후손이었던 것이다. 그러나 동이족들 사이의 지나친 전쟁과 갈등, 복수, 대량학살 등으로 중원을 등진 씨족들이 많았다. 더구나 서진 말기 이후 외래 세력들이 대거 중원에 진입하면서 동이족이 주축이 되어 운영하던 중원은 이민족의 땅이 되어 버렸다. 그럼에도 불구하고 우리는 한민족의 뿌리를 찾아 나감으로써 과거 우리 민족의 핏줄을 찾아내고 새로운 정체성을 만들어 나가야 할 숙명을 안고 있다.

현재 우리나라의 수많은 씨족 문중들이 조상의 뿌리를 찾지 못해 안타까운 세월을 보내고 있다. 다행스럽게도 바이두를 비롯한 중원의 인터넷 검색엔진이 고도로 발전하고, 수많은 성씨 연구결과물들이 탑재됨으로써 한국의 씨성 본관의 족보 기록과 지명, 사료 등을 비교 분석하여 한국 성씨의 역사적 기원을 평균적으로 2~3천 년 이상 거슬러 올라 갈 수 있게 되었다.

백성(百姓)이란 백 가지의 성을 가리킨다. 백제는 백 가지 성을 가진 사람들이 바다를 건넜다고 해서 붙여진 나라 이름이다. 여기서 백은 단순히 숫자 100을 의미하는 것이 아니라 모든 성씨라는 의미를 갖는다. 동주의 문헌에도 '백성'(百姓)이란 말이 나오는데, 이는 오늘날의 백성과 거의 유사한 의미로 해석된다. 백성 또는 백관은 성씨들을 가리키는 말이다.

고대 사회에서는 희성(姬姓), 자성(子姓), 사성(姒姓), 강성(姜姓), 영성(嬴姓), 운성(妘姓) 등 대부분의 성씨에 모두 여자(女)가 들어 있어서 모계의 성족이라는 것을 알 수 있다. 그런데 부계 씨족사회로 진입한 이후 아내가 남편을 따라 살면서 자녀들은 어머니의 종족이 아니라 아버지의 종족에 속하게 되었다. 모계 성족이 부계 성족으로 바뀐 것이다. 그러나 이후 부계 성족은 모계 성족 시대의 호칭을 그대로 사용했다. 예를 들어 희성의 경우 원래는 모계 성족이지만 이후 부계 성족으로 계속 이어져 사용된 것이다.

그런데 사마천이 『사기』 「오제본기」에서 희성(姬姓) 황제가 25명의 아들을 낳았고, 그 중 성을 얻은 이가 14명이라고 했다. 그래서 12개의 성이 생겨났는데 희(姬), 유(酉), 기(祁), 기(己), 등(滕), 잠(箴), 임(任), 순(荀), 희(僖), 길(姞), 현(儇), 의(衣)가 바로 그것이다. 소호 금천, 전욱 고양, 제곡 고신, 요, 순, 하우, 상나라 설, 후직, 백익 등은 모두 황제의 후대이다. 주나라가 분봉한 희성 제후국만 53개에 달하였고, 희성에서 비롯된 성씨가 411개나 된다.

『잠부론』「지씨성조」에 따르면 염제는 강수(姜水)에 살아서 강성(姜姓)이라 했는데, 그 후손 성씨들은 여(呂), 사(謝), 제(齊), 허(許), 고(高), 노(盧), 최(崔), 신(申) 등 수십 개에 달한다. 영성은 원래 백익에게서 기원하였는데, 영성만 해도 수십 개이다. 요(姚), 규(嬀)는 기원이 같은데 순임금의 후손들이다. 사(姒)는 우임금에서 비롯되었다. 축융족의 후손으로는 기(己), 동(董), 팽(彭), 독(禿), 운(妘), 조(曹), 짐(斟), 미(芈) 등 팔족이 있는데, 축융 팔족에도 여러 성씨들이 포함되어 있다.

이처럼 초기 소수에 머물던 성(姓)씨가 나중에 엄청난 속도로 분화하기 시작한다. 이뿐만 아니라 나라 이름이나 시호, 관직, 거주 읍 등을 씨로 삼는 일이 많아 같은 씨라고 해서 혈연적 유대관계가 있다고 말하기 어려워지기도 했다. 거꾸로 혈연적으로 같은 부모형제가 서로 다른 성씨로 나뉘기도 하였다.

성씨는 폭발적으로 증가하게 되지만 성씨를 말살시키려는 시도들이 이루어지기도 한다. 대표적으로 중원을 통일한 진시황은 모든 씨족을 해체해 민호(民戶)로 만드는 정책을 추진하여 수많은 씨족들이 위기의식을 갖고 한반도 등지로 이주하기도 하였다. 한반도에서도 신라가 백제와 고구려를 정벌한 이후 두 나라의 대성은 모두 씨를 말려 버리는 탄압을 자행했다. 그래서 오늘날 한국의 성씨 구조는 신라를 중심으로 만들어져 있다. 예를 들어 세계 1위의 성씨인 이씨는 육부의 성씨 중 하나로 격하되어 경주 이씨가 본가인 것처럼 만들어 놓았다. 전주 이씨들도 조선을 건국한 이후 고려 왕씨들에 대한 대대적 탄압을 가해 현재 한국에는 왕씨 인구가 남북한 합쳐 5만도 안된다. 중원 등으로 재이주하거나 전씨(全氏), 옥씨(玉氏) 등으로 개성하여 생존을 모색하였다. 이상에서 살펴본 성씨들의 기원을 정리하면 다음과 같다.

첫째, 성(姓)을 씨로 삼은 경우가 있다. 모계의 성을 그대로 사용하는 경우이다. 희(姬), 강(姜), 사(姒), 풍(風), 기(己), 자(子), 임(任), 영(嬴), 요(姚) 등이 바로 그것이다.

둘째 나라 이름을 성씨로 삼은 경우이다. 제(齊), 노(魯), 진(晉), 송(宋), 정(鄭), 오(吳), 황(黃), 월(越), 진(秦), 초(楚), 위(衛), 한(韓), 조(趙), 위(魏), 연(燕), 진(陳), 채(蔡), 조(曹), 허(許), 나(羅), 노(盧), 안(安), 권(權), 소(蘇)씨 등이 바로 그것이다.

셋째, 읍이나 지역 명칭을 성씨로 삼은 경우도 많다. 제왕이 제후국을 분봉하면 그 군주가 동성 또는 이성 대부들에게 봉지를 하사한다. 거기에 기반해 먹고 살라는 의미이다. 그 봉지의 이름을 본딴 성씨들이 많이 있다. 중원에는 읍을 성씨로 삼은 경우가 200여 개에 달한다고 한다. 한국의 김(金), 최(崔), 소(蘇)씨 등이 이에 해당한다.

넷째, 종족별로도 성씨가 구분된다. 부여 예족으로는 박씨, 백씨, 배씨, 반씨, 서씨 등이 있고, 오손 축융족으로는 한씨, 허씨, 나씨, 소씨, 정씨, 조씨, 황씨, 흉노족으로는 김씨, 고요족으로는 이씨, 염제족은 강씨, 노씨, 신씨, 최씨, 고씨 등이 있다.

이밖에도 거주지를 성씨로 삼는 경우, 선조의 자(字)를 따는 경우, 관직을 성씨로 삼는 경우, 원수를 피하기 위해 개성하는 경우, 조상의 시호를 본따 성씨로 하는 경우 등 성씨의 기원은 실로 다양하다. 『잠부론』「지씨성조」에서는 고대 성씨의 기원에 대해 다음과 같이 적고 있다.

후세에 쇠퇴해진다고 하더라도 일단 성을 삼았으면 더 이상 이를 바꾸지 못하였다. 따라서 더러는 본래의 성을 이어 받기도 하고, 또 더러는 호, 읍, 시호를 씨로 삼기도 하며, 또는 나라 이름, 작위 이름, 관직 이름, 자(字), 맡은 일, 거주 지역, 혹은 자신의 표지를 씨로 이어받기도 하였다.

後世微末 因是以爲姓, 則不能改也. 故或傳本姓, 或氏號邑謚, 或氏於國, 或氏於爵, 或氏於官, 或氏於字, 或氏於事, 或氏於居, 或氏於志

이처럼 성씨가 생겨나면서 씨족 간의 구분이 생겨났다. 그리고 같은 종족 내 근친 간의 혼인을 금하고 씨족 사이의 혼인이 확대되기 시작하였다. 그 결과 씨족 간 동맹이 이루어지기도 하고 전쟁이 발생하기도 했다. 원시 인류의 종족 간 결합은 평화적인 방법보다는 주로 전쟁을 통해 이루어졌는데, 승리한 종족은 피지배 종족의 남성들은 모조리 죽이고 여성들을 취했다. 이에 따라 모계 중심의 성(姓)이 생겨났다. 아버지가 누구인지 모르기 때문에 여성 중심으로 사회를 이루고 살았던 것이다. 남성이 우월적 위치를 차지하고 씨(氏)를 사용하게 된 것은 인류 역사에서 아주 최근의 일이라고 말할 수 있다.

따라서 성씨는 신분제도를 강화하는 도구로 활용되기도 하였으나 근본적으로는 서로를 구분해서 더 나은 후세를 얻기 위한 목적이 우선이었던 것이다. 이에 따라 한국에서 씨성 제도가 고려 시기에 와서야 본격화되었다는 주장은 아무런 설득력을 가질 수 없다. 중원에서는 구석기인인 태호 복희씨가 풍씨(風氏) 성을 가졌다고 한다. 그런데 한국인들은 고려 시대에 와서야 성씨를 가졌다는 것이 상식과 부합할 수 있겠는가? 한국의 상고 시대의 선조들도 씨성 구분을 하면서 살았다. 고려 시대 이전에 대부분의 사람들이 성씨 없이 살았다는 주장은 허구이다. 다만 피지배 종족이나 천민, 노예들만이 성씨를 가질 수 없었을 뿐이다. 이에 따라 성씨가 마치 신분을 가르는 기준인 것처럼 생각하는 착각이 발생하여 오랫동안 우리나라 성씨의 시원에 대한 관심이 일반화되지 못하고 있다.

모든 성씨는 소중한 기원을 갖고 있다. 조선 초기까지만 해도 노비나 천민층은 성이 없었다. 조선 초기에는 전체 인구의 10~15%만이 성씨를 갖고 있었다. 조선 중기에는 40% 정도로 급속히 증가한다. 그러나 16세기 말의 임진왜란을 거치면서 수많은 천민들이 성씨를 갖게 되었다. 전쟁에서의 동원이나 세금부과를 위해서는 하층민들에게 시민권을 부여하는 일이 중요했고, 이에 따라 수많은 성씨 없는 사람들이 성씨를 갖게 되었다. 그 과정에서 양반의 성을 사는 일이 빈번하게 이루어졌고, 상민이 양반으로 신분 상승을 이루는 일이 흔해졌다. 결정적으로 1909년 민적법(民籍法)이 실시되면서 모든 사람이 성씨를 갖게 되었다.

성씨가 없던 사람들은 본인의 희망 또는 관청에서, 노비의 경우 상전인 양반의 성씨를 본따는 등 다양한 방식으로 인구가 많거나 왕성인 김, 이, 박 등의 성씨를 갖게 되었다. 이에 따라 오늘날과 같은 씨성 구조가 확립되었다. 그리고 그 자손들은 자신들의 조상이 선택한 성씨를 자신의 뿌리로 삼아 살아가고 있다. 어떤 이들은 실제로 그 조상의 후손일 수 있고, 다른 이들은 실제와 다를 수 있다. 그러나 일부 양반에게만 부여됐던 성씨들이 모든 백성들에게도 부여됨으로써 인간으로서의 최소한의 권리를 갖게 됐다. 성씨는 일종의 시민권과 마찬가지의 존재였다. 개똥이, 떡쇠, 마당쇠, 돌쇠, 오월이, 향단이, 유월이 등 이름으로만 불리우던 많은 사람들이 김씨, 이씨, 박씨 등의 성을 갖게 되었다. 여기서 중요한 것은 성씨 없던 모든 상민 노예들이 성씨를 가짐으로써 족내혼이 제도적으로 차단되기 시작했다는 사실이다. 한국에서는 성씨만 구분하는 것이 아니라 시조의 정착지가 어디인지를 가르는 본관까지 구분하여 엄격한 성씨 구분을 실행해왔다. 그 결과 족내혼은 원천적으로 차단될 수밖에 없었다. 이는 한국인의 유전자를 다른 여타의 나라보다 더 우수하게 만드는 중요한 요인 중의 하나가 된 것으로 분석된다.

그런데 조선시대의 고루한 양반제도는 하층민들의 족내혼을 막기 위한 성씨의 확산을 가로막는 요인으로 작용했다. 그 결과 동학농민전쟁 등에서 왕후장상의 씨가 따로 있었던가? 하는 하층민들의 울부짖음이 온 나라를 뒤흔들었다. 그런데 우리나라의 족보를 연구하는 사람들은 여전히 시대착오적으로 특정 본관 성씨가 더 좋은 집안이라느니, 어떤 집의 성씨는 가짜라느니 하는 엉터리 주장을 늘어 놓는다. 정작 자세히 들여다 보면 태호 복희의 자손이 아닌 자가 없고, 염제와 황제의 자손이 아닌 자가 없다. 소호의 자손은 지천에 널려 있고, 모든 성씨는 나름대로 위대한 조상을 가지고 있다. 하물며 성씨가 없던 사람들조차 염황의 후손인데 진짜와 가짜를 따지는 것이 무슨 대수인가?

성씨를 갖게 된 백성들은 의병으로 나라를 지키고, 족외혼을 통해 후손들의 안녕을 기원했다. 성씨는 그런 것이다. 사람을 사람답게 만드는 것이 바로 성씨이다. 그래서 어느 성씨가 더 인구가 많고 어느 성씨가 더 존귀하다는 주장은 모두 허구이다. 고려 시대에 와서야 성씨 본관이 생겨나거나 왕건이나 그 후대 왕들이 성과 본관을 사여했다는 주장도 아무 근거가 없다. 한국에서는 보학을 생계수단으로 삼는 사람들이 매우 많아서 자신들만의 아성에 갇혀 입증도 못하는 실증주의 논리에 빠져 있는 경우가 있다. 그 결과 수많은 성씨들이 고려 시대 이전으로 거슬러 올라가지도 못하면서 명문 가문임을 주장하는 오류에 갇혀 있다.

한국의 거의 모든 성씨는 고려 시대보다 훨씬 더 오래 전인 상고시대에 만들어졌다. 인간이 문명을 이루면서부터 성씨가 필요했다. 그것은 인간이 동성동본 간 근친혼을 피해야만 했던 숙명적 운명 때문이다. 근친혼은 퇴보를 의미했으며, 석기 시대부터 인류는 각종 유전병 등 근친혼의 비참한 결과를 학습했다. 그래서 씨성을 만든 것이다. 씨성을 구분해서 같은 씨성 끼리는 혼인을 못하게 금하고 족외혼을 해야 했다. 사실 태호 복희씨는 여동생 여와와 근친혼을 해서 오늘날 인류를 낳은 것으로 알려져 있다. 그러나 이것은 잘못 알려진 사실이다. 『초백서(楚帛書)』에 따르면 천지가 형성되지 않아 세계가 혼돈상태일 때 복희와 여와 두 신이 부부가 되어 4남을 낳았고, 이들이 사신이 되었다고 한다. 이에 따르면 복희와 여와는 남매가 아닌 별개의 신인 것으로 분석된다. 이들이 혼인하여 세계를 만들고 4신을 낳아 인류를 창조한 것이다.

이뿐만 아니라 『제계보(帝系譜)』와 『제계성(帝系姓)』 그리고 『국어』의 기록을 종합하면 태호 복희씨가 소전씨 부족의 딸과 혼인하여 소전이라는 아들을 낳았고, 소전이 염제와 황제를 낳았다. 따라서 복희씨는 여동생과 혼인한 적이 없다.

이에 따르면 인류는 근친혼의 산물이 아니라 여러 성씨들이 혼혈하면서 더욱 더 우수한 DNA를 갖기 위해 분투한 것으로 파악된다. 호모 사피엔스가 현생 인류의 기원이라고 주장하고 있는데, 수많은 유전자 검사 결과에 따르면 현생 인류에게 네안데르탈인의 DNA가 남아 있다고 한다. 따라서 인류가 단절적으로 진화했다는 주장은 근거가 없다.

씨성 연구를 하다보면 한민족의 정체성을 비교적 상세하고 구체적으로 파악할 수 있다. 우리나라의 가장 많은 수를 차지하는 김, 이, 박 등의 성씨 중에는 물론 허수가 존재할 수 있다. 그러나 특정 성씨를 가진 이들이 정체성을 갖는다는 사실 자체가 중요하다. 김씨들 중 다수는 유목민으로서 북방을 주름잡던 흉노의 후손들이었다. 소호 금천의 후손 중에서 일부는 유목민이 되어 북방을 떠돌았다. 이들은 금을 숭상했다. 언제 자신들의 근거지가 습격당할지 모르기 때문에 부피가 작고 값어치가 농축된 금을 들고 튈 준비를 갖추고 살아가야만 했다. 그래서 금을 근본으로 삼아 김씨라 했다.

박씨는 어떠한가? 박혁거세가 태어난 알이 표주박처럼 생겼다고 해서 박씨라 했다 하는데 태고 시절부터 박씨는 표주박에서 나온 종족이다. 인류의 인문시조로 불리우는 태호 복희씨는 대홍수를 피해 표주박에 들어가 살아 남아서 복희씨, 즉 박씨라고 했다. 박혁거세의 탄생사화에도 혁거세가 태어난 알이 표주박처럼 생겨서 박씨라고 했다며 복희씨의 신화를 모티브로 삼아 박씨의 기원을 설명했다. 박씨나 백씨, 배씨는 모두 밝은 것을 좋아한 밝족들이다. 이들과 마찬가지로 한씨의 경우에도 환한 것을 좋아한 성씨이다. 밝족과 환족은 모두 밝은 광명세상을 사랑했던 한민족의 특성을 반영하고 있다.

어디 이들 뿐인가? 축융 오손족들은 태고 시절부터 태양을 숭배했다. 이들 밝족과 축융족 등 동이족들이 중원과 사방을 모두 장악하고 살다가 한반도로 이주해와 새로운 영역을 개척했다. 그리고 열도에 새로운 문명을 전수했다. 강씨, 정씨, 조(曺)씨, 한씨, 황씨, 소씨, 안씨 등은 모두 축융족의 후손들이다.

동이족이 활을 잘 쏜다고 했는데, 그 활은 누가 만들었을까? 『산해경』에는 윤씨가 만들었다고 기록되어 있다. 그런데 사실 성씨에 활을 갖고 있는 성씨가 있다. 바로 장(張)씨이다. 장씨의 성씨를 보면 왼쪽 변이 바로 활(弓)자(字)이다. 장씨는 활을 토템으로 삼았던 씨족이다. 그래서 『삼국사기』와 『삼국유사』에서는 장보고의 이름을 궁복(弓福) 또는 궁파(弓巴)라고 했다. 장(張)은 원래 궁(弓)을 나타내는 말이었으므로 궁복과 궁파는 곧 장복(張福)과 장파(張巴)를 가리킨다는 것을 알 수 있다. 우리 선조들은 장씨가 활을 만든 씨족이라는 사실을 알았기 때문에 스스로 궁씨라고 성씨를 쓴 것이다. 그런데 정작 사서를 기록한 사람들은 왜 장보고가 궁씨가 되었는지를 알 수 없었던 것으로 보인다.

강씨, 최씨, 노씨, 정(丁)씨 등 수많은 성씨들이 염제(炎帝)의 후손들이다. 염제는 불이 두 개나 들어간 이름을 가진 불의 신이다. 한민족의 상당수는 염제에서 비롯된 성씨들이다. 중원의 근본도 없는 종족들이 동이족의 역사를 자신들의 역사로 치부하고 있는데 실제로 고대 시대의 중원은 한민족의 조상인 동이족의 세상이었다. 동이족 아닌 자를 거명할 수 없을 정도이다. 그것은 한민족이 가장 먼저 중원에 들어온 선주민이었기 때문이다.

사마천은 『사기』에서 황제가 화하족의 시조라고 주장했다. 그런데 황제의 조부가 동이족 복희이고, 그 형제인 염제가 동이족이며, 그 아들인 소호가 동이족인데 황제가 어떻게 화하족이 될 수 있겠는가? 『진서』 「선제사마의본기」에는 사마씨가 축융족의 일원이라고 기록하고 있다. 따라서 사마천은 동이 축융족의 후손이다. 『상서대전(尙書大傳)』에는 복희(伏羲)와 축융(祝融), 신농(神農)을 삼황이라고 했다. 이들은 모두 동이족의 시조들이다. 그런데 사마천은 공자와 마찬가지로 죽을 때까지 자신이 동이족이라는 사실을 숨기다가 죽었다. 공자는 유언으로 자신이 동이족이라는 사실을 밝혔는데, 사마천은 끝내 이를 숨겼다. 그런데 사마천의 후손들인 사마의를 비롯한 사마씨의 진나라는 모두 자신들이 동이 축융족이라고 주장했다.

씨성은 평화롭게 살아온 것이 아니라 대립과 투쟁으로 점철된 역사를 써왔다. 중원이 통일되기 전까지 수백만, 수천만의 사람들이 전쟁으로 죽어갔다. 중원이 통일되는 결정적 전투였던 장평대전에서 조씨의 후손들 중 45만 명이 죽었다. 그 중 20만 명은 산채로 매장되어 죽었다. 그것을 주도한 백기(白起)는 출세가도를 걸은 것이 아니라 왕의 자결 명령을 받아 죽었다. 그리고 진나라 군사들은 장한이 항우에게 항복한 이후 20만 명이 생매장되었다. 항씨는 현재 중원에서 68만여 명에 불과한 소수 성씨에 머물고 있다. 모두 스스로 뿌린 씨를 거두어야만 하는 하늘의 인과응보 법칙을 벗어나지 못한 것이다.

한국에서 신라의 씨성 탄압은 혹독했다. 신라는 한반도에 가장 늦게 진입하였고, 처음에 세력이 미약했다. 그 결과 백제와 고구려를 멸망시킨 후 두 나라 씨성들의 씨를 말려버렸다. 그래서 백제와 고구려의 주요 성씨들이 자신의 본관을 포기하거나 아니면 중국, 일본 등지로 망명했다. 씨성을 바꾼 이들도 많았다. 그 결과 오늘날 한국 씨성 본관은 모두 신라 위주로 되어 있다. 그리고 시조의 세계가 고려 시대 이전으로 올라가는 경우가 드물다. 거기에다 보학을 연구하는 사람들이나 학자들이 모두 성씨의 기원에 대한 연구를 신라 초기에서 고려 왕건 시기, 그리고『세종실록지리지』편찬 시기 이후로 제한하여 절대 다수의 문중이 고려 초에 시조가 형성된 것으로 오해하게 만드는 결과가 초래되었다.

한국 성씨가 갖는 특징은 성과 본관이 밀접하게 연결되어 있다는 사실이다. 본관은 시조가 최초로 정착한 지역을 가리킨다. 중국의 성씨 중에도 군망(郡望)이라는 것이 있다. 우리의 본관과 유사한 것인데, 특정 지역에 집중적으로 살 경우 군망을 형성했다고 본다. 대부분 동이족들이 그러한 행태를 보여주었다. 이에 반해 일본에서는 최초로 정착한 지역을 아예 성씨로 삼는 경우가 대부분이다. 예를 들어 백제의 목씨는 일본의 소아 지역에 도착한 이후로는 스스로 소아씨라고 불렀다.

이상에서 살펴본 바와 같이 씨성은 지명과 연결되어 장구한 역사를 담고 있다. 모든 씨성은 역사의 부침에 따라 결정적 영향을 받았다. 따라서 씨성에 대한 연구는 고대사 연구에서 필수적이다. 그럼에도 이러한 시도들이 거의 이루어지지 못했다. 이에 따라 우리나라 씨성의 역사적 기원을 추적하는 일이 시급한 과제로 대두되었다. 우리나라의 족보에는 대부분 씨성이 고려시대 초에 기원한 것으로 적혀 있다. 진주 강씨를 비롯한 일부 씨족은 서기전 3000년경에 만들어졌는데, 다른 성씨들은 고려시대에나 만들어졌다는 것은 역사적 사실을 왜곡하는 것이다. 동이족은 모두가 다 매우 오래된 역사를 자랑하는 종족이다.

한국의 씨성이 고려 시대 초에 폭발적으로 증가하는 이유는 신라 시대에 씨성에 대한 탄압이 매우 심했기 때문이다. 육부의 성씨나 김씨, 박씨를 제외한 고구려, 백제의 성씨들은 대부분 사라지고 없다. 그리고 대규모 성씨의 씨성 본관도 대부분 영남에 집중되어 있다. 이는 신라가 한반도 동쪽의 조그만 나라였다는 점에서 성씨의 인구가 영남 지역에 집중되어 있다는 것은 그만큼 씨성탄압이 심했다는 사실을 보여준다. 원래 세력이 미약한 나라가 정벌에 성공하면 거대한 피지배 세력을 대대적으로 탄압하고 학살하는 경우가 일반적이다.

예를 들어 중원의 월나라는 오나라에 비해 국세가 미약했다. 그래서 월나라의 구천은 오나라 부차왕의 노예가 되어 부차의 변을 맛보는 일까지 해서 가까스로 살아났다. 이후 부차는 월나라로 돌아가 절치부심하여 복수의 기회를 찾다가 오나라가 민생보다는 전쟁에 빠져들자 오나라를 공격하여 점령하게 된다. 그리고 오나라 세력의 부활을 저지하기 위해 오나라의 도읍을 폐허로 만들고 오나라 사람들을 학살하거나 노예로 삼았다. 이렇게 되자 오씨들은 대부분 오나라 밖으로 망명하여 발해만 연안에 수많은 나라를 건국했다. 신라가 지배한 약 260여년 간 한반도에서도 그와 비슷한 일이 벌어진 것으로 분석된다.

고려가 건국되자 모든 씨성들이 부활하였고, 생존을 위한 새로운 전쟁이 시작되었다. 그 결과 씨성들 간 경합이 심화되어 바야흐로 씨성의 전성기라고 해도 과언이 아닐 정도가 되었다. 그런데 조선시대에 오면 다시 고려 왕족의 씨성인 왕씨에 대한 전면적인 탄압이 이루어진다. 그 결과 왕씨는 한반도에서 거의 사라지다시피 했다. 신라의 씨성 탄압, 이씨 조선의 왕씨 탄압, 그리고 조선 말기의 천민 노비에 대한 성씨 부여, 그리고 민적법을 통한 모든 사람의 성씨 부여 등을 거쳐 오늘날과 같은 한국 성씨의 역사적 구조가 확립되게 되었다.

이 책에서는 우리나라의 씨성과 본관의 기원에 대한 추적을 통해 한민족의 기원을 찾고자 하였다. 그런 의미에서 씨성의 인구수는 큰 의미를 갖지 않는다. 다만 현재 우리나라의 성씨 분포를 반영한다는 의미에서 인구수를 기준으로 삼았을 뿐이다. 이 연구의 성씨 분석을 통해 우리는 몇 가지 소중한 사실들을 파악할 수 있게 되었다.

첫째, 한민족의 구성은 예·맥·한으로 구성된 것으로 주장되어 왔다. 그럼에도 그동안 예·맥·한의 실체에 대해서 충분한 논증이 이루어지지 못해왔다. 그런데 씨성 연구 결과 예족은 월지족을 가리킨다는 사실을 알게 되었다. 월지족은 동이 구이족 중 우이(嵎夷)족이다. 우이족이 고조선을 이루고 있었다. 월지 예족은 태호 복희의 풍씨 후손으로 박씨와 백씨, 배씨, 임씨 그리고 부여씨 등이 포함되어 있었던 것으로 분석되었다. 이들은 서역의 박트리아에서 발원하여 중원을 거쳐 한반도로 이동하였다. 맥족은 오손 사카족, 축융족들을 가리킨다는 사실도 확인되었다. 오손 사카족은 상고시대에 곤오족으로서 하나라를 건국한 세력이다. 이들도 월지족 인근의 서역에서 한반도로 이주하여 한민족의 토착세력이 되었다. 그리고 김씨 중 경주 김씨와 김해 김씨는 흉노족인 것으로 밝혀졌다. 이밖에도 한민족에는 동이 왜(倭)가 포함되어 있다는 사실이 확인되었다. 오씨와 정씨, 나씨, 노씨 중 일부는 고대에 해안 지대에서 문신단발하는 습속을 갖고 있어 왜(倭)로 불리운 것으로 나타났다. 열도의 왜가 등장한 것은 이보다 500년 이상 지난 이후이다. 따라서 한민족은 단순히 예·맥·한만이 아니라 흉노, 왜 등도 포함된 것으로 확인되었다.

둘째, 한민족은 중원의 동이족과 밀접하게 연관되어 있었다. 특히 동이 구이족은 대부분 한민족의 구성원이었던 것으로 밝혀졌다.『후한서』「동이열전」'서문'에는 다음과 같이 동이족에 대해 기록하고 있다.

「왕제(王制)」에 이르기를 '동방을 이(夷)라 한다'고 하였다. 이(夷)란 근본이다. [그 의미는] 이(夷)가 어질어서 생명을 좋아하므로 만물이 땅에 근본하여 산출되는 것과 같다는 말이다. 그러므로 [이(夷)는] 천성이 유순하여 도리로서 다스리기 쉽기 때문에 군자국(君子國)과 불사국(不死國)이 있기까지 하다. 이(夷)에는 아홉 종류가 있으니, 견이(畎夷)·우이(于夷)·방이(方夷)·황이(黃夷)·백이(白夷)·적이(赤夷)·현이(玄夷)·풍이(風夷)·양이(陽夷)가 그것이다. 그러므로 공자도 구이(九夷)에 살고 싶어하였다.

王制云:「東方日夷.」夷者 柢也 言仁而好生 萬物柢地而出 故天性柔順 易以道御 至有君子·不死之國焉 夷有九種 曰畎夷 于夷 方夷 黃夷 白夷 赤夷 玄夷 風夷 陽夷 故孔子欲居九夷也

『고본죽서기년』에도 하나라 제소강(帝少康) 시기에 "견이, 백이, 현이, 풍이, 적이, 황이에게 명했다(二十一年, 命畎夷, 白夷, 玄夷, 風夷, 赤夷, 黃夷)."는 기록이 등장한다.『고본죽서기년』에서는 "후분(後芬) 즉위 3년에 구이가 내어했다. 견이, 우이, 방이, 황이, 백이, 적이, 현이, 풍이, 양이이다.[後芬卽位 三年 九

夷來獻 曰畎夷 于夷 方夷 黃夷 白夷 赤夷 玄夷 風夷 陽夷"라고 적고 있다.

여기서 견이는 귀방, 곤이, 견이, 견융, 오씨 오장군, 신씨와 연합한 견융 등을 가리키는 것으로 오씨가 관련되어 있다. 우이족은 월지족으로서 태호 복희 풍씨의 후손인 박씨, 백씨, 배씨, 임씨, 하씨 등과 연관되어 있다. 황이 는 황씨를 가리키는 것이고 방이는 방씨를 가리키는 것으로 확인되었다. 풍이는 풍씨로 태호 복희씨의 후손들을 가리킨다. 풍이는 람이라고도 하였 는데, 백씨와 박씨를 가리킨다. 양이(陽夷)는 산동반도의 양이(良夷), 즉 래이 모씨와 연관되어 있는 것으로 분석된다. 백이는 백씨를 지칭하는 것으로 분석된다. 적이는 적제(赤帝) 주양(朱襄)씨로 주씨를 포함한 염제족을 가리킨 다. 끝으로 현이는 제비를 토템으로 삼았던 상(商)족의 후손들을 나타낸다.

셋째, 축융족은 한민족과 밀접하게 연관되어 있다. 원래 축융은 삼황의 하나로 인식될 정도로 오래된 존재이다. 축융족이 대우를 도와 하나라를 건국한 것으로 분석되었다. 하나라의 하(夏)는 여름이고 태양이 가장 강렬 하게 불타는 계절을 가리킨다. 중원의 양계 지명은 축융족과 깊은 관련이 있다. 축융은 불의 신 또는 태양신을 가리킨다. 축융에는 8개의 종족이 있 다. 이들이 대홍수 시대 이후 중원에서 새로운 역사를 펼쳐 나간 세력이다. 대체로 하나라 시기와 일치한다. 이들 축융족은 마한, 변한과도 깊은 연관 이 있다.

축융족 기씨는 『정통지(鄭通志)』 「씨족략」에서 정초(鄭樵)가 주석하길, "기 의 음은 자기의 기로서 곤오의 성씨이다."라고 했다. 유소씨 출신인 달기는 은나라 주(紂)왕의 왕비이다. 주왕이 유소씨(有巢氏, 하남성 온현)를 정벌하자 달기라는 미녀를 바쳤는데, 기(己)가 성이고 이름이 달(妲)이다. 달기는 기성 소씨로 소달기(蘇妲己)이다. 한반도에 들어온 진주 소씨가 바로 기성 곤오족 의 후손이다. 곤오(昆吾)는 육종(陸終)의 첫째 아들이다. 기성(己姓)으로 하(夏)

나라 때 제후백(諸侯伯)이었는데, 하걸(夏桀)때 성탕(成湯)이 멸(滅)하였다. 소씨(蘇氏), 안씨(顔氏), 번씨(樊氏), 위씨(衛氏)의 시조(始祖)이다.

동(董)씨는 황제의 후예인 전욱 고양 임금으로까지 거슬러 올라가는데, 전욱의 후손 참호의 후손이 황씨와 한씨이다. 팽씨는 희성(姬姓)에서 나왔다. 전욱 고양의 후손이다. 강소성 서주시 팽성에 팽씨국을 건국하였다. 팽조(彭祖)가 시조인데 이름은 전갱(籛鏗)이다. 팽성 인구는 약 800만 명이다. 전욱의 증손 오회의 아들 육종의 3남 전갱이 시조이다. 대팽국은 상나라 말기 상 무정에게 멸망당했다. 그 이후 나라이름을 따서 성씨로 삼았다.

팽성은 운성(妘姓)에서도 출자하였다. 제곡 임금시기 화관 축융 중 하나의 성씨이다. 팽이 멸망한 이후 안휘성 화현(和縣){옛 지명은 역양(歷陽)}에 진입하였다. 계속 서진하여 감숙성 경양(慶陽)의 서남부 팽원(彭原)에 이르렀다. 주무왕이 상나라를 멸망시킬 때 목서팔국 중 팽씨가 있었다.

축융의 후손인 독씨(禿氏)는 『성씨고략(姓氏考略)』에 따르면 "축융의 후손으로 팽조의 별칭이다.[祝融之后 彭祖之別也]"라고 했다. 팽조의 후손 독씨는 우주에 봉해졌다.

운(妘姓)성은 상고 시기 최초의 성씨 중 하나이다. 주나라의 우국(鄅國){산동성 임기}, 이국(夷國){산동성 즉묵시 람촌진}, 핍양국[偪陽国]{산동성 조장(棗莊)}이 운성의 나라들이다. 『설문통훈정성(說文通訓定聲)』에 따르면 언(鄢), 회(鄶), 로(路), 핍양(偪陽), 우(鄅) 등의 성씨는 모두 운성국이다. 나씨와 정씨가 운성 축융족이다.

축융족 조(曹)씨는 『원화성찬(元和姓纂)』에 기재되기를 "전욱의 현손인 육종의 다섯째 아들이 조성이며, 주무왕이 주(邾)에 봉하였고, 초나라에 멸망당하였다."고 한다. 조씨의 득성 시조는 조진탁(曹振鐸)이다. 희성(姬姓)으로 조숙진탁이라고도 한다. 조나라(曹國)에 봉해졌는데, 주나라 문왕 희창의 여섯째 아들이다. 주나라 시대의 제후국 조나라의 도성은 도구(陶丘)로 지금의 산동성 정도(定陶)에 위치하고 있었다. 경남 창녕 조씨가 그 후손으로 창녕의 옛 지명은 불의 나라인 불사국(不斯國) 또는 빛의 벌판인 비사벌(比斯伐)로 불려졌다.

축융족 짐(斟)씨는 『정통지』 「씨족략」에 "조성(曹姓)이다. 또한 짐심씨, 짐관씨, 짐과씨라고도 했다. 개짐이라고도 했다. 하나라의 제후였다. 나라 이름으로 성을 삼았다. 축융의 후예다."라고 적고 있다. 『국어』 주석에는 "(짐)씨는 조씨의 별칭이다."라고 했다. 『사기』 「하기찬(夏紀贊)」에서 기록하기를 "우는 사씨가 되었는데, 그 후손이 분봉을 받아 나라 이름을 성씨로 사용하였다. 유짐씨라고 했다.[禹爲姒姓 其後分封 用國爲姓 有斟氏]"고 한다. 안짐(安斟)은 조성(曹姓)으로 주(周)나라때 주국(邾國)이며, 육종(陸終)의 다섯째 아들이다. 조씨(曹氏), 주씨(邾氏), 주씨(朱氏)의 시조이다. 안짐은 소무구성 중 하나인 안씨로 조씨와 혈연관계를 맺고 있던 축융족이다.

미(羋)성도 축융 팔성 중 하나이다. 그 선조는 호북 형산 일대의 단양(丹陽)에 기원을 두고 있다. 주나라 시기에 초나라 귀족의 조상 성씨로 단양, 양양 등에 분포하고 있다. 계련(季連)의 후손이다. 『사기』 「초세가」에 기재된 바에 따르면 육종의 여섯째 아들이 계련 미성이다. 계련은 부저를 낳았고, 부저는 혈웅을 낳았다. 축융 8성 중 하나로 남만에 거주하며 형국(荊國)을 건국했다. 『사기』 「초세가」 '색은'에 따르면 "미는 양의 소리이다.[羋, 羊声也]"고 한다. 『설문해자』에서도 미를 해석하기를 "양 울음소리이다. … 모(牟)도 같은 뜻이다."라고 했다. 이는 미성과 모성이 모두 양을 키우던 서융계열이라는 사실을 보여준다. 미성은 초나라의 시조이다.

축융팔족에서 하나를 더하면 축융구족이 되는데, 모(牟)씨가 이에 해당한다. 모씨는 산동성의 선주 동이족이다. 오회의 넷째 아들 래언(來言)은 운성

(妘姓)이었는데, 래국의 시조가 되었다고 한다. 래언의 후손이 제곡 임금에 의해 려(래)의 회허(축용지허)에 봉해졌다. 래국은 상나라 이전부터 있었으며, 치소는 창락 임구현 부근이다. 신석기 시대부터 산동지역에 거주하였다. 래국은 모자국이라고도 했는데, 세본에는 "모자국은 축용의 후예이다."라고 했다. 『한서』「지리지」에는 "태산군 모현은 옛 모국이다."라고 했다. 모자국은 축용의 후손으로 이후 그 때문에 성씨를 삼았다고 한다. 함평 모씨가 축용족 모국의 후손이다.

넷째, 영성, 희성, 자성 등 상주 시기의 성씨들은 상당수가 한민족과 직접 연관되어 있다. 영성(嬴姓)은 진나라와 조나라의 국성이다. 고요(皋陶)는 곡부에서 태어났는데, 고요의 성은 영성 또는 언성(偃姓)이라고도 한다. 우의 후계자였으나 즉위 전에 사망하여 백익(伯益)이 대우의 후계자가 되었다. 고대 팔성은 강(姜), 희(姬). 요(姚), 영(嬴), 사(姒), 운(妘), 임(妊), 규(嬀) 등이고, 영성의 14개 성씨는 서(徐), 강(江), 조(趙), 황(黃), 양(梁), 마(馬), 갈(葛), 곡(谷) 등이다.

이상의 여러 씨성 중 한반도에서 만들어진 것도 있으나 대부분 고대 시대의 중원과의 교류와 이동 과정에서 한반도로 이주한 것으로 파악된다. 그런데 밝족이나 축용족들의 경우 중원에서 번성하였으나 대부분 한반도로 이주한 것으로 나타나 중원에서 이동해왔다고 해서 모두 다 중국인 또는 화하족으로 보는 것은 타당치 않다. 아래의 〈표〉는 우리나라의 2015년 통계청 조사결과에 따른 인구수 순위와 주요 본관을 나타낸 것이다.

⌲ 2015년 통계청 인구조사 결과에 따른 인구수 순위와 주요 본관

인구수 순위	성씨	인구수 (천명)	주요 본관	인구비중 (%)	중국의 동성 인구수(만명) (순위)
1	김(金)	10,690	김해, 경주, 광산, 김녕, 우록	21.5	(69)
2	이(李)	7,307	전주, 경주, 성주, 광주	14.7	9530(1)
3	박(朴)	4,192	밀양, 반남, 함양, 무안	8.4	(薄 182)
4	최(崔)	2,334	경주, 전주, 해주, 강릉	4.7	(74)
5	정(鄭)	2,152	동래, 연일, 경주, 진주, 나주	4.3	(23)
6	강(姜)	1,177	진주(진양)	2.4	(60)
7	조(趙)	1,056	한양, 함안, 풍양	2.1	2750(7)
8	윤(尹)	1,021	파평, 해남, 칠원, 남원	2.1	(91)
9	장(張)	993	인동, 안동, 홍성, 단양	2.0	8480(3)
10	임(林)	824	나주, 평택	1.7	(16)
11	한(韓)	773	청주	1.6	(25)
12	오(吳)	763	해주, 보성, 동복, 함양, 나주	1.5	2460(10)
13	서(徐)	752	달성, 이천, 대구, 부여	1.5	(11)
14	신(申)	741	평산, 고령	1.5	(123)
15	권(權)	706	안동, 예천	1.4	(305)
16	황(黃)	697	창원, 장수, 평해	1.4	2680(8)
17	안(安)	686	순흥, 죽산, 광주	1.4	(109)
18	송(宋)	683	여산, 은진	1.4	(22)
19	유(柳)	643	문화, 전주, 진주, 고흥	1.3	(130)
20	전(全)	559	천안, 정선	1.1	(221)
21	홍(洪)	559	남양, 풍산	1.1	(107)
22	고(高)	471	제주	0.9	(15)
23	문(文)	464	남평	0.9	(100)
24	양(梁)	461	남원, 제주	0.9	(21)

인구수 순위	성씨	인구수 (천명)	주요 본관	인구비중 (%)	중국의 동성 인구수(만명) (순위)
25	손(孫)	457	밀양, 경주	0.9	(12)
26	배(裵)	401	성주, 분성, 달성	0.8	(168)
27	조(曺)	398	창녕	0.8	(32)
28	백(白)	382	수원	0.8	(73)
29	허(許)	327	양천, 김해	0.7	(35)
30	유(劉)	303	강릉, 거창	0.7	6460(4)
32	심(沈)	272	청송	0.5	(37)
33	노(盧)	256	교하, 광주, 풍천	0.5	(42)
34	정(丁)	244	나주, 압해, 영광	0.5	(46)
35	하(河)	230	진주(진양)	0.5	(300위권 밖)
36	곽(郭)	203	현풍, 청주	0.4	(18)
38	차(車)	195	연안	0.4	(197)
39	주(朱)	195	신안	0.4	(14)
40	우(禹)	195	단양	0.4	(300위권 밖)
41	구(具)	193	능성(능주)	0.4	(300위권 밖)
42	신(辛)	193	영산, 영월	0.4	(139)
43	임(任)	191	풍천, 장흥	0.4	(59)
44	전(田)	186	담양	0.4	(58)
47	나(羅)	161	나주, 금성	0.3	(20)
48	진(陳)	158	여양	0.3	5440(5)
51	채(蔡)	132	평강, 인천	0.3	(44)
54	방(方)	95	온양, 군위, 경주, 남원	0.2	(62)
56	강(康)	92	신신, 곡신	0.2	(75)
67	소(蘇)	52	진주	0.1	(41)

인구수 순위	성씨	인구수 (천명)	주요 본관	인구비중 (%)	중국의 동성 인구수(만명) (순위)
69	석(石)	49	충주	0.1	(63)
71	설(薛)	43	순창, 경주	0.1	(48)
72	마(馬)	38	장흥	0.1	(19)
81	반(潘)	28	거제, 광주, 기성	0.1	(52)
83	왕(王)	26	개성	0.1	8890(2)
85	옥(玉)	25	의령, 의춘	0.1	–
90	모(牟)	22	함평	0.04	(149)

자료: 『2015 통계청 인구주택총조사』, 중국 성씨 순위 자료는 공안부(2021. 2. 8.)
2020년 전국성명보고
주: 인구비중은 소수점 이하 반올림함.

한국의 성씨는 대부분 중원에서 가장 오래된 성씨에 속한다. 중국의 현존하는 성씨는 4천여 개에 달하는데 동이족들이 선주민으로 거주한 이후에 북방에서 수많은 새로운 성씨들이 중원에 들어왔다. 이들이 화하족이다. 화하족들이 뒤늦게 엄청나게 들어온 결과 중국에는 2만4천여 개의 성씨가 존재하다가 4천여 개만 살아 남았다. 이에 반해 100명 이상인 한국의 성씨는 230여 개에 불과하다. 따라서 중원에 같은 성씨가 있다고 해서 중국인이라고 생각하는 것은 금물이다. 고대에는 지금과 같은 국경이 존재하지 않았다. 따라서 나라 간 이동이 지금보다 훨씬 자유로웠다. 국경을 넘어서 씨족들이 이동하는 것이 지금보다 훨씬 더 용이했다는 사실을 인식할 필요가 있다. 중요한 것은 중원의 선주민이었던 동이족은 한나라 이후 북방 등지에서 중원으로 밀려 들어온 화하족과 근본이 다르다는 사실이다. 한국의 성씨는 부계혈통을 중심으로 본관과 결합되어 있는 특징이 있다. 동북아 국가 중 씨성에 대한 결집력이 가장 강한 나라이다.

한국 사람은 누구나 성·본관·이름을 갖고 있는데, 본관은 특정한 성이 속하는 시조의 발상지명을 표시한다. 따라서 본관과 성을 함께 확인해야만 비로소 동족이라는 사실을 알 수 있다. 일본에서는 성씨가 대략 12만3천여 개에 달해 사실상 성씨가 해체된 나라이다. 따라서 조상의 기원을 찾는 일이 사실상 불가능하다. 한마디로 일본에서는 근본을 따지지 않는다. 그 결과 족내혼이 이루어지는지 족외혼이 이루어지는지를 구별하기 어렵게 되었다. 한국은 독특한 씨성 본관 결합 구조로 인해 동성동본을 철저하게 구분하는 어떤 의미에서 가장 선진적인 씨성 구조를 갖추고 있다.

이 책자를 통해 우리나라의 씨성 문중들과 독자들이 자신들의 기원을 추적하는데 조그마한 보탬이라도 될 수 있기를 기대한다. 이 책이 출판될 수 있도록 큰 도움을 주신 안경전 종도사님께 깊은 감사의 말씀을 드린다.

2022년 7월 공주 토끼울길 서재에서
저자 박 동

目次

서문 _ 5

1/ 강씨姜氏 _ 33

2/ 강씨康氏 _ 43

3/ 고씨高氏 _ 46

4/ 곽씨郭氏 _ 58

5/ 구씨具氏 _ 61

6/ 권씨權氏 _ 64

7/ 김씨金氏 _ 68

8/ 나씨羅氏 _ 88

9/ 노씨盧氏 _ 100

10/ 마씨馬氏 _ 119

11/ 모씨牟氏 _ 124

12/ 문씨文氏 _ 137

13/ 박씨朴氏 _ 146

14/ 반씨潘氏 _ 161

15/ 방씨方氏 _ 165

16/ 배씨裵氏 _ 170

17/ 백씨白氏 _ 174

18/ 서씨徐氏 _ 187

19/ 석씨石氏 _ 199

20/ 설씨薛氏 _ 204

21/ 소씨蘇氏 _ 209

22/ 손씨孫氏 _ 214

23/ 송씨宋氏 _ 219

24/ 신씨申氏 _ 224

25/ 신씨辛氏 _ 235

26/ 심씨沈氏 _ 239

27/ 안씨安氏 _ 245

28/ 양씨梁氏 _ 253

29/ 오씨吳氏 _ 265

30/ 옥씨玉氏 _ 280

31/ 왕씨王氏 _ 284

32/ 우씨禹氏 _ 287

33/ 유씨劉氏 _ 295

34/ 유씨柳氏 _ 302

35/ 윤씨尹氏 _ 307

36/ 이씨李氏 _ 312

37/ 임씨林氏 _ 321

38/ 임씨任氏 _ 343

39/ 장씨張氏 _ 348

40/ 전씨田氏 _ 354

41/ 전씨全氏 _ 358

42/ 정씨鄭氏 _ 364

43/ 정씨丁氏 _ 373

44/ 조씨趙氏 _ 376

45/ 조씨曹氏 _ 384

46/ 주씨朱氏 _ 389

47/ 진씨陳氏 _ 394

48/ 차씨車氏 _ 397

49/ 채씨蔡氏 _ 401

50/ 최씨崔氏 _ 404

51/ 하씨河氏 _ 414

52/ 한씨韓氏 _ 416

53/ 허씨許氏 _ 447

54/ 홍씨洪氏 _ 459

55/ 황씨黃氏 _ 464

맺음말 _ 480

참고문헌 _ 493

1/ 강씨姜氏

강씨(姜氏)는 2015년 기준으로 전체 인구 수가 118만 명에 달해 인구수 기준 7위에 달하는 대성이다. 여러 본관이 있는 것으로 전해지고 있으나 진주(진양) 강씨만 116만 명에 달해 사실상 단일본이다. 진주 강씨의 시조는 고구려 영양왕 때 병마대원수였던 강이식(姜以式) 장군이다. 강이식은 고구려-수나라(고수) 전쟁의 영웅이었다. 고수전쟁이 발발한 직접적 원인은 선비족의 수나라가 강남 6국 중 하나인 진(陳)나라를 멸망시키고 중원을 통일한 이후 수문제 양견(楊堅)이 고구려 영양왕에게 다음과 같은 모욕적 조서를 보내왔기 때문이다. 신채호(1998: 242~243)의 『조선상고사』에는 『수서』를 인용하여 다음과 같이 기록하고 있다.

> "고구려가 비록 땅이 좁고 백성은 적지마는 이제 왕을 내쫓고 반드시 다른 관리를 보낼 것으로되, 왕이 만일 마음을 씻고 행실을 바꾸면 곧 짐의 좋은 신하이니, 어찌 반드시 달리 관리를 두랴. 왕은 잘 생각하라. 요수(遼水)가 넓다 한들 장강(長江: 양자강)과 어찌 비하며, 고구려 군사가 많다 한들 진국(陳國)과 비하랴. 짐이 만일 기를 생각을 두지 않고 왕의 허물을 책할진대, 한 장군을 보내면 족하리니 무슨 큰 힘이 들랴마는 그래도 순순히 타일러서 왕이 스스로 새로워지기를 바란다."

『삼국사기』에는 이 조서를 평원왕 32년(590년)에 받은 것으로 되어 있지만 『수서』에는 개황(開皇) 17년(597년)인 영양왕 8년에 보낸 것으로 기록되어

있다. 영양왕은 이에 분노하여 대책을 논의한다. 신채호(1998: 243)의 『조선
상고사』에는 이 상황을 다음과 같이 기록하고 있다.

> 영양왕이 이 모욕적인 글을 받고 크게 노하여 여러 신하들을 모아 회
> 답의 글을 보낼 것을 의논하니, 강이식(姜以式)이 "이같이 오만무례한
> 글은 붓으로 회답할 것이 아니요 칼로 회답할 것입니다." 하고 곧 개전
> 하기를 주장하니 왕이 그의 말을 좇아 강이식으로 병마원수를 삼아서
> 정병 5만을 거느리고 임유관으로 향하게 했다.

그 결과 고수전쟁이 발발하게 된다. 『삼국사기』「고구려본기」 '영양왕조'
에는 제1차 고수전쟁에 대해 다음과 같이 기록하고 있다.

> 9년(598)에 왕이 말갈의 무리 만여 명을 이끌고 요서(遼西)를 침공하였
> 는데, 영주총관(營州摠管) 위충(韋冲)이 이를 격퇴하였다. 수문제가 〔이
> 소식을〕 듣고는 크게 노하여 명을 내려 한왕(漢王) 양량(楊諒)과 왕세적
> (王世績)을 나란히 원수로 삼고 수군과 육군 30만 명을 거느리고 와서
> 〔고구려를〕 쳤다. 여름 6월에 문제가 조서를 내려 왕의 관작을 삭탈하
> 였다. 한왕 양량의 군대는 임유관을 나갔는데, 장마를 만나 군량 운반
> 이 이어지지 않아 군중에 먹을 것이 떨어졌으며, 거듭 전염병을 만났다.
> 주라후(周羅睺)는 동래에서 바다로 나가 평양성으로 향하였는데, 역시
> 바람을 만나 배가 대부분 표류하거나 침몰하였다. 가을 9월에 〔수의〕
> 군대가 돌아갔는데 죽은 자가 10명 중에 8~9명이었다. 왕 역시 몹시
> 두려워하여 사신을 보내 사죄하고 표(表)를 올려 '요동(遼東)의 똥 덩어
> 리 땅[糞土]의 신하 모(某)'라 칭하였다. 황제가 그제서야 군사를 물리

고 처음처럼 대하였다.

九年 王率靺鞨之衆萬餘 侵遼西 營州揔管韋冲擊退之 隋文帝聞而

大怒 命漢王諒·王世績並爲元帥 將水陸三十萬來伐 夏六月 帝下詔

黜王官爵 漢王諒軍出臨渝關 値水潦 餽轉不繼 軍中乏食 復遇疾疫

周羅睺自東萊泛海 趣平壤城 亦遭風 舡多漂沒 秋九月 師還 死者

十八九 王亦恐懼 遣使謝罪 上表稱 ‘遼東糞土臣某.’ 帝於是罷兵 待

之如初

이에 따르면 고수전쟁은 고구려 영양왕의 선제공격으로 시작되었다. 그런데 수나라의 30만 대군 중 육군은 장마와 군량부족, 전염병, 그리고 수군은 풍랑을 만나 배가 침몰하여 불가항력으로 자연의 힘에 의해 자멸한 것처럼 보인다. 이는 『삼국사기』가 『수서』, 『자치통감』 등 중국측 사서 기록를 그대로 옮겨다 적었기 때문인 것으로 분석되었다. 『수서』 「동이열전」 '고구려조'에도 아래와 같이 똑같은 내용의 기록이 등장한다.

이듬해에 원(元, 영양왕)이 말갈의 기병 만여명을 거느리고 요서에 침입하였는데 영주총관 위충이 물리쳤다. 고조가 이 소식을 듣고 크게 노하여 한왕(漢王) 량(諒)을 원수로 삼고 수군과 육군을 총동원하여 고[구]려를 치게 하는 한편, 조서를 내려 그의 작위를 삭탈하였다. 이때 군량 수송이 중단되어 육군(六軍)의 먹을 것이 떨어지고, 또 군사가 임유관을 나와서는 전염병마저 번져 왕의 군대(王師)는 기세를 떨치지 못하였다. [수나라 군대가] 요수에 진주하자, 원(元)도 두려워하여 사신을 보내어 사죄하고 표문을 올리는데, '요동(遼東)의 똥 덩어리 땅(糞土)의 신하 원(元) 운운(云云)'하였다. 고조는 이에 군사를 거두어들이고, 과거와 같이 대우하였다.

明年 元率靺鞨之衆萬餘騎寇遼西 營州總管韋沖擊走之 高祖聞而
大怒 命漢王諒爲元帥 總水陸討之 下詔黜其爵位 時餽運不繼 六軍
乏食 師出臨渝關 復遇疾疫 王師不振 及次遼水 元亦惶懼 遣使謝罪
上表稱「遼東糞土臣元」云云 上於是罷兵 待之如初

전쟁을 수행한 당사자들은 모두가 자신들이 승리한 것은 더욱 부풀리고, 패배한 것은 축소 또는 은폐하는 것이 일반적이므로 항상 당사자들의 입장을 모두 파악한 후 기록하는 것이 원칙이다. 자료가 부족한 사정을 감안한다고 하더라도 자신들에게 불리한 것은 철저히 감추는 춘추필법으로 정평이 난 중국측의 사료를 그대로 전재하는 것은 너무 성의가 없다. 특히 영양왕이 "요동의 똥 덩어리 땅의 신하"를 자칭했다는 기록은 참으로 어처구니없는 가짜 기록으로 볼 수밖에 없다.

더욱 중요한 문제는 고구려와 접전 한 번 없이 수나라 군대의 80~90%가 전사했다는 것은 상식적으로 납득할 수 없다. 더구나 『삼국사기』에는 강력한 응징을 천명한 강이식 장군의 이름이 한 글자도 나오지 않는다. 같은 사건에 대해 신채호(1998: 244)는 『서곽잡록(西郭雜錄)』과 『대동운해』의 기록을 대조한 후 『서곽잡록(西郭雜錄)』의 기록을 인용하여 병마원수 강이식 장군이 이끄는 고구려 수군이 먼저 바다 가운데로 들어가 수군을 격파하여 보급로를 끊고, 이어 수성전을 펼치니 굶주린 수나라 육군이 퇴군하기에 이르른다. 이에 강이식이 5만 군사로 이를 추격하여 대승을 거둔 것이라고 전하고 있다. 제1차 고수전쟁, 즉 임유관 대첩의 주인공은 바로 강이식 장군이었던 것이다.

이에 대해서는 2006년 7월 1일부터 100부작으로 방영된 SBS 드라마

『연개소문』에 자세하게 묘사되어 있다. 그런데 여기서도 임유관 대첩의 주역이 강이식 장군인지 아니면 을지문덕인지 구분하기 어렵게 그리고 있다. 드라마에서 강이식은 대장군으로, 을지문덕은 대모달로 등장한다. 그런데 고구려의 군대 위계상 강이식 장군이 전체 전쟁을 지휘한 것으로 분석되며, 을지문덕은 강이식 대장군의 휘하 장수였다. 따라서 엄밀하게 전공을 따지자면 강이식 장군이 월등하다고 말할 수 있다.

이후 『삼국사기』 「고구려본기」에 따르면 영양왕 23년(612년) 수양제가 탁군에 집결하여 113만 명 또는 200만 명의 군대를 집결시켜 출발하였는데, 40일에 걸쳐 그 깃발이 960리에 뻗쳤다고 한다. 그런데 고구려군의 반격으로 요수를 건너는 데만 두 달이 걸렸다고 하며, 결정적으로 요동성에서 막혀 오도가도 못하였다. 이때 요동성(한(漢)의 양평성(襄平城)으로 연나라 장성의 동단에 위치)을 수비하던 장수가 병마도원수 강이식 장군인 것으로 분석된다. 강이식은 당시 요동 지역의 방어를 총괄하는 위치에 있었다. 요동성에 막혀 침략이 저지되자 수양제는 우중문과 우문술의 별동대 30만으로 평양성을 공격하였으나 살수에서 을지문덕 장군에게 몰살당하니 이것이 이른바 살수대첩이다.

강이식을 시조로 하는 진주 강씨(姜氏)는 염제(炎帝)의 후손으로 태양을 숭배하던 축융족(祝融族)이다. 염제의 염(炎)은 불(火)이 둘이나 들어 있어 이들이 얼마나 태양을 숭배했는가를 알 수 있다. 염제는 동이족의 저명한 지도자였다. 염제(炎帝)는 중원의 상고시대 강(姜)씨 부족 지도자의 존칭으로, 호는 신농씨(神農氏)이다. 염제는 한 사람을 가리키는 것이 아니라 강씨 부락의 지도자를 가리키는 명칭이었던 것이다. 강씨 부락의 수장은 불을 쓸 줄 알고 왕위를 얻었다고 하여 염제(炎帝)라고 불렀다. 백도백과에 따르면 신농이 강씨 부족에서 일어난 이후부터 모두 9대의 염제가 있었으며, 신농의 후손이 모두 530년간 제위를 전하였다고 한다.

염제가 살던 시기는 신석기 시대이다. 염제의 고향은 섬서성 보계, 호남 회동현 연산, 호남 주주의 염릉현, 호북성 수주, 산서 고평, 하남 자성(柘城) 등 모두 6개 지역이라는 논쟁이 있다. 염제 부족의 활동 범위는 황하(黃河) 중하류, 강수(姜水){지금의 보계시 위빈구의 청강하(淸姜河), 또는 보계시(寶鷄市) 기산(岐山) 현 기수(岐水)}이다. 이 일대에서 강씨 부락이 번성하기 시작하여 처음에는 진 (陳)땅으로 도읍을 정했다가 다시 산동 곡부(曲阜)로 도읍을 옮겼다.

염제의 우두머리는 백초를 직접 맛보고 약초로 병을 고치도록 발전시켰 다고 전해지고 있다. 그는 칼과 화작을 발명하여 땅을 갈아 엎는 두 종류의 번토 농기구를 창조하고 황무지를 일구어 식량작물을 심었고, 또한 부족민 들을 이끌고 음식용 토기와 취사도구를 만들었다.

사마천은 『사기』에서 황제를 화하족의 조상으로 설정하고, 염제는 동이 족으로 화하족의 제후들을 침략하려 하자 판천전투에서 황제가 세 번 싸워 마침내 염제를 물리쳤다고 했다. 그래서 『사기』「오제본기」의 첫 머리는 "황제(黃帝)는 소전(少典)의 아들이다(黃帝者 少典之子)."로 시작한다. 염제의 후 손인 동이족 강씨는 역사상 가장 오래된 성씨 중 하나로 서강(西羌)족과 그 뿌리가 같은 것으로 파악된다. 염제가 태어난 곳이 강수(姜水)여서 강수의 이름을 따서 성씨로 삼았다. 강수는 섬서성 보계시 기산현 일대의 청강하 (淸姜河)를 가리킨다. 염제가 이곳에서 탄생하고 활동했다.

염제의 어머니 임사(任姒)는 소전(少典)의 정비로 이름은 여계(女癸)이다. 백 도백과 검색결과에 따르면 여계는 화양(華陽)에서 햇볕을 쬐는 사이에 신룡 (神龍)에 감응해 임신하여 염제를 낳았다고 한다. 강성은 '계'(癸)에서 유래했 다. 즉 계+여=강(癸+女=姜)이다. 강(姜)의 본래 의미는 여계(女癸) 소생이라는 것이다. 여계(女癸)는 소전 임금에게 출가하였는데, 낳은 아들 모두의 성을

'강'이라 하였다. 강씨 후손은 대부분 여계의 후손이다. 갑골문의 뜻에 따르면 강(姜)은 계녀(癸女)의 합체자(合體字), 즉 계녀의 소생이란 뜻이다.

염제는 태양신을 가리키기도 한다. 염제 계열 양계 지명이 존재하고, 축융족도 존재한다. 염제 이전에는 구석기 시대로 수렵과 채취를 통해 살다가, 염제가 농업을 시작하면서 신석기 시대로 접어들었다. 그래서 염제를 불의 신 또는 농업의 신이라고 부른다. 농경족의 태양신 숭배로 인해 남방을 다스리는 신으로 자리잡았다. 염제는 황제보다 훨씬 이전에 활동한 것으로 파악되고 있으며, 『한서』「율력지」에는 황제가 이겼다는 판천전투는 염제가 아니라 염제의 후손을 대상으로 한 것이었다고 기록하고 있다.

『주역』에 이르기를 "신농씨가 세상을 떠나자 황제(黃帝)씨가 일어났다."고 한 것은 화(火)가 토(土)를 낳기 때문에 토덕(土德)이 되는 것이다. 염제의 후손과 판천(阪泉)에서 싸워 드디어 천하에 임금노릇을 했다.

易曰:「神農氏沒, 黃帝氏作.」火生土 故為土德 與炎帝之後戰於阪泉 遂王天下

『산해경』「해내경」에 따르면 불의 신 축융과 물의 신 공공, 땅의 신 후토와 시간의 신 열명 등이 모두 염제의 자손들이다. 고대 강씨의 유명 인사는 서주(西周)시기 정치가이자 군사가이며 책략가인 강자아(姜子兒·본명 여상)였다. 염제의 후예인 강태공, 즉 여상(呂尚)은 주나라의 개국 원훈으로 제나라 창건자이기도 하다. 주나라 왕조를 도와 천하를 얻었다는 이유로 여에 봉해졌기 때문에 봉지에서 여(呂)라는 성을 따온 것이다.

강태공은 일흔두살이 될 때까지 빈한한 생활을 하였다. 그러나 상나라 말기에 주(紂)임금이 동이족들에 대한 무차별적 공격을 강화하면서 민심이 상나라에서 이반하는 상황을 잘 알고 있었다. 그는 한때 주임금을 섬겼으나 주가 무도하여 그를 떠났다. 상나라는 서강족(西羌族)을 빈번히 공격하여 서쪽에서 상나라를 공격하려는 기세가 크게 일어나고 있었다. 강태공은 이러한 시대적 흐름을 읽고 위수(渭水)에서 독서와 낚시로 때를 기다리고 있었다. 위수는 황하가 几 자 모양으로 흐르는 아래의 열린 부분을 따라 흐르는 강이다. 상나라 말기에 이곳에는 훗날 주나라 세력들이 기반을 두고 있었다. 염제가 태어난 보계시와 강수는 모두 위수 인근에 위치하고 있다.

『사기』「제태공세가」에 따르면 강태공은 이곳에서 주문왕인 서백후(西伯) 희창(姬昌)을 만나 그의 수석 참모가 되어 희창의 패업을 보좌하였다. 주문왕 시기에 이미 천하의 3분의 2가 주나라에 귀의하였는데, 이는 대부분 태공의 권모와 계책 덕분이었다. 그리고 주무왕이 등극하자 주나라의 군통수권자가 되어 목야전투에서 4만 5천의 군사로 상나라의 70만 대군을 격파하였다. 이로써 상나라를 멸망시키고 주나라를 건국할 수 있었다. 그는 제후(齊侯)에 봉해져 산동성을 기반으로 하는 제나라를 건국하였다.

여기서 중요한 것은 강태공은 주나라에 머물지 않고 주무왕을 떠나 일찌감치 제나라의 영구(營丘)에 봉해져 임지로 떠났다는 사실이다. 주나라는 건국 후 제후들을 봉하여 분할통치하는 봉건제를 실시하였기 때문에 주나라 자체는 실권을 갖기 어려웠다. 따라서 강태공은 이러한 봉건제의 특성을 어느 정도 눈치채고 제나라라는 노른자위 땅에 봉해져 나라를 세운 것이다. 강태공이 제나라의 봉지인 영구에 도착하자마자 토착세력인 동이 래이족과 나라를 다투었다. 그런데 강태공이 전략가라는 점을 감안하면 래이족과 커다란 갈등 없이 상호공존하는 방식으로 합의점을 찾은 것으로 분석된다. 기록에는 강태공이 토착세력의 풍습을 귀히 여겼고 예절을 간소화시켰다고 한다. 그리고 소금과 생선으로 상업을 크게 일으키니 제나라의 경제가 발전하여 내부적 갈등이 원만히 해소되고 나라가 부강해졌다.

주성왕(成王)이 어릴 때 주무왕이 죽자 주공단이 섭정을 하게 되었다. 이에 주공단에 반대하는 관숙(管叔)과 채숙(蔡叔)이 반란을 일으키고 회이(淮夷)가 주나라에 반기를 들었다. 이에 소강공(召康公)을 보내 강태공에게 다음과 같이 명령하였다.

동쪽으로는 바다에 이르고, 서쪽으로는 황하, 남쪽으로는 목릉(穆陵), 북쪽으로는 무체(無棣)에 이르기까지 다섯 등급의 제후와 구주(九州)의 우두머리들이 죄과가 있으면 정벌하도록 하라.
東至海 西至河 南至穆陵 北至無棣 五侯九伯 實得征之

목릉은 산동성 임구(臨朐) 동남쪽이고, 무체는 산동성 빈주시의 북쪽이다. 제나라는 이렇게 정벌권을 가짐으로써 대국이 되었다. 영구(營丘)를 도읍으로 삼았다. 강씨의 제나라는 환공 시기에 자신에게 화살을 쏘아 죽이려 한 관중(管仲)을 재상으로 등용하여 춘추시대 최초의 패자가 되었다. 제환공은 동이족에 대한 북벌을 단행하였는데, 그 범위는 주성왕 시기에 부여받은 범위를 크게 벗어나지 않은 것으로 분석된다. 관중은 존왕양이(尊王攘夷)를 철저히 준수한 사람으로 주성왕이 내린 정벌권의 범위를 넘어설 수 없었다.

전국시대에 강씨의 제나라는 전화(田和)에 의해 멸망하면서 그 후손들이 뿔뿔이 흩어져 여씨 성을 가진 자도 있고 강씨 성을 가진 자도 있었다. 선진시대 강씨가 활동한 지역은 주로 감숙(甘肅)과 산동(山東)이었다. 강씨의 역사는 5,000년 이상, 성씨로서는 제나라가 멸망한 뒤부터 적어도 2,300년이 흘렀다. 진한 때 강씨는 하남 영보(靈寶)의 함곡관(函谷關)에서 동쪽으로 이미 대족으로 발전하여 관동 대족으로 서쪽으로 이주하여 관중(關中) 지역을 차지한 후, 염제가 태어난 천수(天水)에 유명한 군망을 형성하였다. 중국 강씨는 현재 460만 명으로 백가성 순위 50위이다.

강태공으로부터 지금까지 역사적으로 수많은 성씨가 강씨에게서 번성해 왔으며, 어떤 성은 또 다른 기원을 갖고 있었지만, 강씨는 이들의 최초 또 는 가장 중요한 기원으로 밝혀졌다. 그중에는 대표적으로 여(呂)씨, 허(許) 씨, 제(齊)씨, 고(高)씨, 국(國)씨, 방(方)씨, 문(文)씨, 신(申)씨, 노(盧)씨, 기(紀)씨, 정(丁)씨, 최(崔)씨 등이 포함되어 있다.

2/ 강씨康氏

우리나라 강씨는 2015년 인구조사 기준 9만2천 명이다. 황해남도 신천군을 본관으로 삼는 신천 강씨(信川 康氏)가 5만3천 명으로 가장 많고, 그 다음으로 황해남도 곡산군 본관의 곡산 강씨(谷山 康氏) 2만9천 명 등의 순이다.

신천 강씨의 시조는 고구려 출신의 강호경(康虎景)이다. 강호경의 14세손 강지연(康之淵)이 고려 명종(明宗) 때 문하시중(門下侍中)을 지냈고, 몽골 침략으로 강화도(江華島)로 천도할 때 왕을 호종한 공신으로 신성부원군(信城府院君)에 봉해졌다. 황해남도 신천(信川)은 고구려 시기에 승산군(升山郡)이었고 고려 시기에는 신주(信州)라고 불렀다. 신천 강씨(信川 康氏)의 시조 강서(康庶)는 신천 강씨 중시조 강지연(康之淵)의 6세손이다.

중원의 강씨(康氏)는 다양한 기원을 가진 성씨이다. 먼저, 강씨는 희성(姬姓)에서 처음 나왔다고 한다. 『사기』 「위강숙세가」에 따르면, 주공단은 삼감의 난을 평정한 이후 무경의 은나라 유민들을 강숙(康叔)에 봉하여 위(衛)나라 군주로 삼아 하수와 기수 사이의 옛 상허(商墟)에 거주하게 하였다. 이렇게 해서 위(衛) 강숙(康叔)은 서주 시기 위나라의 초대 군주가 되었다. 성은 희(姬)이고, 이름은 봉(封)이다. 주문왕의 아들이고, 주무왕의 동생이다. 강숙은 강씨의 득성시조이다. 강숙과 그 아들 강후(康候)는 우리나라 신천 강씨의 비조이다. 강숙은 지금으로부터 3천여 년 전의 인물이다.

『원화성찬』과 『성원』에 따르면 강씨의 시조는 강숙이다. 강숙은 주무왕의 동생이었다. 강(康){지금의 하남성 우현(禹縣)}은 옛날에 강숙이라 불렀다. 주무왕 사후 나이 어린 성왕이 정사를 돌볼 수 없어 주공단이 섭정하였다. 이에 관숙, 채숙, 곽숙 등이 주공단을 의심하여 무강과 연합해 반란을 일으켰다. 강숙은 소위 삼감의 난을 평정하는데 참여했다. 그 결과 은나라 유민들을 강숙에게 통치하도록 해 위나라를 건국하였다. 주무왕의 동생인 희봉(姬封)은 서주 초 강성(康城)에 봉해졌고, 후손들은 그를 강숙(康叔)이라고 불렀다. 그는 정사를 잘 돌보고 백성들을 사랑하여 나라를 잘 다스리고 백성들의 사랑을 받았다. 사후에 시호를 '강(康)'이라 하였고, 후손들은 그 시호를 성씨로 삼았다.

상고시기 강씨 성은 중앙아시아 강국인과 그 후손이라는 것이 학계의 중론이다. 강씨의 시조는 모두 상주(商周) 시기의 위강숙으로 거슬러 올라간다. 강씨의 최초 발원지는 강숙이 봉해진 위나라(衛國){지금의 하남 동쪽과 산동 서쪽, 하북 서남쪽 일대}이다. 진나라 때 강씨는 동, 서쪽으로 번성하기 시작하였다. 강씨는 2021년 인구수 기준으로 75위에 해당한다. 백도백과에 따르면 안휘성, 사천성, 감숙성, 산동성, 섬서성 등 5개 성에 63%의 강씨가 살고 있다고 한다.

『통지』「씨족략」에 따르면 주무왕의 작은 아들 강숙의 시호는 '강'이고 후세들이 조상의 시호(또는 봉읍의 이름)를 성씨로 삼았다고 한다. 이들이 하남 강씨이다. 동주시대에 주정왕의 친동생 유강(劉康)은 '강'을 그 이름으로 삼았고, 후손들은 그 이름을 따서 강씨라고도 불렀다. 응소의 『풍속통』에는 "음씨(陰氏), 음강씨(陰康氏)의 후손으로 주나라에 음불영(陰不佞)이 있었다.[陰氏 陰康氏之後 周有陰不佞]"고 기록돼 있다. 음강씨는 본래 전설상의 여와의 후예이다. 지금의 섬서 상락(商洛) 일대에 음강국(陰康國)을 건국하였다. 이후 음강씨는 음씨와 강씨로 분화했다.

강씨는 서역의 강거국(康居国) 왕자 후손으로 나라 이름을 성씨로 삼았다고 한다. 『수서』에 따르면 "돌궐에도 강씨가 있다."고 한다. 돌궐은 6세기 지금의 신장 경내에 있던 유목민족이다. 서위(西魏) 시기에 정권을 세우고 강거왕(康居王)은 하서(河西)에 머물렀는데, 주로 중원의 서북 일대에서 번성하였다.『한서』「서역전」에 따르면 "장안에서 1만2천 리 떨어져 있다.[去長安萬二千里]"라고 기록되어 있다. 강거국은 대월지와 풍속과 종이 같고, 동쪽으로 흉노의 견제를 받은 것으로 나타난다. 한나라 초에 국세가 왕성하여 지금의 신장 북쪽 및 중앙아시아 일부 지역을 거느렸다. 진나라에 이르렀을 때 그들은 중원과 교류하였다. 당나라 시대에 이 나라는 여전히 존속하여 강국이라 불렸다.

『양서』「강현전(康絢傳)」에 따르면 한나라 때 서역(西域)의 강거국(康居國)이 그들의 왕자를 중원에 보내 신복(臣服)하였는데, 한나라 때 서역에 도호(都護)를 두었고, 그 왕자가 중원에 도착하자 하서(河西){하서회랑과 황수(黃水) 유역 일대}에 정착하여 후손들이 나라를 씨로 하여 감숙(甘肅) 강씨라 했다고 한다. 수당 때까지도 동아시아에 있던 이 나라는 강국(康國)으로 불렸다. 강씨의 군망은 경조군(京兆郡){지금의 섬서 서안}, 동평군(東平郡){산동 동평}, 회계군(會稽郡){강소 소주}, 진양군(晋陽郡){지금의 산서 태원} 등이다.

▨ 서역 강거국의 위치와 강역

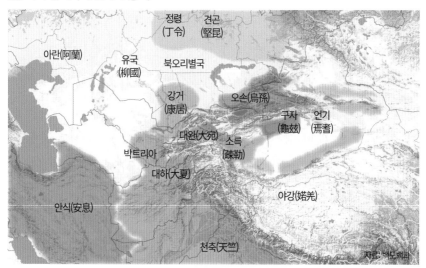

3/ 고씨高氏

우리나라 고씨는 2015년 통계청 조사 기준으로 47만 명이다. 그 중 제주 고씨가 31만 명으로 가장 많고, 장흥 고씨가 11만4천 명 등이다. 현재는 제주 고씨로 통합되어 탐라계 고씨가 46만 명에 달한다.

제주 고씨는 탐라의 왕족 성씨로서 시조는 고을나왕이다. 제주에는 고씨 이외에도 양씨와 부씨 등 3개의 성이 지배씨족을 이루고 있었다. 이들 세 성의 시조 탄생에 관한 삼성혈(三姓穴) 전설이 널리 알려져 있다. 『고려사』 「지리지」 '탐라현조'에는 삼성혈 사화가 다음과 같이 기록되어 있다.

탐라현은 전라도의 남쪽 바다 가운데에 있다. 고기에서 말하길, "태초에 사람이 없었는데 세 신인(神人)이 땅 속에서 솟아 올랐다.[한라산 북쪽 기슭에 구멍이 있는데, 모흥(毛興)이라고 한다. 이곳이 바로 그 땅이다.] 맏이가 양을나(良乙那), 둘째가 고을나(高乙那), 셋째가 부을나(夫乙那)라 하였다. 이들 세 사람은 황량하고 외진 산간으로 다니면서 사냥을 하여 그 가죽으로 옷을 삼고 고기를 먹고 살았다. 어느날 자주색 진흙으로 봉해진 나무 상자 하나가 동쪽 바닷가에 떠 들어오는 것을 보고 가서 이를 열어 보니, 상자 안에 또 돌 상자가 있었으며, 자주색 옷에 붉은 띠를 두른 사자(使者) 한 사람이 따라 나왔다. 그가 돌 상자를 열자 푸른 옷을 입은 처녀 세 사람과 망아지와 송아지, 오곡종자가 나왔다. 사자가 "저는 일본국의 사신입니다. 우리 왕이 이 세 딸을 낳고서 말하길, 「서해의 중악에 신의 아들 세 사람이 내려와 장차 나라를 세우고자 하지만 배필이 없다」 하고는 저에게 명하여 세 딸을 모시고 여기에 오도록 한 것입니다. 마땅히 배필로 삼아 대업을 이루소서.”라고 말하고 홀연히 구름을 타고 가버렸다. 세 사람이 나이 순에 따라 세 여자를 아내로 삼고서, 샘이 달고 땅이 비옥한 곳으로 가서 화살을 쏘아 땅을 점치고는 양을나가 사는 곳을 제일도(第一都)라 하고, 고을나가 사는 곳을 제2도(第二都), 부을나가 사는 곳을 제3도(第三都)라 하였다. 처음으로 오곡의 씨를 뿌리고 또 가축을 길러 날로 부유하고 자손이 번성하였다.

耽羅縣在全羅道南海中 其古記云 “太初無人物 三神人 從地聳出 [其主山北麓 有穴曰毛興 是其地也] 長曰良乙那 次曰高乙那 三曰夫乙那 三人遊獵荒僻 皮衣肉食 一日見紫泥封藏木函 浮至于東海濱 就而開之 函內又有石函 有一紅帶紫衣使者 隨來 開石函 出現靑衣處女三 及諸駒犢五穀種 乃曰 ‘我是日本國使也 吾王生此三女云 「西海中嶽 降神子三人 將欲開國 而無配匹.」 於是 命臣侍三女 以來爾 宜作配 以成大業’ 使者忽乘雲而去 三人 以年次 分娶之 就泉甘土肥處 射矢卜地 良乙那所居 曰第一都 高乙那所居 曰第二都 夫乙那所居 曰第三都 始播五穀 且牧駒犢 日就富庶

삼성혈 사화가 언제 만들어졌는가를 살펴보려면 고기에 등장하는 ‘일본국 사신’에 주목할 필요가 있다. 열도에 나라가 건국된 것은 2세기 이전으로 소급되기 어렵다. 더구나 일본국이라는 칭호가 대외적으로 사용된 것은 가장 빠른 것이 『신당서』 「일본조」에 등장하는 함형 원년(670년)이다.

왜(倭)란 이름을 싫어하여 일본(日本)으로 이름을 바꾸었다. 사신(使臣)

이 스스로 말하길, 나라가 해 뜨는 곳에 가까우므로 이로써 이름을 삼았다 한다.

惡倭名 更號日本 使者自言 國近日所出以為名

일본왕이 사신을 보낸 것은 2~3세기의 신공왕후가 최초이다. 『삼국사기』「신라본기」에 "아달라이사금 20년(173년) 여름 5월에 왜(倭)의 여왕 히미코[卑彌乎]가 사신을 파견하여 예물을 보냈다"고 기록되어 있다. 그리고 『삼국지』「위지동이전」'왜'조에는 경초 2년(238년) 왜 여왕 비미호가 중원에 사신을 보낸 것으로 나온다. 그리고 일본국이라는 호칭을 사용한 것은 7세기 말이다. 따라서 삼성혈 사화는 2세기부터 7세기말 사이에 만들어졌다는 것을 알 수 있다. 일본국이라는 명칭이 처음 사용된 시기는 고구려 멸망(668년) 시기와 맞닿아 있다.

삼신 중 고을나가 제주 고씨(濟州高氏)의 시조가 되었다. 제주 고씨는 시조 고을나왕부터 45세손 자견왕까지 탐라 군주를 세습해오다 46세손 말로가 고려에 입조하여 그가 모든 탐라계 고씨의 중시조가 되었다고 한다. 고말로의 후손들이 여러 본관으로 나뉘었는데, 최근 합본하여 고을나를 시조로 하고 본관을 제주로 하는 '제주 고씨 중앙종문회'를 만들었다. 그 결과 전남 장흥을 본관으로 하는 장흥 고씨는 제주 고씨 장흥백파가 되었다. 장흥백파 출신으로 임진왜란 당시 의병장 고경명(高敬命)이 있다.

탐라라는 국명은 고을나의 15세손 3형제가 배를 타고 바다를 건너 탐진(耽津)[전남 강진]에 이르렀고, 이후 내륙에 들어올 때 탐진에 정박하였기 때문에 탐라(耽羅)라고 정한 것으로 분석된다. 탐라는 고려 시대까지도 자치를 한 것으로 나타난다. 고씨는 고구려와 연관이 있는 성씨로 분석된다. 그런데 탐라는 고구려 이전에 부여계인 마한백제에 정복되어 백제에 귀속되어 있었다. 『삼국사기』「백제본기」에는 문주왕 시기인 476년에 "탐라국(耽羅國)에서 토산물을 바치니 왕이 기뻐하여 사신을 은솔(恩率)로 삼았다."라는 기록이 등장한다. 그리고 동성왕 시기인 498년에 "왕이 탐라가 공물과 부세를 바치지 않는다 하여 직접 정벌하려고 무진주(武珍州)에 이르니 탐라가 이를 듣고 사신을 보내 죄를 빌었으므로 그만두었다."는 기록이 있다.

중원의 고씨는 상고 황제(黃帝) 시기에 처음 등장한다. 『세본(世本)』에는 "황제의 신하인 고원(高元)이 궁실을 만들었다."라고 기록되어 있다. 『죽서기년』에는 황제가 "유웅(有熊)에서 살았다."고 한다. 유웅은 지금의 하남성 정주시 신정을 가리킨다. 춘추시기 제나라 강태공의 6세손인 제문공 강적(姜赤)의 후손들이 선조들의 봉읍을 성으로 삼아 고씨라 하였다. 백도백과에 따르면 고씨는 다양한 기원을 갖고 있는 매우 오래된 성씨이다. 중원 대륙 백가성 순위 19위로 인구수는 약 1,477만 명이다. 어양(漁陽), 요동(遼東), 광릉(廣陵){지금의 강소성 양주시}, 하남(河南){지금의 낙양 일대} 등을 군망으로 한다. 고씨의 주류는 하남성에서 발원하였지만 춘추시대 이후 산동성의 제나라와 노나라로 다수가 이주하여 현재는 산동성에 가장 많은 고씨가 살고 있다. 고씨의 득성시조는 고혜(高傒)이다.

『신당서』「재상세계표」에 따르면 "고씨는 강성에서 비롯된 성씨이다.[高氏 出自姜姓]"라고 한다. 염제가 고씨의 혈연시조인 것이다. 염제가 강수에서 살았기 때문에 강씨라 했다. 『일주서』「제59편」'왕회'의 기록에 따르면, 서기전 11세기 주성왕 시기에 개최된 성주지회(成周之會)에 고이(高夷)가 참석한 것으로 나타나고 있어 고씨는 매우 오래된 성씨라는 것을 알 수 있다. 백도백과에 따르면 고이는 고구려족으로 전욱 고양(高陽) 임금과 제곡 고신(高辛) 임금의 후손으로 파악된다. 『급총주서』「왕회해」에 대한 공조(孔晁)의 주석에서 이르길 "고이는 동북의 동이족 고구려다.[高夷 東北夷高句驪]"라고 했다.

고씨는 춘추 시대에 제나라에서 번성했다.

염제의 후손 강태공은 서주 초에 주문왕을 보좌하여 제나라를 건국했다. 강태공의 8세손 제문공 강적의 차남이 고읍(高邑)[산동성 우성현]에 봉해져 공자 고(高)라고 불리웠다. 『통지』「씨족략」에는 춘추 시기에 제나라 공자 고의 손자가 고를 성씨로 삼기 시작했다고 한다. 즉 고의 손자인 혜가 조상의 이름을 성씨로 삼아 고혜(高傒)라 한 것이다.

고혜가 제나라 상경이었을 때 공자 소백을 제환공으로 옹립함으로써 제나라에서 막강한 권력을 행사했다. 제환공(서기전 685년~서기전 642년)은 춘추 최초로 패자에 오른 군주이다. 강태공의 후손 제양공 사후 공자 소백과 공자 규가 치열한 왕위쟁탈전을 벌였다. 서기전 686년 고혜는 국의중(國懿中)과 함께 거나라에 망명 중이던 소백을 공자 규보다 먼저 제나라에 데려와 환공으로 즉위하도록 만드는 데 1등 공신이 되었다. 이에 대해 사마천의 『사기』에는 다음과 같이 기록되어 있다.

소백은 어려서부터 대부 고혜와 좋은 관계를 유지했다. 옹림의 사람들이 무지를 죽이고 임금 세우는 일을 논하게 되자, 고혜와 국의중은 먼저 거나라로부터 소백을 아무도 모르게 불렀다. 노나라도 무지가 죽었다는 소문을 듣고 군사를 내어 공자 규에게 보내고는 관중에게 별도로 병사를 거느리고 가서 거나라로 통하는 길을 막아 버렸다. [관중이] 소백의 허리띠의 쇠 부분을 쏘아 맞혔다. 소백이 죽는 시늉을 하였는데, 관중은 사람을 시켜 달려가 노나라에 알리게 했다. 노나라는 [공자] 규를 호송하는 행군을 늦추어 엿새 만에 제나라에 이르렀으나, 소백이 이미 들어와서 고혜가 그를 임금으로 세웠으니, 이 사람이 곧 환공이다.

小白自少 好善大夫高傒 及雍林人殺無知 議立君 高·國先陰召 小白
於莒 魯聞無知死 亦發兵送公子糾 而使管仲 別將兵遮莒道 射中 小
白帶鉤 小白詳死 管仲使人馳報魯 魯送糾者行益遲 六日至齊 則小
白已入 高傒立之 是為桓公

　위의 기록은 춘추 초기 역사에서 매우 중요한 의미를 갖고 있으며, 아주
유명한 사건이다. 제환공은 자신에게 화살을 쏜 관중을 재상으로 삼아 춘
추시대 최초로 패자의 반열에 올랐다. 그리고 고혜에게는 별도의 식읍인
노지(盧地)를 하사했다. 이뿐만 아니라 고혜는 제나라의 군정 대권을 가진
상경이 되었다. 그리고 발해 고씨의 시조일 뿐만 아니라 노씨(盧氏)의 시조
가 되었다. 이후 고혜는 관중과 함께 제나라의 개혁에 앞장서 제환공이 춘
추 패자로서의 길을 걸을 수 있도록 보좌했다. 제환공 24년(서기전 662년)에
는 노(魯)나라의 내란을 평정하고 노희공을 옹립하여 즉위할 수 있도록 했
다. 이로써 오랫동안 군주 자리가 비어 있었던 노나라를 안정시켰다. 이에
대해 『춘추공양전(春秋公羊傳)』에서는 "유망고자(猶望高子)", 즉 여전히 고자를
고대한다고 기록했다. 역사적 미담의 주인공이 된 것이다.
　제환공은 패자가 된 이후 지나치게 여색을 밝혀 희첩이 많았고, 부인 예
우를 받는 여인이 여섯 명이나 되었다. 그 결과 제환공이 죽자 또 다시 다
섯 명의 공자들 사이에 치열한 왕위쟁탈전이 벌어졌다. 제환공이 죽자 고
혜는 송양(宋襄)과 연합하여 내란을 공평하게 정하고 제효공을 추대하여 즉
위하도록 하였다. 고혜는 제나라 2대에 걸쳐 왕위 옹립의 주인공이 됨으로
써 킹메이커의 전형이 되었다. 평생을 제나라, 더 나아가 주나라에 중요한
영향을 끼쳐 '고자(高子)'라고 불리웠다.
　고혜의 7세손 고지(高止)는 공손채와 공손조의 배척에 부닥쳐 제나라를

떠나 북쪽의 연나라로 향했다. 고지의 9세손 고량(高量)은 송나라의 사도가 되었다. 고량의 10세손 고홍(高洪)은 동한 시기에 발해군수가 되었다. 고홍의 후손들이 어양 고씨와 요동 고씨, 광릉 고씨(廣陵高氏)를 세웠다. 발해 고씨의 후손인 고백상(高伯祥)이 다시 경조 고씨(京兆高氏)를 세웠다. 이들 고씨들은 대부분 고혜를 시조로 받들고 있다.

고씨는 고구려 왕성 고씨에서 유래한 성씨이다. 『삼국사기』「고구려본기」와 『삼국유사』에는 "국호를 고구려라 하고 고를 성씨로 삼았다.(國號高句麗, 因以高爲氏)"는 동일한 내용이 등장한다. 그런데 『삼국유사』에는 이에 덧붙여 "본래 성씨는 해(解)씨였는데, 스스로 말하기를 천제의 아들로 햇빛을 받아 태어났으므로 고(高)를 성씨로 삼았다.[本姓解也 今自言是天帝子承日光而生 故自以高爲氏]"고 기록하고 있다. 건국 이후부터 멸망에 이르기까지 고구려 역대 왕들은 나라 이름인 고(高)를 성씨로 삼았다.

고씨의 시조 고혜는 발해 고씨의 시조이기도 하다. 그래서 고씨들 중 일부는 춘추 시기에 제나라를 떠나 북경 북동쪽의 어양과 요동 일대에 근거를 두고 살았다. 이에 대해 『춘추좌전』「양공 29년(서기전 544년)」에는 "가을 9월, 제나라 대부 공손채(公孫蠆)와 공손조(公孫竈)가 대부 고지(高止)를 북쪽의 연나라로 쫓아냈다. 고지가 제나라를 떠났다."라고 기록하고 있다. 제나라의 유력 씨족인 고씨들이 어양과 요동 일대에 근거를 갖게 되면서 이후 주몽이 고구려를 건국할 수 있는 기반을 갖춘 것으로 보인다.

백도백과에 따르면 고구려는 전한 시기에 현도군에 속했다. 전한 시기에 고구려가 존재했다는 것은 고구려의 건국 시기가 전한 이전으로 거슬러 올라간다는 사실을 보여준다. 『삼국사기』에는 주몽이 서기전 37년 부여 남쪽 압록강 일대의 졸본에서 고구려를 건국했다고 기록했다. 압록강 일대의 졸본이 어디인가를 살펴보기 위해서는 『삼국사기』 자체를 면밀히 검토할 필요가 있다. 주몽의 모친인 유화부인은 금와왕을 만나면서 다음과 같이 말했다.

"저는 하백(河伯)의 딸이고 이름은 유화(柳花)입니다. 여러 동생들과 함께 나가서 놀고 있었는데, 그때 한 남자가 있어 스스로 말하기를 천제의 아들 해모수라 하고 저를 웅심산(熊心山) 아래 압록강 인근의 방 안으로 꾀어 사통하고 곧바로 가서는 돌아오지 않았습니다. 부모는 제가 중매도 없이 다른 사람을 따라갔다고 꾸짖어 마침내 우발수에서 귀양살이[謫居]를 하게 되었습니다."

"我是河伯之女 名柳花 與諸弟出遊 時有一男子 自言天帝子解慕漱 誘我於熊心山下 鴨渌邊室中私之 即往不返 父母責我無媒而從人 遂謫居優渤水."

여기서 유화부인은 하백(河伯)의 따님이라고 했다. 그런데 하백은 고대 황하의 수신(水神)을 가리킨다. 백도백과에 따르면 하백은 고대 신화에 등장하는 황하의 수신으로 원래 이름은 풍이(馮夷)이고, 빙이(冰夷), 풍수(馮修)라고 쓴다고 한다. 진(晉)대의 『수신기(搜神記)』에는 그가 황하를 건널 때 익사(溺死)하자 천제(天帝)가 하백으로 임명하여 황하를 관리하도록 했다고 한다. 하백은 태산부군(泰山府君)의 사위도 되었다. 옛날 황하 일대의 화음(華陰) 동향(潼鄉)에 풍이(馮夷)라는 사람이 있었는데, 농사를 짓지 않고 오로지 신선이 되고자 하다가 황하를 건너는 도중 산 채로 물에 빠져 죽었다. 풍이가 죽은 후 억울한 원망으로 이를 갈며 황하를 미워하자 천제는 풍이에게 황하의 수신이 되어 황하를 다스리라고 했다. 그렇게 해서 하백이 된 것이다. 하백은 태호 복희의 딸 복비(宓妃)와 혼인했다고 한다.

하백은 천하의 하천을 다스리는 신으로 추앙받았다. 하백은 황하의 모양을 그려 하도(河圖)를 만들었다. 그런데 황하를 직접 다스릴 수 없자 임무를 방기했다. 그 결과 동이족의 명사수인 후예(后羿)의 부친 후노인(后老漢)이 황하에 빠져 죽었다. 예는 하백을 찾아 복수하려고 하였는데, 마침 하백이 황하의 치수를 하고 있던 우임금을 찾고 있었다. 하백이 황하를 헤매 다니던 예를 만나 대우(大禹)라고 생각하고 하도를 전해주려 하자 예는 하백에게 화살을 쏘아 오른쪽 눈을 멀게 만들었다. 하백은 어렵사리 하도를 우에게 전하고 황하로 돌아갔다.

우임금은 하백에게서 얻은 하도(河圖)를 활용하여 황하를 다스리는데 성공했다. 황하 치수에 등장하는 하백 풍이(馮夷)와 후예(后羿), 복비는 모두 동이족이다. 따라서 하백 신화는 모두 동이족들과 깊은 연관이 있다는 것을 알 수 있다. 『삼국사기』에 따르면 고주몽이 부여를 탈출할 때 건넌 강이 엄사수(淹㴲水)이다. 이 엄사수는 황하 하류와 가까운 곳에 위치한 강으로 『삼국사기』에서는 압록강 동북쪽으로 비정했다. 「광개토왕비문」에서는 '엄리대수(奄利大水)'라 하였고, 『삼국유사』 「고구려조」에서는 '엄수(淹水)'라고 했다. 모두 '물에 담그다'는 뜻의 '엄(淹)' 자가 들어간다. 따라서 고주몽이 건넌 강은 압록강, 즉 요수로 분석된다. 고대 시대에 요수가 압록강이라는 기록은 『삼국유사』에 나온다. 『삼국유사』 「권3」 '흥법'에는 "살펴보건대 고구려 때의 도읍 안시성(安市城)은 일명 안정홀(安丁忽)로서 요수(遼水)의 북쪽에 위치해 있었고, 요수는 일명 압록(鴨淥)으로 지금은 안민강(安民江)이라고 한다.[按麗時都安市城, 一名安丁忽在遼水之北, 遼水一名鴨淥今云安民江. 豈有松京之興國寺名]"고 기록했다. 따라서 고구려가 건국된 곳은 모두 황하와 요수 인근 지역인 것을 알 수 있다. 비류수도 현재의 북경 우측을 흐르던 요수 중류의 동쪽 지역을 가리키는 것으로 해석된다.

더 구체적으로 살펴보면 고구려의 건국지는 북경 북쪽에서 북동쪽으로 흐르는 백하와 어양 일대에서 만나 천진 동쪽으로 흐르는 조백하(潮白河) 일대로 파악된다. 『수경주』에 따르면 백랑하와 만나는 강(=조백하)이 요수이며, 고대 시대에 요수는 압록강으로 불리웠다. 『삼국유사』에서는 "고구려는 곧 졸본부여이다. 혹은 말하길 "지금의 화주(和州) 또는 성주(成州) 등이다."라고 하지만 모두 잘못된 것이다. 졸본주는 요동의 경계에 있다. … 졸본주[현도군의 경계이다]에 이르러 드디어 여기에 도읍을 정하였다. 하지만 궁실을 지을 겨를이 없어서 비류수 윗쪽에 오두막을 짓고 살며 국호를 고구려라 하였다.[高句麗即卒本扶餘也 或云 "今和州又成州等" 皆誤矣 卒本州在遼東界 … 至卒本州[玄菟郡之界.]遂都焉 未遑作宮室但結廬扵沸流水上居之 國號高句麗]"라고 했다.

『수서』「배구전」에는 "고죽국(孤竹國)이 고구려 땅이다."라고 했다. 또한 『구당서』는 "고(구)려는 본래 고죽국이다. 주가 기자를 봉해 조선이라 했다."라고 하였다. 『사기』「화식열전」에 따르면 서기전 3세기 무렵 부여는 연나라의 북쪽에 있었다. 『한서』「지리지」의 기록에 의하면, 고구려현은 유주의 현토군에 속한 3개 현 중 하나였다.[玄菟郡 武帝元封四年開 高句驪 莽曰下句驪 屬幽州] 『삼국사기』「고구려본기」와 『자치통감』 등에 "왕망이 크게 기뻐하며 조서를 내려 고구려를 (비하하기 위해) 하구려라고 고쳤다.[莽大說下書更名高句驪爲下句驪]"는 사실에 입각해보면 여기에 나오는 고구려(高句驪)가 바로 주몽이 건국한 고씨의 나라 고구려(高句麗)라는 것을 알 수 있다.

고구려 건국 시기의 경우에도 『삼국사기』「고구려본기」 보장왕 27년조와 『신당서』에는 "「고구려비기(高[句]麗祕記)」에 말하기를, '900년이 되기 전에 팔십(八十) 대장이 멸망시킬 것이다.[不及九百年, 當有八十大將滅之]'라고 하였는데, 고씨(高氏)가 한(漢)대에 나라를 세워 지금 900년이 되고, [이]적의 나이가 80입니다."라고 기록하고 있다. 그리고 『삼국사기』「고구려본기」 마지막 사론에는 "고구려는 진한(秦漢) 이후부터 중국의 동북 모퉁이에 끼어 있어, 그 북쪽 이웃은 모두 천자의 관아가 있고 어지러운 시대에는 영웅이 특별히 일어나 분에 넘치는 이름과 자리를 가졌으니, 두려움이 많은 땅에 살았다고 할 수 있다.[高句麗自秦漢之後 介在中國東北隅 其北隣皆天子有司 亂世則英雄 特起 僭竊名位者也 可謂居多懼之地]"고 했다. 그리고 『삼국사기』에서 광개토왕은 추모왕의 12세손이지만 「광개토왕비문」에는 17세손이라고 기록하고 있어 5대 왕이 삭제된 것으로 확인되었다. 『삼국사기』 「신라본기」 '문무왕'조에 안승(安勝)을 고구려왕으로 책봉하면서 책문(冊文)에서 말하길, "함형(咸亨) 원년(670) 경오 가을 8월 1일 신축에, 신라왕이 고구려의 후계자 안승에게 명을 내린다. 공(公)의 태조 중모왕(中牟王)은 덕을 산처럼 쌓고, 공을 남쪽 바다만큼 세워, 위엄 있는 풍모가 청구(青丘)에 떨쳤으며, 어진 가르침이 현토를 덮었다. 자손이 서로 이어져 뿌리와 줄기가 끊어지지 않았고, 땅은 천리(千里), 햇수는 거의 800년이나 되었다."라고 했다.

이는 모두 『삼국사기』 「고구려본기」에서 말한 서기전 37년이 고구려의 건국 시기가 아니라는 사실을 보여준다. 그리고 고고학적으로도 고구려 초기의 무덤군인 적석총이 서기전 3세기의 것으로 밝혀졌다고 한다. 이상의 여러 사료와 고고학적 유물의 시대검증에 입각해 북한학계는 『삼국사기』에서 말하는 갑신년[時朱蒙年二十二歲 是漢孝元帝建昭二年 新羅始祖赫居世二十一年 甲申歲也]이 서기전 37년이 아니라 서기전 277년이라고 밝혔다.

고구려는 고씨의 나라였다. 『신당서』의 "고씨(高氏)가 한대부터 나라를 세워 지금 900년이 되었다."는 기록이 이를 입증한다. 주몽은 전욱 고양(高陽) 임금의 후손임을 자처하여 고씨(高氏)라 하였다. 고구려의 고씨는 전욱 고양 임금에서 비롯된 것이다. 고양 임금은 오손 축융족의 시조이기도 한데, 오손 축융족들은 그 조상이 젖먹이 일 때 흉노의 공격으로 부모를 잃고 들판에 내쳐졌는데 늑대가 젖을 먹여 키웠다고 한다. 그 이후 늑대를 토템으로 삼았다. 그래서 맥(貊) 또는 박(狛)으로 불리웠다. 주몽은 예족의 나라 부여에서 비롯되었으므로 예맥족의 나라를 건국한 것이 된다. 고구려의 국왕이 고씨였기 때문에 고대 요동반도, 산동반도, 한반도에서 고씨들의 정치적 지위가 높았다. 고구려가 668년에 멸망한 이후 고씨들은 중원지방은 물론 한반도 이남 등지로 이주하여 고씨(高氏)로 불렸다. 2021년 현재 고씨는 산동지역에 가장 많은 인구가 살고 있다.

4/ 곽씨郭氏

우리나라 곽(郭)씨는 2015년 통계청 인구조사에서 20만 명으로 조사되었다. 그중 현풍(玄風) 곽씨가 16만7천 명으로 가장 많고, 그 다음으로 청주(淸州) 곽씨 2만1천 명 등이다.

현풍 곽씨의 시조는 곽경(郭鏡)이다. 그는 중원 관서(關西)의 홍농인(弘農人)으로 고려에 귀화했다고 한다. 고려 인종때 문하시중평장사(門下侍中平章事)를 지냈고, 포산군(苞山君)에 봉해졌다. 조선 시대에 포산현(苞山縣)은 현풍(玄風)으로 개칭되었다. 현재 지명은 대구 달성군 현풍읍이다. 청주 곽씨의 시조 곽상(郭祥)은 신라 헌강왕 때 시중을 역임했다.

중원에서 곽씨는 지명을 따라 성씨로 삼았다. 곽은 본래 거주 지역의 성(城) 이름을 족칭으로 삼은 것이다. 『상서』「요전」 '우공'에 따르면, 대우(大禹)의 부친 곤(鯀)이 처음으로 '성곽(城郭)'을 만들었다. 이러한 점에서 곽씨가 곤을 숭배한 것으로 보인다. 곽(郭)이라는 글자는 사방의 성루 전체의 형상을 닮았는데, 이를 토템의 지표로 삼은 것이다. 이에 따라 동성에 살면 동곽, 서성에 살면 서곽, 남성에 살면 남곽, 북성에 살면 북곽이라 부른 것이다. 곽씨는 상고 시기 우임금의 부친 곤의 시대에 이미 실존하던 매우 오래된 성씨이다. 시기로 보면 서기전 21세기에 달한다. 하나라 시대의 곽지(郭支)와 곽애(郭哀)의 후손들이다. 『노사』「국명기」에는 "곽애는 하나라 제후로 어가를 몰았으며, 박의 요성에서 살았다.[郭哀 夏候御 博之聊城]"고 적고 있다. 『포박자(抱朴子)』에 기록되기를 "우임금이 두 마리 용을 타고, 곽지가 용을 몰았다.[禹乘二龍 郭支之御]"라고 기록돼 있다. 상고 시대에 곽후가 있었고, 하나라 우임금의 어가를 몰았던 것이다. 곽지와 곽애는 중국 사서에 기록된 최초의 곽씨이다. 이 때문에 양성(陽城)[지금의 하남 등봉 동쪽] 등을 도읍으로 쌓은 하나라 시대 곽지와 곽애는 모두 후세에 곽씨의 시조로 인정된다.

백도백과에 따르면 곽씨의 출자는 다양하다. 먼저, 곽씨는 희성(姬姓)에 기원을 두고 있다. 서주 시기에 주무왕이 아버지 주문왕의 동생들인 괵중(虢仲)을 서괵에 봉하였다. 고대에 괵(虢)과 곽(郭)은 서로 통하는 글자였다. 주평왕(周平王)이 동쪽으로 이주할 때 서괵도 하남(河南)으로 옮겨 남괵(南虢)으로 개칭하였다. 춘추 때 진(晉)나라에 멸망당했다. 원래 서괵에 잔류한 사람들을 소괵이라 불렀는데, 이들은 진(秦)나라에 멸망당했다. 주무왕(周武王)은 숙부인 괵숙(虢叔)을 동괵에 봉하였는데, 지금의 하남 형양(滎陽) 북쪽이다. 주평왕은 동천(東遷)에 공이 있는 정(鄭) 나라에 동괵의 땅을 주고, 동괵은 산서성 남쪽의 평륙(平陸)으로 북천하였다. 이를 북괵이라 하는데 진(晉)

◪ 고대 곽국의 위치

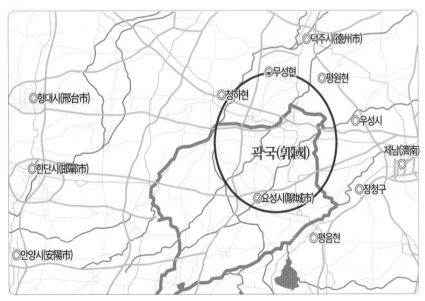

에 멸망당했다. 이와 별도로 괵숙의 손자인 괵서(虢序)는 산서성 태원 북쪽의 양곡(陽曲)에 봉하였는데, 호는 곽공(郭公)이었다. 네 개의 괵나라와 곽공의 후손들은 모두 곽을 성씨로 삼았다. 곽공 이후의 곽씨가 모든 곽씨의 핵심 지파이다. 곽공이 곽씨의 득성시조이다.

곽씨는 임성(任姓)에서도 비롯된 성씨이다. 황제(皇帝)가 우괵(禹虢)을 임(任)에 봉하였는데, 임씨족(任氏族)은 본래 황제 시대의 12개 중요 씨족 중 하나로 동쪽에 위치한 동이족(東夷族)이었다. 우괵은 임씨족의 지도자로서 임씨족의 조상이 되었다. 우괵의 후예가 하왕조 시기에 괵나라를 세웠는데, 중산 곽씨(中山郭氏)는 바로 옛 곽국에서 비롯된 성씨이다.

5/ 구씨具氏

우리나라 구씨는 2015년 통계청 조사결과 인구수가 19만3천 명이다. 이 중 전남 화순군 능주(綾州)면을 본관으로 하는 능성(능주) 구씨가 17만4천 명으로 사실상 단일본이다.

능주 구씨의 시조는 고려 시대에 검교상 장군을 지낸 구존유(具存裕)이다. 시조 이후 2세 평장사 구민첨(具民瞻), 3세 구연(具珚)으로 이어져 오다가 4세 손부터 12개 파로 나뉘었다. 화순 능주는 고대 지명이 이릉부리(尔陵夫里)였는데, 마한의 55개국 중 여래비리국(如來卑離國)으로 비정된다. 신채호(1998년)와 천관우(1979년)는 모두 음운상 여래비리는 이릉부리, 즉 화순 능주로 비정된다고 주장했다.

화순에는 전통적 사찰과 차이가 많이 나는 불교 사찰인 운주사가 위치하고 있다. 운주사는 영암 출신 도선(道詵)이 세웠다는 주장과 운주(雲住)가 세웠다는 주장, 마고(麻姑) 할미가 세웠다는 주장 등 다양한 기원설이 있다. 필자가 보기에 운주사의 석탑들은 여타의 석탑에 비해 정교하지 않고 탑의 전체적 외양이 투박하고 단순하며 매끄럽지 못한 것을 보면 아주 오래 전에 건립된 것으로 추정된다. 운주사에는 두 미륵불이 나란히 누워 있다. 화순의 고대 지명 이릉부리에서 부리는 부여라는 뜻으로 부여 세력들이 화순에 있었다는 것을 나타낸다.

중원의 구씨는 희성(姬姓)에서 기원하였다. 춘추 시기 노나라(魯國) 장군 구병(具丙)이 시조이다. 구병의 성씨를 따서 구씨라 하였다. 『좌전』 「양공 18년」(서기전 555년)에 기재되길, "주작의 거우 구병(具丙)도 무기를 내려놓고 곽최를 묶었다.[其右具丙亦舍兵而縛郭最]"라고 했다. 구(具) 자는 갑골문에 나오는 자형인데, 본래 고대 예기(禮器) 중 하나인 "정(鼎)"의 약자였다. 구(俱)와도 상통한다.

구(俱)는 사람 인(人) 변에 우측 변의 윗 부분은 정(鼎)을 가리키고, 아래 부분은 음식이 담긴 정기를 두 손으로 들고 있음을 나타낸다. 구는 원래 선진시기에서 한조에 이르기까지 식사나 술자리를 마련하여 제왕에게 음식을 올리던 수라관원의 장(長)인 대장금(大長今)을 의미했다. 대장금은 모두 음식 솜씨를 익혀 군주의 심복 측근이 되었으며, 이후 구씨(具氏) 또는 구씨(俱氏)라 했다.

춘추 말기 주영왕 희방 17년(서기전 555년) 가을, 제나라와 진(晉)나라 사이에 거대한 규모의 '평음전쟁(平陰之戰)'이 벌어져 노나라, 위나라가 참여하였다. 평음전투는 춘추 중기에 진나라와 제나라 간에 평음(平陰){지금의 산동 평음}을 쟁탈하기 위한 싸움이었다. 서기전 557년 진도공이 병사하자 그 아들 평공이 뒤를 이었다. 제나라는 진평공의 즉위 초기의 위기를 틈타 초나라와 친교를 맺고, 군사를 일으켜 노(魯)·위(衛)·조(曹) 등의 중원 맹국을 공격하여 진(晉)을 대신하는 패자를 칭하고자 하였다. 중원 연맹을 공고히 하고 패업을 지키기 위해 진평공이 친히 군사를 이끌고 출정하였다. 서기전 555년 진(晉)·노(魯)·송(宋)·위(衛)·정(鄭)·조(曹)·설(薛) 등 12개국 군대가 연합하여 제나라를 정벌하기 위해 제나라에 깊숙이 들어갔다. 제영공이 군사를 이끌고 평음에서 반격하였다. 진평공은 제후 연합군을 이끌고 군사를 두 갈래로 나누어 주력으로 평음의 제나라 군대를 공격하고, 나머지는 노·거(魯·莒) 국경을 거쳐 기몽산(沂蒙山)을 넘어 제나라의 수도 임치(臨淄)를 습격하려 하였다.

백도백과 검색 결과에 따르면 연합군 주력은 평음 공방전에서 제나라 수비군에게 커다란 타격을 가했는데, 사상자가 많이 발생하자 제영공은 야음을 틈타 슬그머니 도망쳤다. 진군과 노군이 제군을 뒤쫓고, 나아가 제나라의 도읍 임치를 에워싸고 진군이 일직으로 임치 동면을 치자 제나라는 참패했다. 연합군이 채택한 정면 강공은 '우회하여 포위공격(迂回包抄)'하는 전술과 결합하여 허장성세 등의 작전지도 방침으로 춘추시기 군사력 발전의 계기를 제공했다.

이 전쟁에서 구병은 병기를 버리고 곽최를 포박했다. 『춘추좌전』「노양공 18년」에는 "그리고서 활시위를 풀어 [식작(殖綽)을] 뒤에서 결박하니, [주작(州綽)의] 전차 우측을 담당하던 구병도 병기를 내려놓고서 곽최(郭最)를 결박하였다.[乃弛弓而自後縛之 其右具丙 亦舍兵而縛郭最]"고 적고 있다. 우군에 있던 노나라 장군 구병(具丙)이 제나라 장수 곽최를 생포한 것이다. 제나라 군대가 노나라를 침공했을 때 노나라 군대는 진나라 군대와 손을 잡고 제나라 군대에 저항해 승리를 거두었다. 구병(具丙)의 후손 가운데 선조의 이름을 성씨로 삼아 구씨라 하였다.

구씨는 고려 궁중시종 구씨(具氏)에서 출자한 성씨로서 직업 이름을 성씨로 삼았다. 구(具)의 옛 글자는 구(俱)인데, 이는 갑골문 자형에서 나왔다. 고려 궁정에서 전문적으로 제왕을 모시던 궁중 수라간의 대장 대장금이 있었다. 『삼국지』「한조」에 따르면 마한, 진한, 변한 등 삼한이 있었으며, 이후 4세기에는 고구려, 백제, 신라가 있었다. 이후 신라와 발해 이후 고려가 건국된다. 고려에는 궁중에서 왕후장상을 시중하던 구(俱)라는 직업이 있있는데, 세대를 이어가자 이후 구(俱)를 간소화하여 구(具)라 하고 이를 성씨로 삼았다.

6/ 권씨權氏

우리나라 권씨는 2015년 기준 인구수가 70만6천 명으로 인구수 기준 15위의 성씨이다. 이중 안동 권씨가 69만6천 명이고 예천 권씨는 4,500여명으로 사실상 안동 권씨 단일본이다. 안동 권씨의 시조는 권행(權幸)이다. 시조 권행은 본래 경주 김씨의 후손으로 본명이 김행(金幸)이라고 주장하고 있다. 후삼국 시대인 930년 왕건의 고려군과 견훤의 후백제군이 대치하는 가운데 고려군을 도와 고창전투에서 크게 승리하여 권씨 성을 사성받아 안동 권씨가 시작되었다고 한다.

백도백과에 따르면 중원의 권씨는 처음 자성(子姓)에서 출자하였으며, 나라 이름을 성씨로 삼았다고 한다. 본래 전욱 고양씨의 후손이다. 『신당서』 「재상세계표」에 따르면 권씨는 자성(子姓)에서 비롯되었다. 상탕이 걸왕을 멸망시키고 상나라를 건국한 후에 제23대 임금인 상고종(商高宗) 무정(武丁)이 아들 자원(子元)을 권읍{호북성 당양(當陽)}에 봉하고 공작의 작위를 주어 권국(權國)을 세우도록 했다. 자원을 권문정(權文丁)이라 불렀다. 권문정에서 시작하여 권나라는 상왕조 시대에 15명의 군주가 세계를 이어받았다. 이후 권나라 사람과 국군의 후손들이 나라 이름을 성씨로 하여 권씨(權氏)라고 불렀다. 권씨의 시조는 먼 조상 황제(黃帝)로까지 거슬러 올라간다. 한편 『통지』 「씨족략·이국위씨(以国爲氏)」에는 권씨가 원래 전욱 임금의 후예로, 자성(子姓)이며 상무제(商武帝)의 후예라고 기록되어 있다.

주무왕 희발(姬發)은 은상(殷商)을 멸망시킨 뒤 다시 자가(子嘉)를 권국(權國) 군주로 봉하고 호는 권갑공(權甲公)이라 불렀다. 권갑공은 서주 시기 권국의 초대 군주였다. 권갑공은 주무왕의 손아래 처남(內弟)으로, 주무왕의 명을 받아 권나라의 군주 자리를 이어받아 옛 권국의 터전을 잡았다. 서주에서 춘추 초기까지 권나라의 군주는 다시 6대가 이어졌다. 자성 권씨들은 대부분 상무정(子昭), 권문정(權文丁), 권갑공(權甲公) 등을 득성시조로 받들고 있다.

권나라의 강역이 지금의 호북성 경내에 있었기 때문에 서주 시대에는 남쪽으로 초나라, 그리고 서쪽으로 파(巴)나라와 접경하고 있었다. 춘추시대에 이르러 초무왕 웅통은 세력을 확장하기 위해 일련의 전쟁을 일으켜 자선(子誒)이 권후(權候)였을 때 권나라를 침공하여 병탄하고 그 땅을 권현(權縣)으로 바꾸었다. 그리고 초약오(楚若敖)의 손자 두민을 현윤(縣尹)으로 삼았다. 두민은 초나라의 축융족인 미성(羋姓)이었다. 망국 후 권나라의 잔존 세력은 남서쪽으로 이동해야 했고, 이들은 곧 파(巴)나라에 의해 멸망했다. 이후 두민은 권나라의 귀족들과 연합하여 반란을 일으켰으나 초군에게 포위되어 죽임을 당했다. 이에 그 후손들이 나라 이름을 따 성으로 삼았다.

사적(史籍)인 『명현씨족언행류고(名賢氏族言行類稿)』에 따르면 "권씨는 미성(羋姓)이다. 전욱(顓頊) 임금의 후손을 초(楚)에 봉했는데, 초약오(楚若敖)의 손자 두민이 권현에 봉해져 권씨라 했다. 진(秦)나라가 초나라를 멸망시키고 권씨를 롱서(隴西)로 옮겨 천수(天水)에 살게 되었다. 또 초무왕이 권나라에 승리하여 두민을 현윤으로 삼았는데, 영남군(嶺南郡) 당양(當陽)현 동남쪽에 권성(權城)이 있었다."고 한다. 이는 미성 권씨 일족을 가리키는 말이다. 미성 권씨족은 대부분 초두민(楚斗緡)을 득성시조로 받들고 있다.

이후 초무왕은 권나라의 세력이 다시 부활하는 것을 피하기 위해 권나라의 귀족들을 모두 초나라 변방의 성{지금의 호북성 형문(荊門, 나구성)}으로 이주시켜 통제하였다. 망국 이후 권나라의 귀족 자손과 국인들 중에 옛 나라 이름을 성으로 삼아 권씨라 하였다. 권나라가 초나라에 의해 멸망당한 후 권씨는 초나라의 대성(大姓) 중 하나가 되었다. 그러나 전국시대 말기에 이르러 초나라가 진나라에 멸망당하고 초나라의 많은 대성들이 농서로 강제 이주되자 권씨들은 지금의 감숙성 천수(天水) 일대로 옮겨 살았고, 점차 전국 각지에 분포하게 되었다.

권국이 위치한 호북성 당양(當陽)시는 초문화의 발상지이다. 이곳은 한강과 장강으로 둘러싸인 천연의 지형을 갖춘 곳으로『삼국지연의』에서 장비가 장판파대전을 치른 곳이기도 하다. 형양, 의창, 양양 삼각주의 중심지이다. 춘추시기에 강릉(江陵)이라고 불렀다. 신석기 시대의 유적이 다수 발굴되는 등 유구한 역사를 자랑하는 곳이다. 두보나 왕찬 등 중국의 저명한 시인들이 이곳에 찾아와 수십 편의 시를 지은 곳으로 유명하다.

조조의 10만 대군이 쳐들어 오자 장판파에서 장비가 홀로 조조군을 막아

📷 서기전 877년 호북성 경내 주왕실 분봉 권국의 강역 위치도

섰다. 이때 유비는 강릉으로 도피하였는데, 조조군을 장비와 조자룡이 막아내어 유비군이 무사히 강하로 피난해 삼국정립의 기초를 닦게 된다. 적벽대전의 전초전이 벌어진 곳이다. 초나라의 문화가 형성된 요지로 당양박물관에 수많은 유물들이 전시되어 있다. 중원 권씨의 군망은 천수군(天水郡)과 하남군(河南郡)이다.

7 / 김씨金氏

　김씨는 2015년 기준 1천69만 명으로 우리나라 인구의 1/5을 차지하는 대성이다. 김해 김씨는 446만 명으로 인구수 기준 한국 1위이고, 그 다음으로 경주 김씨 189만 명, 광산 김씨 93만 명, 김녕 김씨 58만 명 등이고, 안동 김씨, 의성 김씨, 김해(우록) 김씨, 강릉 김씨, 선산 김씨 등이 뒤를 잇고 있다.

　김해 김씨는 가야의 김수로왕을 시조로 삼고 있고, 경주 김씨는 신라의 김알지(金閼智)를 시조로 하고 있다. 경주 김씨와 김해 김씨는 흉노 출신 김일제(金日磾)와 김륜(金倫)의 후손으로 분석되고 있다. 이에 대해서는 아래에서 자세하게 살펴보도록 할 것이다.

　광산 김씨는 시조 김흥광(金興光)이 신라 말기에 국난이 일어날 것을 예측하고 무진주 추성군에 은거하였다고 한다. 김흥광은 신라 49대 헌강왕의 왕자라고 기록되어 있다. 이후 김길(金吉)이 고려 개국공신으로 삼중대광(三重大匡)에 오르자 김길의 조부 김흥광은 광산부원군(光山府院君)에 봉해졌다고 한다. 이후 조부의 작호(爵號)이자 세거지(世居地)인 광주 광산(光山)을 본관(本貫)으로 삼아 세계(世系)를 이어 왔다. 광산 김씨가 신라 왕족 출신인지 여부는 불확실하다. 나주에 있었던 마한 월지 세력이 흉노족 김씨와 치열하게 생사투쟁을 벌이던 시기에 광산 김씨가 이미 마한의 핵심 지역인 광산(光山)에 본관을 두고 있었던 것으로 보아 산동성에서 흉노 출신 김씨보다 먼저 한반도로 이주해 온 소호 금천의 직계 후손으로 분석된다. 소호 금천의 후손이 모두 흉노족이 된 것은 아니기 때문이다.

김녕 김씨는 1684년의 『강희갑자보(康熙甲子譜)』 서문에 "광주(光州)·나주(羅州)·안동(安東)·의성(義城)·경주(慶州)·광주(廣州)·수원(水原) 김씨(金氏)는 모두 김품언의 후예로 수원(水原)이 원래의 관향(貫鄕)이었다.[光羅安義慶廣水原之金皆其餘裔而水原卽我之舊貫也]"고 기록되어 있다. 안동 김씨 중에서 구(舊) 안동 김씨는 신라 경순왕의 손자인 김숙승(金叔承)을 시조로 하는 반면, 신(新) 안동 김씨 시조 김선평(金宣平)은 고려 왕건의 건국을 도운 공로로 대광(大匡)에 임명되었다.

의성 김씨는 경순왕이 고려에 항복한 이후 태조 왕건의 사위가 되었는데, 낙랑공주와의 사이에서 태어난 김석(金錫)을 시조로 하고 있다. 초기 족보에는 경순왕 후예 김용비(金龍庇)를 시조로 삼고 의성(義城)을 관향으로 하여 세계(世系)를 이어 왔다. 그런데 시조 김석(金錫)이 의성군에 책봉되었다는 점은 인정한다 하더라도 언제부터 의성을 본관으로 삼은 것인지가 불분명하다고 한다.

우록(友鹿) 김씨는 임진왜란 때 조선에 귀순한 사야가(沙也可)가 김충선(金忠善)이라는 이름을 하사받으면서 이어져 온 성씨이다. 사야가는 임진왜란에서 커다란 전공을 세워 선조에게 김씨 성을 하사받았다. 그런데 사야가는 백제계로 원래 사씨(沙氏)이다. 사씨는 전북 익산을 관향으로 하던 백제의 대성 팔족 중 하나였다. 『일본서기』의 기록에 따르면 사씨는 목씨 못지않게 강력한 세력이었다. 마한의 지원을 받는 금강백제 조정에서 상좌평을 수차례 배출했다. 금강백제 시기에 급속히 부상한 사씨는 주로 군산, 익산 등 전북 일대에 근거를 둔 금강유역 세력으로 볼 수 있다.

이들 중 대표적 인물로는 먼저, 사법명(沙法名)이 있다. 그는 백제 동성왕 (재위 479~501) 때 북위의 대군을 물리친 명장이다. 중원의 북부를 차지하고 있던 북위는 기병 수십 만의 병력으로 대륙백제를 침공해왔는데, 사법명 등의 장군이 이를 격퇴시켰다. 그 공로로 인해 사법명은 전북 옥구(군산)로 비정되는 매라왕(邁羅王)으로 책봉되었다. 다음으로, 사택기루(沙宅己婁)는 『일본서기』「흠명천황기」에 따르면 백제 성왕 대에 상좌평을 맡고 있었다. 무왕·의자왕 대에는 사택지적(砂宅智積)이 대좌평(大佐平)이었다. 사택적덕은 무왕 말기에 익산 미륵사 창건의 후원자로서 무왕의 익산 천도를 보좌하였다. 미륵사 「금동사리봉안기」에서 사택적덕의 딸이 백제 무왕의 왕후였다는 기록이 나오기도 하였다.

그리고 의자왕 시기에는 사택손등과 사택천복이 좌평을 역임하는 등 절정의 권세를 누렸다. 백제의 마지막 대좌평이라 할 수 있는 사택천복(沙宅千福)은 660년 7월, 백제멸망과 함께 의자왕과 부여융 및 왕족과 대신, 장수들과 함께 당으로 끌려갔다. 일본으로 도래한 백제유민 사택소명(沙宅紹明)은 『일본서기』671년에 부여자신(扶餘自信)과 함께 법관대보(法官大輔)로서 대금하의 관직을 받는 것으로 나오는데, 사후에 백제 관위였던 대좌평 관위를 하사받았다. 이처럼 사씨는 금강백제를 떠받치는 핵심 씨족이었다.

이들 사씨는 동이족 중 사이(沙夷)족의 성씨이다. 백도백과 검색 결과에 따르면, 사씨의 시조는 염제 신농으로 인정되고 있다. 염제가 부족의 지도자로 있을 때, 그 아래 신숙 사씨(臣夙沙氏)가 있었는데 이후 사씨로 성씨를 바꾸었다고 한다. 원래 은나라 탕왕의 후예로서 지명을 성씨로 삼았다.『잠부론』「지씨성(志氏姓)조」에 따르면, 사씨는 원래 상나라의 왕 제을(帝乙)의 후손이며, 상나라 시조 탕왕(湯王)의 후손이다. 이들은 산동을 비롯한 중원의 동북에도 다수의 세력이 포진하여 대륙 백제의 주축을 이루었던 것으로 파악된다. 사씨의 군망(群望)은 서기전 203년 여남군(汝南郡){현재의 하남 상채}이다.[1] 이곳은 축융의 터인 신정(新鄭)의 남쪽인 주마점시에 위치하고 있다.

1 https://baike.baidu.com/item/%E6%B2%99%E5%A7%93: 2020년 4월 30일 검색

주나라 무왕이 상나라를 멸망시킨 후 은나라의 3대 성인 중 한 명인 미자(微子)를 상구(商丘)에 봉하여 송나라를 건국하게 했다. 『춘추좌전』에는 상구라는 지명이 자주 등장하는데 이곳은 미자의 후손인 사씨와 밀접한 관련이 있다. 사씨 세력들은 중원에서 오랫동안 영향력을 행사했다. 위의 백도백과에 따르면 미자의 후손들 중에 이후 사읍, 또는 '사록(沙鹿)'에 봉해진 사람이 있는데, 사서에는 '하상지읍'(河上之邑)이라고 칭하며, 지금의 하북성 대명현{한단시와 복양시 사이}이 바로 그곳이다. 그래서 그를 사백이라고 불렀다.

그런데 송양공(宋襄公) 6년(서기전 645년)에 북쪽에서 흐르는 장하(漳河)와 남쪽으로 흐르는 위하(衛河)가 남북에서 사록 땅을 협공하는 상년충쇄(常年沖刷)로 인해 땅의 붕괴가 발생하였다. 그 결과 커다란 호수가 만들어 졌는데, 이를 '사택(沙澤)'이라 부른다. 이 시기에 사씨들은 자신들이 살던 지역의 이름으로 성을 삼았다.

🖼 사씨(沙氏)의 중원 내 주요 근거지와 한반도 이주

또, 다른 사씨 일파들은 서주 시기에 하북성 한단시 섭현(涉縣) 일대에 사씨 후국을 건국하였는데, 나라 이름을 따라 성씨를 삼았다고 한다. 섭현은 서한 시대에 사현(沙縣)으로 개칭되었는데, 전국시대 초기에 이곳은 조나라에 귀속되었다. 춘추시대 하북 지역에는 섭국이라는 방국이 존재했으며, 이는 태행산을 지나 동쪽의 하북 평원으로 연결되는 한단까지의 직선도로 상에 위치하고 있었다.

이 통로는 장치분지(長治盆地){산서성 장치시 분지}가 기남평야(冀南平野){하북성 남부지역}로 통하는 지름길로서 춘추 후기부터 전국 초기까지 조간자(趙簡子), 조양자(趙襄子) 등 진(晉)나라와 제(齊)나라 사이의 전쟁에서 빈번히 활용된 것으로 파악되고 있다. 그런데 조간자, 조양자의 가신 중 섭을 성으로 하는 이가 있는데, 그가 바로 사씨인 것으로 분석되고 있다. 이에 따르면, 섭씨는 조나라를 건국한 조씨들과 깊은 역사적 연관성을 갖고 있다고 말할 수 있다. 『춘추좌전』「소공 26년」(서기전 520년)에는 섭씨와 관련하여 다음과 같은 기사가 등장한다.

6월, 진나라 대부 순오가 동양(東陽){하북성 형대와 한단 일대}을 순찰하면서 군사들의 양식을 사들이는 사람으로 위장시킨 뒤 실제로는 갑옷을 메고 석양(昔陽){하북성 진현 서쪽}의 성문 밖으로 나가 쉬게 했다. 고나라를 기습해 멸망시켰다. 이어 고자 연제를 데리고 회군한 뒤 대부 섭타(涉佗)를 보내고 땅을 지키게 했다.
六月 荀吳略東陽 使師僞糴者 負甲以息於昔陽之門外 遂襲鼓滅之 以鼓子鳶鞮歸 使涉佗守之

두예의 주석에 따르면 섭타는 진나라 대부로서 조간자의 가신인 것으로 파악된다. 춘추시대 후기 조씨 세력이 서북의 진양(晉陽), 동남의 한단(邯鄲)에 이르자, 섭씨는 조씨의 가신이 된 것으로 분석된다. 섭씨의 성은 섭현에서 따온 것이다. 『성씨고략』에서 "섭은 진나라 대부 섭타를 말한다."고 하였다. 섭타는 사씨의 후손이었던 것이다.

사씨는 상나라 멸망 이후 한단 북쪽으로 이동한 기자조선의 후손들 중에도 포함되어 있는 것으로 파악된다. 『만성통보』나 『백가성고략』에 기재된 바에 따르면, "사씨의 계보는 사수씨에서 나온 것이고, 그 원류는 백제이다."라고 한다. 사수(沙隨)씨에서 출자하여 사씨로 개명한 것이다. 사수는 춘추시대 송나라의 영지였다. 현재의 위치는 하남성 영릉 동북부(寧陵東北部)에 해당한다.

이러한 기자의 후예이며 상나라 후예 가운데 사수씨가 있다. 사수는 송나라가 건국된 상구와 매우 가까운 곳에 위치하고 있다. 이에 따라 춘추시대에 송왕족이 사수성에 봉하여, 읍의 이름을 성씨로 하여 사수씨라고 하였다는 주장도 제기되고 있다. 『춘추좌전』「성공 16년」(서기전 575년) 가을 진(晉)이 사수(沙隨)에서 제후 회합을 가졌다. 노성공과 진여공, 제영공, 위헌공, 송나라 화원, 주인(邾人) 등이 사수{하남성 상구시 영릉현 북쪽}에서 만나 정나라 공격을 모의하였다.

『춘추좌전』「노양공 2년」(서기전 571년)에는 "제나라 영공이 래(萊)나라를 쳤다. 이때 래인들은 정여자(正輿子)를 시켜 제영공의 총신인 숙사위(夙沙衛)에게 말과 소 각 100마리를 바쳤다. 이에 제나라 군대가 곧 회군했다."고 기록되어 있다. 숙사위는 제나라의 대부로서 같은 동이족인 래나라를 침공하는 것에 대해 부정적인 태도를 갖고 있었던 것으로 파악된다. 숙사씨(夙沙氏)의 후손들이 앞의 '숙'을 없애고 사씨(沙氏)를 성씨로 삼았다고 한다.

노선공은 서기전 595년에 초장왕과 함께 송나라를 공격해 송나라의 사수성을 빼앗았다. 송나라가 사수성을 잃은 후, 그 곳에 살던 왕족의 후예와 국인들이 성읍의 이름을 따서 사수씨라 불렀고, 그 후 성을 단성으로 간소화하였다고 한다. 그 후 서기전 286년에 제나라, 초나라, 위나라의 공격으로 송나라가 멸망하자 사수 씨족은 낙랑조선(=기자조선)에 합류한 것으로 판단된다. 오랜 시간이 지난 후 백제가 당나라에 멸망당하자 사씨들 중 일부는 다시 중원에 들어가게 되었다. 그리고 이후 복성에서 사씨 단성으로 개성하였다.

정리하면 사씨는 원래 상나라의 주축을 이루던 씨족이었다. 상나라가 멸망한 후 미자계가 송나라를 건국하자 송나라의 지명 사수(沙水)를 본따서 사씨라 칭했다. 이들은 송나라를 비롯하여 제나라 등지에 출사하여 수많은 인재를 배출하였다. 사씨 중 일파는 서한 시대에 하북성 한단시 섭현(涉縣) 일대에 사국(沙國)을 건국하기도 하였다. 동이족의 대표적인 세력 중 하나였다. 이들을 사이(沙夷)라고 부르기도 하는데, 『후한서』에서 분류한 구이족에 사이는 포함되어 있지 않다. 사씨는 송씨(宋氏)로 개성한 것으로 분석된다. 시·공간과 상나라 왕족이라는 공통점이 존재하기 때문이다. 송씨의 본관은 익산의 여산(礪山) 송씨와 충남 논산의 은진(恩津) 송씨 등으로 사씨가 있었던 익산과 논산 일대와 일치한다.

이처럼 김씨의 원류는 인구수가 많은 만큼이나 다양하다. 여기서는 우리나라 김씨의 모든 본관에 대해 살펴보기 어려우므로 최대 다수를 차지하고 있는 김해 김씨와 경주 김씨를 중심으로 김씨들의 기원에 대해 살펴보도록 할 것이다. 이와 관련하여 우리는 『삼국사기』와 『삼국유사』의 기록, 그리고 각종 금문의 기록들을 참조할 필요가 있다. 먼저, 『삼국사기』 「김유신(金庾信)열전」에는 다음과 같이 기록되어 있다.

김유신의 12세조 [김]수로(首露)는 어디 사람인지 알지 못한다. [김수로는] 후한(後漢) 건무(建武) 18년 임인(42년) 구봉(龜峯)에 올라 가락(駕洛)의 9촌을 보고는 마침내 그곳에 가서 나라를 열고 이름을 가야(加耶)라고 하였다가 뒤에 금관국(金官國)으로 고쳤다. 그 자손들이 서로 이어져 9세손 [김]구해(仇亥)에 이르렀는데, 혹 구차휴(仇次休)라고도 하며 [김]유신에게 증조할아버지가 된다. 신라인들은 스스로 소호 금천씨(少昊金天氏)의 후예이므로 성을 김(金)으로 한다고 하였고, 유신비(庾信碑)에 또한 "헌원(軒轅)의 후예요, 소호(少昊)의 자손이다."라고 하였으니, 곧 남가야(南加耶)의 시조 [김]수로는 신라와 더불어 같은 성이다.

金庾信 ... 十二世祖首露 不知何許人也 以後漢建武十八年壬寅 登龜峰 望駕洛九村 遂至其地開國 號曰加耶 後改爲金官國 其子孫相承 至九世孫仇亥 或云仇次休 於庾信爲曾祖 羅人自謂少昊金天氏之後 故姓金 庾信碑亦云 軒轅之裔 少昊之胤 則南加耶始祖首露 與新羅同姓也

『삼국사기』에 기록된 바대로 김씨 성의 원류는 상고 시대의 소호 금천(少昊金天)씨에서 비롯되었다. 헌원은 황제(黃帝)를 가리키는 것으로 중국 사서들에는 소호 금천의 아버지로 기록되어 있다. 사마천은 『사기』의 첫 문장을 "황제는 소전씨(少典氏)의 자손으로 성은 공손이고, 이름은 헌원이라 불렸다."로 시작하고 있다. 그런데 중국에서 소호 금천을 공식적으로 동이족으로 인정하고 있으므로 소호의 아버지 황제도 동이족이다. 소호는 상고시대 삼황오제 중 한 명으로서 본래 상고시대 동이 백조국(東夷百鳥國)의 임금이었으며, 소호 사후 서방대제(西方大帝)로 추앙받았다. 『풍속통의』에서는 김씨가 본래 "소호 금천의 후손이다."라고 했다. 『산해경』, 『습유기』 등에는

"소호 금천의 아버지는 태백 금성(太白金星)이고, 어머니는 천산(天山)의 선녀 황아(皇娥)"이다. 태호(太昊)의 법을 닦았기 때문에 소호(少昊)라고 불렀는데, 오행학설에 따르면, "흙(土)이 금(金)을 낳으므로, 금덕(金德)을 갖춘 왕이 되었고, 금천씨라 했던 것이다."라고 적고 있다.

오행에 따르면 금(金)은 서방에 속한다. 이는 소호 금천이 산동으로 이주하기 전 서방에서 발흥했다는 것을 보여준다. 『제왕세기』에 따르면 "소호 금천은 궁상(窮桑)에서 제위에 오른 후 곡부로 이동하였다."고 한다. 궁상은 지금의 산동성 곡부시 북쪽에 있다. 『춘추좌전』 「소공 17년」(서기전 525년)에 "소호씨가 즉위했을 때 봉황새가 날아왔다. 그래서 새로 일을 기록하게 돼 조(鳥) 자로 관명을 삼게 되었던 것이다."라고 했다.

그리고 『삼국사기』 「신라본기」 '탈해왕조'에 "금성(金城)의 서쪽 시림(始林)의 나무 사이에서 닭이 우는 소리를 들었다. … 시림의 이름을 계림(雞林)이라고 바꾸었는데, 이로 인해 계림이 국호가 되었다."고 기록한 것은 김씨들이 조이족의 후손이라는 것을 보여준다. 소호 금천씨는 황제의 후손 중 기(己)성이었고, 이름은 지(鷙)였다. 소호 금천씨의 자손 중에 그의 호 금천씨(金天氏)를 간소화하여 성을 김씨라고 불렀다. 우리나라의 다수 김씨는 소호 금천이 산동으로 이동한 이후 한반도로 이동한 성씨들이다. 그런데 「문무왕비문」에도 신라 김씨들과 관련된 기록이 등장한다. 그 내용은 다음과 같다.

우리 신라 선조들의 신령스러운 근원은 먼 곳으로부터 계승되어 온 화관지후(火官之后)이니, 그 바탕을 창성하게 하여 높은 짜임새로 융성하였다. 이로부터 밑둥과 가지가 갈라지니 비로소 영특한 투후(秺候)가 하늘에 제사지낼 아들로 태어났다. 7대를 전하니 (거기서 출자한) 바

다.[我新羅之先君靈源自 繼昌基於火官之后 峻橫方降 由是克(紹宗)枝載生 英異秪候
祭天之胤 傳七葉而(所自出)焉](5행) 15대조 성한왕(星漢王)이 그 바탕이 둥근
하늘에서 내려와 신령한 선악에서 탄생하여 임하였다.[2][十五代祖星漢王
降質圓穹誕靈仙岳肇臨](6행)

　여기서 화관(火官)은 불을 관리하던 관직, 즉 화정(火正)을 가리키는 것으로
염제-고양의 후손 축용족 또는 오손(까마귀의 자손) 태양족을 가리킨다. 소호
금천은 오행설에 따르면 화덕(火德)이 아니라 금덕(金德)에 해당한다. 『한서』
에 따르면 황제는 염제의 후손 세력과 전쟁을 벌인 것으로 나온다. 두 세력
은 상극이었던 것이다. 그렇다면 소호 금천은 축용족과 어떠한 관계를 맺
고 있었을까?『산해경』「대황동경」에 이에 대한 해답이 있다. 즉, "동해의
밖에는 큰 골짜기가 있는데 소호국(少昊國)이다. 소호가 전욱 임금(帝顓頊)을
이곳에서 기르고 그 거문고와 비파를 버렸다."라고 했다. 전욱 고양은 소호
금천의 조카로서 축용족을 거느리던 임금이었다. 따라서 이러한 기록들을
보고 전욱 고양을 김씨의 계보에 포함시킨 것으로 보인다. 투후는 산동성
투(秺) 지역{현재의 산동 하택(菏澤)시 성무(成武)현}에 봉해진 김일제를 가리킨다.
따라서 「문무왕비문」의 기록은 논란의 여지 없이 경주 김씨들의 출자를 기
록한 것이라고 볼 수 있다.
　그리고 「문무왕비문」, 「김인문묘비」, 「흥덕왕비문」 등에는 모두 성한왕
이 김씨 왕실의 시조 또는 태조로 되어 있다. 『삼국사기』에는 성한왕에 대

2 『이아(爾雅)』「석고(釋詁)」에 "임과 증, 천, 제, 황, 왕, 후, 벽, 공, 후는 모두 임금을 나타내는
글자이다(林烝天帝皇王后辟公侯, 君也)."라는 기록이 등장한다. 임(林)은 고대 시대에 임금(君)
을 나타내는 글자였던 것이다. 한글 발음으로 읽으면 임금할 때 임자가 바로 임(林, 臨)이다.
『설문해자』에는 "임(臨)은 감임(監臨)을 말한다."고 했다. 임금은 위에서 아래로 임한다(君者
在上臨下), 즉 백성에게 임한다는 뜻을 갖는 것이다. 따라서 '임하였다'는 기록은 '임금이 되었
다'는 것으로 해석할 수 있다.

한 기록이 없고 김알지의 아들이 세한(勢漢)이라고 기록하고 있다. 세한과 성한이 발음이 유사해 동일인으로 주장하는 견해도 있으나 그보다 김알지를 성한왕으로 보는 것이 타당해 보인다. 특히 「문무왕비문」에는 "투후(秺侯) 제천지윤(祭天之胤)이 7대를 전하여"라는 구절이 등장하고, "15대조 성한왕(星漢王)은 그 바탕이 하늘에서 내리고"라고 하여 김일제의 7세손이 성한왕이고 그가 바로 김알지라는 것을 알 수 있다. 성한왕은 산동성 투의 제후 또는 왕을 가리키는 것으로 분석되기 때문이다.

백도백과에서도 김일제가 김씨들의 시조 중 한 사람이라고 본다. 그리고 『한서』 「곽광·김일제전」에 따르면 김일제는 흉노 휴도왕(休屠王)의 태자이다. 흉노 휴도왕은 감숙성 무위(武威) 일대를 방어하고 있었다. 휴도는 금성군(金城郡)의 북쪽에 위치한다. 서기전 121년 봄 한무제가 급파한 곽거병의 기병 1만은 흉노군에게 커다란 타격을 가하였고, 흉노 선우에게 문책을 받게 된 혼야왕(渾邪王)이 한에 투항하려고 했는데 이를 반대한 휴도왕을 죽여 버린다. 아버지가 사망한 이후 김일제는 어머니 연지(閼氏), 동생 륜(倫)과 함께 포로로 잡힌다. 이때 흉노 혼야왕은 4만여 명을 데리고 곽거병에게 투항하였다.

포로가 된 김일제와 그의 동생 김륜은 궁정에서 말을 길렀는데, 그때 김일제의 나이가 14세였다. 이후 김일제는 한무제의 총애를 받아 무제의 경호를 담당하던 중이었는데, 태자를 무고하여 죽게 한 망하라 일족이 반란을 일으켜 한무제를 암살하려고 하였다. 김일제는 이 상황을 간파하고 무제를 구해낸다. 그 결과 한무제로부터 투후에 임명되었다. 투후는 산동성 성무현에 있는 투(秺) 지역을 가리킨다. 『한서』 「곽광·김일제전」에도 투후 김일제에 대해 다음과 같이 기록하고 있다.

김일제는 본래 휴도왕의 태자였다. 무제 원수 연간에 표기장군 곽거병이 군사를 이끌고 흉노의 우지를 쳐서 많은 사람을 목 벴고, 휴도왕이 하늘에 제사를 지내는 금인을 얻었다. … 김일제는 오랑캐 사람으로 자기 나라를 도망쳐 한나라 궁궐에서 노예 생활을 했지만, 독실하고 삼감으로써 군주의 눈에 들어 충성스러움과 신의를 스스로 드러내어 공적으로 상장이 됐고, 봉국을 후사에게 전해 자손들은 대대로 충효를 가졌다는 명성을 들었고, 7대에 걸쳐 궁중에서 모셨으니 얼마나 성대한가? 본래 휴도왕이 금인(金人)을 만들어 천주에게 제사를 지냈는데 그로 인해 김씨의 성을 받았다고 한다.

金日磾字翁叔本匈奴休屠王太子也 武帝元狩中 票騎將軍霍去病將兵擊匈奴右地 多斬首 虜獲休屠王祭天金人 … 金日磾夷狄亡國 羈虜漢庭 而以篤敬寤主 忠信自著 勒功上將 傳國後嗣 世名忠孝 七世內侍 何其盛也 本以休屠作金人爲祭天主 故因賜姓金氏云

 흉노 휴도왕의 아들 김일제의 가계도

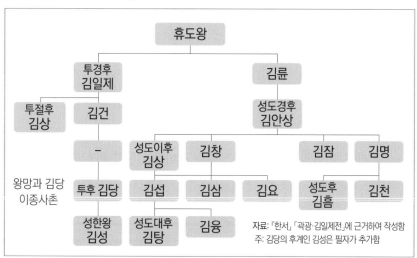

김일제의 동생 륜은 일찍 죽었는데, 그 후손들이 성대해졌다. 김일제는 서기전 134년에 출생하여 서기전 86년에 죽었다. 『한서』「곽광·김일제전」에는 김일제와 김륜의 후손들이 제후가 되어 대대로 세습하였다고 기록하고 있다.

김흠(欽)은 집안 형제인 투후(秺候) 김당(當)과 함께 봉해졌다. 애초에 당의 증조부인 일제는 봉국을 아들 절후(節侯) 상(賞)에게 전해주었고, 김흠의 조부 안상(김륜의 아들)은 아들 이후(夷侯) 상(常)에게 전해주었으나, 모두 자식이 없어 봉국이 끊어졌기 때문에 왕망(王莽)은 흠과 당을 봉해 그들의 뒤를 받들게 한 것이다.
欽與族昆弟秺侯當俱封 初 當曾祖父日磾傳子節侯賞 而欽祖父安
上傳子夷侯常 皆亡子 國絕 故莽封欽當奉其後

『한서』에 따르면, 김일제의 증손자 당(當)의 모친 남(南)은 망(莽)의 모친 공현군의 동복 동생이므로 당과 왕망은 이종사촌 사이였다. 김일제와 김륜의 후손들은 대대로 제후로서 한나라에서 권세를 누렸고, 왕망의 신나라에서는 왕족이 되었다. 전한 시대 말기에 어린 황제가 연이어 옹립되면서 외척들의 발호가 심각했고, 마침내 8년에 왕망이 유씨 황제를 폐하고 신나라를 건국하게 된다. 이 시기 중원은 사람들이 서로를 잡아 먹을 정도로 기근이 심했고, 장정들은 반란군에 가담해 중원 전역이 반란의 소용돌이에 휩싸여 있었다. 소위 '적미의 난'이 바로 그것이다. 이러한 상황에서 왕망은 급진적 개혁을 추진했으나 실패하고 민생파탄이 심화되어 중원 전역이 도탄에 빠지게 된다. 그 결과 수많은 농민봉기가 발생했다. 『자치통감』에서는 이 시기를 도탄의 시기, 또는 천지대란의 시기로 기록하고 있다. 광무제는 곤양

전투에서 신나라군을 대파하여 후한을 재건하게 된다.

　신나라가 멸망당하자 김일제의 후손들은 후한의 공적이 되어 매우 위험한 처지에 처하게 된다. 김수로 세력은 원래 해상세력이 아니었으므로 절체절명의 위기 상태에서 벗어나기 위해서는 해상세력인 산동반도의 래이 마한 세력들의 지원이 필요했을 것이다. 더구나 한반도는 마한 세력이 대부분 장악하고 있는 상태였기 때문에 한반도 이주 문제를 둘러싸고 여러 가지 정치적 협상이 이루어진 것으로 해석된다. 마치 진한인들이 처음 한국에 들어왔을 때 마한이 그 동쪽 땅을 내어 주면서 왕을 파견한 경우와 상황이 비슷하다. 김일제가 산동반도로 이주시킨 흉노족이 3만여 명에 달하였으니 이들의 이주는 대규모의 여러 방향으로 이루어졌을 것으로 추정된다.

　이때 김륜의 자손들은 상당수가 한반도 등지로 이주하게 되는데, 김륜의 5대 후손 중 산동에서 태어난 김탕(金湯)이 김수로와 연배나 정치적 위상이 비슷하다. 이러한 이유로 김탕을 김수로와 동일 인물로 보고 있다(이종호, 2007). 김수로는 신나라가 멸망하자마자 흉노 김씨족들을 이끌고 이주를 감행한 것으로 나타난다. 투 지역은 산동의 내륙 지역에 해당하는데, 여기서 탈출하려면 중원을 거쳐 서북쪽으로 이동하는 것보다 산동반도에서 동쪽 또는 동북쪽인 요동반도 등지로 이동하는 것이 가장 현실적이다. 여기서 김수로와 김알지의 운명이 갈리는데, 김수로는 영산강 유역으로 바로 들어온 것으로 나타난 반면 김알지 일족은 요동으로 이주했다. 이에 대해서는 다음과 같이 「대당고김씨부인묘병(大唐故金氏夫人墓銘)」에 자세히 기록되어 있다. 김알지 세력은 한반도가 아니라 요동으로 이주하여 김수로보다 23년이 지난 후에 경주로 들어온 것이다.

　한(漢)이 덕을 보이지 않아 난리가 나서 곡식을 들고 나라 밖으로 가서 난을 피해 멀리까지 이르게 되었다. 그러므로 우리 가문은 머나 먼 요동(遼東)으로 떠나 숨어 살게 되었다. 공자께서 말에는 충실함과 신의가 있어야 하고 행동에는 신실하고 정중함이 있어야 한다고 했다. 비록 오랑캐 모습을 했으나 그 도(道)를 역시 행하니 지금 다시 우리 가문은 요동에서 불 타오르듯 번창했다.

及漢不見德 亂離瘼矣握粟 去國避時屆遠 故吾宗違異於遼東 文宣王立言 言忠信行篤敬雖之 蠻貌其道亦行 今復昌熾吾宗於遼東

당시 요동반도에서는 석탈해왕의 신라 또한 한반도로의 이주를 모색하고 있었던 것으로 분석되고 있다. 1세기 중반에 수많은 흉노족들이 대거 한반도로 이동해 왔던 것이다. 천관우(1975년), 김성호(2000년) 등은 신라가 초기에 한반도가 아니라 요동 지역에서 건국한 것으로 보고 있다. 김수로가 한반도 남부에 이주하여 가야를 건국한 것이 42년이다. 이에 대해『삼국유사』「가락국기」는 다음과 같이 기록하고 있다.

후한의 세조 광무제(光武帝) 건무 18년(42년) 임인 3월 계욕일에 살고 있는 북쪽 구지(龜旨)에서 이상한 소리가 부르는 것이 있었다. … 얼마 지나지 않아 우러러 쳐다보니 다만 자줏빛 줄이 하늘에서 드리워져서 땅에 닿았다. 그 줄이 내려온 곳을 따라가 붉은 보자기에 싸인 금합(金合)을 발견하고 열어보니 해처럼 둥근 황금 알 여섯 개가 있었다. … 그 이튿날 아침에 무리들이 다시 서로 모여서 그 상자를 열어보니 여섯 알은 화해서 어린아이가 되어 있었는데 용모(容貌)가 매우 훤칠하였다. … 그 달 보름에 왕위(王位)에 올랐다. 세상에 처음 나타났다고 해서 이름을 수로(首露)라고 하였다. … 나라 이름을 대가락(大駕洛)이라 하고 또한 가야국(伽耶國)이라고도 하니 곧 6가야(伽耶) 중의 하나이다.

屬後漢世祖光正帝建正十八年壬寅三月禊洛之日 所居北龜旨 是峯

巒之稱有殊常聲氣呼喚 ... 未幾仰而観之 唯紫繩自天垂而着地 尋

繩之下乃見紅幅裹金合子開而視之 有黃金卵六圓如日者 ... 過浹辰

翌日平明 衆庶復相聚集開合而六卵化為童子 容兒甚偉 ... 其於月

望日即位也 始現故諱首露 ... 國稱大駕洛又稱伽耶國 即六伽耶之

一也

　김수로왕 건국사화의 기본 내용은 김해의 구지봉에 붉은 보자기에 싸인 금합에 황금알 여섯 개가 내려왔는데, 그 중 가장 먼저 탄생한 수로가 가야국을 건국했다는 것이다. 이는 전형적 천손강림 사화이다. 천손강림은 원래 외부 세력이 들어와 토착세력을 지배할 때 만드는 일종의 명분이다. 특이한 것은 '붉은', '금합', '황금알' 등 금과 관련된 내용이 핵심을 이루고 있다는 사실이다. 금은 유목민이던 북방 흉노족들이 가장 소중하게 여기던 물질이다. 황금알은 김수로왕 스스로가 자신이 흉노 출신 조이(鳥夷)족이라는 것을 밝힌 것이다.[3]

　이에 반해 김일제의 7대손인 성한왕(星漢王) 김알지는 65년에 경주에 도착했다. 필자는 「문무왕비문」의 5행의 기록과 6행이 서로 연결되는 것으로 해석하여 김알지를 성한왕으로 파악하였다. 이에 대해 『삼국사기』는 다음과 같이 기록하고 있다.

---

3 김수로 세력이 흉노족의 뿌리를 갖고 있다는 점은 김해에서만 3개의 흉노식 동복(휴대용 솥)이 발굴된 것을 통해서도 확인 가능하다. 그리고 경주시 금령총에서 발굴된 기마인물형토기에도 동복을 말 엉덩이에 싣고 있는 모습이 보인다. 영산강 유역 나주 복암리, 광주 신창동·복룡동, 그리고 해남 군곡리에서 신나라 화폐인 화천이 대량으로 발굴된 것으로 보아 이들은 영산강 유역을 거쳐서 김해로 들어간 것으로 판단된다. 일부는 제주도로도 옮겨간 것으로 파악된다. 이는 교역이 목적이 아니라 급하게 살 곳을 찾는 과정에서 묻힌 것으로 보인다.

석탈해 재위 9년(65년) 봄 3월에 왕이 밤에 금성(金城)의 서쪽 시림(始林)의 나무 사이에서 닭이 우는 소리를 들었다. 날이 밝자 호공(瓠公)을 보내 살피게 하니 금빛의 작은 궤짝이 나뭇가지에 걸려 있고, 흰 닭이 그 아래에서 울고 있었다. 호공이 돌아와 보고 하니, 왕이 사람을 시켜 궤짝을 가져다가 열어보았다. 작은 사내아이가 그 속에 들어 있었는데, 모습이 뛰어나고 훌륭하였다. 왕이 기뻐하며 좌우 신하들에게 이르기를, "이 아이는 어찌 하늘이 나에게 좋은 후계를 보낸 것이 아니겠는가?"라고 하고, 거두어 길렀다. 장성하자 총명하고 지략이 뛰어났다. 이에 이름을 알지(閼智)라고 하고, 금궤에서 나왔기에 성을 김씨(金氏)라고 하였다. 시림의 이름을 계림(雞林)이라고 바꾸었는데, 이로 인해 계림이 국호가 되었다.

九年 春三月 王夜聞金城西始林樹間有鷄鳴聲 遲明遣瓠公視之 有金色小櫝掛樹枝 白雞鳴於其下 瓠公還告 王使人取櫝開之 有小男兒在其中 姿容奇偉 上喜謂左右曰 此豈非天遺我以令胤乎 乃收養之 及長 聰明多智略 乃名閼智 以其出於金櫝 姓金氏 改始林名雞林 因以爲國號

흉노족 김씨는 감숙성 무위시 남쪽의 금성군(金城郡)이라는 지명을 따 성씨로 삼았던 것으로 분석된다. 『한서』 「지리지」에 금성군이 기록되어 있다. 이에 대해 응소(應劭)가 주석하기를, "처음 성을 쌓으면서 금을 얻어 금성이라고 했다."고 한다. 그리고 신찬(臣瓚)이 말하길, "금이라고 한 것은 그 성이 견고했기 때문이다."라고 했다. 안사고는 "이 군이 경사의 서쪽에 있으므로 {오행설에 따라} 금성이라고 했다고 한다. 금은 서쪽이기 때문이다."라고 했다. 금성군은 한소제(漢昭帝) 6년(서기전 81년)에 설치되었다. 그 후 음력 7월에 변새는 광활하게 펼쳐져 천수군(天水郡), 농서군(隴西郡), 장액군(張掖郡)의 속현 각 2현을 금성군에 포함시켰다. 금성군(金城郡)은 현재 감숙성 란주(蘭州)의 서쪽과 청해성 일부인 고란현(皐蘭縣) 서북 황하 북안 일대를 관할하고 있다. 치소는 연아(允吾)[4]로 지금의 감숙성 영정(永靖)이다.

한반도로 이주한 김씨들은 금성이라는 지명을 신라에 그대로 옮겨와서 사용했다. 초기 신라의 도읍도 금성이었다. 『삼국사기』「박혁거세조」에는 "21년(서기전 37년)에 수도에 성을 쌓고 금성(金城)이라고 불렀다."고 한다. 이 때 금성은 경주의 금성이 아니라 요동반도의 금성을 가리킨다. 신라는 한반도의 경주가 아니라 요동반도에서 건국된 것으로 파악된다. 천관우(1975년)는 「삼한의 성립과정」에서 진한이 현재의 요동반도에 있었다고 주장하고 있다. 김성호(2000년)도 초기 신라 세력이 지난한 과정을 거쳐 남쪽의 경주로 이동했다고 주장했다.

연나라 진개의 공격으로 동서 1천리, 남북 1천리를 후퇴한 이후 래이 마한이 산동반도와 창려(昌黎) 일대를 중심으로 성립된다. 이때의 마한의 일부는 조선에 속하고 있었다. 백도백과에 따르면, 한씨(韓氏)들의 군망 중에 하북성 창려가 등장하는 것으로 보아 한씨 조선은 창려에 있었다고 보는 것이 타당하다. 이후 진나라가 중원을 통일하게 되고, 진역을 피하고자 진나라 사람들이 대규모로 이동하여 한국에 이르는데, 이때 마한이 동쪽 땅을 내주어 변한과 진한이 성립된다. 진한은 진(秦)나라 사람들이라는 것인데, 거기에는 다수의 흉노족들이 포함되있을 것으로 추정된다. 진시황의 진나라 북쪽에 흉노족들이 많이 살고 있었기 때문이다. 이에 대해 『삼국지』「위지동이전」에는 다음과 같이 기록하고 있다.

---

4 『한서』「지리지」주석에서 응소는 "允吾의 발음은 윤오가 아니라 연아(鉛牙)다."라고 말했다.

진한은 마한의 동쪽에 위치하고 있다. {진한의} 노인들은 대대로 전하여 말하기를, "{우리들은} 옛날의 망명인으로 진(秦)나라의 고역을 피하여 한국(韓國)으로 왔는데, 마한이 그들의 동쪽 땅을 분할하여 우리에게 주었다."고 하였다. … 그들의 말은 마한과 달라서 나라[國]를 방(邦)이라 하고, 활[弓]을 호(弧)라 하고 도적[賊]을 구(寇)라 하고, 술잔을 돌리는 것[行酒]을 행상(行觴)이라 한다. 서로 부르는 것을 모두 도(徒)라 하여 진(秦)나라 사람들과 흡사하니, 단지 연나라·제나라의 명칭만은 아니었다.

辰韓在馬韓之東 其耆老傳世 自言古之亡人避秦役 來適韓國 馬韓割其東界地與之 … 其言語不與馬韓同 名國爲邦 弓爲弧 賊爲寇 行酒爲行觴 相呼皆爲徒 有似秦人 非但燕齊之名物也

월지 마한 세력과 오손 세력은 하서회랑에서 흉노족과 서로 물고 물리는 대립과 갈등을 통해 서로 융합되어 나가고 있었다. 그래서 월지 마한이 이들을 수용하였던 것으로 파악된다. 그런데 월지 마한이 산동반도와 창려 일대에 있었다면 변한은 대릉하와 양평 일대에 위치하고, 진한은 요동반도 일대에 자리를 잡고 있었던 것으로 비정된다. 백도백과 지도 검색에 따르면 요동반도에는 6부의 성씨촌만이 아니라 복수의 금성(金城)이라는 지명이 존재한다. 진한인들이 진역을 피해 한국에 들어왔으므로 진한은 서기전 3세기 초에 성립된 것으로 파악된다.

이후 건국된 신라의 초기 기록을 보면 갑자기 왜가 쳐들어 오고, 낙랑도 쳐들어 온다. 왜와 낙랑은 연이어 쳐들어 오기도 한다. 신라가 처음부터 한반도 남부의 경주에 위치하고 있었다면 이러한 기록은 성립할 수 없다. 신라가 주축이 된 6부의 씨족들은 마한에서 파견된 박혁거세를 왕으로 옹립하여 외란에 대처하고자 하였으나 요동반도 자체가 전략적 요충지였기 때문에 초기 신라가 매우 어려운 환경에 처하고 있었다는 것을 알 수 있다.

이 때 혜성처럼 등장한 이가 바로 석탈해다. 석탈해는 월지 마한인으로서 신라의 곤경을 알고 마한에서 파견된 사람으로 분석된다. 석탈해를 비롯한 신라 왕가 세력들은 해로를 통해, 그리고 6부의 촌장과 백성들은 육로로 험난한 남하를 시도한 것으로 파악된다(김성호, 2000). 석탈해는 남쪽으로 이동하다가 가야지역에 이르러 그곳에 정착하려다 이미 그곳을 차지하고 있던 김수로 세력과 경합한다. 『삼국유사』「가락국기」에는 석탈해가 김수로와 도술로 겨루다 패하여 계림(鷄林)의 국경으로 달아났다고 했다. 신라 세력이 김해를 둘러싸고 가야 세력과 대립한 결과 패배하여 동해안을 따라 북상해 경주에 도달하여 새롭게 세력을 구축하였던 것이다.

8/ 나씨羅氏

현재 우리나라 나씨는 크게 나주 나씨와 금성 나씨로 나뉘는데, 이들의 족보에는 모두 자신들이 중원 대륙에서 이주해왔다는 사실을 분명히 하고 있다. 2015년 통계청 조사 기준 나씨 인구수는 16만1천 명이다. 나주 나씨는 남송 예장(豫章) 사람인 나부(羅富)가 봉명사신으로 고려에 왔다가 남송이 멸망하는 바람에 발라(發羅)현에 정착하였다고 밝히고 있다. 금성 나씨의 경우에도 고려 초의 삼한벽상 일등공신인 나총례(羅聰禮)를 시조로 삼고 있다. 나주의 옛 지명인 금성(錦城)을 본관으로 삼고 있다. 2015년 기준으로 나주 나씨는 약 10만 명, 금성 나씨는 5만2천여 명이다. 그런데 중원의 나씨 인구는 2007년 기준 1032만 명으로 대성에 속한다.

나씨들이 대륙에서 이주해 온 것이라고 한다면 이들이 어느 시점에 한반도로 이주해 왔는가를 살펴보는 일이 중요하다. 이를 위해서는 중국 사서들에 대해 주목할 필요가 있다. 한반도 서남부의 고대사를 다루는 문헌들이 거의 찾아보기 어려운 상태에서 중원 대륙에서 활동했던 동이족의 역사를 탐색함으로써 이들이 어떻게 활동했고, 한반도로 이주한 시기는 언제인가를 살펴보는 일은 공백상태나 마찬가지인 영산강 유역의 역사를 복원하는 데 있어서 매우 중요한 일이라고 할 수 있다. 더구나 이들은 현재 나주를 포함해 전국 각지에 분포하고 있어 이들 성씨의 기원을 살펴보는 일은 한민족의 뿌리를 찾는 일과도 연결되어 있다.

나씨와 관련된 지명은 영산강 유역은 물론 한반도 남부, 그리고 열도에 이르기까지 폭넓게 분포하고 있다. 특히 영산강 유역의 대표 도시인 나주에도 나(羅)가 포함되어 있고, 전주와 나주의 앞 자를 딴 전라도(全羅道)에도 나(羅)가 들어 있다. 따라서 '나'는 영산강 세력의 대표적인 지표지명이라고 말할 수 있다. 일반적으로 나(羅)는 나라 또는 땅이라는 의미로 해석되어 왔다. 그러나 나(羅)는 보통명사가 되기 이전에 나씨족을 나타내는 고유명사였다. 즉 나는 나씨족으로서 중원으로부터 한반도로 이주해 온 세력[5]을 가리키는 말이었으며, 처음부터 나라라는 의미로 사용된 것이 아니었다.

신채호는 『조선상고사』에서 나(羅)가 큰 강변의 나루터에서 유래했다고 주장했다. 즉, 나라=라라=나루로서 국가를 가리키는 명사가 되었다는 것이다. 필자가 나씨의 역사를 살펴본 결과 원래 나가 중원에 건국된 나국(羅國)에서 비롯된 나씨들의 고유명사에서 이후에 보통명사로 변한 것이었다. 신채호(1998)는 씨족의 역사를 직접 살펴보지 않았으나 나·노·양·랑 등이 모두 나(羅)의 의역이라는 사실을 밝혀내는 놀라운 통찰력을 보여준 바 있다.

> 고대 지명의 끝에 붙은 나(那), 라(羅), 노(奴), 루(婁), 누(耨), 양(良), 랑(浪), 양(穰), 양(壤), 강(岡), 양(陽), 아(牙), 야(邪) 등은 다 '라'의 음역이고, 천(川), 원(原), 경(京), 국(國) 등은 거의 '라'의 의역이며, 두 가지가 다 '라라'의 축역이니, 강이 어렵 자원이 되고, 배를 교통하는 편의가 있으므로 상고문명이 거의 강변에서 발원한 것이다. (신채호, 1998: 51).

---

[5] 중원에서 이주해왔다고 해서 중국인으로 간주하는 것은 고대인들이 끊임없이 교류하고 이동했다는 사실을 부정하는 결과를 초래한다. 고대인들은 육지에서는 마차를 타고, 바다에서는 우수한 배와 항해술을 활용하여 빠른 속도로 원거리 이동을 했다. 따라서 한반도인들이 특정 지역에 고정되어 살았다는 가정은 성립할 수 없다. 고대에는 현대적 의미의 국경이 존재하지 않았기 때문에 현재보다 더욱 빈번히 교류하고 이동하는 것이 일반적이었다. 수많은 동이족들이 중원에서 살다가 한반도로 이동해왔으며, 열도로까지 이동 범위를 확대하였다. 한반도에 인류가 생존하면서 대륙과 열도로의 이동은 양 방향으로 부단히 이루어졌다. 여기서는 이러한 교류와 이동의 관점에서 영산강 유역의 역사를 다루도록 할 것이다.

그러나 나씨와 노씨의 역사를 보면 이들이 한반도에 이주해 온 이후 수많은 지표지명을 남겼으며, 그 결과 나중에 나나 노가 나루터 또는 나라라는 의미를 갖게 된 것이다.

나씨는 운(妘)성 축용족으로 중원의 고대 역사상 가장 오래된 성씨 중 하나이다. 이러한 축용의 후예는 여러 세력이 있는데, 이를 '축용 8성'이라고 부른다. 기(己), 동(董), 팽(彭), 독(禿), 운(妘), 조(曹), 짐(斟), 미(半) 등이 바로 그것이다. 청(淸)나라 진가모(秦嘉謨)가 편집한 『세본(世本)』에 따르면, "나씨(羅氏)는 본래 전욱 고양에서 비롯된 성씨인데 말윤(末胤)이 나(羅)에 봉해졌다. 나라가 초나라에 멸망당하자 자손들이 나라 이름을 성씨로 삼았다.[羅氏 本自顓頊末胤 受封于羅 國爲楚所灭 子孫以爲氏]"고 한다. 『세본』의 주(注)에는 "『비급신서(祕笈新書)』는 『성찬(姓纂)』을 인용하여 나씨가 축용씨가 되었다."라고 했다. 『성원(姓苑)』에서도 "축용씨의 후손이다."라고 설명했다. 『성씨급취편』에서는 "나씨는 전욱 고양의 후손이다."라고 했다. 『통지(通志)』 「씨족략」에는 "나씨는 자작으로 웅성(熊姓)이다. 축용의 후손(祝融之後)이다."라고 기록하고 있다. 본래 축용은 전욱의 후손으로서 나계 전욱은 축용씨 오회의 후예이다.

백도백과에 따르면, "나씨는 나국(羅國)의 나라 이름을 본따서 씨성으로 삼았다. 즉, 나국은 하상(夏商) 시대에 미(半) 부락 혈웅의 한 갈래 부족이었고, 중원의 남쪽에 위치한 초나라 계열의 남만(南蠻) 세력 중 하나였다." 초나라의 형초와 조상이 같은 것으로 나오는데, 그 이유는 이들이 춘추 시대에 중원의 남방 지역을 통일한 초나라에 멸망하여 그들과 하나의 세력으로 통합되었기 때문이다. "나씨는 축용(祝融) 오회(吳回)의 후예이다. 이들은 미성 지도자 혈웅의 자손으로서 초나라와 더불어 성을 웅(熊)이라 불렀다."[6]

---

6 https://baike.baidu.com/item/%E7%BD%97%E5%9B%BD/2942757: 2020년 4월 27일 검색

『춘추좌전』「노환공 12년」(서기전 700년) 두예의 주에 따르면 "나는 웅씨 성의 나라였다." 사마천의 『사기』「초세가」에는 축융의 기원에 대해 다음과 같이 기록하고 있다.

초나라의 조상은 전욱(顓頊) 고양(高陽) 임금에서 나왔다. 고양 임금은 황제(黃帝)의 손자이며, 창의의 아들이다. 고양은 칭을 낳고, 칭은 권장을 낳았으며, 권장은 중려(重黎)를 낳았다. 중려는 제곡(帝嚳) 고신(高辛) 임금의 화정(火正, 불을 관장하는 관직 또는 신)으로 있으면서 많은 공적을 쌓았으며, 천하를 밝게 비출 수 있어서 제곡이 그에게 명하여 축융(祝融, 불을 관리하는 관직)이라고 불렀다. 공공씨(共工氏)가 난을 일으키자, 제곡은 중려로 하여금 그들을 주살하도록 하였으나, 다 없애지 못했다. 제곡은 즉시 경인일에 중려를 주살하고, 그의 동생 오회(吳回)로 하여금 중려의 뒤를 잇게 하였다. 그러고는 다시 화정의 자리에 두고 축융이라고 불렀다.

楚之先祖出自帝顓頊高陽 高陽者 黃帝之孫 昌意之子也 高陽生稱 稱生卷章 卷章生重黎 重黎爲帝嚳高辛居火正 甚有功 能光融天下 帝嚳命曰祝融 共工氏作亂 帝嚳使重黎誅之而不盡 帝乃以庚寅日 誅重黎 而以其弟吳回爲重黎後 復居火正 爲祝融

이에 따르면 오회의 후손인 나씨의 조상은 화신 축융이다. 나(羅)는 화정의 후손으로서 축융으로 불리웠던 것이다. 축융은 삼황오제 시대의 불의 신 화정(火正), 즉 태양신을 가리킨다. 여기서 우리가 알 수 있는 것은 오·월·초가 건국된 중원의 남방 지역에는 불의 신의 명칭이 중려였고, 그의 동생 오회도 불의 신이었다는 것이다. 그런데 중려는 구려족의 신을 가리키는 것이고, 또 오회는 오나라 오씨의 조상신이다. 아울러 중려와 오회는 나씨족의 조상신이기도 하다.

『산해경』「해외서경」에는 축융에 대해 "남방을 맡은 신인 축융은 짐승의 몸에 사람 얼굴을 하고 두 용을 탄다.[南方祝融 獸身人面 乘兩龍]"고 설명하고 있다. 이에 대해 곽박은 주석에서 축융이 "불의 신이다.[火神也]"라고 하였다. 이뿐만 아니라 『춘추좌전』「소공(昭公) 29년조」에도 "화정은 축융을 말한다.[火正曰祝融]"고 기록되어 있다.

이와 관련하여 굴원의 『초사(楚辭)』「동황태일(東皇太一)」 해제에 따르면 동이 회이(淮夷)족인 초나라 사람들은 천신인 축융을 조상으로 숭배했다. 호후선(胡厚宣)은 『초민족원우동방고』에서 "초의 시조는 축융(祝融)이다.[楚之始祖爲祝融]"라고 했다. 축융은 사신(四神)으로 말하자면 남방을 나타내는 불의 새 주작을 가리킨다. 『사기』「초세가」와 『세본』의 기록들을 종합하면 나씨의 씨족 계보는 다음과 같다.

황제(黃帝)-창의(昌意)-전욱(顓頊)-칭(稱)-노동(老童)(권장(卷章))-중려(重黎)-오회(吳回)-육종(陸終)-래언(萊言)-나(羅)

육종의 넷째 아들 래언이 운성이다. 나씨는 래언의 후손이다. 상고시대에 나씨족은 중원 대륙 서남쪽 운남성, 귀주성 등을 거쳐 중원으로 진출한 세력과 서북쪽 돈황을 거쳐 진입한 두 개의 세력이 있었던 것으로 분석된다.[7]

---

7 나씨의 초기 유래는 현재로서는 추적이 불가능할 정도로 복잡하다. 메소포타미아 문명의 배화교 세력이나 이집트 문명에서 태양신을 라(羅, Ra)로 칭하고, 인도에도 고대 16개국에 '~라'들이 많이 존재하는 것으로 보아 앞으로 더욱 깊이 있는 연구가 필요한 실정이다. 더구나 일부 사서에 나씨들이 석가모니가 활동하던 코살라국과 깊은 연관이 있다는 기록이 있다. 대표적으로 백도백과에는 "만통 3세 교령(磽領)이 남은 국민을 서쪽으로 도주시키고, 강을 따라 천설산(天雪山)을 건너 몽신(夢神)이 인도하는 천설산(天雪山) 서남쪽에 나국성(羅國城)을 중건하

필자가 중국 운남성 박물관을 방문했을 때 나국(羅國) 및 축융팔성 관련 안내물이 게재되어 있는 것을 확인한 바 있다. 백도백과 검색 결과 대륙에 존재하는 나가촌(羅家村) 50개 중 21개(42.0%)가 운남성에 있다. 특히 귀주성과 운남성의 나씨 포의족(布依族)은 나국의 후손으로 파악되고 있다.[8]

상고 시대에 나씨족은 조가(朝歌)에 도읍하고 있던 상나라와 우호적인 관계를 맺고 있었던 것으로 보인다. 그런데 상(商)나라 고종 무정 시기(서기전 1250년~서기전 1192년)에 나씨를 비롯한 미족계 여러 부락들이 상나라에게 정벌당하고 만다. 갑골문 전문가 신영자(2011: 35~39)에 따르면 상나라 22대 왕인 무정은 자신을 신의 아들인 천자로 생각하고 갑골 복사를 통한 신탁에 의거해 주변의 수많은 방국 및 소국들을 무차별 공격하였다.

> 특히 상나라를 부흥시킨 무정 시대에 전쟁이 가장 많았다. 무정 왕이 그토록 많은 전쟁을 한 이유는 변경지역에 있던 부족들의 잦은 침략이나 이미 정복한 부족국가들의 배반에 대한 응징, 강방(羌方)이나 귀방(鬼方) 같이 적대관계에 있던 방국(方國)과의 충돌, 제사용으로 사용할 포로획득 등 때문에 전쟁이 잦았던 것이다. … 무정왕 시대에는 60여 개 방국을 정벌했다. 갑골문의 기록에는 당시 주변의 강력한 적대국인 방국을 포함해서 소수 부족들까지 90여 개 방국들이 있었다.

였는데, 석가모니의 조부인 오백나한(五百羅漢) 제461존 사자류존자가 바로 그 나라 사람이었다.[萬通三世磧領剩餘國民西逃 沿江行越天雪山夢神指引在天雪山西南重建羅國城 釋迦牟尼祖父五百羅漢第四百六十一尊師了類尊者就是其國人]라고 한다. 이에 따라 나국(羅國)과 인도, 메소포타미아 그리고 불교 등과의 연관성에 대한 심도있는 연구가 이루어질 필요가 있다.

8 https://baike.baidu.com/item/%E7%BD%97%E5%AE%B6%E6%9D%91/15509225: 2020년 4월 27일 검색

무정 왕의 정복전쟁의 이유 중 잔인한 것은 '제사용으로 사용할 포로획득'이라는 사실이다. 나중에 주나라의 주력이 되는 강인(羌人)이 가장 많이 희생되었다고 하는데, 많게는 한 번에 1천여 명을 죽이기도 하였으며, 무려 5천여 편이 넘는 갑골판에 사람을 제수품으로 올린 기록이 존재한다(신영자, 2011: 38). 무정왕의 왕비 부호의 묘가 도굴되지 않은 상태로 발굴되었는데, 여기서 부호가 여인의 몸으로 1만3천 명의 병사를 이끌고 강방(羌方)을 정벌했다는 갑골기록이 출토되기도 하였다. 부호가 가장 많은 인간 제수품을 확보하였던 것이다.

무정의 재위 기간에 회수 지역의 동이, 남방의 형초도 공격했는데, 형초에는 초나라와 나세력이 포함되어 있었다. 이에 나세력의 주력은 더 남쪽인 초나라의 유라산(由羅山)으로 이동하게 되는데, 이곳은 지금의 하남성 나산현(羅山縣)에 해당한다. 그리고 나서 이들은 다시 공격을 당하여 감숙성 정녕현으로 이주한 것으로 나타난다. 이때 사실상 강방(羌方)과 합류한 것으로 보인다. 강방에는 노(盧)씨족도 포함되어 있었으며, 이들 세력은 이후 상나라를 공격하는 데 앞장선다.[9]

나씨족은 상나라 시기에 그 수도인 조가(학벽시 기현)[10]까지 진출하였다가 하남성으로 밀려나고, 다시 중원 북부로 이주하였던 것이다. 상주 교체기

9 전설상으로 강인(羌人)의 시조는 황제라는 이도 있고, 염제라는 이도 있다. 최초에 중원 서부 지구에 분포하였고, 강(羌), 서강(西羌), 저강(氐羌) 등으로 불리웠다. 『국어(國語)』「진어(晉語)」에는 "옛날 소전(少典)이 유교(有蟜)씨의 딸을 취하여 황제와 염제를 낳았습니다. 황제는 희수(姬水)에서 성장하였고, 염제는 강수(姜水)에서 자랐습니다. 자라면서 그들의 덕행이 달라 그 때문에 황제는 희성이 되었고 염제는 강성이 되었으며 두 임금은 무력을 사용하여 서로 다투었습니다. 이는 덕이 서로 달랐기 때문이었습니다. 성이 다르면 덕도 다른 법이요 덕이 다르면 종족이 다른 것입니다."고 했다. 『춘추좌전』「애공 9년」에 "전설상의 강씨 선조인 염제는 화사(火師)인데, 강씨 성은 바로 그 후손이다."라고 기록되어 있다.
10 조가(朝歌)는 상나라의 수도였으며, 위(衛)나라의 800년 도읍지였다. 현재의 학벽시에 속하는 기현(淇縣)이 바로 그곳이다.

인 이 시기에 나족은 주나라를 도왔는데, 이에 주나라 무왕에 의해 자작으로 봉해졌고, 호북성 의성현(宜城){양양 남쪽의 한수변}에 '나자국(羅子國)'을 세웠다. 이로써 나국은 공식적으로 주나라에 속한 나라가 되었다. 나국이 건국된 이후 그에 관한 기록은 『춘추좌전』「노환공 12년」(서기전 700년)에 다음과 같이 등장한다.

초나라는 교나라를 칠 때 군사를 나누어 팽수(호북성 양양 서쪽의 방현)를 건넜다. 당시 나(羅)인들은 초군을 칠 생각으로 대부 백가를 시켜 적정을 정탐케 했다. 백가가 초군의 주위를 세 차례 돌며 적정을 파악했다.

伐絞之役 楚師分涉於彭 羅人欲伐之 使伯嘉諜之 三巡數之

☒ 서기전 877년 호북성 경내 주왕실 분봉 제후국 강역 위치도

자료: 필자가 그림

노환공 13년 봄, 초나라 대부 굴하가 나(羅)국을 쳤다. … 초군은 언수에 이르러 대열을 갖추지 않고 무질서하게 강을 건넜다. 이어 군진을 정비하지도 않은 채 만연히 나(羅)나라에 당도했다. 나국은 노융(盧戎)을 끌어들여 초군을 협공해 대파했다. 굴하는 부끄러운 나머지 황곡에서 목을 매어 죽는 액사를 했다. 나머지 제장들은 야부에서 죄인의 몸이 돼 초무왕의 처분만을 기다리게 됐다.

十三年春 楚屈瑕伐羅 … 及鄢 亂次以濟 遂無次 且不設備 及羅 羅與盧戎兩軍之 大敗之 莫敖縊于荒谷 群帥囚于冶父以聽刑

춘추시대 초기인 노환공 13년(서기전 699년)에 나국은 노융과 연합하여 초나라를 대파하였다. 초나라의 대부 굴하는 믿을 수 없는 패배로 인해 목을 매 자살했다. 소위 '초라 언북전쟁'(楚羅鄢北之戰)에서 대승을 거둔 것이다. 그러나 서기전 690년 호북성 양번(襄樊)에서 노(盧)국과 연합하여 초나라에 대항하였으나 초무왕에 의해 멸망당하였다.[11] 이에 축융의 자손들은 호북성 지강현(枝江縣)과 평강현(平江縣), 호남성 멱라 지역, 호남성 장사(長沙) 등지로 강제 이주당하였고, 나라 잃은 한을 잊지 않기 위해 그 유민들은 국명인 '나'를 성씨로 삼았다.

나(羅) 자 명문은 갑골문에도 등장한다. 『속갑골문편록』637작과 『속갑골문편』743작, 그리고 또 4,218작, 『은계수편』1,107작 등이 바로 그것이다.[12]

---

11 『춘추좌전』에서 나국의 멸망에 대해서는 직접 언급하고 있지 않다. 그런데 초무왕이 690년에 한수를 건너 수(隨)나라와 등(鄧)나라를 공격하는 것으로 나오는데, 나국이 멸망하지 않았다면 초나라는 결코 나국을 넘어 수나라를 공격할 수 없었고, 등나라도 공격할 수 없는 형세였다. 이에 나국이 이 시기에 멸망한 것으로 추정한다. 아울러 이 해에 초무왕은 행군 도중 병사한 것으로 나온다.

12 https://zhidao.baidu.com/question/747795602448473652에서 재인용: 2020년 4월 27일 검색

그 글자의 형태(羅)는 마치 새장을 들고 새를 잡는 것과 같은 형상이다. 나(羅)는 본래 조수를 사냥하던 생존방식과도 밀접하게 연관되어 있다. 즉 나족은 그 초기에 조수를 포획하는 활동을 하였는데, 현재 하남 나산 일대[현 하남 나산현]에 이와 관련된 유물들이 있다. 나(羅)는 나씨족의 원래 삶의 방식으로서 새를 잡기 위한 그물망을 나타내며, 나중에 실크라는 의미가 추가되었는데, 그것은 그물망이 실크로 만들어졌기 때문이다. 이에 대해 『설문해자』에서는 "'나'는 실로 만든 새 그물로 망(网)과 유(維)로 이루어졌다. 옛날에 망(芒)씨라는 사람이 처음으로 그물(羅)을 만들었다."라고 했다.

'나'가 축융이라는 것 이외에도 태양신의 의미를 갖는 것은 당시 동이족이 태양을 새(隹)로 표현하고 있었기 때문이다. 나씨들은 태양 새를 잡는 사람들이었다. 『주례』「하관」 '나씨'에 "나씨는 그물을 쳐서 까마귀를 잡았다.[羅氏掌羅鳥鳥]"라고 기록되어 있기도 하다. 까마귀는 태양의 전령으로 숭배된 새이다.

나씨와 새는 깊은 연관이 있는데, 춘추시대에 학을 좋아하다가 나라를 망친 고사(好鶴亡国)에 나오는 학이 대표적 사례이다. 위(衛)나라 18대 국군인 의공(懿公)은 학을 너무 좋아한 나머지 궁중의 정창과 조가 서북학령, 동남학성을 설치하고 나씨들에게 새를 사육하는 관직을 주어 학을 관리하게 했다. 의공은 외출할 때 반드시 학을 데리고 다녔으며, 마차 앞에 태워 '학장군'이라 부르기도 하였다.

『춘추좌전』「민공 2년」(서기전 660년)에 따르면 북방의 적인이 위나라를 공격하였다. 싱양[지금의 하남 정주 일대]에 있던 의공은 황망히 병사를 내어 적인과 싸우려고 하자 징발된 병사들이 말하길, "학을 보내 적들을 막아야 한다. 학들이 모두 높은 녹위를 받고 있는데 우리가 어찌 싸울 수 있는가?[使鶴, 鶴實有祿位, 余焉能戰]"라고 하며 저마다 도망가기에 바빴다. 의공은 결과

적으로 패배하여 피살당했다. 위 의공이 도읍한 곳은 상나라의 수도 조가였는데, 그가 학을 좋아했다고 해서 그 일대를 학벽(鶴壁)이라고 이름붙였다. 나주 나씨들이 살았던 함평 나산면 남쪽에도 학다리(鶴橋)라는 지명이 있다.

서기전 690년 나국이 초무왕 웅통에게 멸망당한 이후 그 후손들은 대륙의 사방으로 흩어졌다. 그 중 주류는 장사(長沙) 지역으로 이동한 것으로 파악된다. 이곳을 비롯하여 나인들이 살던 곳에는 나성, 대라산, 소라산, 나전(羅田), 나천, 나수, 멱라강(羅汭)[13] 등 수많은 나계 지명이 존재하고 있다. 이밖에도 평라현(平羅縣), 나전현(羅甸縣), 나평현(羅平縣), 나강현(羅江縣), 나성무료족자치현(羅城仫佬族自治縣), 나정시(羅定市), 나정현(羅定縣), 박라현(博羅縣), 나호구(羅湖區), 멱라시(汨羅市), 나전현(羅田縣), 나산현(羅山縣), 나장구(羅庄區), 나원현(羅源縣), 신라구(新羅區) 등의 나계 지명이 있다.

이들은 중원 남부인 상해만이 아니라 온주(溫州)에까지 이동한 것으로 나타나는데, 이곳에는 항주와 마찬가지로 대라산(大羅山)이 있다. 대라산은 모두 8개나 있다. 성도 남쪽의 야안시와 그 북쪽의 광원시, 장사 남쪽의 상담(湘潭)시와 류저(娄底)시 사이에 2개의 대라산 그리고 소라산(小羅山) 1개, 나정시(羅定市) 남쪽과 북쪽 등에 대라산이 있다. 나씨족의 대표적 지표지명인 나산이 이들 지역에 산재하고 있는 것이다. 우리는 이러한 나계 지명 분포를 통해 이들의 이동 경로를 살펴볼 수 있다. 다음 지도는 나씨와 노씨의 대륙에서의 이동과 한반도 이주 경로를 제시한 것이다.

---

13 『춘추좌전』 「소공 5년」(서기전 537년)에는 "초영왕이 급히 빠른 수레인 일을 타고 나예(호남성 상음현)로 갔다."라고 기록하고 있으며, "초나라가 나예를 건너자 심윤 적이 초나라 군사와 합류해 내산(萊山)에 주둔했다"는 기록도 등장한다. 『수경주(水經注)』 「멱수(汨水)」에서는 "나예는 멱라강이며, 멱라현에 있다."고 했다.

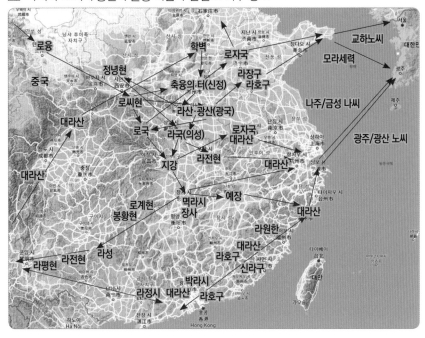
🗺 나씨와 노씨의 중원의 활동 거점과 한반도 이주 경로

9/ 노씨盧氏

노씨는 노융(盧戎)으로 부르기도 한다. 일반적으로 대륙 남부 지역민은 '만'이라고 하는데, '노융'이라는 호칭에서 알 수 있듯이 이들은 중원의 서쪽에서 발원한 서융(西戎)의 일파이다. 이들이 나중에 한반도로 이주하여 광주 노씨, 광산 노씨, 교하 노씨의 시조가 되었다. 2015년 통계청 인구조사 기준 노씨 인구수는 25만6천 명이다. 광주(광산) 노씨가 10만 명이고 교하 노씨가 6만2천 명이다. 중원의 노씨는 2010년 기준 650만 명의 대성이다.

광주(광산) 노씨는 당나라 때 범양(范陽)에서 신라로 이주한 노수(盧穗)의 맏아들 노해(盧垓)가 신라 시기에 광주백(光州伯)에 봉해지면서, 그를 득관조로 하여 광주를 관향으로 삼게 되었다고 한다. 고려 때 광주군(光州君)에 봉해진 노만(盧蔓)을 1세조로 보는 계통과 고려 감문위 대호군(監門衛大護軍) 노서(盧恕)를 1세조로 하는 두 계통이 세계를 계승하고 있다. 노무현 전 대통령이 광주 노씨이다. 교하 노씨의 시조 노오(盧塢)는 당나라에서 신라로 건너온 도시조(都始祖) 노수(盧穗)의 둘째 아들로서, 경기도 파주의 교하백(交河伯)에 봉해져 교하 노씨라 부르고 있다. 노태우 전 대통령이 교하 노씨이다. 중원에서 범양 노씨는 한말 유비의 스승이었던 노식(盧植)의 후손이다.

백도백과에 따르면 노씨는 염제(炎帝) 계열의 강성(姜姓)에 속한 강인(羌人)의 일부였고, 강인은 저강이나 강융으로 칭해졌다. 춘추전국 시대에 이들 저강인은 지금의 감숙성과 섬서성, 사천성 등에 살고 있었다.[14]

---

14 https://baike.baidu.com/item/%E5%8D%A2%E6%88%8E/4108122: 2020년 4월 27일 검색

이들 지역은 옛날의 삼위지지(古三危之地)로 불리운다. 이곳은 중국 한강(漢江)의 발원지이기도 하다. 중국 한강은 양자강 최대 최장의 지류로서 섬서성을 가로지르는 진령산맥의 주봉인 태백산과 삼위지지가 그 근원을 이루고 있다. 감숙성, 섬서성, 사천성, 하남성, 호북성 등 5개 성을 거쳐 호북성 한양(漢陽)에서 장강으로 합류한다. 여기서 한강의 발원지를 태백산이라고 부른 이유는 산 정상에 일년 내내 하얀 눈이 쌓여 은빛이 사방으로 비치기 때문이다.

삼위(三危)는 고대 청장고원을 가리킨다. 이는 돈황의 지명이기도 하다. 삼위산은 세 개의 산 봉우리가 칼끝처럼 깎여져 올라가기 어렵다고 해서 붙여진 이름으로서 중원 서북쪽 감숙성(甘肅省)에 있다. 『서경』「우서」'순전'과 『상서』「순전」에는 순임금이 "삼묘를 삼위로 몰아냈다."는 기록이 나온다. 『사기』「오제본기」에는 보다 자세한 내용이 전한다.

[남쪽 오랑캐인] 삼묘가 강회와 형주에서 여러 차례 난을 일으켰다. 그래서 순은 순행에서 돌아와 요에게 말하여 공공을 유릉에 유배 보내서 북적(北狄)을 변화시키고 환두를 숭산으로 내쳐서 남만(南蠻)을 변화시키며, 삼묘를 삼위산으로 쫓아내서 서융(西戎)을 변화시키고, 곤을 우산으로 추방해서 동이(東夷)를 변화시키게 하자고 청했다.

三苗在江淮 荊州數為亂 於是舜歸而言於帝 請流共工於幽陵 以變北狄 放讙兜於崇山 以變南蠻 遷三苗於三危 以變西戎 殛鯀於羽山 以變東夷

지금으로부터 4천여 년 전, 요순이 삼묘 부족과 전쟁을 벌여 이들을 삼위로 추방시켰다. 그리고 공공을 북적으로, 환두를 남만으로, 곤을 동이로 만

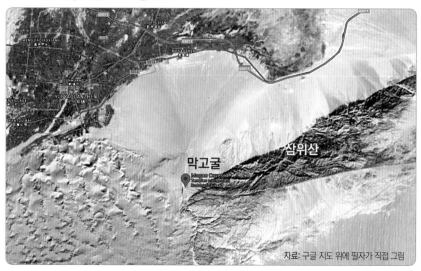

자료: 구글 지도 위에 필자가 직접 그림

들었다. 이 주장이 맞다면 삼묘는 삼위로 강제 이주된 이후 서융(西戎)이 되어 저강 등과 융합해 세력을 형성하기 시작한다. 요순 시대 이전에 삼묘는 중원으로 진출했다가 요순에게 밀려 서융이 된 것이다. 그런데 거의 같은 시기의 삼위태백과 관련하여 『삼국유사』에는 고조선(왕검조선)과 관련된 다음과 같은 기사가 등장한다.

『고기(古記)』에 이르기를, "옛날에 환인(桓因)[제석(帝釋)을 말한다.]의 서자인 환웅(桓雄)이 천하에 자주 뜻을 두어, 인간세상을 구하고자 하였다. 아버지가 아들의 뜻을 알고 삼위태백(三危太白)을 내려다보니 인간(人間)을 널리 이롭게 할 만한지라, 이에 천부인(天符印) 세 개를 주며 가서 다스리게 하였다. 웅(雄)이 무리 삼천을 거느리고 태백산(太伯山) 정상[즉 태백(太伯)은 지금의 묘향산(妙香山)이다.] 신단수(神壇樹;神檀樹) 밑에 내려와 신시(神市)라 하고 이에 환웅천왕(桓雄天王)이라 하였다. 풍백

(風伯)·우사(雨師)·운사(雲師)를 거느리고 곡(穀)·명(命)·병(病)·형(刑)·선악(善惡) 등 무릇 인간의 삼백육십여 가지의 일을 주관하며 세상을 다스리고 교화하였다. 이때에 곰 한 마리와 호랑이 한 마리가 있어 같은 굴에 살면서 항상 신(神) 환웅(雄)에게 기도하되 화(化)하여 사람이 되기를 원했다. 이에 신 환웅은 신령스러운 쑥 한 타래와 마늘 스무 개를 주면서 말하기를 '너희들이 이것을 먹고 백일(百日) 동안 햇빛을 보지 않으면 곧 사람의 모습이 될 것이니라.'라고 하였다. 곰과 호랑이는 그것을 받아서 먹어, 기(忌)한지 삼칠일(三七日)만에 곰은 여자의 몸이 되었으나, 범은 금기하지 못해서 사람의 몸이 되지 못하였다. 웅녀(熊女)는 혼인할 사람이 없었으므로 매양 단수(壇樹;檀樹) 아래서 잉태하기를 빌었다. [환]웅이 이에 잠시 [사람으로] 변하여 그녀와 혼인하였다. [웅녀가] 잉태하여 아들을 낳으니 단군왕검(壇君王儉;檀君王儉)이라 하였다. 당(唐)의 고(高)임금이 즉위한 지 50년인 경인(庚寅)[당의 요(堯)임금 즉위 원년은 무진(戊辰)인즉, 50년은 정사(丁巳)요 경인이 아니다. 사실이 아닐까 의심스럽다.]으로, 평양성(平壤城)[지금의 서경(西京)이다.]에 도읍하고 비로소 조선이라 하였다. 또 도읍을 백악산 아사달에 옮겼는데, 궁(弓) 혹은 방(方)이라고 한다. 홀산(忽山)이라고도 하며 또는 금미달(今彌達)이라고도 한다. 그 후 1,500년 동안 나라를 다스렸다. 주(周)의 호왕(虎王-武王-)이 즉위한 기묘(己卯)에 기자(箕子)를 조선에 봉하니 단군은 곧 장당경(藏唐京)으로 옮겼다가 뒤에 아사달에 돌아와 숨어 산신(山神)이 되었으니 수(壽)가 1,908세다."라고 하였다.

古記云 "昔有桓因 {謂帝釋也.} 庶子桓雄數意天下貪求人世 父知子意下視三危太伯可以弘益人間 乃授天符印三箇遣徃理之 雄率徒三千降於太伯山頂 {即太伯今妙香山.} 神壇樹下謂之神市, 是謂桓

雄天王也 將風伯·雨師·雲師 而主穀·主命·主病·主刑·主善惡凡主人
間三百六十餘事在世理化 時有一熊一虎同穴而居 常祈 于神雄願
化爲人 時神遺靈艾一炷蒜二十枚曰 '爾輩食之不見日光百日, 便得
人形.' 熊虎得而食之忌三七日熊得女身 虎不能忌而不得人身 熊女
者無與爲婚故每於壇樹下呪願有孕 雄乃假化而婚之 孕生子號曰壇
君王儉 以唐高即位五十年庚寅 {唐堯即位元年戊辰 則五十年丁巳
非庚寅也 疑其未 實} 都平壤城 {今西京始稱朝鮮.} 又移都於白岳山
阿斯達 又名弓 一作方忽山又今旀達 御國一千五百年 周虎王即位
己卯封箕子於朝鮮 壇君乃移於藏唐京後還隱於阿斯達爲山神, 壽
一千九百八歲"

　여기서 일연 선사는 태백산을 한반도의 묘향산으로 비정하였는데, 이에
대해서는 논란이 많다. 아울러 삼위에 대해서는 아무런 설명도 하지 않았
다. 한국사데이터베이스에서는 『제왕운기(帝王韻紀)』의 주와 『신증동국여지
승람(新增東國輿地勝覽)』「권42」 '문화현 산천 구월산'조에서 구월산, 즉 아사
달산의 다른 이름 중 하나로 삼위(三危)를 들고 있다며 삼위를 국내의 구월
산으로 비정하고 있다. 그런데 이러한 주장도 설득력을 갖기 어렵다. 중원
에 삼위·태백이 명백하게 존재하기 때문이다. 위치 비정도 할 필요가 없을
정도이다.

　정인보(1947: 365), 김성호(2000) 등은 삼위산을 한반도가 아니라 중국 감
숙성에서 찾는 것이 타당하다고 주장한 바 있다. 삼위산(三危山)은 비우산이
라고도 하는데, 사서에 기록된 최초의 돈황 지명으로, 주봉은 모고굴 건너
편에 있다. 세 개의 봉우리가 위태롭다 하여 이름을 삼위(三危)라 하였다고
한다. 『괄지지』에서 말하길 "삼위산에는 세 봉우리가 있어 삼위라 하였다.

비우산으로 부르기도 한다. 사주 돈황현 동남 삼십리에 있다.[三危山有三峰故曰三危,俗亦名卑羽山 在沙州敦煌縣东南三十里]"라고 했다. 그런데 『청사고(淸史稿)』에는 삼위지지에 대해 다음과 같은 설명이 제시되어 있다.

> 서장(西藏, 티벳)이 우공 삼위지지이다. 사천성과 운남성 요외에 있으며, 수도에 이르기까지 1만4천여 리에 달한다. 주(周)는 서융(西戎)이고, 한은 서강(西羌)이다. 당은 토번(吐蕃)이고, 그 군장의 호는 찬보(贊普)이다. 송나라 왕조에 이르기까지 조공이 끊이지 않았다.
>
> 西藏 禹貢三危之地 在四川 雲南徼外 至京師萬有四千餘里 周爲西戎, 漢爲西羌 唐爲吐蕃 其君長号贊普 至宋朝貢不絶

여기서는 주나라가 서융이었다고 주장하고 있다. 정확히 표현하면 주나라는 서융 중 한 세력에 불과하였다. 삼위의 지명은 『삼국유사』의 한민족 개국신화만이 아니라 초나라 굴원의 『초사』에도 등장하는데, 『초사』에서는 "여섯 마리 용을 몰아 삼위산(三危山)으로 달려, 아홉 굽이진 물가에서 서쪽의 신령을 모으네."라고 했다. 그리고 「북부여사화」에서는 천제인 해모수가 오룡차(五龍車)를 타고 인간 세계로 내려와 북부여를 건국했다는 기록이 있다. 이처럼 천신이 직접 강림하여 나라를 세우는 신화는 신으로부터 선택받았다는 한민족의 고유한 세계관을 표현한다.

특히 단군사화를 보면 천계에서 삼위(三危)를 지켜본 환웅이 태백산을 택해 '신시(神市)' 즉 최초의 부족국가를 만들었던 것이다. 삼위·태백은 한반도에 유사한 지명이 등장하는데, 이는 돈황 지역에 있던 환웅 세력이 동쪽으로 이동하여 한반도로 이동해 온 결과로 해석된다. 상고시대의 노씨의 근거지는 단군사화의 배경과 동일한 지역이었다. 이 지역에는 한강을 비롯하여 한반도의 지명과 유사한 지명들이 다수가 존재하는데, 이것의 내적 연결관계는 노융 등의 이동 과정에 대한 분석을 통해 본격적으로 파악할 수 있게 될 것이다.

삼위·태백은 노융을 비롯한 동이 서융(西戎)이 발원한 곳으로서 돈황에 있는 삼위산에서부터 섬서성 진령산맥 주봉인 태백산에 이르는 지역을 가리킨다. 태백산은 지금의 서안시 일대를 가리키는 것으로 해석된다. 주무왕이 기자를 조선에 봉했다고 하는데, 기자조선은 산서성 기(箕){지금의 진중시(晉中市) 태곡구(太谷區)} 지역으로 확인되고 있다. 따라서 단군조선은 당초 서안 일대에서 건국하였다가 산서성으로 이동한 것으로 분석된다. 어쨌든 아래의 [그림]에서 태백산 오른쪽 편에 하남성 노씨현(盧氏縣)이 존재하는데, 이곳이 바로 노씨가 본격적으로 중원으로 진출한 거점으로 파악된다.

노융은 중원 대륙의 서북 방면에서 동쪽으로 이동하여 중원에 도달하게

▨ 섬서성 태백산 일대의 지형지세와 노씨의 이동 경로

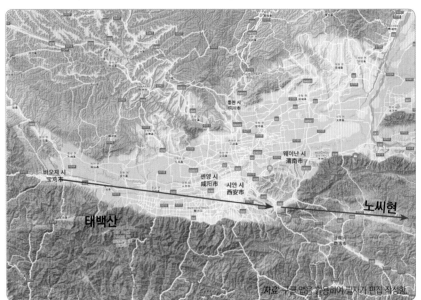

된다. 여기서 주목할만한 점은 노씨가 서기전 2030년에 이미 하남 광주까지 이동해 왔을 것으로 추정된다는 사실이다. 아래 [그림]을 보면 하남성 남부에 광주의 지명이 보이는데, 이곳에 광국이 건국되어 있었다. 이와 관련하여 중국의 『광주지』「점교본」에는 "황제의 아들 25명은 성이 12개나 되는데, 성을 짓고 나라를 나누니 고서적에서 그 하나가 광(光)이다."라고 기록되어 있다. 『국명기』에서 말하기를 "『춘추도』에 광국이 있는데, 지금의 광주다."라고 했다. 『우공』에는 "춘추시대에 황국이 되었다.[春秋時爲黃国]"

▨ 중국 하남성 광주, 광산, 나산 위치도

라는 기록이 나타난다.

　광국은 서기전 2030년 이전에 건국된 나라인데, 빛을 나타내는 노씨와
직접적 관련성이 있는 것으로 분석된다. 그 이유는 첫째, 광국이 나중에 황
국이 되었는데, 이곳 출신들이 초나라의 재상을 역임하고 있다는 사실이
다. 초의 노구자(盧丘子)와 황헐(黃歇)이 바로 그들이다. 유향의『설원(說苑)』에
따르면, 노구자는 광국, 즉 지금의 황천현 출신으로 초의 승상(영윤)이었다.
그리고『수경주(水經注)』에 따르면, 이양의 동쪽에 노구곽(盧丘郭)이라는 마을
에 노구자의 동상이 서 있다. 노구자는 초나라 재상으로 10년을 지내면서,
초나라를 강대하게 만들었으며, 노년에 이르러서도, 나라를 위해 도처에서
현명한 인재를 찾아다녔다. 노구자가 추천하여 초의 영윤이 된 손숙오는
초장왕을 도와 춘추 5패의 하나로 도약함으로써 초나라를 역사의 정점으
로 올려놓았다.

　광국의 노씨 계열과 황제족(黃帝族) 계열은 그 갈래가 염제와 황제로 서로
다르다. 따라서 광국은 상나라에 밀려 한강 이남으로 이주하고, 이후 황씨
들의 나라 황국(黃國)이 들어선 것으로 나타난다. 서주 초에 광국은 황국의
황천으로 개명되었으며, 이곳은 황씨(黃氏)들의 발원지가 되었다. 전국시대
에 춘신군 황헐의 고향이 바로 이곳에 있다.『춘추좌전』을 보면 춘추시기
의 황국은 노희공 12년인 서기전 648년에 초나라에 의해 멸망했다. 이후
황천은 당나라 시기에 다시 광주로 개명되어 옛 지명을 회복했다. 광국이
입지한 광주 지역은 중원의 각 씨족이 사방으로 진출하는 매우 중요한 요
충지에 해당했다. 따라서 세력교체가 빈번하였다. 그런데 이곳에 처음 광
국을 건국한 것은 노씨들인 것으로 보인다.

　둘째, 중국 광주의 치소에 해당하는 광산이 바로 광주 내에 있으며, 광산
바로 옆에 나산이 존재한다. 이러한 공간적 배치는 한국의 광주, 광산, 나

주(함평 나산)와 거의 동일하다. 가히 지명의 정밀한 복제라고 할만한 정도이다. 그리고 이들 지역에 입지한 씨족 세력들도 광주(광산) 노씨, 나주(금성) 나씨이다. 따라서 중원의 경우에도 나산에 나씨가 있었듯이, 광주와 광산에 노씨가 있었다고 보는 것이 타당한 추론이 된다. 이렇게 해서 노씨는 한국 광주 및 광산과 중국 광주 및 광산의 매개고리 역할을 수행한 것이다.

셋째, 불교에서 말하는 법신(法身) 비로자나불(毗盧遮那佛)과 보신(報身) 노사나불(盧舍那佛)은 모두 빛 또는 광명 신을 가리키는데, 여기에 모두 노(盧)가 들어 있다. 이는 노가 빛을 나타낸다는 사실을 보여준다.

끝으로, 갑골음으로 노(盧)는 [gərə(ㄱㄹ)]로 빛을 의미한다. 최춘태(2017)는 노룡(盧龍)이라는 지명이 갑골음으로 빛을 나타내는 가라로 발음된다고 밝혔다. 가라(加羅)라는 명칭은 가야를 가리키는데, 당초 오손 축융족 허씨 세력의 허황옥과 김수로왕이 혼인하면서 가야 또는 가라라고 했다가 금관국으로 바꾸었는데, 포상팔국전쟁에서 마한 월지국 세력에 의해 점령된 후 다시 부례구야(부여가야)로 개칭되었다. 가라는 서역에서 비롯된 축융족들의 지표지명 중 하나이다.[15]

어쨌든 노씨는 상(商)나라 시대에 노국(盧國)을 건국한 것으로 확인된다. 갑골문 분석 결과에 따르면 3·4·5기 복사에서 노방(盧方), 노나라가 백작(盧國爲伯爵)이 되었다고 기록되어 있다. 노의 갑골문 위쪽은 '호랑이 또는 짐승의 뼈'(虎頭或兽骨)이고, 아래 부분은 '솥이 달린 난로'(带鬲的炉子) 형태이다. 이에 따라 갑골문 노(盧)의 의미는 "난로에서 호랑이 머리나 짐승 뼈를 삶는다."는 뜻을 갖는다(텐센트망(腾讯网), 2019. 08.13.).

---

15 『세종실록』 「지리지」와 『신증동국여지승람』 「지리지」에서는 광주를 노지(奴只)라고 했다고 한다. 여기서 노지는 선주족인 노씨들의 땅, 즉 노지(盧地)를 간략하게 표현한 것으로 분석된다.

이는 노씨족이 호랑이 토템을 숭배하던 씨족이라는 사실을 보여준다. 고대 중원 대륙 서남부 지역에서는 호랑이 숭배 신앙이 널리 퍼져 있었다. 이족(彝族), 백족(白族), 나시족(纳西族), 토가족(土家族)이 노씨와 같이 호랑이를 토템으로 삼고 있다. 파인의 군주 늠군은 죽어서 백호가 되었다고 한다. 현재도 상서(湘西) 진수 중류의 봉황현 묘족은 여전히 백호 신앙을 숭배하고 있다. 일부 상서 묘족은 스스로를 노(盧)라고 부르는데, 이들이 바로 노융의 후예들이다. 이와 관련하여 『산해경』「해외북경」에는 다음과 같이 라라(羅羅)와 관련된 기록이 등장한다.

북해의 안쪽에 짐승이 있는데 그 생김새가 말과 같다. 이름을 도도라고 하고, 또 짐승이 있는데 그 이름을 박이라고 한다. 그 생김새가 흰 말과 같고 톱날같은 이로 호랑이와 표범을 잡아먹는다. 또 본 바탕이 흰 짐승이 있는데 생김새가 말과 같고 이름을 공공이라고 한다. 또 푸른 짐승이 있는데 생김새가 호랑이와 같고 이름을 라라라고 한다.

이와 관련하여 명나라 시대 고적인 『병아(駢雅)』에는 "푸른 호랑이를 라라라고 한다. 현재 운남성 남만인들은 호랑이를 라라라고 부른다. 천중기를 보라."(青虎谓之羅羅. 今雲南蠻人呼虎亦爲羅羅, 見『天中記』)라고 적혀 있다. 라라는 서융으로서 호랑이 토템을 숭배했던 노씨족의 신념체계를 잘 보여준다. 이러한 노씨들의 호랑이 토템은 단군사화에서 사람으로 변하지 못하고 뛰쳐나간 호랑이(虎族)가 바로 노씨들이 아닌가 하는 생각이 들게 한다.

갑골 복사에는 여러 명의 노백이 기록되어 있다. 노국의 위치와 관련하여 『괄지지』에는 "방주(房州) 죽산현(竹山縣) 및 금주(金州)가 옛날의 노국이다."라고 언급하고 있다. 이를 통해 상나라 시대 노국은 지금의 호북 죽산현과 섬서 금강시 일대에 있었던 것으로 파악된다. 그러나 은상시 노국이 하남 노씨현(盧氏縣)에 있었다는 주장도 있는데, 이는 상나라 말기에 상왕이 이들 세력의 남진을 용납하지 않았기 때문인 것으로 보인다. 이후 노나라 사람들은 상나라 말기, 서주부터 춘추시기까지 이곳에 머물고 있었다.

상나라 말기에 노씨 세력이 노씨현에 머물고 있었던 사실과 관련하여 놀라운 사실은 상왕이 노백(盧伯)을 죽이고, 그 두개골(刻)을 따서 각사(頭)를 한 유물이 출토되었다는 사실이다. 이에 대해서는 중국 인터넷 매체 텐센트망(腾讯网)의 '殷商古國一盧國, 商王殺盧伯, 取其頭蓋骨作刻辭, 罕見(2019.08.13.)' 기사에 자세한 기록이 등장한다.

이에 따르면 강방에 속한 노국은 상나라 무정 시기에 상(商)의 부용국이

호북성의 노국과 나국의 위치

된 것으로 나타난다. 안양에서 발굴된 무정의 황후 부호묘에서 커다란 옥과가 출토되었는데, 그 명문(盧方皆入戈五)에 노방이 상왕에게 다섯 점의 과기(戈器)를 진상한 것으로 기록되어 있다. 이 옥과를 통해 우리는 무정 시기 초반에 노국이 상의 부용국이었으며, 백작을 하사받았다는 사실을 확인할 수 있다. 당시에는 상나라와 노국의 관계가 우호적이어서 노백은 모두 친히 은도(殷都)에 조공을 갔고, 이 옥과에 그 일을 기록하였던 것이다. 옥과는 매우 정교하게 제작되었는데, 이를 통해 노방의 병기 제작 기술이 매우 성숙해 있어 그만큼 노방의 군사력이 강성했다는 추론을 해 볼 수 있다.

그런데 이후 무정왕의 왕후인 부호는 상나라의 여성 대장군으로서 1만3천여 명의 군사를 이끌고 강방에 대한 대규모 공격을 가한 것으로 나타나 노씨 중 다수가 인신제사용으로 포획된 것으로 보인다. 당시 강방은 상나라의 서쪽에 위치한 세력으로서 상나라와 가장 치열하게 전쟁을 벌였다. 상나라 말기에 노나라와 상왕조의 관계는 완전히 틀어지면서 깊은 원한관계로 돌아선 것으로 보인다. 이와 관련하여 텐센트망의 기사(2019.08.13.)에는 "한 편의 복사 기록에 '… 로 … 대 …'라고 하였는데 사의는 확실치 않으나 경악스럽게도 이 복사가 노백의 두개골에 새겨져 있다.[有一片卜辭記錄了 '… 盧 … 代 …' 辭意不確, 但令人惊愕的是这片卜辭是刻在盧伯的頭蓋骨上的]"라고 적고 있다.

일반적으로 점술의 재료는 주로 거북의 등껍질을 활용하는데, 동물의 견갑골, 두개골, 예를 들면 소머리, 사슴머리, 호랑이뼈 등을 사용하기도 한다. 이밖에도 사람의 두개골을 활용하기도 하는데, 이를 인두각사라고 한다. 사람 두개골에 글을 새기는 경우는 매우 드물었는데, 적국의 주요 우두머리나 방국 족장에 대한 원한을 표현한다. 이처럼 두개골에 글자를 새기거나 술잔 등으로 사용하는 일은 은상 시대에 유행했던 풍습이다. 이를 '헤

드헌터'라 부르기도 하는데, 적국 지도자를 참살하고 그 두개골을 가져다 가 이면에 글자를 새긴 것이다.

노방은 부호에 의해 정벌된 이후 본격적으로 상나라에 반기를 들기 시작한 것으로 보인다. 갑골 복사에는 다음과 같은 내용이 등장한다. "갑술복, 다음 날 을왕이 노백을 붙잡아 제사를 냈는데, 비가 내리지 않았다."(甲戌卜, 翌日乙王其尋盧伯, 不雨)(腾讯网, 2019. 08.13.).

상나라 말기에 노국은 주저하지 않고 주(周) 부족과 연합하여 '목서팔국(牧誓八國)'의 일원이 되어 상왕조에 복수를 하게 된다. 여기서 목서팔국은 주무왕을 따라서 상왕 주를 토벌한 8대 제후국을 가리키는데, 『상서』「목서」에 따르면 용국(庸國), 촉국(蜀國), 강국(羌國), 무국(髳國), 미국(微國), 노국(盧國), 팽국(彭國), 복국(濮國) 등이 바로 그것이다. 『사기』「주본기」에도 다음과 같은 기사가 등장한다.

> 아, 나의 제후들이여! 사도, 사마, 사공, 아려, 사씨, 천부장, 백부장, 그리고 용(庸), 촉(蜀), 강(羌), 무(髳), 미(微), 노(纑), 팽(彭), 복(濮)의 동맹족 사람들이여! 그대들의 창을 높이 들고 그대들의 방패를 나란히 하며, 그대들의 창끝을 세우시오. 내가 선서하겠소.
> 「嗟! 我有國家君 司徒 司馬 司空 亞旅 師氏 千夫長 百夫長 及庸 蜀 羌 髳 微 纑 彭 濮人 稱爾戈 比爾干 立爾矛 予其誓

여기서 노(纑)는 노(盧)와 동일한 나라를 가리킨다. 노국이 서기전 1046년 주나라 무왕이 상의 주를 정벌한 목야 전투에 앞장서 큰 공을 세웠기 때문에 서주 초에 제후국으로 책봉되었다. 1980년대에 섬서성 안강현에서 여러 명문이 새겨진 청동기 '사밀궤(史密簋)'가 출토되었는데, 서주 중·후반기에 동이가 반란하자 주왕명을 받은 주실의 대장 사밀, 사속 두 사람이 호방과 노방의 군대를 이끌고 동정에 나섰다는 기록이 등장한다. 이는 노국이 서주 중후기까지 주왕실의 운명을 좌우할 만큼 역량이 강성했다는 사실을 보여준다.

그런데 이 시기 고대 나국과 노국은 호북 양양(襄陽)에 주나라의 제후국으로 존립하고 있었다. 그러나 춘추 시대에 접어들어 초나라가 강국으로 부상하면서 노국은 주변의 모든 제후국처럼 중대한 위기를 맞이하게 된다. 초나라를 견제하기 위해 노국은 주변국과 빈번히 연대하였다. 『춘추좌전』 「노환공 13년」(서기전 699년)에 따르면 "(초나라군이) 나국에 이르렀는데, 나국은 노융과 연합하여 초나라를 대패시켰다.[及羅 羅與盧戎兩軍之 大敗之]"라는 기록이 등장한다. 소위 초라 언북전쟁에서 노융은 나국을 도와 대승을 거둔 것이다. 지리적으로 보면 노국은 서쪽{호북 죽산현}에, 나국은 동쪽{호북 의성현}에 위치하여 초나라를 동서 양쪽에서 협공하였다.

그러나 노국과 나국은 서기전 690년 초나라의 보복전으로 인해 멸망당한 것으로 분석된다. 노국은 주나라 건국 이후 강력한 동맹 세력을 이루어 강소국으로서의 위상을 갖고 있었다. 그러나 초나라에 멸망당하면서 노씨는 나국과 동맹한 세력, 그리고 강성(姜姓)과 함께 제나라로 이동한 두 세력으로 분화한 것으로 파악된다. 왜냐하면 이들 두 노씨 세력의 행로가 하나는 동쪽의 제나라 방향으로 이동한 것으로 나타나고, 다른 하나는 나국 세력과 함께 지강, 장사, 항주, 상해 등 중원 남부로 이동하는 것으로 확인되고 있기 때문이다.

제나라로 이동한 노씨는 제환공(재위 서기전 685년~서기전 643년)을 옹립하는 데 큰 공을 세운 고혜가 노현(盧縣){제남시 장청현}을 식읍으로 분봉받아 노국을 재건국하면서 새롭게 부활하게 된다. 『성찬』, 『노씨족보』 등에 따르면 고혜는 제나라 강태공의 11세 후손으로서 강성(姜姓) 고씨(高氏)였다. 그는 노국을 건국함으로써 노씨의 또 다른 시조가 된다. 이를 통해 알 수 있는 것은 주나라 시기에 노국은 크게 두 번에 걸쳐 건국된 것으로 파악된다. 하나는 서주 초년에 조정에 의해 분봉된 것이고, 다른 하나는 제나라가 재분봉한 나라를 가리킨다. 『사기』「제태공세가」에는 고혜가 환공을 옹립하는 과정이 자세하게 기록되어 있다.

소백은 어려서부터 대부 고혜와 좋은 관계를 유지했다. 옹림의 사람들이 무지를 죽이고 임금 세우는 일을 논하게 되자, 고혜와 국의중은 먼저 거나라로부터 소백을 아무도 모르게 불렀다. … 노나라는 [공자] 규를 호송하는 행군을 늦추어 엿새 만에 제나라에 이르렀으나, 소백이 이미 [제나라]에 들어와서 고혜가 그를 임금으로 세웠으니, 이 사람이 곧 환공이다.

小白自少 好善大夫高傒 及雍林人殺無知 議立君 高·國先陰召 小白 於莒 魯送糾者行益遲 六日至齊 則小白已入 高傒立之 是爲桓公

고혜는 제양공이 살해된 이후 벌어진 제위 쟁탈전에서 공자 소백의 편에서서 제 환공을 옹립하는 데 성공한다. 그러나 『관자』와 『춘추좌전』, 『사기』에 기록된 바와 같이 제 환공은 포숙아의 건의에 따라 고혜 대신 관중을 재상으로 등용하게 된다. 고혜는 관중, 포숙과 함께 제환공이 패자가 되도록 만든 제나라의 고굉지신이었다. 고혜는 제환공 사망 후에 국씨, 관씨, 보씨 등 대신들을 모아 왕궁을 공격하고, 제효공을 옹립함으로써 영향력을 더욱 극대화했다.

제나라에 건국된 노(盧)나라의 유적지는 지금의 산동성 제남 장청구 일대에 걸쳐 있다. 그곳에는 '노성와'(盧城洼)로 불리우는 지명이 있다. 이곳이 바로 노나라의 고성 유적지(盧古城遺址)이고, 춘추시기 노나라의 성도이다. 서한 시기 제북국 도성에는 노나라의 고성이 있다. 당나라 시대 장수절은 『사기정의』에서 "춘추전국시대의 신의인 편작(원명 진월인(秦越人))의 집이 노나라에 있었으며, 이에 따라 노의(盧醫)라 했다."고 한다.

이상에서 살펴본 것처럼 노씨의 원류는 염제 신농의 자손인 강(姜)성과 희(姬)성이었다. 춘추시기의 노자국{현 호북성의 한강 중류}의 나라 이름을 성씨로 삼았다. 노씨는 짐려(戢黎)의 후예이기도 하다. 『풍속통의』에서 말하기를 "옛날의 노자국(盧子國) 이후에 노씨가 있게 되었다."라고 했다. 한나라를 건국하는 데 큰 공을 세워 연왕이 된 노관(盧綰)도 바로 노씨 출신이다. 절강성 동양(東陽)현 성동문(城東門) 밖에 위치한 노택(盧宅)은 명대(1456년~1462년)에 건축된 것이다.

그런데 노국과 나국이 초나라에 멸망당하면서 노씨는 강성과 연대하여 새 나라를 건국한 세력과 나라잃은 한을 잊지 못해 나국과 연대하여 중원 항주, 온주 등으로 이주한 두 세력으로 나뉜다. 후자는 나족과 더불어 씨족 연합을 구축하여 초나라에 저항하였으나 두 나라 모두 초나라에 멸망당하였다. 멸망당한 이후에도 이들 두 씨족은 하나의 씨족처럼 함께 행동한 것으로 나타난다. 영산강 유역에 들어온 노씨는 나씨와 연대한 세력이다. 노씨는 영산강의 상류인 광주를 본관으로 삼아 신창동 등지에 입지하였고, 나씨는 나주와 함평 나산 등에 새로운 근거지를 마련하였다. 한반도에 이주한 이후에도 노씨와 나씨는 나란히 서로 붙어 있었던 것이다. 노씨와 나씨는 소국의 아픔을 뼈저리게 인식하고 혈맹으로서의 의리를 끝까지 지켜낸 보기 드문 씨족들이다.

중국 양만연 교수(2004년)는 "한국 문화와 중국 초나라 문화의 연관성 탐구"에서 나국과 노국은 묘족 계열의 동이족들이었는데, 모두 초나라에 멸망당했다면서 노나라는 산동지역이 아니라 서기전 8세기 경에 중국 한강 중류 형초의 중심지인 양양에 있었다고 주장한다. 노씨가 분화한 것을 알지 못한 것으로 보인다. 그리고 노나라의 근원은 지금의 사천성 일대에서 발원하는 노수의 상류에 있었다고 주장했다. 그리고 이들은 범을 숭배하던 서융에 속하였는데, 나국과 가까운 곳에 나라를 세웠다는 것이다. 그리고 그는 노국과 나국은 강대국인 초나라에 맞서기 위해 서로 씨족 연합을 구축하여 대항하였으나 서기전 690년 초나라에 멸망당한 후 중원 남부의 지강과 장사 등지로 강제 이주 당하였다고 한다.

양만연 교수의 주장대로 나국과 노국은 가까운 곳에 위치하면서 씨족 연합을 이루었다. 아래의 지도에 나오듯이 나씨와 노씨는 각각 나산과 광산

▨ 나씨와 노씨의 초기 활동지역 나산과 광산

자료: 백도백과

에 자리잡았는데, 서로 접한 지역이다. 나씨와 노씨는 인근 지역에서 씨족 연합을 이루어 정체성을 공유하고, 진나라 시기에 한반도로 이주해왔다는 주장은 검토해 볼 만한 측면이 있다. 그러나 이들이 이동한 곳은 양만연 교수가 주장한 강원도 지역이나 신라 지역이 아니라 한반도 서남부의 영산강 유역이었다.

10/ 마씨馬氏

  우리나라 마씨는 2015년 통계청 조사결과 인구가 3만8천여 명에 달하는 성씨이다. 마씨는 장흥, 목천 등의 본관이 있는데, 장흥 마씨가 3만2천 명으로 사실상 단일본이다. 장흥(長興)은 전남 남쪽에 위치하고 있는데, 백제 때 오차현(烏次縣)이었고, 신라 경덕왕 때 오아(烏兒)로 개칭되었다.

  장흥 마씨의 시조는 십제의 개국공신인 마려(馬黎)이다. 『삼국사기』「백제본기」'온조왕'조에는 다음과 같이 기록되어 있다.

  주몽이 북부여에 있을 때 낳은 아들이 와서 태자가 되자, 비류와 온조는 태자에게 받아들여지지 않을까 두려워하여, 마침내 오간(烏干)·마려(馬黎) 등 10명의 신하와 더불어 남쪽으로 갔는데 백성들이 따르는 자가 많았다. 〔그들은〕드디어 한산(漢山)에 이르러 부아악(負兒嶽)에 올라가 살 만한 곳을 바라보았다.
  及朱蒙在北扶餘所生子來爲太子 沸流·温祚恐爲太子所不容 遂與 烏干·馬黎等十臣南行 百姓從之者多 遂至漢山 登負兒嶽 望可居之 地

  십제의 공신은 마려(馬藜), 오간(烏干), 을음(乙音), 해루(解婁) 등 10개의 씨족을 가리키는 것으로 파악된다. 마려는 좌보(左輔)의 벼슬을 받았는데 이후 세계는 불분명한 상황이다. 고려 문종 시기에 마점중(馬占中)의 큰 아들 마현(馬鉉)이 목천을 본관으로 삼아 현재의 목천 마씨(木川馬氏)의 시조가 되었다. 그리고 마현의 동생인 마혁인(馬赫仁)이 장흥 마씨의 시조이다.

중원의 마씨는 다양한 기원을 가진 성씨이다. 주요 기원은 영성(嬴姓), 자성(子姓) 등이다. 조나라의 종실(宗室) 조사(趙奢)가 마씨의 득성 시조이다. 조사는 조나라의 장군으로 진(秦)나라와의 전쟁에서 승리하여 마복(馬服, 한단 북서쪽)에 봉해져 마복군(馬服君)이라 불리웠다. 이에 후손들이 '마복(馬服)'을 성으로 삼았다가 단성인 '마(馬)'로 성씨를 바꾸었다. 조나라의 도읍 한단은 마씨의 발상지이다. 2013년 현재 마씨는 1,200만 명으로 17위에 해당하는 성씨이다. 마씨의 주요 군망은 부풍군(扶風郡), 경조군(京兆郡), 서하군(西河郡) 등이다.

조사 사후 한단현 일대의 자산(紫山)에 묻혔기 때문에 자산을 마복산이라고도 부르며, 세계 마씨의 시조산이다. 상고 순임금 시대에 백익(伯益)은 대우(大禹)의 치수를 보좌하는데 공이 커서 순임금이 그에게 영성(嬴姓)을 하사하였다. 백익의 후대 조보(造父)가 주목왕(周穆王)에 의해 조성(趙城, 산서성 조성현)에 봉해졌는데, 그 후손 조숙(趙夙)은 춘추시대에 진(晉) 헌공을 섬겼다. 조숙의 아들인 조최(趙衰)는 중이와 함께 망명길에 올랐다가 중이를 진문공이 되도록 하고, 마침내 중원의 패자가 되도록 만들었다. 이후 진나라가 쇠약해지자 조최의 후손과 위씨(魏氏), 한씨(韓氏) 등이 연합하여 진(晉)을 셋으로 나누었다.

그 결과 조나라가 건국되었다. 조나라는 무령왕 시기에 중산국을 거의 점령하는 등 비약적 발전을 이루어냈다. 조 무령왕의 후손 중에 명장 조사(趙奢)가 있었다. 서기전 270년 진나라 군대가 조나라를 쳐들어 오자 조사는 고지를 선점한 후 진나라 군대를 내몰아 대승을 거두었다. 고대 시대에는 고지를 선점하는 군대가 승리하는 것이 일반적이었다. 조사의 탁월한 전공을 기리기 위해 조 혜문왕은 그를 마복(馬服){지금의 하북성 한단시 서북쪽}에 봉하였다. 조사의 사후에 마복에 장지를 마련하였고, 이후 이곳은 마씨들의 발상지가 되었다.

영성(嬴姓) 마씨는 백익(伯益)의 후손인 조사(趙奢)의 봉지인 마복(馬服)을 성씨로 삼았다. 살던 읍의 이름을 성씨(氏)로 삼았다. 순임금 시기에 제후였던 백익은 우의 치수를 도운 공로가 있었고, 순을 위해 새와 짐승을 기르는데 뛰어난 재능을 보여 순임금이 영씨라는 성씨를 하사했다. 백익 영성이 생겨나자 순은 자신의 요(姚)성 딸을 그에게 시집보냈다. 순임금은 요성이다. 요 땅에서 성을 따서 요씨라 했다. 그 후손들이 요를 성으로 삼았다. 마복은 원래 전국 시기 조나라의 땅으로 오늘날 하북성 한단시 북서쪽에 있는 자산(紫山)이다.

기원전 270년 진(秦)나라는 조나라를 공격하여 조의 요충지인 알여{지금의 산서 화순(和順)}를 포위하였다. 조나라의 대장 조사는 높은 산의 고지를 먼저 점령한 후 진나라 군대를 아래로 내몰아 대승을 거두었다. 알여지전(閼與之戰)은 주난왕 46년(서기전 269년), 조나라의 명장 조사가 알여에 군사를 이끌고 진군(秦軍)을 격파한 전쟁을 말한다. 조사가 진(秦)군을 크게 격파하자 조(趙) 혜문왕은 조사에게 마복을 봉지로 주고 마복군(馬服君)이라는 호를 부여했다. 조사의 후손들은 '마복(馬服)'을 성으로 삼았다가 다시 '마(馬)'로 바꿨다. 이후 마가 후손들이 전한 무제 때 마복에서 당시 우부풍(右扶風)인 무릉(茂陵){지금의 섬서 흥평 동북쪽}으로 옮겨 정착했기 때문에『성보』에는 "마씨의 발원지가 부풍이다."라고 기록되어 있다. 마씨들의 주요 거주지는 조나라의 도성인 한단 일대이다.

마씨는 관직에서도 비롯된 성씨이다. 서주시대 관리 마질(馬質)에서 나왔으며, 벼슬을 씨(氏)라 칭했다. 마질(馬質)은 서주(西周) 시대에 설치된 관위로 말의 징수를 전담하며 말의 품질을 검사하였다. 전적『주례』「하관」'마질'

에는 "마질, 장질마, 마량 삼물(三物)이 있는데, 첫째는 융마(戎馬), 둘째는 전마(田馬), 셋째는 노마(駑馬)라고 하는데, 모두 종류에 따라 가격 차이가 있다."라고 기록돼 있다. 마질의 후손 중 조상의 관직을 성씨(姓氏)로 칭하다가 단성 마씨(馬氏)로 간략화하여 대대로 내려오는 등 역사가 오래된 성씨 중 하나이다.

춘추시대 초나라 관리 무마(巫馬)에서 나왔으며, 벼슬을 씨(氏)라 칭했다. 무마(巫馬)는 춘추시대 초나라에서 설치한 관위의 일종으로 말의 병을 치료하는 일을 전담하였다. 옛날에는 무(巫)와 의(醫)가 같았기 때문에 무마(巫馬)라고 불렀다. 전적 『주례』 「지관」 '무마'에는 "무마는 병에 걸린 질마를 맡아 치료하며, 서로 의논해 마병을 약공한다."라고 기록돼 있다. 오늘날의 수의사에 해당한다. 무마의 후손 중 선조 벼슬을 성씨(姓氏)로 삼아 무마씨(巫馬氏)라고 불렀는데, 이후 성문을 단성 마씨(馬氏), 무씨(巫氏)로 간략화하여 오늘날까지 전해지고 있다.

춘추시대 노나라의 관리 수인(廋人)에서 출자한 성씨로 벼슬을 씨(氏)라 칭했다. 수인은 춘추시대부터 노(魯)나라가 설치한 일종의 벼슬로, 후제(後齊)나라, 진(晉)나라, 연(燕)나라, 진(秦)나라 등 대국에서도 이 벼슬을 두고 말을 사육·훈련하고 군사·관리들이 말을 어떻게 다루는지를 가르쳤으며, 후위의 각 제후국 군대에서도 보편적으로 소유하고 있는 관칭이다. 전적(典籍)인 『주례(周禮)』 「지관(地官)」 '수인'에는 "수인은 십이한(十二閑)의 정(政)을 관장하며 이부마(以阜馬)를 가르친다."라고 기록돼 있다. 마수인의 후손 중에는 선조 벼슬을 성씨로 칭하는 사람이 있다.

서주에서 진(秦)·한(漢) 시대의 관리로 벼슬을 씨(氏)라 칭했다. 사마(司馬)는 상고오제 중 한 사람인 소호씨가 설치한 관칭으로, 상왕조(商王朝) 때의 마정(馬正)의 벼슬이 서주(西周) 때 사마(司馬)로 발전하여 모두 하관사마(夏官司

馬)라 불렀고, 속칭 대사마(大司馬)라 하여 왕조의 중신인 육경(六卿)의 한 사람으로 왕조 대외의 많은 군사 사무를 주관하였다. 전적『주례』「하관」'대사마'에는 "사마(司馬)는 총무사(總武事)라 한다."고 기록돼 있다. 사마(司馬)의 후손 중 선조 벼슬을 성씨(姓氏)라 칭하고 사마씨(司馬氏)라 칭하다가 단성 마씨(馬氏)로 간략화한 사람이 있어 대대로 전해 내려오고 있다.

2013년 현재 마씨 인구는 1200만 명으로 인구순위 17위이다. 하남성에 마씨 인구의 12.7%가 살고 있고, 하북성에 11%가 살고 있다. 현재는 감숙성에 가장 많은 마씨들이 살고 있다. 마씨의 군망은 부풍군(扶風郡), 경조군(京兆郡), 임안군(臨安郡), 하서군(西河郡) 등이다.

마씨 중 유명한 인물은『삼국지연의』에 등장하는 마초(馬超)이다. 유비의 촉한의 오호 장군 중 한 사람이다. 우부풍(右扶風) 무릉(茂陵){지금의 섬서성 흥평(興平) 동북쪽} 사람으로 마등의 아들이다. 211년 군사를 일으켜 조조에 대항하였으나 동관(潼關)에서 조조에게 패배하였다. 213년 농상의 군현을 공격하여 기성을 차지하지만 양부에게 패한 후 한중의 장로에게 의탁한다. 장로는 마초를 파견하여 가맹관을 공격하는데, 장비와 일진일퇴를 거듭하였다. 이때 제갈량이 술책으로 장로가 마초를 불신하게 만들어 결국 마초는 촉한에 투항한다. 이후 마초는 촉한의 표기장군(驃騎將軍)이 되었다.

11/ 모씨牟氏

　모씨는 함평(咸平) 모씨 단일본으로 인구수는 2015년 기준 2만 명이다. 모씨는 산동 래이족의 후손으로 마한과 백제의 핵심 씨족이었다. 함평 모씨의 시조는 고려 때 모경(牟慶)이다. 모경은 북송(北宋) 마지막 왕조인 흠종(欽宗)때 대사마 대장군(大司馬大將軍)에 올랐다. 고려 인종 4년에 이자겸의 난이 일어나자 사신으로 우리나라에 와서 난을 평정한 공이 있어 1등공신으로 책봉되었다고 한다.

　백제 동성왕의 성이 모씨이다. 백제 비유왕의 왕비였던 모씨 부인이 비유왕 사후 재가하여 문주와 곤지를 낳은 것으로 분석된다. 『일본서기』「웅략천황」조에는 개로왕 여경(餘慶)이 자신의 임신한 부인을 동복형제인 곤지에게 주어 열도로 건너가게 했다고 한다. 곤지가 바로 웅략천황이다. 열도의 지배를 위해 곤지를 파견하는 과정을 『일본서기』에 다음과 같이 적고 있다.

　여름 4월에 백제의 가수리군[개로왕이다]은 … 그 아우 군군[軍君, 곤지(昆支)]에게 "너는 마땅히 일본으로 가서 천황을 섬기도록 하라."고 명하였다. 군군은 "왕의 명을 거스를 수 없습니다. 원컨대 왕의 부인을 내려주신다면 명을 받들겠습니다."라고 대답하였다. 가수리군은 임신한 부인을 군군에게 주면서 "나의 임신한 부인은 이미 산달이 되었다. 만일 가는 길에 출산하면, 바라건대 어디에 있든지 배 한 척에 실어 속히 본국으로 돌려보내도록 하라."고 말하였다. 이윽고 작별하여 왜의 조정으로 갔다. 6월 병숙삭(1일)에 임신한 부인이 가수리군의 말처럼 축자의 각라도(各羅島)에서 아이를 낳았다. 그래서 아이 이름을 도군(島君)이라 하였다. 이에 군군이 곧 배에 태워 도군을 본국으로 돌려 보냈다. 이가 무령왕이다.

夏四月 百濟加須利君[蓋鹵王也.] … 乃告其弟軍君(=昆支也)曰「汝宜往日本 以事天皇.」軍君對曰「上君之命 不可奉違 願賜君婦而後奉遺.」加須利君 則以孕婦嫁與軍君曰「我之孕婦 既當産月 若於路産 冀載一船 隨至何處 速令送國.」遂與辭訣 奉遣於朝 六月丙戌朔 孕婦果如加須利君言 於筑紫各羅嶋産兒 仍名此兒曰嶋君 於是 軍君卽以一船 送嶋君於國 是爲武寧王

곤지는 개로왕 여경의 동모제이므로 여씨가 아니다. 곤지는 모씨로 파악된다. 그 아들 동성왕이 모대이기 때문이다. 곤지의 형 문주왕과 그 아들 삼근왕도 모씨로 분석된다. 백제에는 모씨왕이 3대를 이어왔으나 이들은 모두 오래 가지 못하고 몰락했다. 동성왕은 특히 북위와의 전쟁에서 승리한 호남의 귀족들을 왕후로 임명하고 무진주에 행차하는 등 왕권을 강화하기 위해 전력을 기울였다. 그러나 여씨 왕이 아니어서 결국 백가에게 시해당하고 만다. 그 뒤를 이어 무령왕이 왕위에 오르게 되는데 무령왕은 개로왕 여경의 아들로 여씨이다. 무령왕은 열도에서 성장한 것이 아니라 『일본서기』의 기록에 나타난 것처럼 백제 본국에 보내졌다. 그런데 무령왕이 한성으로 갔더라면 고구려의 침공에 의해 몰살당하고 말았을 것이다. 무령왕은 마한백제가 위치한 나주에서 성장한 것으로 분석된다.

모씨는 래이족의 족성이다. 래이(萊夷)족은 중국 산동성에 선재하던 동이족들이었다. 백도백과에서 래국의 기원에 대해 검색한 결과에 따르면, "동해 밖에 있는 전욱의 아들 백칭(伯称)의 호는 백복(伯䣛), 래복(萊䣛)이라고 하는데, 려(蔾) 즉 래(萊)를 낳았다. 려(래)는 노동(老童)이다. 노동은 중려(래)와 오회를 낳았다. 오회의 넷째 아들 래언(萊言)은 운성(妘姓)이었는데, 래국의 시조가 되었다."고 한다. 래언의 후손이 서쪽으로 가서 제곡에 의해 려(래)의 회허(郐墟)(축융지허)에 봉해졌다. 이것이 서주의 회(郐)국이다.[16]

래국은 상나라 시대 이전부터 존립하고 있었으며, 치소는 창락, 임구현 부근에 있었다. 동부는 황현의 연해 지역에까지 도달할 수 있다. 강태공은 제나라에 봉해진 직후 영구(營丘)에 도읍을 세웠으며, 이는 지금의 임치(臨淄) 제도진에 위치하고 있다. 그런데 래국의 도읍과 이곳이 너무 가까워서 래이가 여러 번 영구를 공격했다. 춘추시대에는 제나라가 강대하자 래국을 물리치고 지금의 평두현 서쪽을 점령했다. 그 결과 래공은 부득이 황현으로 천도하고 동래(東萊)라고 불렀다. 전국시대인 서기전 567년 동래는 제나라에 의해 멸망되었다

래국은 상주 시대에 산동성 해안에서 울창한 나무를 활용하여 자염(煮鹽)을 생산하였으며, 농업과 광업, 마사 방직업, 무역업 등에 종사한 것으로 밝혀지고 있다. 래이족이 산동반도에 자리잡은 것은 신석기 시대로 거슬러 올라갈 정도로 오래된 것으로 나타났다. 산동지역의 고대 문화는 이들이 주인공이었던 것이다.

고고학적 관점에서 산동지역은 신석기 이후 중원과 독립적인 문화를 형성한 것으로 나타나고 있다. 후리→북신→대문구→용산→악석 문화가 바로 그것이다. 시기는 약 8,500년~3,900년 사이이다(왕칭, 2018: 83). 이러한 산동문화는 하남성 동부, 강소성과 안휘성 북부 등으로 확장되어 있는데, 이는 래이족의 활동영역이 점차 축소된 상황을 반영한다. 즉 선주민이었던 래이족은 산동성을 포함한 광대한 지역을 활동무대로 삼았으나 점차 산동

16 https://baike.baidu.com/item/%E8%8E%B1%E5%9B%BD: 2020년 4월 30일 검색

반도 내로 축소되었고, 서기전 567년 제나라에 병합되어 정치세력으로서의 영향력을 상실하고 말았다. 이와 관련하여 『관자』「제84편 경중 무」에서 관중의 언급을 살펴볼 필요가 있다.

관자가 대답했다. "제나라는 본래 이래족의 나라입니다.[管子對曰: 齊者, 夷萊之國也]"

래이족은 후에 제나라가 된 지역의 선주민이었다. 이들은 주나라 시대에 강태공이 제나라에 봉해지자 곧바로 전쟁에 돌입하였는데, 강태공에게 패하고 만다. 이와 관련된 내용이 『사기』「제태공세가」에 등장한다.

래후가 정벌하러 와 태공과 영구를 차지하려 싸웠다. 영구는 래나라 근처에 있었고, 래나라 사람들은 이족(夷族)이었는데, 마침 주왕의 정치가 혼란스러웠던 데다 주나라 왕조가 막 건립되어 먼 나라들까지는 안정시키지 못하는 것을 틈타 태공과 봉국을 다툰 것이다.

래이족은 당시 강력한 군사력과 경제력을 보유하고 있었던 것으로 보인다. 그런데 사마천의 『사기』에 따르면 강태공은 이미 제나라에 그 기반을 갖추고 있었다. 따라서 래이족이 승리할 수 없었던 것이다. 춘추시대에 래국의 경제와 문화는 상당하게 발달되어 있었다. 무엇보다 해안가에 위치하여 물고기와 소금이 풍부하고, 제나라를 비롯한 여러 제후국의 경제교류에서 중요한 위치를 차지하였다. 광업용 제철 산업도 발달했다. 문화 방면에서도 래이족의 음악은 래악(萊樂)이라고 부를 정도로 유명하였다.

래국(萊國)은 래자국(=모자국)이라고도 하는데, 중원의 선진(先秦) 시기에 구이(九夷)가 세운 나라로 알려져 있다. 상나라 시대에 봉해지기 시작했고, 서주 시기에는 제후대국이 되었다. 은주 대전 시기에 모인(牟人)들은 그 전쟁에 참가하였는데, 주나라를 도왔다. 모국은 제나라와 노나라에 부용하면서 서주 400년 이상 안정적 생활을 구가했다. 『세본』「씨성편」에는 "모자국은 축융의 후예이다."라고 적혀 있고, 『춘추좌전』「소공 17년」에는 "정은 축융의 터이다."라는 기록이 등장한다. 이는 정나라 신정이 동이 축융세력이 결집하여 축융족의 나라를 세운 곳이라는 것을 의미한다.

래국은 동이 구이족의 대표적 나라 중 하나로서 다수의 구이족이 연합한 것으로 보인다. 이와 관련하여 『시의소(詩義疏)』에서 이르기를 "래는 려'라 했다.[萊, 藜也]"고 한다. 그리고 백도백과에 래국과 관련해 소개된 『산해경』에서도 려와 래를 같은 종족으로 파악하고 있다.[17] 아울러 우이와 소호국도 래이에 포함된 것으로 기록되어 있다.

> 동해 밖에 전욱의 나라가 있다. 계우[우이], 소호국, 중씨는 려(래)씨와
> 더불어 희화국이 되었다.
> 東海之外有顓頊國國 季禺〔嵎夷〕 少昊國 重氏 藜〔萊〕氏和後來的
> 義和國

더 나아가 『사기』「오제본기」에는 다음과 같은 내용이 나온다.

> (요임금은) 희중(羲仲)에게 명령을 내려 양곡(暘谷)이라고 불리는 욱이(郁
> 夷)에 머물게 했다. 해가 떠오르는 것을 공손히 맞이하고 해의 움직임을
> 파악해 백성들이 때맞추어 봄 농사를 지을 수 있도록 일러주게 했다."

---

17 https://baike.baidu.com/item/%E8%8E%B1%E5%9B%BD: 2020년 4월 30일

分命羲仲, 居郁夷, 曰暘谷. 敬道日出, 便程東作 日中, 星鳥, 以殷中春, 其民析 鳥獸字微

이에 대해 장수절의 『사기정의』에서는 "『우공』이 청주에 대해 말하길, '우이(嵎夷)가 이미 경략했다.' 우이는 청주다. 요임금은 희중에게 명해 동방의 청주 우이 땅을 다스리라 했다. 그곳은 해가 떠오르는 곳으로 양명의 계곡이라 불렀다. 희중은 동방의 관리가 되었다."라고 설명했다.

백도백과에 따르면 희중(羲仲)은 태호 복희씨의 장자이다. 복희씨는 한 쌍의 여우 가죽을 결혼예물로 주고 여와와 혼인하여 봉주(鳳州){섬서 보계시 봉현}에 살면서 네 아들을 낳았는데, 첫째가 희중(羲仲), 둘째가 희숙(羲叔), 셋째가 화중(和仲), 그리고 막내가 화숙(和叔)이다.[伏羲以一雙精致的狐皮爲聘禮向她求婚 二人結成了夫妻 此后他們便住在了鳳州 先后生下了四個兒子 長曰羲仲 次曰羲叔 三曰和仲 四曰和叔][18]

『초백서(楚帛書)』[19]에서는 사신(四神)의 이름을 『산해경』「해외경」에서 우리가 흔히 알고 있는 구망(東), 축융(南), 욕수(西), 우강(北)과 달리 모두 사색거목(四色巨木)을 따서 청간(靑干), 주사단(朱四單), 백대목연(白大木然), 묵간(墨干)이라고 불렀다. 백도백과에 따르면 태호 복희씨는 장남인 춘관(春官) 희중을 목정(木正)으로 명하고 청구(靑丘){지금의 하남 창주(昌州) 청현}에 살도록 했다.[20]

---

18 https://xw.qq.com/cmsid/20210817A0266300, 2022. 4.11.

19 『초백서』는 1942년 장사(長沙) 동쪽 교외인 지탄고(子彈庫)에 위치한 전국시대 초나라 고분에서 출토되었는데, 도굴되어 현재 미국에 있다. 『초백서』에는 현존 문헌 중 태호 복희의 창세신화가 최초이자 가장 완벽한 상태로 기록되어 있는 것으로 평가된다. 여기에는 복희와 여와가 별개의 신으로 등장한다(https://baijiahao.baidu.com/s?id=1626456304435921864&wfr=spider&for=pc, 2022. 4. 11.)

20 태호 복희씨는 차남 희숙을 하관(夏官) 화정(火正), 즉 축융(祝融)으로 삼아 진류(陳留, 하남 개봉시)에 살도록 했다. 삼남 화중은 추관(秋官) 금정(金正)으로 명하여 진령 태백산(秦嶺, 섬서 보계시 태백)에 거하게 했다. 막내 화숙은 동관(冬官) 수정(水正)으로 삼아 구몽산(龜蒙

그런데 『상서』 「요전」과 『사기』 「오제본기」에서는 요임금이 희씨(羲氏)와 화씨(和氏)에게 명해 해와 달과 별의 운행 법칙을 헤아려 농사짓는 시기를 가르치도록 했다고 했다.[21]

이 기록에 따르면 요임금 시기에 희중을 우이(嵎夷)에 옮겨 살도록 한 것이다. 여기서 희중은 복희씨 장남의 종족을 가리키는 것으로 보이며, 우이에 살았다는 것은 이들이 우이족이라는 사실을 의미한다. 따라서 희중의 부친인 태호 복희가 우이족의 시조라고 말할 수 있다. 우이, 즉 월지는 상나라를 지탱하던 강대세력이었고, 고대 시대에 해가 뜨는 산동반도에서 울이(鬱夷) 또는 우이(嵎夷)로 활동하던 전통적 동이세력이었다. 『사고전서』에는 우이족이 고조선의 핵심 씨족이라고 했다. 우이족은 월지족의 다른 표현으로 이들은 마한을 건국하여 통치했다. 『양직공도』에서는 래이마한(來夷

▨ 『상서』 「요전」과 『산해경』, 『초백서』에 기록된 희화(羲和) 사신(四神)의 역할

사신(四神)	거처(宅)	거처별명	방위	계절	초백서 명칭	산해경 명칭	짐승변화
희중(羲仲)	우이(嵎夷)	양곡(暘谷)	동	봄	청간(青干)	구망(勾芒)	교미(蓙尾)
희숙(羲叔)	남교(南郊)	명도(明都)	남	여름	주사단 (朱四單)	축융(祝融)	희혁(希革)
화중(和仲)	서(西)	매곡(昧谷)	서	가을	백대목연 (白大木然)	욕수(蓐收)	모선(毛毨)
화숙(和叔)	삭방(朔方)	유도(幽都)	북	겨울	묵간 (墨干)	우강(禺强)	용모(氄毛)

山, 산동 임기 평읍)에 살게 했다.
21 사마천은 태호 복희씨를 화하족과 별개의 동이족으로 보았기 때문에 『사기』 「오제본기」에서 태호 복희씨에 대해 전혀 언급하지 않았다. 희씨와 화씨는 모두 태호 복희 아들들이고, 이들에게 동서남북, 춘하추동, 목화금수(木火金水)를 관리하도록 명한 것도 태호 복희씨이다. 오행의 마지막인 토(土)를 담당한 것은 천제의 아내인 후토(后土)이다.

馬韓)이라고 불렀다.

여기서 우이[22]는 『사기』 「오제본기」에 나오는 울이(鬱夷)와 같은 씨족을 가리킨다. 울이는 그만큼 울창한 나무 가운데 살던 동이족 사람들을 칭한 것으로 보인다. 울이는 우리로 발음되는데, 오늘날 우리가 사용하는 '우리'(=We)와 같은 의미를 갖는 것으로 파악되어 나름대로 정체성을 갖고 있었다는 사실을 알 수 있다.

또, 『주례』에는 "동해의 밖에 전욱국 군주 백칭(백복, 래복)에게 려(래)라는 자식이 있었는데 축융이 되었다. 부엌신이 되어 제사지냈다(东海之外顓頊國國君伯称〔号伯虣, 莱虣〕有子曰藜〔莱〕爲祝融, 祀以爲灶神)."라고 기록하여 역시 래와 려가 같은 종족이 되었다는 사실을 보여준다. 려족은 사실 구려족으로 불리웠는데, 구려족 중 일부가 래이족이 된 것으로 보는 것이 타당해 보인다. 구려족은 치우족의 후손으로서 산동 지역만이 아니라 중원에서 해안 지대에 산재한 종족들을 가리키는 것으로 분석된다.

춘추 초기에 래국의 강역은 서쪽으로 임구(臨朐), 동쪽으로는 교동반도에 이른다. 북쪽으로는 발해에 도달하고, 남쪽으로는 지금의 제성(諸城)인 교주에 이르는데, 서기전 567년에 제나라에 멸망당했다. 그러나 래이족 자체가 소멸한 것은 아니고 이들은 제나라와 협력하여 오랜 기간동안 존속한 것으로 나온다. 아래의 『춘추좌전』의 기사 등에 따르면 래이족이 제나라에 완전히 정복되어 사라진 것이 아니라 제나라와 제휴하는 방식으로 존속한 것으로 나타난다.

(가) "정공 10년(서기전 500년), 여름 노정공이 제경공과 축기(산동성 래무

---

22 『사기』에는 우이(嵎夷)를 우이(禺夷)로 표기하고 있는데, 이는 제환공 시기 옥을 교역하던 우씨(禺氏)를 가리키는 것으로 파악된다.

현)에서 만났다. … 이때 공구가 노정공을 상례했다. 이미(犂彌)가 제경공에게 말했다. "공구는 예는 알지만 용기가 없습니다. 만일 래인(萊人)을 시켜 무기를 들고 노나라 군주를 겁박하면 반드시 군주가 뜻하는 바대로 이룰 수 있을 것입니다." 제경공이 이를 좇았다. 공구가 노정공을 모시고 자리를 물러나오면서 말했다. "병사들은 무기를 들고 가도록 하라. 두 나라 군주가 우호를 맺는 자리에 오랑캐 땅의 포로 같은 자들이(裔夷之俘) 무력을 이용해 어지럽게 구는구나. … 멀리 떨어진 지역의 사람인 예(裔)는 중원을 도모할 수 없고, 화하 지역 이외의 사람인 이(夷)는 중화사람들을 교란할 수 없고, 포로 같은 자들인 부(俘)는 맹약을 범할 수 없고, 무력을 뜻하는 병(兵)은 우호를 핍박할 수 없다." (『춘추좌전』정공 10년).

(나) "(애공 5년)(서기전 490년), 그러나 얼마 후 병이 들자 제경공은 대부 국혜자와 고소자를 시켜 도를 태자로 세우게 하고 여러 공자들을 래(萊) 땅에 안치케 했다. 가을 제경공이 세상을 떠났다. 겨울 10월, 제나라의 공자 가와 공자 구, 공자 검이 위나라로 달아나고 공자 서와 공자 양생은 노나라로 달아났다. 래인들이 이같이 노래했다. "제경공이 죽었는데 매장에도 참석치 못하고, 3군의 큰일이 있어도 회의에 참여치 못하네! 공자들이여, 공자들이여, 어디로 가는가!"(『춘추좌전』애공 5년).

정공 10년은 서기전 500년이고, 노애공 5년은 서기전 490년이다. (가)의 기사는 제경공이 가무를 위장하여 래인으로 하여금 노정공을 시해하려 했는데, 공자가 이를 눈치채고 래인에 대해 비난을 하는 것이 주요 내용이다. (나)의 기사는 제경공이 사망한 이후 제나라 공자들이 모두 도망쳐버려 제나라와 래인들이 계획한 3군의 대사가 수포로 돌아간 것을 래이 사람들이 한탄스러워 했다는 사실을 보여준다. 이 두 기사를 통해 우리는 래이족이 제나라에 멸망당한 이후에도 제나라와 여러 방면에서 협력하고 있었으며, 군사적 대사까지 함께 논의했다는 사실을 알 수 있다.

본래 래(來)는 래(萊)와 혼용되는 말이다. 『시경』 「주공(周公)」의 사문에는 "우리에게 보리를 주셨다.(貽我來牟)"라는 노래가 나오는데, 여기서도 來와 萊가 혼용되고 있다. 래는 보리나 밀을 나타낸다. 래이의 건국 후 도성은 맥구(麥丘)였다. 이들은 밀(소맥)을 재배했는데, 이것이 옛나라 이름이 된 것이다.[23] 『공전(孔傳)』에는 "래이는 지명으로 방목이 가능하다.(萊夷 地名 可以放牧)"라고 기록했다. 송나라 왕우칭(王禹偁)은 『흑구(黑裘)』라는 시에서 "산누에는 고치로 자생하고, 청홍색 견직물 그물이 산의 명주가 되었다. 이 제품이 무엇이냐 하면, 래이가 해주를 지탱하게 한 것이다.(野蚕自成茧 缫絡爲山紬 此物産何許 莱夷 負海州)"라고 노래했다.

래인의 명칭은 원래 래인들이 소맥(밀)을 키운데서 연유한다. 래인은 최초로 보리나 밀 등 맥을 발명한 사람들이었다. 이는 래이족이 원시시대의 농업민족이라는 것을 보여준다. 『사해』나 『사원』에서는 래(來)에 대해 "소맥의 이름이 래(來)이다."라고 해석했다. 『설문(說文)』에는 래에 대한 해석을 "주나라가 하늘에서 받은 서맥(밀과 보리)은 하나의 보리에 두 개의 봉이 있어 보리의 줄기와 까끄라기 모양을 본떴다."라고 주장하였다. 갑골문 래(來) 자

---

23 고구려의 시조 주몽은 추모대왕(鄒牟大王)이라 불리우는데, 북쪽으로 이동한 치우의 구려 래이족의 후손인 것으로 분석된다. 아울러 주몽의 탄생이 난생사화에 기초하고 있는 것으로 보아 부여 조이족이라는 것을 알 수 있다. 주몽은 성이 고씨로서 중모(中牟), 도모(都牟)라고도 한 것으로 보아 산동 무이족의 후손이다. 그리고 주몽이 모친인 유화부인은 하백의 따님인데, 하백은 황하의 신이었다. 『동명왕편』에는 주몽이 모친과 이별할 때 보리 종자를 잊어 버리고 왔는데, 한 쌍의 비둘기가 신모의 사자가 되어 보리를 물어다 주었다는 내용이 나온다. 여기서 보리는 래이족의 상징이기도 하다.

는 맥(麥)의 상형초문에 해당한다.

　대략 요임금시 래인들은 구하유역에 도달한 것으로 파악된다. 그곳에서 옥토를 개간하고 뽕나무를 심고 양잠을 했으며, 벼와 밀을 심었다. 『주례』 「하관」 '직방씨'에 따르면 구하 유역은 구주 중 밀을 뿌릴 수 있는 곳이었다. 『서경』 「우공」에 따르면 래인들은 다양한 제품을 조공한 것으로 나타난다.

　　바다와 태산 사이가 청주이다. … 공물은 소금과 고운 칡베였는데 해물이 섞여 있었다. 태산 골짜기에는 명주실, 모시, 납, 소나무, 괴상하게 생긴 돌이 났다. 래이들에게 가축을 치게 하니 그들의 공물 바구니에는 산누에고치 실이 담기어 왔다.
　　海岱惟靑州 … 厥貢鹽絺 海物惟錯 岱畎絲枲鉛松怪石 萊夷作牧 厥篚檿絲

　래이족은 여러 세력이 연대하여 건국한 나라인데, 대표적 족성은 모(牟)이다. 래국은 본시 모족 역사상 최초로 문자상으로 기록된 모씨 나라이다. 당시 산동의 거나라는 래이족이 선재하던 지역이었기 때문에 래이족의 족성이 모(牟)라는 것을 알 수 있다. 이들은 다양한 모(牟)계 지명을 사용했다. 『수서』 「지리지」에서는 "모평에 모산이 있다. 산은 양산이고, 산세는 평평하고 넓어 모평이라 하였다."라고 하였다. 『한서』 「지리지」에는 "태산군 모현은 옛 모국이다."라는 기록이 나온다.

　『성씨고략』, 『원화성찬』, 그리고 『풍속통의』 등에 따르면 "모자국(牟子國)은 축융의 후손으로서 이후 그것 때문에 성씨를 삼았다."고 한다. 여기서 축융은 상고시기 불을 다스리는 관리를 말한다. 최초에는 전욱의 증손인 중려가 그 임무를 맡았다. 축융은 화정이라고도 부른다. 중려는 많은 공적을 쌓았으며, 천하를 밝게 비출 수 있어서 제곡이 그를 축융이라고 불렀다. 그러나 공공씨 난을 진압하지 못해 주살당하였다. 이후 제곡은 중려의 동생인 오회에게 그 후임을 명하고 화정에 복귀하여 축융이 되도록 하였다. 오회는 육종을 낳았고, 육종은 화정의 자리를 물려받아 축융이라고 불렀다. 서주초에 주무왕은 축융의 후손을 모(牟){현재의 산동성에 래무}에 봉했다. 자작으로 봉해 모자국(牟子國)이라 불렀다.

그러나 춘추시기에 제나라와 노나라의 마찰이 끊이지 않고, 강대국 사이에 모자국이 끼여 그 피해를 입어 동북쪽으로 끊임없이 이동할 수밖에 없었다. 그 결과 제령공 강환 15년(서기전 567년) 제나라는 동쪽을 공격하여 모자국{지금의 산동 용구 일대}을 멸망시켰다. 모자국이 멸망당할 때 수도는 모평(牟平)이 되었다. 나라가 망한 후 그 후손이 나라 이름을 따라 모씨라 불렀다. 모씨는 나중에 한반도로 이주하였는데, 함평 모씨가 유일한 모씨 후손이다. 모평은『삼국사기』에 나오는 지명이기도 한데, 현재의 함평을 가리킨다. 그리고 백제 동성왕의 이름이 모대(牟大)로 소개되고 있는데, 그는 모씨인 것으로 파악된다.

모씨는 사서의 여러 곳에 등장하는데,『사기』「전경중완세가」에는 [위왕] 33년 대부 모신(牟辛)이 살해당했다는 내용이 기록되어 있다. 그리고『춘추좌전』「노소공 5년」(서기전 537년)에서는 모이가 모루 등의 땅을 노나라에 바쳤다는 기사가 등장한다.

"위왕 33년(서기전 346년), 대부 모신(牟辛)을 죽였다(殺其大夫牟辛)."(『사기』「전경중완세가」).

"여름, 거나라 대부 모이(牟夷)가 모루(牟婁, 산동성 제성현 서쪽)와 방(防,

산동성 안구현 서남쪽), 자(玆, 산동성 제성현 서북쪽) 땅을 들어 노나라로 달아났다."(『춘추좌전』「노소공 5년」).

거국(莒國)은 산동 동이국가 중 가장 강력한 나라였는데, 이곳도 래이족의 영향력 범위 내에 있었다. 그런데 그 대부 모이(牟夷)가 노나라에 항복해버린 것이다. 『춘추좌전』 등을 살펴보면 래이족을 비롯한 산동지역의 동이는 지속적으로 그 세력이 약화되고 나중에는 대국에 흡수병합되어 버린다. 이에 따라 해안가를 중심으로 해상 교역 등에 종사한 사람들을 중심으로 한반도 이주가 본격화된다.

래이족을 비롯한 동이족의 한반도 이주는 일회성이 아니라 대륙에서 정치적 변동이 있을 때마다 지속적으로 이루어졌다. 따라서 이들이 한반도의 토착민을 구성한 것이다. 결국 동이족과 한반도 토착민들은 서로 계통이 같았다. 그러나 이들이 정체성을 형성하는 방식은 서로 달랐다. 예를 들어 나국과 노국은 초나라와의 전쟁에서의 패배를 계기로 동질성을 강화하고 하나의 씨족으로 연합하게 된다. 이에 반해 래이족은 제나라와의 갈등 과정에서 스스로의 정체성을 강화해 나간다.

이들은 월지족과 함께 래이마한의 주축세력이 되었으며, 그 일부는 중원의 동북부 지역으로 이주하여 고대 요동의 낙랑에서 부여족과 연합하여 이후에 백제가 된 나라를 설립한다. 백제국의 건국은 부여계와 래이계의 연합에 의한 것이었다. 이들은 진시황의 개산위민 정책에 반발하여 대규모로 한반도로 이주하게 된다. 래인의 존재 자체가 중요한 이유는 이들을 경유해 수많은 북방의 발계와 남·동방의 라계 동이족들이 한반도로 유입된 것으로 파악되기 때문이다. 중원의 모씨 인구는 100만 명이다.

12/ 문씨文氏

우리나라 문씨는 2015년 인구조사 결과 46만4천 명이다. 그런데 남평 문씨가 44만6천 명에 달해 사실상 단일본이다. 남평 문씨의 본관은 전남 나주 남평읍이다. 마한 시대에 영산강 북쪽의 나주와 광주 일대에는 불미국(不彌國)이 건국되어 있었다. 고고학적 유물로 보아 불미국의 중심축은 나주 회진에 있었던 것으로 보인다. 남평은 무진군 미동부리현(未冬夫里縣)이라고 불렸다. 고려시대에 나주목(羅州牧) 남평현(南平縣)이 되었다.

남평 문씨의 시조는 문다성(文多省)으로 알려져 있다. 백제 개로왕 18년(472년) 미동부리현 동쪽에 장자못(長者池)이라는 큰 연못이 있었고, 그 못가에는 큰 바위가 솟아 있었다. 이를 '나주문바위문암'이라고 부른다. 어느 날 현감이 이 바위 아래를 지나가고 있었는데, 갑자기 바위 위에 오색구름이 감돌더니 갓난아기 울음소리가 들려 왔다고 한다. 이에 현감이 신기하다고 생각해 사다리를 타고 올라가 보니 돌 상자가 놓여 있었다. 상자를 열어보니 그 속에 피부가 옥설(玉雪) 같이 맑고 용모가 아름다운 아기가 있었다. 이에 현감이 기이하게 여겨 아이를 거두어 길렀는데, 아주 어려서부터 총명하여 사물의 이치를 스스로 깨닫는지라 문(文)을 성(姓)으로 하고 이름을 다성(多省)이라고 불렀다고 한다. 이후 고려 삼중대광(三重大匡) 벽상공신(壁上功臣)으로 남평백(南平伯)의 작위에 봉해지고 98세까지 살았다고 하여 후손들이 남평을 본관으로 삼게 되었다.

그런데 설화에서 시조 문다성은 백제 개로왕 때 사람이라고 했는데, 남평 문씨 족보에는 고려의 개국공신이라고 기록되어 연대가 상충한다. 이에 따라 문씨 대종회에서는 문다성을 후삼국시대 사람으로 정정하였다. 문다성은 고려 태조 왕건의 휘하에서 무신으로 봉직하였다. 그런데 고려가 건국하는 과정에서 후백제의 영역에 해당했던 나주가 왕건을 지지하게 되면서 오랫동안 왕건과 견훤이 나주에서 수차례 전투를 벌였다. 이때 문다성이 왕건군의 장수로서 견훤군을 물리치는데 공을 세운 것으로 보인다. 그 결과 고려 건국 이후 남평백에 봉해진 것이다.

중원의 문씨는 주나라 희성(姬姓)에서 발원하였는데, 주문왕(周文王)의 시호 문(文)을 성씨로 삼았다. 주문왕은 그의 조부인 고공단보가 어린 시절부터 가문을 크게 번창시킬 것이라고 평가할 정도로 현자였다. 주나라는 사실상 주문왕이 건국한 것이나 마찬가지로 평가할 수 있다.

사마천의 『사기』에 따르면 주나라의 시조는 후직(后稷)으로 이름은 기(棄)이다. 어머니는 염제의 후손인 유태씨의 딸로 강원(姜原)이라 하였는데, 제곡 고신의 정실부인이다. 강원이 들에 나갔다가 거인의 발자국을 밟고 임신하였는데, 1년 후 둥그런 살덩어리를 낳았다. 그래서 골목에 버렸는데 새와 짐승들이 살덩어리를 감싸주자 거기에서 아이가 나왔다고 한다. 그래서 강원이 아이를 데려다 키웠다. 처음 아이를 버렸다고 해서 기(棄)라고 부른 것이다. 후직은 농업에 남다른 재주를 발휘하여 농업의 신으로 불리웠다. 요임금은 후직에게 희성(姬姓)을 하사하였다.

후직의 후손 중에 고공단보(古公亶父)가 있었는데, 그는 훈육(薰育)과 융적이 쳐들어오자 원래 살고 있던 빈을 떠나 기산(岐山) 아래에 이르렀다. 고공단보가 어질다는 소문이 돌아 많은 사람들이 기산에 몰려들었다. 고공단보에게는 세 아들이 있었는데, 장자인 오태백(吳太伯)은 부친이 셋째 아들 계력(季歷)에게 왕위를 물려줄 것을 알고 동생인 우중(虞仲)과 더불어 형만으로 달아나 오나라를 건국했다. 『사기』「주본기」와 「오태백세가」 등에는 주태왕 고공단보가 자신의 셋째 아들 계력의 아들 희창이 큰 일을 이룰 수 있을 것이라고 여러 차례 이야기 했다고 한다. 이에 오태백이 둘째 동생과 함께 주나라를 떠남으로써 계력에게 왕위를 양보했다.

상나라 말기에 위하(渭河)에 사는 주족(周族)이 점차 강성해지자 상왕 문정(文丁)은 주나라의 위협을 실감하고 희성(姬姓)의 영수인 계력을 죽이고자 하였다. 주문왕의 부친인 계력은 상 왕조 갑 28년(서기전 1231년)에 주왕으로 즉위하였다. 그는 고공단보의 인의 정치를 받들어 나라를 다스리고 수리를 건설하여 농업을 발전시켰으며, 군대 훈련을 강화하고 인의를 베풀어 주의 영역을 점차 확대해나갔다. 특히 상나라 귀족 임씨(任氏)와 통혼하는 등 상나라의 문화를 흡수하고 정치적 관계를 강화하는데 적극적이었다. 상 왕조의 지원 아래 그는 주변의 융적(戎狄) 부족에 맞서 싸워 군사력을 끊임없이 향상시켰다. 『고본죽서기년』에 따르면 무을 시대에는 계력이 융을 토벌해 적왕 12명을 포로로 잡았다고 한다. 문정 4년(서기전 1108년)에 그는 군사를 이끌고 연경의 융을 차례로 정벌하였다. 이에 많은 제후들이 대부분 그에게 귀순하자 상왕은 계력을 서방의 패자로 인정하여 서백이라 칭하였다.

계력은 주(周)나라 주변의 융적(戎敵) 부족을 상대로 일련의 전쟁을 벌여 눈부신 승리를 거두었다. 그러나 주나라의 세력이 점점 강력해지면서 상왕 문정은 불안감을 느끼기 시작하였다. 그리고 주족의 세력을 억제하기 위해 상과 작위를 준다는 명분으로 계력을 은도(殷都)로 불러 방백(方伯)으로 봉하고, 주서백(周西伯)이라 하였으나, 실제로는 계력을 연금하여 굶겨 죽였다.

주문왕 희창은 서기전 1152년에 태어나 1056년까지 살았는데, 주나라의 기틀을 잡은 사람이다. 주태왕 고공단보의 손자이며, 계력의 아들이고, 주무왕의 아버지이다. 주후(周侯), 서백(西伯)으로 불리웠다. 계력의 아들 희창(姬昌)이 즉위한 후 정성을 다하여 국인의 추대를 받아 상왕(商王)에 의해 서백(西伯)으로 봉해졌다. 상왕 문정은 또 구실을 대어 서백을 가두었다.

『사기』「주본기」에 따르면 "서백은 나중에 문왕으로 추존되었는데, 후직과 공유의 사업을 따르고, 고공과 공계의 법도를 본받아 후덕하고 인자하며 나이 든 사람들은 공경하고 어린 사람들에게는 사랑을 베풀었다. 어진 사람에게는 예의로써 자신을 낮추었는데, 한낮에는 식사할 겨를도 없이 선비들을 접대했다. 이에 선비들이 서백에게 많이 몰려 들었다. 백이(伯夷)와 숙제(叔齊)는 고죽국에 있었는데 서백이 노인을 잘 봉양한다는 소문을 듣고 함께 가서 서백에게 귀의했다."고 한다.

이때는 상나라의 마지막 임금 주(紂)의 시기인데, 그 이전에 상나라 세력은 민심이반을 초래하는 정벌전을 수차례에 걸쳐 단행하였다. 특히 주나라의 주력인 강족을 비롯한 서융(西戎)을 공격하여 인신제사를 지냈다. 매년의 제사를 위해 전쟁을 벌인 것이다. 한 번의 인신제사에 수천 명을 죽이는 일까지 발생했다. 그리고 동이족들에 대해서도 무차별적인 공격을 단행했다. 이에 민심이 상나라를 떠나 서백에게 향하고 있었다. 서백이 세력을 확대하자 상나라 주임금은 서백창을 지금의 하남성 안양시 탕음(湯陰)현 유리(羑里)에 7년 동안이나 가두었다. 이에 민심이 들끓었는데, 주왕은 미녀와 명마 그밖에 진귀한 보물들을 바치자 마침내 서백을 사면하고 오히려 궁시와 부월을 하사하여 제후국들을 정벌할 수 있는 권리를 부여하였다.

상나라 주왕은 포격형이라는 고문을 실행했는데, 사람을 기름칠한 동주(銅柱) 위를 걷게 하여 미끄러지면 불덩이로 떨어져 살이 타들어 비명횡사하도록 하였다. 주왕의 총비인 달기는 이 참상을 보고 계속 웃었다고 한다. 주문왕은 서안의 땅을 바치는 대신 포격형을 폐지해 달라고 해서 승낙을 받아냈다. 주왕이 서백의 요구를 들어주고, 포격형을 폐지시키자, 희창은 천하 백성의 사랑을 받았다.

서백창은 풀려난 이후 견융을 공격하고, 밀수를 정벌하며, 숭국을 멸망시키는 등 주나라의 세력을 대폭 확장하였다. 풍(豐){지금의 장안 서쪽}으로 천도하였고, 우국(邘國)을 정벌하고 여국(黎國)을 멸망시켰다. 주문왕은 50년간 재위했다. 그의 사후 주무왕이 상나라를 멸망시켰다. 사실상 주나라가 상나라에 맞설 수 있는 유일한 대안이 되도록 만든 사람이 바로 주문왕이다. 그래서 『논어(論語)』「태백」에서는 그가 삼분천하를 해 은나라의 2/3를 차지했다고 평가했다.

주문왕 사후 그의 아들인 주무왕이 상나라를 멸망시키고 주나라를 건국하였다. 주나라가 건국된 후 무왕은 부친의 시호를 문왕이라 하였다. 희창의 후손 중 기(祈)가 있었는데, 안문(雁門)을 식읍으로 받았다. 기가 희창의 시호 문(文)을 성으로 삼았다. 이후 주문왕의 후손들이 그 시호를 성씨로 삼았다. 그 결과 주문왕은 문씨들의 득성시조가 되었다.

백도백과에 따르면 문씨는 강성(姜姓)에서 출자하였는데, 염제의 후손인 강문숙의 후손이라고도 한다. 서주 초기에 주무왕이 염제의 후손 태악(太岳)의 후예인 문숙을 허(許){지금의 허창시}에 봉하여 허국을 건국하였는데, 강성제후국이 되었다. 전국시대 초기에 초나라에 멸망했는데, 나라 이름을 따서 허씨라 한 사람들이 있었던 반면, 문숙의 자(字)를 성씨로 삼아 문씨라 한 사람들도 있었다고 한다.

춘추시대에 문씨들은 하남성, 산동성, 호북성 일대에서 주로 활동했으나 전국시대에는 이미 산동성 남쪽의 강회지역으로 근거지를 옮겼다. 한나라 시기에는 서쪽으로 사천성, 북쪽으로 산서성으로 진출하였으며, 남하하여 장강을 건넜다. 당나라 때에 문씨는 광동, 광서 등 양광(兩廣) 지역까지 이동했다. 특히 강서(江西)성과 안휘(安徽)성 등으로 이주하였다. 현재 문씨는 주로 중원 남서쪽과 남쪽에 분포하며, 인구는 대략 204만 명으로 중국 성씨

순위 107위를 차지하고 있다. 문씨의 군망은 안문(雁門)군이다.

문씨들이 중원의 남쪽으로 이동하면서 복건성의 남평(南平)에 집결한 것으로 분석된다. 문씨들은 중원에서 일어나 남방에서 번성했다고 한다(起于中原 盛于南方). 복건성 북부에 위치한 남평은 무이산맥(武夷山脉) 북단의 남동쪽 민(閩), 절(浙), 공(贛) 3성의 경계에 위치하여 속칭 민북(閩北)이라고 불리운다. 한나라 시기에 회계군(會稽郡)에 속했다.

고대 사서에서 문씨 중 매우 유명한 사람이 바로 월(越)나라의 문종(文種)이다. 문종은 춘추 말기에 초나라 영(郢){지금의 호북 강릉 부근}에서 태어났는데, 이후 월나라로 이주하였다. 춘추시기의 유명한 전략가로서 월왕 구천을 도와 오나라를 멸망시킨 주인공이다. 『사기(史記)』「월왕구천세가」에 문종에 대한 기록이 등장한다.

월왕 구천은 서기전 496년 오왕 합려가 부친 윤상(允常)의 상을 기화로 침공해오자 용감하게 싸워 오왕 합려에게 치명상을 안겨 합려가 죽고 만다. 이에 합려의 아들 부차가 왕위에 올라 부친의 복수를 위해 군사력을 증강하는 등 전력을 기울여 결국 월나라 군대를 거의 전멸로 몰아갔다. 구천은 패잔병 5천여 명을 거느리고 회계산(會稽山) 꼭대기로 도망갔는데, 경각지세에 놓이자 문종이 나서서 부차와 협상을 벌인다. 그는 구천의 목숨만 살리고 나머지는 모두 오왕 부차에게 넘겨주었다. 부차의 신하인 오자서는 결코 월왕 구천을 살려주면 안된다고 했지만 간신 백비가 문종이 제공한 예물들을 받고 항복을 받아 들인다.

그렇게 해서 월왕 구천은 오왕 부차의 노예가 되었다. 이를 회계지치(會稽之恥), 즉 회계산에서의 치욕이라고 부른다. 월왕 구천은 부차의 마구간에서 말을 먹이는 일을 했으며 부차의 변을 맛보며 그의 건강을 보살핌으로써 신임을 얻었다. 이를 상분득신(嘗糞得信)이라고 한다.

구천은 가까스로 살아나 월나라로 돌아왔는데, 이때부터 거북한 섶에 누워 자고 쓰디 쓴 쓸개를 맛보는 와신상담(臥薪嘗膽)에 돌입한다. 이렇게 해서 구천은 7년여 동안 복수의 칼날을 갈았다. 이때 오나라 부차는 제나라를 공격하고 승리한 이후 전쟁광으로 돌변하여 간신 백비의 말만 믿고 간언을 하던 충신 오자서를 자결하도록 만든다. 오자서는 부차의 사신에게 "반드시 내 눈알을 파내 오나라 동문에 걸어 월나라가 쳐들어 오는 것을 보게 하라!"고 했다. 자만에 빠진 부차는 제나라와 진(晉)나라 정벌 전쟁을 위해 정예병을 데리고 북쪽으로 떠났다. 이 틈을 타 부차는 5만여 명의 병력을 거느리고 오나라를 정벌하는데 성공한다. 이 시기의 전 기간 동안 문종은 월나라의 내치를 담당해 나라를 부강하게 만들었다.

월나라는 오나라를 대패시킨 이후 3년여 동안 포위를 했다. 결국 오나라 군대가 패배하자 부차는 고소산(姑蘇山)으로 도망쳤다. 그러나 월나라 군이 산을 에워쌌다. 구천이 부차에게 항복하면 목숨만은 살려주겠다고 했으나 부차는 구천에게 자신이 행한 일을 알았기 때문에 자결하고 만다. 이로써 월나라는 오나라를 멸망시키고 춘추 패자의 반열에 올랐다. 이는 범려의 책략과 문종의 탁월한 내치가 결합해 이루어낸 춘추 최대의 복수극이다. 그런데 문종(文種)과 함께 오나라를 멸망시키는 데 기여한 범려는 곧장 월나라를 벗어나 도망쳤다. 그리고 월왕 구천이 어려움은 같이 할 수 있어도 즐거움은 나누기 어려운 인물이라 판단하고 절친한 벗인 문종에게 다음과 같은 편지를 보낸다.

"하늘에 새가 다하면 좋은 활도 창고에 넣어 두게 되고, 토끼 사냥이 끝나면 사냥개는 삶겨 죽이는 법이오. 게다가 월왕 구천의 상은 목이 길고 입은 새 부리처럼 생겼는데 이런 인물은 어려움은 함께 할 수 있으나 즐거움은 함께 누릴 수 없소. 그대는 어째서 떠나지 않는 것이오?" 문종은 편지를 본 후 병을 칭하고 조회에 나가지 않았다. 그러자 사람들은 문종이 반란을 일으키려 한다고 참소했다. 월왕이 문종에게 칼을 주며 말했다. "그대가 과인에게 오나라를 치는 일곱 가지 술책을 가르쳐 주었고 과인이 그중에 셋을 써 오나라를 멸망시켰다. 나머지 네 가지가 그대에게 있으니 그대는 나를 위해 선왕을 따라 시험해 보라." 문종은 자살하고 말았다.

"蜚鳥盡 良弓藏 狡兎死 走狗烹 越王爲人長頸鳥喙 可與共患難 不可與共樂 子何不去?" 種見書 稱病不朝 人或讒種且作亂 越王乃賜種劍曰 "子敎寡人伐吳七術 寡人用其三而敗吳 其四在子 子爲我從先王試之" 種遂自殺

문종은 월나라에서 13년간 승상직을 지냈다. 그럼에도 아무런 죄도 없이 구천의 압박을 못 이겨 자결하고 만다. 문종의 이 사건은 토사구팽(兎死狗烹)의 전형이 되어 훗날까지 전해지고 있다. 어려움은 같이 해도 즐거움은 나누기 어려우니 즐거울 때 항상 조심하고 조심하라는 교훈을 준 것이다.

위진남북조시대에 또 다른 문씨의 영웅이 등장하는데 그가 바로 문천상(文天祥)이다. 그는 남송 멸망기의 최고 충신이었다. 남송은 임안(臨安){오늘날의 항주}에 도읍하면서 1127년부터 1279년까지 152년간 존속하였다. 남송의 임안이 침략자 원나라에 점령 직전 상태에 몰리자 문천상은 1만여 명의 의병을 이끌고 임안을 수비하는데 앞장섰다. 이후에도 강남 곳곳에서 게릴라전 형태로 원나라 군대를 괴롭혔다.

원나라 장수 바얀(伯顔)은 남송의 저항군에 대해 처참한 학살을 자행했다. 바얀의 군대가 임안성 인근까지 쳐들어오자 문천상은 궁을 해상으로 옮기고 자신은 끝까지 결사항전하겠다고 주장하였으나 강화론이 대세를 이루게 되었다. 이에 문천상은 우승상 겸 추밀사로 바얀과 강화를 위한 교섭을 진행했다. 문천상은 남송의 과거에서 장원급제한 인물로서 협상 과정에서 논리정연하게 원군의 후퇴를 요구하였다. 이에 바얀은 문천상의 능력을 인정하고 어떻게든 문천상이 항복하기를 종용하였다. 문천상이 이를 거부하자 바얀은 그를 억류하였고, 연경으로 호송해갔다. 그런데 호송 도중 진강에서 탈출에 성공하여 원나라와 다시 치열한 전쟁을 벌였다. 문천상은 1278년 원나라에 또 다시 포로가 되었다.

문천상이 포로로 잡혀 있는 사이에 남송은 멸망했다. 남송에서 원나라로 투항한 장홍범은 문천상에게 남송의 잔존 세력들이 투항할 것을 요구하는 격문을 쓰도록 강요하였으나 문천상은 끝내 이를 거부하였다. 이후 원나라 수도 대도{지금의 북경}로 끌려가 원나라 황제 쿠빌라이가 직접 위협과 유혹을 시도했다. 그럼에도 끝내 문천상의 일편단심의 정신을 꺾지 못하고 결국 문천상을 죽이고 만다. 쿠빌라이 칸은 문천상이 참다운 대장부라는 사실을 인정하고 그의 죽음을 애도했다고 한다. 문천상의 정기가(正氣歌)가 오늘까지 전해져 오고 있다.

13/ 박씨朴氏

우리나라 박씨는 2015년 기준 인구수 420만 명으로 한국 성씨 중 3위에 해당한다. 밀양 박씨가 317만 명이고, 다음으로 반남 박씨 16만 명, 함양 박씨 16만 명, 무안 박씨 9만1천 명, 순천 박씨 8만8천 명, 죽산 박씨 5만3천 명 등이다. 박씨의 족보를 보면 모두 박혁거세를 단일한 시조로 삼고 있다. 『삼국사기』「신라본기」'박혁거세조'에 따르면 박씨는 서기전 57년 "진한 사람들이 표주박[瓠]을 일컬어 '박'이라고 하였는데, 처음에 큰 알이 표주박처럼 생겼으므로, 이로 인해 '박'을 성으로 삼았다."고 한다. 신라 경명왕의 9형제 중 언침(彦忱)의 밀성대군파가 밀양(密陽), 반남(潘南), 영암(靈岩), 창원(昌原), 태안(泰安), 나주(羅州) 등으로 분파되고, 언성(彦成)의 고양대군파는 고령(高靈), 언신(彦信)의 속함대군파는 함양(咸陽), 삼척(三陟), 군위(軍威), 언립(彦立)의 죽성대군파는 죽산(竹山), 음성(陰城),고성(固城) 등으로 나뉘었다. 언창(彦昌)의 사벌대군파는 상산(商山), 상주(尙州), 충주(忠州), 언화(彦華)의 완산대군파는 무안(務安), 전주(全州), 언지(彦智)의 강남대군파는 순천(順川), 춘천(春川), 언의(彦儀)의 월성대군파는 월성(月城) 등으로 각각 분파되었다고 한다.

이 중 밀양 박씨는 시조로 경명왕의 맏아들인 밀성대군 언침을 내세우는데 박씨의 70~80%를 차지하고 있다. 반남 박씨는 박혁거세와의 세계가 확실하지 않아 고려 고종 때 반남현의 호장을 지낸 박응주(朴應珠)를 시조로 삼고 있다. 함양 박씨는 경명왕의 셋째 아들인 속함대군 언신을 시조로 삼고 있으나 중간에 선계를 고증할 수 없어 고려 중엽 예부상서를 지낸 박선

(朴善)을 중시조로 한다. 순천 박씨는 고려 개국공신인 영규(英規)를 시조로 삼고 있으며, 신라 유리왕의 후손이라는 설 등이 있으나 이를 확증할만한 증거가 없고, 그 이후의 계대(系代)도 확실하지 않아 고려 때 보문각 대제학을 지낸 숙정(淑貞)을 1세조로 하여 세계를 이어오고 있다. 무안 박씨의 시조는 경명왕의 여섯째 아들 언화의 5세손인 진승(進昇)으로 고려초 국자좨주(國子祭酒)를 지내고 무안을 식읍으로 하사받아 후손들이 무안을 관향으로 삼아 세계를 이어오고 있다고 한다. 죽산 박씨는 경명왕의 넷째 아들인 죽성대군 언립의 아들인 기오(奇悟)를 시조로 삼고 있으며, 고려 태조 때 삼한벽상공신에 올라 죽산을 식읍으로 받은 후 죽산을 관향으로 삼았다고 한다.

박(朴)은 '밝다'는 의미를 갖는 것으로 밝세력을 나타내는 성씨이다. 중원에는 박씨가 거의 없다. 그 이유는 중원에서는 밝이라는 순수한 한글을 한자로 옮겨 적을 때 박(薄, 博, 亳), 발(發), 포(蒲), 파(巴) 등 다양하게 표기하였기 때문이다. 밝족은 고조선의 선주민으로서 부여족들로 밝혀지고 있다. 부여족의 주축은 마한이었다. 서기전 3세기 초에 진한 6부의 사람들이 마한에 망명하게 된다. 이때 마한이 그 동쪽 땅을 내어 주어 나라를 건국할 수 있었던 것이다. 마한은 발계 월지족의 나라로서 박혁거세를 신라의 왕으로 파견한 것으로 나온다. 이에 대해서는 『진서』 「진한조」에 다음과 같이 기록하고 있다.

진한은 언제나 마한 사람을 임금으로 삼아 비록 대대로 계승하지만 [진한 사람이] 스스로 임금이 되지는 못하였으니, 그들이 [다른 나라에서] 흘러 들어온 사람이 분명한 까닭에 마한의 지배를 받는 것이다.

辰韓常用馬韓人作主 雖世世相承 而不得自立 明其流移之人 故爲

馬韓所制也

『삼국사기』「신라본기」에도 진한이 마한에 속한 상태로 건국되었다는 사실을 보여준다. 서기전 20년 박혁거세의 신하인 호공이 마한을 방문했을 때 마한왕은 호공을 꾸짖으며 다음과 같이 말했다.

"진한과 변한은 우리의 속국이거늘 근래 직분에 맞는 공물을 보내지 않으니 사대의 예가 어찌 이와 같을 수 있는가?"라고 하였다.
"辰·卞二韓 爲我屬國 比年不輸職貢 事大之禮 其若是乎."

마한은 중원 대륙과 한반도 서남부 일대에 55개국을 거느리던 대국으로서 밝족은 마한의 지배종족이었다. 특히 마한은 월지족(月支族)이 다스리던 나라였는데, 월지족의 주축은 밝족, 즉 박씨(朴氏)였던 것으로 나타나고 있다. 밝족은 마한의 주축 성씨들이었다. 고대의 나라명 등에 등장하는 발은 곧 박씨들이 주축이 된 나라라는 것을 나타낸다.

먼저, 발조선은 은나라를 계승한 부여족의 나라였다. 부여는 산동반도의 부산(鳧山)에서 태호 복희(太昊伏羲)를 중심으로 건국되었던 나라로 분석된다. 실제로 복희의 묘는 산동(山東) 제녕시 어대현(魚臺縣) 부산(鳧山) 등 부산산맥 범위 안에 세 곳이나 존재하고 있다. 부산은 일명 팔괘산이라고도 하는데, 부여와 깊은 연관이 있는 것으로 알려져 있다. 산동 추현(鄒縣)의 부산(鳧山)이 부유(鳧臾), 즉 부여의 발원지로 파악된다. 중국의 하광악(1990: 398~401)은 『동이원류사』에서 주무왕의 동이 정벌시 부유가 산동성 부산에서 동북 지역으로 이동하여 부여를 건국했다고 주장했다.

서기전 296년경 조선·요동이 일시 점령당하면서 한반도로 이동한 월지족은 프리기아족으로서 스키타이 사카족과 융합된 기마민족이었다. 이들은 흉노족에 못지 않은 뛰어난 철기문명을 보유하고 있었다. 이들은 이동하는 곳마다 발계 지명을 남겼다. 이를 통해 우리는 이들의 이동경로를 찾아볼 수 있다.

'발(發)'은 프리기아족(Phrygia, 서기전 1200년~서기전 700년), 사카족을 포함하는 박씨(朴氏) 씨족을 가리킨다. 월지족은 [ㅍ]과 [ㅂ]을 호환해서 사용했다는 점을 감안하면 프리기아는 브리기아, 즉 부리로 부여족이라는 뜻이다. 프리기아 이후 건국된 파르티아(Parthia, 서기전 247년~서기 224년)도 바르티아, 즉 발흐로 박트리아의 도읍과 이름이 같다. 실제로 파르티아는 박트리아에서 비롯된 나라이다. 김성호(2000년)는 박씨가 "이란계 스키타이족"이라고 주장한 바 있다. 그리고 정형진(2003년)은 발이 프리기아족을 의미한다고 보았다. 이들 주장의 공통점은 발 세력, 즉 박씨가 모두 서역에서 왔다는 것이다.

월지족은 서기전 3~2세기에 박트리아{도읍지는 박트라 또는 발흐}에 도읍하고 있었다. 박트라는 배달이라는 말과 음운상으로 통한다. 즉 박족은 배달족의 직계 후손이었던 것이다. 그런데 중앙아시아의 유물과 유적에 따르면 박트리아가 건국된 것은 서기전 2500년경 인도·이란인들이 진입하면서 이루어진 것으로 알려졌다. 백도백과 검색결과에 따르면 서기전 2300년에서 서기전 1500년까지 중앙아시아 청동기 문명은 고고학적으로 박트리아 마르기아나 유적(BMAC)으로 불리우고 있다.[24] 이는 그 핵심 지역이 옥수스강 유역이어서 옥수스(Oxus) 문명이라고도 한다. 한무제 때 장건이 박트리아의 대월지국에 다녀온 이후 박망후(博望侯)로 임명되고, 박트리아는 한자로는 대하(大夏)로 기록되었다.

---

24 https://new.qq.com/rain/a/20210223A00RZV00, 검색일 2021. 12. 31.

사마천의 『사기』에는 서기전 3~2세기의 대월지와 소월지에 대한 기록만
이 등장한다. 그러나 월지족은 홍수시대가 끝난 이후 곤륜산에서 중원과
한반도 등지에 옥을 실어 날랐던 것으로 분석된다. 길가메쉬 서사시에 따
르면 서기전 2800년경에 실제로 대홍수가 있었다고 한다. 그보다 이전인
서기전 4000년~서기전 3500년에도 대홍수가 있었다는 수많은 근거들이
존재한다. 어쨌든 대홍수 시기에 월지족은 파미르 고원 일대에 살고 있었
던 것으로 나타나고 있다. 그리고 『사기』「하본기」에 따르면 세계에서 가장
유명한 옥인 화전옥은 월지족이 거주하던 파미르(=발미르) 고원 일대의 화전
(和田)에서 돈황의 옥문(玉門)을 거쳐 적석산 기슭에 쌓아둔 다음, 배에 실어
용문산, 서하[25], 위수 등지로 운반된 것으로 나온다.

흑수와 서하 사이는 옹주(雍州)이다. 약수(弱水)를 서쪽으로 흐르게 하
자, 경수(涇水)가 위수와 합류했다. 칠수(漆水)와 저수(沮水)를 위수로 흐
르게 하자, 풍수(灃水)도 역시 위수로 유입되었다. 형산(荊山)과 기산의
길을 뚫자 종남산(終南山)과 돈물산(敦物山)에서 조서산(鳥鼠山)에 이르게
되었다. 그리고 고원과 저지대의 치수의 업적이 이루어지고 도야택(都野
澤) 일대까지 완료되었다. 삼위산(三危山)에 백성들이 거주하게 되자 삼
묘족(三苗族)이 질서 정연해졌다. 이곳의 땅은 누렇고 부드러웠다. 전답
은 상상 급이고 부세는 중하 급이다. 공물은 아름다운 옥과 진귀한 보
석이다. 이 공물은 적석산(積石山)에서 배에 실어 용문산(龍門山)과 서하
(西河)에 이르고 위수의 물굽이에서 모이게 된다. 곤륜(昆侖), 석지(析支),
거수(渠搜)에서 바친 융단도 있었으니 서융(西戎)도 질서가 잡혔다.

---

25 서하(西河)는 几자 모양으로 흐르는 황하가 산서성과 섬서성을 남북으로 흐르는 것을 가리
킨다. 용문산은 섬서 한성(韓城) 북쪽에 있다. 흑수는 흑하(黑河)로, 상류에 흑수고성이 있다.

黑水西河惟雍州 弱水既西 涇屬渭汭 漆 沮既從 灃水所同 荊 岐已
旅 終南 敦物至于鳥鼠 原隰底績 至于都野 三危既度 三苗大序 其
土黃壤 田上上 賦中下 貢璆 琳 琅玕 浮于積石 至于龍門西河 會于
渭汭 織皮昆侖 析支 渠搜 西戎即序

이는 적봉지역으로도 운반된 것으로 분석된다. 백도백과 검색결과에 따
르면 월지족의 시조에 해당하는 우이족(嵎夷族)은 서기전 6~5천 년경부터
산동반도에서 활동한 것으로 나타나고 있다. 그리고 『사고전서(四庫全書)』
「경부(經部)」 '우공추지(禹貢錐指)' 권4에는 다음과 같이 우이족이 조선의 주
축세력이었다고 기록하고 있다.

{청주에서} 바다를 건너면 요동과 낙랑, 삼한으로 땅이 나뉘어 있다. 서
쪽으로는 요수에 다다른다. 이러한 설명은 최근의 것이다. 그런데 삼

▨ 월지족의 발원지 타림분지와 지표지명 박, 포, 파

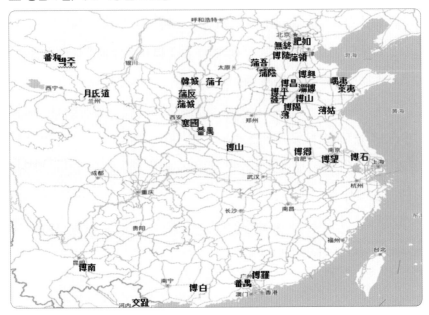

■ 중원의 발, 박계 지명 분포 현황

한의 땅은 너무 멀고, 현토에는 {관리를} 파견할 수도 없었다. 한무제가 낙랑과 현토의 두 군을 설치한 것으로 조심스레 의문이 드는데, 그곳은 모두 고대 우이의 땅이었다. 청주 지역은 [우이만의 땅으로] 삼한에 포함되지도 않았다. 아마도 우이는 희화가 살았던 곳이고, 조선의 기자가 봉해진 곳이다. 이들은 {중원에} 불응하고 교화가 미치지 못하는 곳이었다.

越海分遼東樂浪三韓之地 西抵遼水 此說近是 然三韓地太遠 而玄菟不可遺 竊疑漢武所開二郡 皆古嵎夷之地 在青州之域者 而三韓不與焉 蓋嵎夷 義和之所宅 朝鮮箕子之所封 不應在化外

한반도와 중원에 '밝' 계통의 지표지명을 사용한 씨족이 바로 월지족이다. 박트리아라는 나라이름 또는 박라, 발흐로 불리운 도읍을 지표지명으로 사용한 것이다.

상나라의 건국과 멸망 이후에 매우 빈번히 발, 박, 백, 배, 번, 벌, 불, 부리 등의 단어가 등장하는데, 모두 부여와 연관되어 있다. 발(發, 渤), 박(朴, 博, 薄, 亳), 백(白), 배(裵), 복(卜), 포(布), 파(巴) 등은 모두 밝다는 뜻을 가진 말로서 나라 이름이나 지명, 씨족의 성씨 등으로 사용되었다(위의 [그림] 참조). 우리 선조들은 우리 말을 표현할 때 발음이 비슷한 한자를 빌려 그 소리를 나타 내고자 하였다. 따라서 발과 박, 백, 배 등은 모두 밝을 표현하기 위한 것이 었다.

그리고 『관자』 등에 보이는 리지(離支), 령지(令支), 불이(不而), 비리(比里), 불 리지(弗離支), 비여(肥如), 비이(卑耳), 비류(沸流), 예(濊), 『산해경』 「대황북경」의 불여(不與) 등도 또한 모두 부여를 가리키는 단어들로 파악된다. 그리고 『사 기』나 『춘추좌전』 등에 등장하는 박(亳, 薄, 博), 포고(蒲姑), 부고(簿古), 반고(盤 古), 반호(盤瓠) 등도 모두 '밝'이라는 발음과 관련된 지명으로서 부여와 깊은 연관이 있다(신채호, 1998; 최남선, 2008). 이러한 부여의 각종 지명들을 종합해 보면 발은 박(朴) 씨족을 나타내는 것으로 분석된다. 최남선은 『불함문화 론』에서 한민족의 기원이 밝세력이라며 "밝세력은 흑해에서 타림분지, 바 이칼 호수의 부리야트족 등을 모두 망라한다."고 주장했다. 필자가 보기에 밝세력은 신석기, 청동기 시대에 불어 닥친 대홍수기에 타림분지에 있었던 것으로 추정되는 월지족을 가리킨다. 월지족의 월은 중국어로 예[yuè]로 발음되는 것으로 보아 월지족이 바로 예맥족의 예족이라는 사실을 알 수 있다.

이러한 밝 또는 박(朴) 족의 시조는 태호 복희씨로 파악된다. 봉족(鳳族) 또 는 풍족(風族)의 시조로 불리우는 태호 복희(太皞伏羲)씨는 포희(包犧)씨라고도 한다. 『산해경』 「해내경」에는 "태호(太皞)가 함조(咸鳥)를 낳고 함조가 승리

(乘釐)를, 승리는 후조(後照)를 낳았는데, 후조가 처음으로 파(巴)의 시조가 되었다."고 기록하고 있다. 복희가 포희와 혼용되었듯이 파국(巴國)도 발국(發國)을 음사한 것임을 알 수 있다. 백도백과에 따르면 파(巴)는 바[Bā]로 발음되며 파(巴) 성은 태호 복희의 풍성(風姓)이다. 『성씨고략』과 『노사』에는 상고 시기 복희씨 후손들이 파수(巴水), 즉 지금의 사천성 동부 일대에 살았다고 기록하고 있다. 파수의 이름을 따서 파성이라고 했다.

백도백과의 홍수신화 검색결과에 따르면, 중원의 서남쪽 계통의 대홍수 신화에는 태호 복희씨와 여와가 대홍수 때 커다란 표주박에 들어가 살아나왔다고 한다. 박(瓠)에서 나왔다고 해서 복희라고 불렀다는 것이다. 『삼국사기』 「박혁거세조」에서는 "진인(辰人)은 표주박(瓠)을 박(朴)이라고 했고, 처음에 [혁거세가 태어났던] 큰 알이 박과 같았기 때문에 박(朴)을 성으로 삼았다."라고 했다. 태호 복희의 홍수신화와 박혁거세의 탄생신화에 모두 표주박이 등장하고 있어 사실상 모티브가 동일하다는 것을 알 수 있다.

『제계보(帝系譜)』와 『제계성(帝系姓)』에 따르면 "포희의 자는 태호이고 호는 황웅, 시호는 태호라고 부르는데, 소전(少典)에게 장가들어 염제와 황제를 낳았다(包羲字伏羲号黄熊諡太昊娶少典 生炎帝黄帝)."라고 기록하고 있다. 이에 대해 『국어』 「진어(晉語)」에는 "소전(少典)이 유교씨(有蟜氏) 딸에 장가들어 황제와 염제를 낳았다. 황제는 희수에서 성장하였고, 염제는 강수에서 자랐다(昔少典娶于有蟜氏, 生黄帝炎帝. 黄帝以姬水成, 炎帝以姜水成)."라고 기록하고 있다. 그런데 『제계보(帝系譜)』와 『제계성(帝系姓)』에서 소전은 여성으로 나오고, 『국어』에서는 남성으로 등장한다. 그렇다면 이들의 계보는 어떻게 연결되는 것일까?

태호 복희가 장가든 소전(少典)씨는 유웅국(有熊國) 소전족의 딸로 판단된다. 이에 그 아들의 이름을 종족명인 소전(少典)으로 한 것이다. 유웅국의 소전은 유교씨(有蟜氏)와 혼인하여 황제와 염제를 낳았다. 이에 따라 『사기』의 첫머리에도 "황제는 소전씨의 아들이다(黃帝者 少典之子)."라고 기록한 것이다. 『사기집해』에는 "유웅국의 군주가 소전의 아들이다."라고 했다. 따라서 태호 복희씨는 황제, 그리고 동이족의 시조로 불리우는 염제를 모두 손자로 둔 것이다. 황제는 화하족의 시조로 설정되었는데 사마천의 고민이 여기에 있었다. 씨족 계보에서 특정인만 화하족으로 떼어 내려 했기 때문이다. 황제가 동이족이라는 것을 감추기 위해 사마천은 그 아들인 소호를 현효라 했다. 지금이야 현효가 누구인지 누구나 알지만 당시에는 아무나 모르도록 비겁한 행동을 한 것이다.

이러한 태초의 인류는 배달국 또는 박달국 이외에 존재할 수 없다. 고대 사서에 등장하는 태호 복희씨는 『삼국유사』에 등장하는 배달국 또는 박달국 환웅의 후예로 분석된다. 김연주(2011년)는 태호가 산동성 지역의 대문구문화의 주역으로서 이 지역에 최초로 거주한 고조선족으로 추정된다고 주장했다.

어쨌든 환웅과 복희는 모두 박수, 즉 샤먼왕을 나타낸다. 즉, 박달국 환웅은 '밝은 숫컷'이라는 의미인데 이는 박수라는 의미로 해석된다. 박수는 남자 무당을 가리키는데, 박사(博士), 박수(拍手), 복사(卜師) 등에서 유래되었다. 그런데 태호 복희씨의 이름인 복희의 복 발음은 박, 복, 벅이고, 희는 시이다. 따라서 복희는 박시, 복시, 벅시로 발음된다. 즉 복희는 박수(박시)나 복수(복시), 벅수(벅시)란 뜻이다. 그리고 또한 복희는 말 그대로 밝은 해를 나타낸다고 볼 수 있다. 박은 원래 밝음을 뜻하는 단어로서 그 기원은 배달 조선 초기로 거슬러 올라간다. 따라서 환웅과 태호 복희씨는 고조선의 무당, 즉 제사장을 가리키는 존재로 해석된다. 환웅과 그 후손인 복희씨는 고조선의 제사장으로서 밝은 해를 숭상하던 박씨, 백씨, 배씨의 시조인 것이다.

중원에서 박씨는 동한 시기에 사천성에 살았던 나(羅), 박(朴), 독(督), 악(鄂), 도(度), 석(夕), 공(龔) 등 판순만이(板楯蠻夷)의 7대 성씨 중 하나로 등장한다. 『삼국지』「위지」'무제기'에 따르면 "건안 20년(215년) 9월 파(巴) 7성의 이왕(夷王) 박호(朴胡)가 파이(巴夷)를 들어 내부하였다."는 기록이 등장한다. 익주나 사천성 등 파촉에 박씨가 있었다는 것은 월지족이 이들 지역을 거쳐 한반도로 이동했다는 것을 보여준다. 그러나 전체적으로 박씨는 중원의 외곽에 위치한 희성으로 분류된다. 박씨(朴氏)를 찾아보기 어려운 이유는 월지족이 중원에서는 박(朴)보다는 박(亳, 博, 薄), 포(蒲) 등 여러 가지의 다른 한자들을 음사하여 사용했기 때문이다. 『잠부론』「지씨성조」에서는 "양(良), 시(時), 백(白), 파(巴), 공파공파(公巴公巴), 섬(剡), 부(復), 포(蒲)는 모두 영성이다.(皆嬴姓也)"라고 했다.

송나라 정초의 『통지략(通志略)』「이적대성(夷狄大姓)」에는 "박씨는 박(樸)으로도 쓴다. 보(普)와 목(木)의 반절음(反切音)이 박(朴)이다.[朴氏 亦作樸 普木切)]"라고 했다. 박(朴)의 중국식 발음은 포[po] 또는 푸[pú]이다. 마한 55개국 중 고포국(古蒲國)이 있다. 고포국의 포(蒲)는 지명이기 이전에 동이족의 거대 씨족 중 하나였다. 포씨, 즉 박씨 또는 밝씨는 순임금의 자손으로서 포여(蒲與), 즉 부여를 건국한 씨족이기도 하다. 고대 시대에 「ㅍ」과 「ㅂ」은 상호 호환되어 사용되었다. 포씨는 우순(虞舜)을 시조로 받들고 있었다. 제순(帝舜)은 유우(有虞)씨라고 부르기도 한다. 『만성통보』에 기재되기를 순증(舜曾)은 포판(蒲坂){산서성 포주 일대}에 도읍을 세웠다고 한다.

춘추시기에 소호의 후손이 포판의 북쪽에 위치한 포(蒲){산서성 습현(隰縣)}에 봉해지면서 포국(蒲國)을 건국하였는데, 그 왕족의 후예들이 포씨라 칭하였다. 포씨는 현재 산서성 하현(夏縣) 일대에 집중 분포하고 있다. 포씨들은 상고 시대에 산서성 포현 일대에 포국을 건국하였으며, 이곳에는 포성, 포양,

포자, 포천 등의 지명이 존재하고 있다. 춘추시대 포국의 명칭은 포의자국 (蒲衣子國)이며, 진(晉)나라의 중이(重耳)가 와서 망명하였던 곳이다. 진헌공은 진나라의 북방을 단단히 하기 위해 융적(戎狄)과 정략결혼을 해서 대융(大戎) 의 호희(狐姬) 등 두 여인을 맞아 중이(重耳)와 이오(夷吾)를 낳았다. 『사기』에 따르면, 진(晉)문공 중이가 그의 어머니의 나라 적(狄)으로 달아났다고 했다. 그는 적나라에서 12년 동안 망명생활을 했다.

포국은 산서성 습현 일대로 비정되고 있으나 『사기』나 『춘추좌전』에 따르면 조나라의 융적에 대한 공격이 강화되면서 포씨 세력들은 산동지역으로 이동한 것으로 나타난다. 고포국은 고조선의 핵심 세력이었다. 이에 따르면 중원 세력들이 고조선 세력을 융적이라고 불렀다는 것을 알 수 있다. 고포국은 새롭게 건국한 나라로서 포씨들이 여전히 살고 있는 산동 치박(淄博)시 일대로 비정할 수 있다.

치박시는 치천(淄川)과 박산(博山)을 합해서 새로 만든 지명이다. 치박시는 제나라의 수도였고, 동이족의 집결지였다. 치박의 북쪽에는 박흥현(博興顯) 이 있고 중남부에는 박산(博山)구가 있다. 치박시에서는 후리-북신-대문구- 용산 문화 등 신석기 문화가 모두 출현하기도 하였다. 태호 복희씨와 전욱, 제곡이 이 지역에서 활동한 것으로 알려지고 있다. 복희씨의 묘지는 산동성 남부의 추성시(鄒城市) 부산(鳧山)에 위치하고 있다.

백도백과 검색결과 치박시에는 상구씨(爽鳩氏), 포고씨(蒲姑氏) 등의 고국이 있었던 것으로 확인되고 있다. 포고씨는 주나라 건국에 반발하여 삼감의 난에 참여한 씨족이다. 당가홍(2011: 280)은 포고는 부고(薄古), 반고(盤古), 반호(盤瓠)와 함께 부여(扶餘)를 가리킨다고 했다. 춘추전국시대에는 제나라에 속하였고, 진나라 이후에는 속군(屬郡), 속국, 속주, 속로, 속부, 속도 등이 되어 통일된 나라를 이루지 못하고 다른 군·국·주·로·부·도에 속하였다고 전한다. 이는 치박시가 중원에 속하지 않았던 지역이라는 것을 의미한다.

박흥현은 춘추시기에 박창읍(博昌邑)이었고, 용산문화의 유물이 발굴된 지역이다. 박흥현은 빈주시(濱州市)에 속하고 있는데, 이곳에 포성(蒲城)이 있다. 진(晉)나라 시기에는 청주(青州) 낙안군(樂安郡)에 속하였다. 낙릉현에는 포고성(蒲姑城) 유적지가 있다. 이상의 기록은 중원에서 박씨들이 발음이 유사한 박으로 음사한 박을 사용했다는 사실을 보여준다.

그러나 국토지리정보원의 『지명사전』에는 함박산(咸朴山), 박달산(朴達山), 대박산(大朴山), 왕박산, 박산, 박봉(朴峰), 박동(朴東), 박서(朴西), 박곡 등 수많은 박(朴)계 지명이 등장한다. 이들 지명은 산천지명으로서 박씨들이 매우 오래전에 한반도에 선주하고 있었다는 사실을 보여준다.

복희·여와도를 보면 태호 복희와 여와씨는 사람의 머리에 뱀(=용)의 모습을 한 것으로 나타난다. 이들은 우이족(于夷族)에 속하는 종족으로서 신조 봉황을 신봉하던 풍성의 씨족이었다. 백도백과 검색결과에 따르면 갑골문에서는 "풍(風)과 봉(鳳)을 동일한 글자"로 간주하였다.[26] 이처럼 상나라 사람들은 새를 토템으로 하고 있었는데, 태호 복희를 태양신으로 숭배했다. 『제왕세기』에는 "대호제(大昊帝) 포희씨(包羲氏)는 하늘에서 태어나 나무(木)를 수덕(首德)으로 하여 모든 왕(百王)의 으뜸이 되었다. 제(帝)는 진(震, 새벽)에서 나왔으며 말미암은 바가 없으므로 동방에 자리하였다. 봄을 주관하고, 태양의 밝음을 나타내므로 태호(太昊)라 하였다."라고 하였다. 『잠부론』「지씨성」조에 따르면, "복희씨는 진(陳) 땅에 도읍을 정하였고, 목덕(木德)에 용(龍)을 기(紀)로 삼았다. 그래서 용사(龍師)를 만들어 용(龍) 자로 이름을 붙였다. 팔괘를 지었으며 실을 묶어 그물을 만들어 물고기를 잡았다."라고 한

---

26 https://baike.baidu.com/item/%E5%87%A4%E5%87%B0/5433?fr=aladdin: 검색일 2020년 4월 22일

다. 이처럼 복희 세력은 용봉을 숭상했는데, 나주 반남면 신촌리 9호분에서 마한의 용봉문 환두대도가 출토되어 이들이 서로 깊은 연관이 있다는 사실을 보여준다. 나주 반남면의 고분군은 마한 월지국의 통치자였던 반남 박씨 선조들의 무덤으로 분석된다.

이상과 같이 태호 복희씨는 박씨의 시조라는 것을 알 수 있다. 박혁거세의 탄생 설화도 난생사화인 것을 보면 박씨는 조이족이었다. 태호 복희씨는 포희, 박 등으로 발음되어 박씨의 원시조로 파악된다. 박혁거세는 밝족인 태호 복희씨의 후손이며 밝씨, 박씨의 중시조에 해당한다. 박혁거세는 밝족의 후손으로 신라 지배 시기에 박씨를 만세일계로 엮어 놓았을 뿐이다. 김알지가 김씨의 원시조가 아니듯 박혁거세가 박씨의 원시조가 될 수 없는 것이다. 박씨는 매우 오래된 성씨 중 하나였기 때문이다.

은나라의 박사(亳社)는 은의 나라 이름을 뜻한다. '밝'은 발, 박(朴, 博, 薄, 搏, 亳), 백(白), 불, 배, 부여 등으로 수많은 변형을 보인다(이승종 외, 2015). 『산해경』에는 발 관련 산수 지명이 무수하게 등장하는데, 발구산(發鳩山), 발루산(勃皐山), 번조산(番條山), 백어산(白於山), 부우산(符禺山), 부산(浮山), 발상산(發爽山), 부려산(鳧麗山), 박산(薄山), 반후산(潘候山), 백사산(白沙山), 발환산(發丸山), 박수(薄水), 백마산(白馬山), 갈석산의 포이어(蒲夷魚), 발시산(發視山), 백변산(白邊山), 백석산(白石山), 부산(傅山), 부희산(浮戲山), 번궤산(繁績山) 등이 바로 그것이다. 이 중 「서산경」과 「해외북경」에는 박(駮)이라는 짐승이 등장하는데, 그 생김새는 흰 말과 같고 톱날과 같은 이로 호랑이와 표범을 잡아먹는다고 했다. 그리고 백민국(白民國), 박보국(博父國), 백여국(伯慮國) 등도 모두 발씨족, 즉 박씨족과 연관이 있는 것으로 파악된다.

김성호(2000년)는 박씨족이 도읍한 곳이 바로 월지국이라고 주장했다. 이는 놀라운 통찰력인데, 다만 그는 월지국이 웅진에 있는 것으로 잘못 파악했다. 서기전 3세기 말 건국된 월지국의 도읍은 나주 반남으로 반남 박씨의 경우 발람 박씨, 발랑 박씨 등으로 발음되어 사실상 발라 박씨라는 의미로 해석된다. 이를 통해서 우리는 박씨 중 한반도에 가장 먼저 이동한 세력이 반남 박씨라는 것을 알 수 있다. 그리고 무안 박씨도 영산강 유역으로 유입된 것으로 분석된다. 무안 박씨의 무안은 고대 지명이 물아혜(勿阿兮)로 산동성의 무라, 모루 계열의 지명이라는 것을 알 수 있다. 무라계 세력을 대표한 것은 무안 박씨로 산동성 래이족은 우이족과 동족으로 모루(牟婁), 모라(牟羅)계 지명을 사용했다. 무안에서는 마한 시대의 생활 유적 5곳, 분묘 유적 10곳 등 생활 유적이 많이 발굴되고 있다. 몽탄면 양장리 유적, 마산리 신기 유적, 용정리 신촌 유적, 연리 유적 등은 3~5세기 마한시대의 주거지들이다. 이들 유적은 무안의 선주족인 무안 박씨들과의 연관성을 배제할 수 없다.

박씨는 나무 목 자와 점 복으로 구성되어 있는데, 나무(木)는 동이족의 신목신앙을 나타낸 것이고, 점 복(卜) 자는 점을 치던 사람을 뜻한다. 결국 박씨는 신성한 나무 옆에서 점을 치던 사람, 즉 제사장을 의미하는 것이다. 이는 밝족을 대표하는 성씨가 바로 박씨라는 것을 나타낸다. 이러한 이유로 백도백과 검색에서 박씨 성이 거의 유일하게 한반도에만 존재하는 것으로 나온다.[27]

---

27 https://baike.baidu.com/item/%E6%9C%B4%E5%A7%93: 2020년 5월 3일

14/ 반씨潘氏

우리나라 반씨는 2015년 인구조사 결과 인구수 2만8천 명의 성씨이다. 거제 반씨(巨濟 潘氏)가 1만3천 명으로 가장 많고, 그 다음으로 광주 반씨가 1만 명으로 그 뒤를 잇고 있다.

거제 반씨는 경남 거제를 본관으로 하는 성씨이다. 시조는 반부(潘阜)로 남송 이종(理宗) 때 이부상서(吏部尙書)를 지내다 고려로 귀화하여 충렬왕 때 시중(侍中)까지 올랐고, 기성부원군(岐城府院君)에 봉해졌다. 반부의 고려 귀화는 남송 왕조의 멸망기에 해당한다. 남송은 북송의 후신으로 도읍은 임안(臨安){오늘날의 항주}이고, 1127년~1279년까지 152년간 존속하였다. 이종은 1224년 즉위하여 1264년까지 41년간 재위하였다. 이종은 남송에서 가장 오래 재위한 황제로서 집정 초반기에는 유능하였으나 후반기에 주색잡기에 빠져 남송이 멸망하는 계기를 만든 장본인이다.

반부(潘阜)는 이 시기에 몽골 정벌을 강력히 요구하였으나 원나라를 두려워하는 세력들이 그를 원의 사신으로 보내 죽이고자 하였다. 원나라에서는 그의 재능을 사서 원나라의 신하가 되기를 종용하였으나 반부는 끝내 이를 거절하였고 원나라에 볼모로 와 있던 고려 세자(충렬왕)가 그를 설득하여 고려에 귀부하게 된다. 남송은 얼마 되지 않아 원나라에 멸망당했다.

광주 반씨는 반부의 7세손인 반충(潘忠)이 조선 개국공신으로 광주백(光州伯)에 봉군되면서 분파되었다. 반충의 현손 반석평(潘碩枰)이 1507년(중종 2) 한성부판윤, 형조판서 등을 역임하고 지중추부사에 이르렀다고 한다.

중원의 반씨는 인구수가 840만 명에 달하는 대성이다. 중원 복건성의 천주(泉州)나 온주(溫州)에는 반씨들의 지표지명이라고 할 수 있는 반산(潘山)이 곳곳에 위치하고 있다. 특히 온주의 반산 인근에는 나씨들의 지표지명인 대라산(大羅山)이 분포하고 있어 반씨들이 나씨와 같은 축융족으로 서로 관련되어 있었던 것으로 보인다. 반씨나 나씨는 모두 해상세력으로 한반도를 드나들었던 것으로 보인다.

우리나라 반씨들의 족보에는 주문왕의 손자 계손공의 후손이라고 되어 있는데, 이는 반씨가 하남 형양에서 한반도로 이주해 왔다는 사실을 보여준다. 천하의 반씨는 모두 형양(滎陽)에서 나왔다고 해도 과언이 아닐 정도로 하남성 형양과 상구 일대를 근거로 삼고 있다. 남송 때 한반도로 이주한 것으로 추정하고 있으나 그보다 훨씬 이전에 한반도로 이주한 것으로 보인다.

반씨는 축융씨 후예의 봉국으로 상고 시기에 황하 중류 개봉 동쪽과 상구 서쪽 일대에서 활약했다. 『세본』「거편」에 "설이 반에서 살았다.[契居番]"고 했다. 옛날에 반(番)과 반(潘)은 동일한 것이었다. 상나라의 시조인 설은 제곡 고신의 아들로서 본래 박(亳)에서 살았는데, 반(番)으로 일차 천도를 했다. 설부터 성탕(成湯)에 이르기까지 여덟 번이나 천도하였다.[28]

반씨는 요성(姚姓)에서 기원한 성씨이기도 하다. 상고시대 순임금의 후손으로 나라이름을 성씨로 삼았다. 『원화성찬』에 따르면 "요는 요허(姚墟)에서 출생하였다. 일설에는 제풍에서 출생했다고 하는데, 자손들이 요를 성씨로 삼았다.[姚, 生于姚墟 一說出生于諸馮, 子孫以姚爲氏]"고 한다. 요는 반땅(潘地){지금의 북경 연경현(延慶縣)}에 도읍하였다. 배인은 『사기집해』에서 "반(潘)이 지금의 상곡이다."라고 했다. 이후 반땅은 지금의 섬서성 흥평(興平) 북쪽으로 옮겨

---

28 『한서』에서는 番이 번이 아니라 반으로 발음된다는 점을 여러 차례 강조하고 있다. 이에 여기서도 반으로 사용하고자 한다.

갔다. 상나라 시기에 순임금의 후손이 반국(潘國)을 건국하였다. 상나라 말기 주문왕에 의해 멸망되었다. 그 자손들이 나라 이름을 따서 반씨라 했다. 주문왕은 반나라를 멸망시킨 후 그 후손을 계백(季伯, 季孫)으로 봉했다.

반씨는 나라 이름을 성씨로 삼은 성씨이기도 하다. 반씨는 희성(姬姓)에서 출자하였다. 『잠부론』 「오덕지(五德志)」에는 다음과 같이 반씨가 희성이라고 기록하고 있다.

> 태임은 꿈속에 어떤 키 큰 사람이 자신에게 감응하여 문왕(文王)을 낳았다. 문왕의 상은 사유로 서백(西伯)이 되었으며 기(岐)에서 발흥하였다. … 주(周) … 반(潘)씨 … 등은 모두가 희성이다.
> 太姙夢長人感己 生文王 厥相四乳 爲西伯 興於岐 … 周 … 潘 … 王氏, 皆姬姓也

『광운(廣韻)』에 기재되기를 주나라 초기 4대 성인 중 한 사람인 필공(畢公) 고(高)의 작은 아들 계손(季孫)을 반(潘)에 봉하였다고 한다. 계손공의 휘는 순(荀)이고, 서기전 1065년 기산(岐山)에서 태어났다. 서기전 1046년 부친인 필공이 필국{지금의 섬서성 함양}을 사여받고 식읍으로 삼았는데, 지금의 평흥(興平)시 일대이다. 고대 시기에 반하(潘河)가 채읍을 경유하였는데, 하천의 이름을 따서 채읍의 명칭을 반읍(潘邑)으로 바꾸었다. 계손공은 읍에서 성씨를 따왔다.

주나라 시대 반국은 서주 초년에 필공이 자신의 셋째 아들 계손공(季孫公)을 반(潘)에 봉함으로써 건국되었다. 주성왕 2년(서기전 1041년)에 삼감의 난을 평정한 후 계손을 섬서성 반에서 낙양 동쪽의 반성(潘城){지금의 하남 형양(滎陽)}으로 이주시켰다. 주성왕 4년 반읍을 필국에 부용하는 반국으로 승격시켰다. 계손은 종묘를 하남 형양에서 건립하였고, 형양에서 상구 일대에 후손들이 정착하여 반을 성씨로 삼았다. 서기전 504년 초나라에 병합되어 멸망하였다.

반씨는 초나라 미성(羋姓)에서도 유래하였다. 『원화성찬』과 『통지』 「씨족략」 등에 반씨가 미(羋)성의 후손이라고 기록되어 있다. 춘추시대 초나라 공족 미반숭(羋潘崇)의 후손이다. 선조의 이름을 따서 씨(氏)를 지었다. 공의 휘(諱)는 숭이고 자는 도안(道安)이다, 초성왕 때 대부(大夫)였다. 목왕이 즉위하면서 그 태자궁을 공에게 태사(太師)로 삼아 국정을 장악하도록 했다. 『사기』 「진(晉)세가」에 따르면 소후(昭侯) 7년(서기전 739년)에 진나라의 대신 중 반보(潘父)가 활동한 것에 대한 기록이 있다.

반씨의 시조는 계손공(季孫公)이다. 춘추시대 이후 나라가 멸망하자 그 자손들이 희성이 아니라 나라 이름을 따서 반씨라 하고 계손을 시조로 삼았다. 『산해경』에는 "반(番)은 주(邾)나라이다.[番 邾國也]"라고 했다. 『사기』에는 오왕 부차(夫差)가 반(番)을 취했다고 적고 있다. 반은 포(蒲)로 발음되기도 했다. 반씨의 군망은 하남 형양군(滎陽郡), 광종군(廣宗郡), 하남군(河南郡), 예장군(豫章郡) 등이다.

15/ 방씨方氏

우리나라 방씨는 2015년 인구조사 기준으로 9만5천 명이다. 이 중 온양 방씨의 인구가 8만 명으로 사실상 단일본이다. 온양 방씨(溫陽方氏)는 충청남도 아산시를 관향으로 삼고 있다.

온양 방씨 족보에는 방(方)씨가 하남성에 뿌리를 둔 성씨라고 한다. 중국의 성씨 연구자들도 방씨가 하남에서 옮겨간 것을 인정하고 있다. 주나라 선왕 때 공신(功臣)으로 경사(卿士)를 지낸 방숙(方叔)의 후예라고 한다. 염제 신농씨(神農氏)의 9세손이자 유망황제(楡罔皇帝)의 장남인 방뢰(方雷)가 하남성(河南省) 방산(禹州市 方山鎭) 지방을 봉토(封土)로 받으며 방(方) 성(姓)의 비조(鼻祖)가 되었다. 669년 당문종은 방뢰(方雷)의 134세손인 한림학사(翰林學士) 방지(方智)에게 육례와 구경을 가지고 나당동맹(羅唐同盟)의 문화사절로 신라에 파견하였다. 중시조 방운(方雲)이 고려 개국에 공을 세워 좌복야(左僕射)에 올랐으며, 993년(성종 12년) 거란이 침입했을 때 공훈을 세워 온수군(溫水君)에 봉해졌다. 비조(鼻祖) 방뢰(方雷)로부터 온양 방씨 시조(始祖) 월봉(月峯) 방지(方智)까지 세계(世系)가 계속 이어져 왔다.

시조 방지(方智)가 당(唐)나라 한림학사로서 나당동맹(羅唐同盟)의 문화사절로 신라에 동래(東來)하여 설총(薛聰)과 함께 구경(九經)의 회통(會統)을 국역하였고, 장씨(張氏)와 혼인하여 가유현(嘉猷縣){현 경상북도 상주시}에 정착하였다. 중시조 방운(方雲)이 고려 개국에 공을 세워 대장군을 거쳐 좌승지, 지성사(知省事) 등을 역임한 후 좌복야(左僕射)에 이르렀으며, 993년(성종 12년) 거란이 침입했을 때 공훈을 세워 배방산(拜方山) 일대를 봉토로 받고 온수군(溫水

君)에 봉해졌다.

온양(溫陽)은 충남 아산시 온양동 일대의 지명이다. 백제의 탕정군(湯井郡)
이었다. 신라 문무왕 시기인 671년에 탕정주(湯井州)로 승격되어 총관이 파
견되었다. 757년(경덕왕 16년)에는 탕정군으로 강등되었으나 음봉현(陰峰縣)·
기량현(祈梁縣)·평택현(平澤縣)을 영현으로 관장하였다. 940년(고려 태조 23년)
에 온수군(溫水郡)으로 고치고, 1018년(현종 9년)에 천안부(天安府)에 속하게
하였다. 1172년(명종 2년) 온수현으로 강등되었다. 1414년(태종 14년)에 온수
와 신창(新昌)을 온창현(溫昌縣)으로 병합하였다가 1416년에 다시 온수현을
분리하였다. 1441년(세종 23년)에 온양군으로 승격되어 조선시대 동안 유지
되었다.

『세종실록지리지』에 방(方)씨는 충청도 온수(溫水){아산}·신창(新昌){아산}·니
산(尼山){논산}·임천(林川){부여}·태안(泰安), 경기도 지평(砥平){양평}, 전라도 만경
(萬頃){김제}, 경상도 상주(尙州)·군위(軍威) 등의 토성(土姓)으로 기록되어 있다.

중원의 방씨는 방뢰(方雷)에서 출자한 성씨이다. 방뢰의 자는 천진(天震)이
다. 『서홍범(書洪范)』에서는 "뇌(雷)가 천지의 큰 아들이다.[雷于天地爲長子]"라
고 말하고 있다. 『춘추합참도(春秋合讖圖)』에는 "헌원씨가 뇌우의 신을 주관
한다.[軒轅氏主雷雨之神]"라고 되어 있다. 황제(黃帝)의 후(后) 누조(嫘祖)의 아버
지로, 본거지는 뇌택(雷澤){지금의 하남 복양(濮陽)과 산동 하택(菏澤) 일대}이다. 황제
를 보좌하여 치우를 정벌한 공로가 있어 방산에 봉해졌다고 하여 방뢰라고
부른다. 그의 후예는 산을 성으로 삼아 방씨라 하였고 득성시조를 방뢰(方
雷)라 하였다.

『풍속통의』와 『세본』에는 상고시기 부락간 겸병을 위한 전쟁이 끊임없었
는데, 염황 두 씨족이 손을 잡고 치우에 대항했다. 탁록전쟁 중 염제 후예
유망(楡罔)의 아들 방뢰가 황제를 보좌하여 치우를 정벌하는데 공이 있어

방산(方山)에 봉해지고 방뢰씨(方雷氏)라 하였다. 후손들이 방씨와 뇌씨로 분화되었다. 방씨의 기원은 원래 북방이고, 남방에서 번성하였다. 선진 시기에 방씨들은 하남 일대에서 활동했다. 방씨 중 일부는 산동과 산서 지역으로 이동하여 동이족과 결합한 것으로 보인다. 하상 시기에 방국은 강대국이었다. 그래서 방이(方夷)라 불리웠다.[29]

방이는 『고본죽서기년』에 등장하는데, "제소강(帝少康) 2년에 방이가 내빈으로 왔다.[二年 方夷來賓]"라고 했다. 『후한서』 「동이전」 '서문'에 "이(夷)에는 아홉 종류가 있으니, 견이(畎夷), 우이(于夷), 방이(方夷), 황이(黃夷), 백이(白夷), 적이(赤夷), 현이(玄夷) 풍이(風夷), 양이(陽夷)가 그것이다. 그러므로 공자도 구이(九夷)에 살고 싶어 하였다.[夷有九種 曰畎夷 于夷 方夷 黃夷 白夷 赤夷 玄夷 風夷 陽夷 故孔子欲居九夷也]"라고 하였다.

서한 말에는 안휘성에서 군망을 형성하였다. 현재 방씨 인구는 500만 명 이상이다. 안휘성과 하남성에 전체 방씨의 1/3가량이 집중 분포하고 있다. 방씨의 군망은 하남군(河南郡){낙양 일대}과 절강성 신안군(新安郡){지금의 절강 순안}이다.

방성은 원래 염제 신농씨의 강성(姜姓)에서 출자하였다. 염제의 후예인 방뢰의 후손들이 봉읍의 이름을 성씨로 삼았다. 『풍속통의』와 『세본』 등에 기재된 바에 따르면 상고시대의 제왕인 신농씨의 대손 유망(榆罔) 임금에게는 뇌(雷)라는 아들이 있었는데, 황제와 치우 사이의 전쟁에서 큰 공을 세워 방산(方山)에 봉해졌다고 한다. 그래서 후인들이 봉읍을 성씨로 삼았다. 방뢰의 후손은 방씨와 뇌씨로 나뉘어졌다.

방씨는 희성(姬姓)이기도 한데, 서주 후기 주선왕 시 대부 희방숙의 후손들이 선조의 이름을 성씨로 삼았다. 『원화성찬』과 『통지』 「씨족략」에는 서

---

29 http://www.360doc.com/document/17/1229/11/63481708 _829193652.shtml, 2022. 3. 22

주 후기의 주선왕이 집정하던 시기에 희방숙(姬方叔)이라 불리운 1위 왕족대부가 속해 있었는데, 그는 회이(淮夷)와 험윤(獫狁)을 정벌하고 특히 남쪽 형만의 반란을 수습하는 데 공이 컸다. 주선왕이 공을 치하하기 위해 방숙을 락(洛){지금의 하남 낙양}에 봉했다. 희방숙의 후손 중에는 선조의 이름을 성씨로 삼아 방씨(方氏)라 하여 대를 이어 나갔다.

방씨의 득성 시조 방뢰(方雷)는 관련 사서에 따르면 염제 신농씨의 11세손이다. 뢰와 친동생은 부락을 희수로 옮겨 황제 헌원의 도움을 받아 선제권을 장악하고 희지에서 군사를 일으켜 판천(阪泉){지금의 하북 회래}에서 치우를 체포하였다. 탁록(涿鹿){지금의 하북}에서 영요(永曜)를 멸망시키고 참란(僭亂)을 평정하니 천하가 태평하였다. 그가 제위를 헌원에게 내주자 황제(黃帝)라고 부르기 시작했다. 황제는 뢰(雷)를 좌상으로 봉하고 방산(方山) 땅에 봉했다. 그 후손들은 봉지명을 성으로 삼아 방씨라 하였고, 방뢰(方雷)를 시조로 삼았다.

방씨의 59세손 방현(方縣)은 하나라의 무도함을 보고 제후들을 이끌고 상탕에게 귀순하여 군사총령이 되는 등 전공이 탁월하였다. 상탕은 그 공로를 생각하여 아들 방작(方灼)에게 공주를 허락하고 동시에 양주 육합작개국후(揚州 六合作開國侯)에 봉했다. 방작의 한 갈래는 강소 육합으로 이주하여 방씨 군망을 형성했다.

방숙(方叔)은 『사해(辭海)』 등의 유관 사서에 기록이 등장하는데, 일명 희환(姬寏)이고, 자는 부함(博涵)으로 주선왕(周宣王) 때의 대신이다. 병마용 수레차 3천 대를 거느리고 초나라를 공격하여 승리를 거두었다가 또 계속 험윤(玁狁)으로 진공하였다. 주선왕(周宣王)은 '씩씩한 계책의 원로'(壯猷元老)를 낙{지금의 하남성 낙양시}에 봉하였고 후손들이 방씨(方氏)라 하여 방숙(方淑)을 분종시조(分宗始祖)로 불렀다.

춘추전국시대에 이르러 중원의 전란이 빈번하게 일어났는데, 특히 서기 전 225년에 진나라 장왕이 황하수를 끌어들여 대량(大梁)의 인구를 죽이고 유출시켰는데, 방씨도 그 속에 있었다. 전한 말, 단양(丹陽) 현령 방굉(方紘)은 왕망이 정권을 찬탈하자 이를 피하기 위해 하남에서 안휘 서현(歙縣) 동향(東鄉){현재는 절강 순안}으로 이주하여 강남 방씨(江南方氏)의 공동 시조가 되었다.

16/배씨裵氏

우리나라 배씨(裵氏)는 2015년 기준 40만 명으로 인구수 기준 26위의 성씨이다. 이중 성산(성주) 배씨가 15만 명으로 가장 많고, 분성(김해) 배씨 10만 명, 달성 배씨 7만8천 명, 경주 배씨 1만2천 명 등이다.

『삼국사기』「신라본기」'유리왕조'에 따르면 "9년(32) 봄에 6부(六部)의 이름을 바꾸고, 성씨(姓氏)를 사여하였다. … 가리부(加利部)는 한기부(漢祇部)라고 하고 성은 배(裵)로 하였다."라고 기록하고 있다. 그러나 신라 유리왕이 배씨를 하사했다는 기록은 신뢰할 수 없다. 신라가 건국되기 훨씬 이전에 배씨가 존재했기 때문이다. 또 다른 기록은 고려 태조가 고려 건국에 큰 공을 세운 배현경(裵玄慶)에게 경주 배씨를 사여하여 경주 배씨가 되었다는 것이다. 이는 『삼국사기』의 기록과도 혼동되어 취신하기 어렵다. 더구나 배현경의 아들 은우(殷祐) 이후로는 역사나 기록에 전하는 바가 없어 절손(絶孫)된 것으로 보인다고 한다. 현존하는 경주 배씨는 이들과 시조를 달리하고 있다.

배씨의 득성시조는 사로국의 6촌 중 금산가리촌의 촌장인 지타(祇沱)로 인식되고 있다. 경북 성주를 본관으로 하는 성산 배씨는 고려 시대의 삼중대광(三重大匡) 벽상공신(壁上功臣)인 배위준(裵位俊)을 시조로 한다. 경주 배씨(慶州裵氏)의 시조 배현경(裵玄慶)은 태조 왕건(太祖 王建)을 옹립하는데 큰 공을 세워 개국일등공신(開國一等功臣)에 올랐다. 그의 원래 이름은 백옥삼(白玉衫)이었으나, 태조 왕건이 고려 개국 후 그에게 경주 배씨(慶州裵氏)로 사관·사성(賜貫, 賜姓)하였다고 한다. 분성 배씨(盆城 裵氏)는 경남 김해시를 관향으로 하며, 시조는 고려 공민왕 때 병부상서 겸 도원수를 지낸 배원룡(裵元龍)이다. 배원룡은 권신 염흥방(廉興邦)의 양자로서 계림부윤(鷄林府尹)이 되어 1385년(고려 우왕 11년) 왜구를 토벌하였다. 배원룡은 고려 개국공신 배현경(裵玄慶)의 6세손이며, 가락군(駕洛君) 배사혁(裵斯革)의 첫째 아들이라고 한다. 달성 배씨(達城 裵氏)의 시조는 고려 중엽에 벼슬을 지내고 공을 세워 달성군(達城君)에 봉해진 배운룡(裵雲龍)이다.

중원 배씨의 득성시조는 백익이다. 백익의 후손 중에 비자(非子)가 있어 그의 후손들이 배를 성으로 삼았다고 한다. 배씨의 득성(得姓) 시조는 진환공(秦桓公)의 막내아들 진후자(秦后子)이기도 하다. 종합적으로 보면 배씨는 4,000여 년전 순임금 시기 현사(賢士) 백익(伯益)의 후손 비자(非子)의 지손이다.『통지』「씨족략」에 따르면 배씨는 백익의 후손으로 비(非)향에 봉해졌고, 이에 후손들이 비(非)씨라 불렀다가 이후 해읍(解邑)에 봉해지면서 배씨(裵氏)로 개성했다고 한다. 중원의 배씨 인구는 약 83만 명이고, 군망은 하동군(河東郡)으로, 산서성 황하 동쪽 하현(夏縣) 일대이다.

『신당서』「재상세계표」에 따르면 배씨는 풍성에서 비롯된 성씨이다(裵氏出自風姓). 풍성은 태호 복희의 후손이라는 것을 의미한다. 배씨는 밝족으로 박씨, 백씨와 더불어 태호 복희의 풍성 후손으로 분석된다. 배달족(=밝달족)의 배씨이다. 전욱 임금의 후손 대업(大業)이 여화(女華)를 낳고, 여화가 대비(大費)를, 대비가 고요(皐陶)를 낳았다. 고요가 백익(伯益)을 낳았다. 백익은 순임금에게 영성을 사여받았다. 백익이 대렴(大廉)을 낳았고, 대렴의 5세손이 중연(仲衍)이다. 중연의 4세손 헌(軒)이 포(浦)를, 포가 비렴(飛廉)을 낳았다. 비렴이 악래(惡來)를 악래가 여방(女防), 여방이 방고(旁皋), 방고가 태궤(太几), 태궤가 대락(大駱)을, 대락이 비자(非子)를 낳았다. 비자가 주효왕 시기에 진에 봉해졌고 영씨(嬴氏)에 속하도록 해 진영(秦嬴)이라 했다. 비자의 자손이 배향(裹鄕)에 봉해져 배씨라 했다. 지금의 문희(聞喜) 배씨이다.

배씨는 영성(嬴姓)에서 기원한 성씨로 백익(伯益)의 후손이다. 백익의 후손 중 비렴(飛廉)이라는 자가 있었는데, 그의 계손은 평읍(苹邑){지금의 산서성 문희현}에 봉해져서 평씨라 했다. 6세손 평릉에 이르러 주희왕 때 해읍(解邑){산서성 임의현(臨猗縣)}에 봉해지자 비(䘁)의 아래 부분을 없애고 옷 의(衣) 자를 밑에 붙여 평읍을 떠났다는 표시로 배씨(裹氏)라 하였다. 『원화성찬(元和姓撰)』에 따르면 "배(裹)씨는 영성(嬴姓)으로 백익(伯益)의 후손이다. 진나라 비자(非子)의 지손을 비(䘁)향에 봉하였고, 그로 인해 성씨가 되었다. 지금의 문희 비성이 바로 그곳이다. 육대손 릉(陵)이 주희왕 시기에 해비군(解䘁君)에 봉해져 비(䘁) 자의 아랫부분의 읍(邑)을 의(衣)로 고쳐 배씨가 되었다."라고 한다.

주왕조 시기에 진(秦)나라에서 기원하였다. 성읍(城邑)을 성씨로 삼았다. 진나라 선공(先公) 비자(非子)가 주효왕(周孝王)에 의해 진(秦)에 봉해졌다는 데서 "진영(秦嬴)"이라 불렀다. 비자의 후손이 후작에 봉해지고 배향(裹鄕){지금의 산서성 문희현(聞喜縣)의 배성}의 수령으로 봉해졌는데, 이 귀족을 배군(裹君)이라 불렀다. 그의 후손들은 봉읍을 성으로 삼아 배씨라고 불렀다. 춘추(春秋) 시기에 진(晋)나라의 지명을 씨(氏)로 삼고, 진평공(晋平公)이 전욱(顓頊)의 후손 침(針)을 주천(周川) 배중(裹中){지금의 산서성 문희현}의 수령으로 삼았던 데서 유래하였다.

백익이 새와 짐승의 길들이기에 능하여 우순(虞舜) 임금으로부터 영성을 사여받은 후, 우임금을 보좌하여 치수에서 큰 공을 세웠다. 지금으로부터 약 2,650년 전 주나라 때 백익의 후손 배릉(裹陵)이 주희왕에 의해 현재의 산서 운성시 염호구의 해읍군(解邑君)에 봉해지자 그의 가문도 자연스럽게 비(非)향에서 해읍(解邑)으로 옮겨 배(裹)로 성을 바꾸었다. 그리고 배씨 선인들은 해읍을 중심으로 다른 곳으로 옮겨와서 오늘날까지 전국에 분포하고 있다.

선진 시기에 배씨는 처음 섬진(陝晉) 지역에서 활동했다. 진한(秦漢) 시기에 들어와 배(裴)씨는 동쪽으로 이동해 하북(河北), 요녕(遼寧)성으로 들어갔다. 섬서성에서 남하하여 사천성으로 들어간 이들도 있었다. 남북조 시기에 배씨는 호북성, 장강 북안으로 확산되었다. 5호 16국 시대에 하동 배씨 중 일부가 하남 낙양에서 관중으로 옮겨졌다. 배씨는 산서성에서 발원하였는데, 명·청시대에 운성·임분{임분·지금의 산서 운성·임분}의 배씨는 문희 배씨, 곡옥 배씨, 안읍 배씨, 직산 배씨, 하현 배씨, 평륙 배씨로 분화·발전하였다.

17/ 백씨白氏

백씨(白氏)는 2015년 인구조사 기준 38만 명이다. 이중 수원 백씨가 35만 명으로 90% 이상을 차지하고 있다. 그밖에 백씨의 본관은 남포(藍浦) 백씨 1만1천 명, 상당(上黨) 백씨, 직산(稷山) 백씨, 백천(白川) 백씨 등이 있다.

수원 백씨는 중시조인 백창직(白昌稷)의 증손자 백휘(白揮)가 고려 목종 시기 대사마대장군으로 수원군에 봉해져 수원을 본관으로 삼았다고 한다. 수원 백씨는 개성에서 왔다는 주장도 있다. 조선 시대 이후 백씨의 대종을 이루고 있다. 남포(藍浦) 백씨의 본관은 충남 보령시 남포면 일대이다. 백도 백과에 따르면 남포 백씨의 본관인 남포의 람(藍)은 월지족과 연관된 지명 이다. 람이는 월지족과 친족관계라는 기록이 있는 것으로 보아 발조선 밝 족의 핵심인 것으로 분석된다.

청주 백씨는 고려 초 내사령을 지낸 유방헌의 묘지에 그의 부인이 상당군 대군 백씨라고 기록되어 있다. 마한백제 시기 청주의 지명은 상당(上黨)이었 다. 상당군(上黨郡)을 본관으로 하는 성씨는 백씨 외에도 청주 한씨가 있는 데, 이들은 산서성 태원 일대에 조선이 도읍하고 있었을 때 같이 조선에 속 하고 있었던 것으로 파악된다. 직산 백씨의 경우에도 산서성 직산(稷山)에서 발원한 것으로 분석된다. 백씨는 밝족이고, 한씨는 환족으로 모두 밝다는 의미를 갖고 있었다. 산서성 장치시에는 상당구 바로 위에 둔유현이 있는 데, 이곳에 람국(藍國)이 있었다. 산서 안택현 경내 우두산의 북쪽에 람수가 있다.

백씨는 고조선 이후 마한백제의 후손들인 것으로 파악된다. 『수서』에는 백제 대성팔족 중 하나로 백씨(苩氏)가 있었다고 기록하고 있는데, 백(苩)은 백(白)과 같은 성씨로 파악된다. 『북사』에는 백씨 대신 묘씨(苗氏)가 대성팔족이라고 했는데, 묘씨는 『삼국사기』에 단 한 번도 나오지 않는다. 따라서 묘씨보다는 백씨가 대성팔족에 해당한다고 보는 것이 타당해보인다. 그런데 백도백과 검색결과 백씨의 일부가 나중에 묘씨와 합쳐지는 것으로 나타나 서로 상관관계가 있는 것으로 파악된다.

백씨(苩氏)는 충청, 경기 지역의 귀족이었던 것으로 보인다. 『삼국사기』에 백가(苩加)와 백기(苩奇) 등 2명이 등장하고 있다. 그러나 백씨가 어느 정도의 세력을 갖추고 있었는지에 대해서는 파악이 어렵다. 다만, 동성왕이 즉위한 이후 4년 봄(482년)에 진로(眞老)를 병관좌평에 임명한 이후 8년 봄(486년)에 두 번째로 백가를 위사좌평(衛士佐平)에 임명함으로써 진씨와 백씨가 서로 견제할 수 있도록 한 것으로 보인다.

동성왕 시기에는 대륙백제에 북위가 쳐들어오는 등 긴박한 상황이 전개되고 있었다. 『남제서』에는 동성왕이 표문을 올려 호남 지역의 대성들을 왕후로 임명하고, 대륙백제의 장군들을 태수로 임명하는 기록이 등장한다. 그리고 495년에 다시 표문을 보내 북위의 침공을 방어하는데 공훈을 세운 사법명, 찬수류, 해례곤, 목간나 등을 왕후로 임명했다고 한다. 이러한 일련의 외교활동은 호남 지역의 여씨 왕족과 귀족들을 포용하면서 중앙으로 힘을 모으려는 정책의 일환이라고 평가할 수 있다.

그럼에도 불구하고 호남 귀족들은 중앙집권에 찬성하지 않았을 뿐만 아니라 식량 지원조차 제대로 하지 않은 것으로 분석된다. 그 결과 498년 동성왕이 탐라에서 공납과 조세를 바치지 않는다는 명분으로 무진주에 행차하는 일이 발생하게 된다. 결국 이러한 사태는 동성왕의 몰락을 제촉하는 결과를 초래하게 된다. 백성들이 굶주려 신라로 도망한 자가 6백여 호에 달하고(491년), 고구려로 도망한 자도 2천 명(499년)이나 될 정도로 공산성의 동성왕은 빈궁한 처지에 놓여 있었다.

이러한 상황 속에서 동성왕은 식량 확보가 더 용이한 부여로 천도를 준비한 것으로 판단된다. 그 이유는 501년 8월 측근인 백가에게 부여 인근에 가림성을 쌓고, 그 곳을 지키도록 했기 때문이다. 그러나 호남 귀족들은 무령왕을 지원하면서 백가에게 동성왕을 시해하도록 만든 것으로 보인다. 그 결과 501년 11월 백가가 결국 자객을 보내 동성왕을 시해한다. 『삼국사기』에서는 백가가 가림성에 가기를 원치 않아 원한을 품고 왕을 죽였다고 기록했다. 그러나 백가가 좌천에 앙심을 품었다기보다 영산강 마한백제 세력의 압력에 밀렸다고 보는 것이 타당하다. 무령왕이 정변을 일으켜 동성왕을 제거하도록 한 것으로 보이기 때문이다. 어쨌든 백가는 무령왕 원년 봄 정월에 가림성을 거점으로 반란을 일으킨다. 이에 무령왕은 한솔 해명을 시켜 공격하게 하였고, 백가가 순순히 항복하자 왕이 백가의 목을 베어 버린다. 이에 대해 김부식은 백가(苩加)와 같은 역적을 즉시 처단하지 않고 뒤늦게 반역을 일으킨 후 처단한 것은 뒤늦은 것이라고 비판했다.

백가 이후 백씨(苩氏)는 무왕 시기에 백기(苩奇)가 등장해 일정 정도로 세력을 갖추고 있었다는 사실을 확인시켜 준다. 무왕은 17년(616년) 겨울 백기(苩奇)에게 군사 8천 명을 거느리고 신라 모산성(母山城)을 공격하도록 했다. 그런데 백(苩)씨는 백제 멸망 후 그 유민들이 씨성 탄압을 피해 발음이 같은 백(白)씨로 변성한 것으로 보인다. 백은 밝계 씨성으로 박씨와 더불어 부여족 씨성 중 하나였기 때문이다.

백씨는 월지족 박(朴, 薄)씨와 친족이다. 박과 백은 모두 '밝다'는 의미의 밝에서 비롯된 밝족들이다. 태호 복희의 풍씨에서 기원했다. 풍(風)은 바람을 가리키는 것으로 박씨, 백씨, 배씨, 임(任)씨 등을 가리킨다. 박씨 중에는 반남 박씨가 있고, 임씨는 풍천 임씨가 있다. 람은 바람의 람(藍)을 사음으로 표현한 것이다. 충남 보령의 남포(藍浦)를 본관으로 하는 성씨는 남포 임씨(藍浦 任氏)와 남포 백씨(藍浦 白氏)가 있다.

바람은 발람, 반남, 박남, 박라, 발라 등으로 표기되었는데, 백씨는 바로 대월지족의 나라 박트리아(大夏國)의 도읍 박트라(Bactra, 람씨성(藍氏城))에서 기원한 람(藍)씨로 분석된다. 『신당서』「지리지」'서역편'에는 기미국(羈縻國)이었던 월지도독부(月支都督府)에 대한 기록이 등장한다. 그 중 "람씨주를 발발성에 설치했다(藍氏州以鈸勃城置)."고 했는데, 이는 『사기』「대완열전」의 람시(藍市), 『한서』「서역전」의 람씨성(藍氏城)을 가리킨다. 발발(鈸勃)은 『북사』「서역열전」에서 언급한 박라(薄羅)와 같이 발람(Balaam)의 음역이다. 『위서』「서역전」에도 대월씨국의 박라성(薄羅城)에 대해 다음과 같이 언급하고 있다.

대월씨국의 도로감씨성(都盧監氏城)은 불적사(弗敵沙)의 서쪽에 있는데 1만4,500리를 가야 한다. 북쪽으로 연연(蠕蠕)과 접하는데, 수차례나 침공하니 서쪽의 박라성(薄羅城)으로 성을 옮겼는데 불적사로 2천100리를 가야 한다.

大月氏國 都盧監氏城 在弗敵沙西 去代一萬四千五百里 北與蠕蠕接 數為所侵 遂西徙都薄羅城 去弗敵沙二千一百里

박라는 영문으로 발흐(Balkh)로 표기한다. 『중문백과(中文百科)』에 따르면 발흐(巴尔赫)는 한자로 팔랄흑(八剌黑), 박제(薄提), 박갈(縛喝), 박지(薄知), 박갈라(薄渴羅), 파리흑(巴里黑), 반성(班城) 등 다양하게 표기되었다. 발흐 고성은 아프카니스탄에서 가장 오래된 유적이다. 고대 발흐성은 페르시아 동부 호라산(呼羅珊)성의 한 도시로 원래 배화교(祆敎){조로아스터교}의 중심지였으며, 배화교의 창시자인 조로아스터(琐羅亚斯特)가 발흐 성에서 사망했다는 전설이 있다. 백도백과에서는 조로아스터(Zoroaster)가 발흐에서 탄생했다고 한다. 조로아스터는 신성하고 영원한 불을 숭배하는 자들의 우두머리로서 이집트인들보다도 오랜 역사를 갖고 있다. 발흐는 서기전 2300년 박트리아 마르기아나 유적(BMAC)의 중심지로서 중앙아시아 청동기 문명을 대표한다. 메소포타미아계 청동문명으로 이곳에서 한민족이 기원한 것으로 분석된다. 태호 복희의 기원을 추적해보면 이 문명보다 훨씬 더 이전인 구석기 시대 말기에 이곳에서 기원하여 중원으로 진입한 것으로 보인다. 태호 복희의 직계 후손인 박씨와 백씨, 배씨는 이곳에서 기원하였다. 발흐는 아프가니스탄 불교의 중심지이기도 하다.

중원에서 람이는 『고본죽서기년』에 최초로 등장하는데, 은나라 중정(仲丁) 6년과 하단갑(河亶甲) 4년에 람이를 정벌했다는 기록이 있다. 한치윤의 『해동역사』 「동이총기」에는 "람이는 곧 풍이이다.[藍夷卽風夷]"라는 기록이 등장한다. 그리고 마한 55개국 중 노람국이 있었는데, 람이의 나라이다.

백도백과에 따르면 람이는 산동반도에서 유래한 동이족의 한 갈래로 남색 옷을 입는 관습으로 인해 람이라는 이름이 붙여졌다고 한다. 섬서성 서안시 동남쪽의 남전현(藍田縣)에서 유래했다는 설도 있다. 산동에서 하남(河南), 호북(湖北), 호남(湖南)을 거쳐 요족(瑤族)과 융합하여 요족 대성의 하나가 되었다고 한다. 요족은 제곡 고신 임금을 도와 견융의 수령이었던 오장군(吳將軍)을 죽인 반호(盤瓠)의 후손이다. 고신의 딸들과 혼인하여 남만족의 시조가 되었다. 반호의 호(瓠)는 표주박을 가리킨다. 이후 람이는 묘족과 합쳐진 것으로 파악된다. 그러나 나머지의 더 많은 람이는 오랫동안 초나라에 편입된 것으로 나타나고 있다. 그래서 초나라의 미성 백씨가 존재하는 것이다. 그런데 람이가 풍이라는 것은 풍, 즉 바람의 람을 가리킨다고 말할 수 있다. 람국은 바람국의 약칭으로 볼 수 있다. 『후한서』 「동이전」에는 람이와 관련하여 다음과 같은 기록이 등장한다.

> 걸이 포악해지니 여러 오랑캐가 내지에 침입하여 왔는데, 은나라의 탕왕이 혁명하고 [난 뒤] 이들을 정벌하여 평정하였다. 은나라 중정 때에 이르러 람이(藍夷)가 침입하였다.
> 桀爲暴虐 諸夷內侵 殷湯革命 伐而定之 至于仲丁 藍夷作寇

람이(藍夷)는 본시 산동반도에서 기원한 동이족 일파이다. 이들의 근거지는 산동 치천현(淄川縣), 청도, 즉묵 등이다. 치천에 람천(藍泉)이란 지명이 있고, 즉묵현에 람촌이 있다. 이곳이 람이의 최초 거주지였을 것으로 보인다. 람이가 최초로 기록된 것은 『고본죽서기년』인데, "(상나라) 중정이 즉위하자 람이가 공격해왔다.[仲丁即位, 征于藍夷]"라는 기록이 바로 그것이다. 이들은 상나라 초기에 산서성 둔유(屯留)현의 람수(藍水)로 이동했다. 람수는 둔유현(屯留縣) 서남쪽의 반수산(盘秀山) 양지(陽地)에서 나와 동쪽으로 장자현과 장치현(長治縣)을 거쳐 장수(漳水)로 들어간다. 람수의 물빛은 남색이 아니라 람이가 이주해와서 그렇게 부른 것이다. 『수경주(水經注)』 「권14」 '포구수(鮑丘水)'에 람수(藍水)에 대한 기록이 다음과 같이 등장한다.

> 람수(藍水)가 {강으로} 들어가는데, 물이 북산(北山)에서 나와 동쪽으로 흐르다 굴절되어 남쪽으로 흘러 무종현 옛 성의 동쪽을 지나는데 고성이 바로 무종자국이다. 『춘추좌전』 양공 4년(서기전 569년)에 무종의 군주 가보가 신하 맹락을 진나라에 사신으로 보냈다. 그리고 위강(魏

絲){위장자}에게 부탁해 호랑이와 표범의 가죽을 바치고 진나라가 모든 융인과 화목하게 지내기를 청했다. 옛 연나라 땅이다.

藍水注之 水出北山 東流屈而南 逕無終縣故城東 故城無終子國也 『春秋·襄公四年』無終子嘉父使孟樂如晉 因魏絳納虎豹之皮 請和 諸戎是也 故燕地矣

람이는 산동성, 산서성, 하북성 일대에 모두 위치하고 있었던 월지족 세력을 가리킨다. 람수가 흐르던 곳이 바로 무종국 일대였다. 따라서 람이는 월지족과 연관이 있고, 월지족은 무종국을 건국하여 활약한 것으로 파악된다. 무종은 융인으로 불리웠다. 『관자』에서는 제나라가 발조선과 문피교역을 했다고 했는데, 무종, 즉 산융이 발조선의 문피를 생산하는 나라라는 것을 알 수 있다. 무종은 제나라만이 아니라 진나라와도 문피를 교역한 것으로 나타나 이 시기 무종은 산서성 일대에 있었던 것으로 보인다.

람이는 전국시기에는 하북성 정현에 있었고, 한나라 시기에는 『한서』「지리지」에 기록된 유주 대군(代郡) 반씨현(班氏縣) 일대와 산동 동완군{현재 산동 기수(沂水)}에도 있었던 것으로 기록되어 있다. 백도백과 검색 결과에 따르면 람이(백씨)와 대월씨(박씨)는 본래 친족관계(大月氏與藍夷本系親族)인 것으로 확인되고 있다.

상당 백씨는 산서성 상당에서 기원한 것으로 파악된다. 산서성 상당에는 한씨 조선이 위치하고 있었다. 조선은 원래 발조선으로 불리웠으며, 발은 밝족, 즉 백씨와 박씨들을 나타낸다. 청주 한씨의 본관이 원래 상당 한씨인 것을 보면 이들이 조선이라는 한 나라에 같이 속하고 있었다는 것을 알 수 있다. 한씨는 환족이고, 백씨는 박씨와 더불어 밝족이다. 둘다 밝다는 의미를 갖고 있다. 백씨의 군망으로는 산서성 태원군(太原郡)을 비롯하여 하남성 신양시 식현(息縣)과 남양군(南陽郡), 섬서성 함양시(咸陽) 등이 있다. 중원의 백씨는 백가성 순위 73위로 377만 명이다. 백씨는 황조(皇鳥)를 토템으로 하는 풍성(風姓) 일파이다.[白姓是以皇鳥爲図騰的風姓分支]

중원의 백씨는 영성(嬴姓), 미성(芈姓)에서 출자한 성씨이다. 그리고 지명을 성씨로 삼았다. 진나라와 초나라의 사이에 있는 지역에서 비롯된 성씨이다. 원래는 미성에서 나왔는데, 득성 시조는 백부(白阜), 소호 지(挚), 백공승(白公勝) 등이 있다.

백도백과에 따르면 염제 신농씨의 대신 중 백부(白阜)가 있었는데. 그가 백씨 중 가장 오래된 시조이다. 호는 응룡(應龍), 옹주 남원{지금의 섬서 풍상현(風翔縣) 윤가무 괴원촌(槐原村) 백가대(白家台)} 사람이다. 백부의 출생 후 백미(白眉), 백발(白發), 백피부(白皮膚) 등 여러 사람이 그의 생김새를 따서 이름을 백부(白阜)라 했다고 한다. 그는 선천적인 수성(水性)을 가지고 있어 어릴 때 천하(千河), 위수(渭水)에서 새우를 잡곤 하여 물 위를 잘 걷는 좋은 기술을 익혔으며, 사람들은 그를 "수상비(水上飛)"라고 불렀다. 백부가 토굴가마와 봄 음식을 창조하여 여러 사람들이 편안히 잘 먹을 수 있어 모두들 그를 부락의 수령으로 추앙하였다. 백부가 수렵하던 평원을 백부원(白阜原)이라 하고 토굴은 백가대(白家臺)라 하며, 지명을 지금도 그대로 쓰고 있어 그곳에 백부조의 유적이 남아 있다.

백부는 백주(白酒){지금의 서봉주(西鳳酒)의 전신}를 최초로 만든 사람이다. 염제가 진령 진산(秦岭陳山)에서 인접 부족들과 부족장회의를 소집하였다. 이때 백부는 염제의 초대를 받아 회의에 참석했는데, 양조용으로 두 개의 옹기 항아리 '원주(猿酒)'를 가져와 염제에게 바쳤다. 염제가 몇 모금 마셨는데, 향긋하고 상쾌하며 온몸이 뜨거워지고 정신이 맑아져, 백부에게 "이 물이 무엇이냐? 맛있다."라고 하자 백부는 "이것은 원주입니다. 영산의 원인(靈山

猿人)이 각종 들과일과 야생곡물을 채집하여 석굴에서 오래 보존하고 발효시킨 것입니다. 우리 부족은 '원주'라고 부릅니다. 겨울에 이 술을 마시면 물에 들어가서 물고기를 잡아도 춥지 않고 여름에 마시면 더위를 식히고 독을 없앨 수 있습니다."라고 말했다.

염제는 이 소리를 듣자 매우 기뻤지만, 원주의 이름이 내키지 않았다. 염제의 어머니가 원녀(猿女)라고 불리웠기 때문이다. 그래서 염제는 백부에게 "앞으로 '원주'라 하지 말고, 너의 성을 따서 '백주(白酒)'라고 하라."고 했다 한다. 이것이 백주의 근원이자 지금의 서봉주의 전신이다. 백부는 염제를 보좌하였는데, 염제 부족의 세력이 날로 강대해져 황하 중하류로 발전하려 하였으나, 구려족의 저항에 부딪혔다. 부족장의 이름이 바로 치우였다. 그의 형제는 81명으로 모두 용맹하기 그지없었다.

염제 부락과 치우가 싸우자마자 염제 부족은 엄청난 타격을 받았다. 염제는 급히 부락을 이끌고 북쪽으로 퇴각했다. 그리고 황하를 건널 때 백부가 맨 뒤를 따랐다. 그가 황하의 파도 위에 서서 치우 부족을 막자 염제의 부족은 황하 이북의 판천(阪泉)으로 철수하였다. 이윽고 황제 부락의 저항에 부딪혀, 쌍방이 몇 달 간 격전하였다. 그 결과 염제는 패전하였다. 백부는 황제연맹을 따라 치우를 함께 격파하였다. 그리고 마지막 탁록(涿鹿) 연맹에서 치우를 사로잡아 죽였다. 황제는 백부가 치우를 사로잡은 공로가 있음을 기려 통수맥관(通水脈官)에 봉하여 염제를 보좌하도록 하였다. 백부가 염제와 황제 두 임금을 따라 남하한 이래로 후예들이 전국 각지에서 번성하였다. 진소공 때의 무안군 백기(白起)가 백부의 후예이다.

백씨는 영성에서도 출자하였다. 『중국성씨지도(中國姓氏地圖)』에 따르면, 진무공(秦武公) 사후 공자 백말릉(白未能)이 위를 계승하였는데, 무공의 동복 동생 진덕공은 임금 자리를 공자 백의 수중에서 빼앗았다. 무공이 살던 고지는 진나라의 도읍 옹{지금의 섬서 봉상(鳳翔)} 부근의 평양(平陽){지금의 섬서 기산 (岐山), 금현(黔縣) 일대}으로 덕공은 공자 백을 평양에 봉했다. 공자 백의 사후 그의 후손들이 백(白)을 씨로 삼았다. 『잠부론』「지씨성조」에는 다음과 같이 적고 있다

악래의 후손 중에 비자가 있었다. 가축을 잘 길러 주효왕이 그를 진 땅 에 봉했다. 대대로 그 땅을 다스려 서추대부가 되었다. 견수가의 진정 이 바로 그곳이다. 그 후에 제후의 반열에 서서 □세에 왕을 칭하였으 며, 다시 6세를 지나 시황이 한단에서 태어났다. 그래서 그를 조정이라 고 부른다. 그 외에 양(梁)·갈(葛)·강(江)·황(黃)·서(徐)·거(莒)·여(蓼)·육 (六)·영(英)은 모두 고요의 후손이다. 종리(鐘離)·운염(運掩)·토구(菟裘)· 심량(尋梁)·수어(修魚)·백치(白寘)·비렴(飛廉)·밀여(密如)·동관(東灌)·양 (良)·시(時)·백(白)·파(巴)·공파공파(公巴公巴)·섬(剡)·부(復)·포(蒲)는 모 두 영씨이다.

惡來後有非子 以善畜 周孝王封之於秦 世地理以爲西陲大夫 汧秦 亭是也 其後列於諸侯 □世而稱王 六世而始皇生於邯鄲 故曰趙政 及梁·葛·江·黃·徐·莒·蓼·六·英 皆皐陶之後也 鐘離·運掩·菟裘·尋梁·修 魚·白寘·飛廉·密如·東灌·良·時·白·巴·公巴公巴·剡·復·蒲, 皆嬴姓也

백씨는 초나라의 미성에서도 출자하였다. 전욱 임금의 후예인 백공승의 후손이다. 봉읍의 이름을 따 성으로 삼았다. 『원화성찬』과 『상룡록(尙龍錄)』 등의 자료에 따르면, 전욱 임금의 후손 육종이 귀방씨 부인을 맞아 여섯 아 들을 낳았는데, 여섯째 계련(季連)이 미(芈)성이다. 계련의 후예 웅역(熊繹)이 형산 일대에 제후국을 건국하고 단양에 도읍하였다. 서기전 740년 형(荊)의

군주 웅통(熊通)이 무왕에 봉해졌다. 이후 서기전 689년 영(郢)으로 천도하여 국호를 초나라 했다.

『사기』「오자서열전」에 따르면 서기전 528년에 즉위한 초나라 평왕은 태자 건(建)의 비로 간택된 진(秦)나라 공주 백영(伯嬴)의 미색이 출중하자 며느리가 아니라 자신의 애첩으로 삼아 버린다. 초평왕은 태자 건(建)을 세운 이후 오자서의 부친인 오사를 태부로, 비무기(費無忌)를 소부로 삼았다. 그런데 비무기는 태자를 충심으로 보좌하기보다 초평왕에게 아부한다. 태자의 혼인을 앞두고 비무기는 신부인 진(秦) 공주가 미색임을 알고 평왕에게 그녀를 취하고 태자에게는 다른 여인을 들이라고 한다. 이에 초평왕의 신임을 얻은 비무기는 태자 건을 제거하기 위해 온갖 수단을 동원하게 된다.

초평왕이 간신 비무기의 흉계에 놀아나 태자를 변방으로 내친 후에도 비무기는 줄기차게 태자가 반란을 꾀하고 있다고 헐뜯었다. 이에 오사를 불러 캐물었다. 이에 오사는 단언하여 다음과 같이 말했다. "왕께서는 어찌 참소를 일삼는 하찮은 신하 때문에 골육같은 자식을 멀리하려고 하십니까?" 초평왕은 비무기의 참언을 신용하여 오사를 옥에 가두고 오자서와 그의 형까지 불러 들여 죽이려고 하였다. 이때 태자 건은 송나라로 도망쳤다. 오자서의 형 오상은 죽음의 길인 줄 알면서도 스스로 나아가 죽음을 맞이한다. 이에 반해 오자서는 아버지를 볼모로 형제까지 죽이려 한다는 사실을 알고 가지 않고 태자 건이 있는 송나라로 망명해버렸다.

태자 건은 송나라에서 서기전 522년 화씨의 난이 일어나 혼란스럽자 정나라로 다시 도망쳤다. 정나라는 태자 건에게 잘 대우해주었으나 정나라가 자신에게 힘이 되기 어렵다고 판단하여 진(晉)나라로 다시 떠났다. 그런데 진나라에서는 정나라를 치는데 도움을 주면 크게 도움을 주겠다고 다시 태자 건을 정나라로 보냈는데, 태자 건이 안에서 내응하려던 음모가 발각이 되어 죽임을 당하고 만다. 이때 오자서는 태자 건의 아들 웅승(熊勝)과 함께 오나라로 달아났다. 서기전 515년 초소왕은 즉위하자마자 비무기를 주살하여 초나라 사람들의 분노를 달래주었다.

그러나 서기전 506년 겨울 오자서와 손무의 오나라 군대가 백거(柏擧)전투에서 초나라에 대승을 거둔 후 초나라 도읍 영(郢)까지 점령하게 된다. 초소왕은 멀리 도망갔다. 이때 오자서는 초평왕의 유골에 대한 처절한 보복을 단행하게 된다. 이는 죽은 후에도 복수의 칼날을 피할 수 없다는 부관참시(剖棺斬屍)의 시초에 해당하는 대사건이다.[30] 이에 대해 『사기』는 다음과 같이 기록하고 있다.

> 오나라 병사들이 {초나라 도읍인} 영에 들어 갔을 때, 오자서는 소왕을 잡으려고 하였으나 잡을 수 없었다. 그 대신 초나라 평왕의 무덤을 파헤쳐 그 시신을 꺼내 300번이나 채찍질 한 뒤에야 그만두었다.
> 及吳兵入郢 伍子胥求昭王 旣不得 乃掘楚平王墓 出其尸 鞭之三百然後已

오나라가 초를 정벌하고 물러난 이후 초평왕의 손자 혜왕이 즉위하였다. 초혜왕은 태자 건의 아들 웅승(熊勝)을 불러들여, 소대부(巢大夫)를 맡기고,

---

30 『삼국사기』의 편찬자 김부식은 무신정변 이전까지 고려의 실권자였으나 1170년의 무신정변 이후 묘가 파헤쳐진 뒤 부관참시 당했다. 인종 때 김부식의 아들 김돈중이 무신 정중부의 수염을 태워버렸는데, 정중부가 항의하자 김부식은 오히려 왕에게 정중부를 벌해야 한다고 말했다. 이 사건을 계기로 무신들이 들고 일어나 김돈중을 처참히 죽인 뒤 김부식의 시신마저 관에서 꺼내 무참히 토막내버렸다고 한다. 조선시대에 한명회는 계유정난으로 단종을 죽이고 세조에서 성종까지 3대에 걸쳐 무수불위의 권세를 누렸는데, 사후 연산군이 폐비 윤씨 연루자 처벌과 연관되어 부관참시당했다. 영화 '관상'에서는 한명회가 목이 달아날 상이라는 말을 듣고 생전에 목이 달아나지 않도록 처신했으나 결국 죽어서 목이 잘리는 참사를 당한 것으로 나온다. 세상에는 인과응보의 법칙을 벗어난 이가 없다.

백읍(白邑){지금의 하남성 식현 포신 동남쪽}에 봉하여, 백공승이라 불렀다. 진나라가 정나라를 정벌하자 백공승은 정변을 일으켜 혜왕(惠王)을 가두어 조정의 개혁에 착수하여 민심을 얻고자 하였다. 그러나 실패하여 자결하고 만다. 그가 스스로 목숨을 끊자 후손들은 조상 대대로의 봉지를 따서 백씨라 불렀고, 하남 백씨(河南白氏)가 되었다. 백공(白公) 백후(白侯)라고도 했다.

미성(芈姓) 백공승의 후손으로 진나라의 명장 무안군(武安君) 백기(白起)가 유명하다. 백기는 섬서성 보계시 미현(眉縣) 상흥진의 백가촌(白家村) 사람으로 전쟁의 신(戰神)으로 불리운다. 단 한 번도 패하지 않고 백전백승하였다. 병법을 잘 알고 군사를 잘 써서 양후 위염(魏冉)과 사이가 좋았다. 진(秦) 소왕(昭王)을 보좌하여 누차에 걸쳐 전공을 세웠다. 이궐(伊闕) 전투에서 위·한 연합군 24만 명을 대파하고 진나라 군대의 동진을 위한 길을 깨끗이 쓸어냈다. 초나라 정벌 전쟁에서는 초나라의 도읍인 영성(郢城)을 함락시켜 초나라를 멸망 직전으로 몰고 갔다. 이로써 초평왕이 태자 건을 내친 것에 대한 복수를 했다. 그리고 장평대전에서 45만 명의 조나라군을 섬멸했으며, 그 중 20여만 명을 산채로 매장했다. 최근에도 조씨들이 두부를 먹을 때 백기를 씹어 먹는다고 말할 정도이다.

백기의 대승으로 인해 진나라는 사실상 중원의 패권을 장악했으며, 진시황이 통일할 수 있는 기반을 모두 닦았다. 시대가 낳은 걸출한 명장으로 조나라 군사들이 그의 전략 전술에 놀아나 무참히 도륙되었다. 그 결과 중원의 진나라를 제외한 나머지 6개국은 모두 벌벌 떨었다. 그러나 백기는 장평대전 이후 참전을 거부하면서 진나라 왕이 자결을 명해 서기전 257년 허무하게 죽었다. 공이 너무 크면 왕이 불안해 하는 법이다. 이후 진시황은 전국 6국들을 각개격파하여 서기전 221년에 드디어 중원을 통일하기에 이른다.

18/ 서씨徐氏

우리나라 서(徐)씨는 2015년 인구조사 기준 75만 명으로 집계되어 전체 13위에 해당한다. 인구수로는 달성 서씨 41만 명, 이천 서씨 20만 명, 대구 서씨 10만 명, 부여 서씨 1만7천 명 등의 순이다. 그러나 모든 서씨들이 나말 여초 이천 서씨의 서신일(徐神逸)을 도시조로 삼고 있다. 이천 서씨 대종에서도 각 서씨의 본관이 고려 시대에 분관한 것으로 파악하고 있다.

이천 서씨와 부여 서씨는 백제 왕성으로 파악된다. 특히 부여 서씨는 백제 마지막 왕인 의자왕의 아들 부여융의 후손임을 자처하고 있다. 백제 멸망 후 당나라로 끌려간 부여융은 당고조에게 서씨(徐氏)를 하사받았다고 한다. 그런데 부여 서씨는 계보를 온조왕-근초고왕-무령왕-의자왕-부여융-서신일 등으로 이어 놓는데, 이는 잘못된 것이다. 온조왕과 근초고왕은 고구려 주몽의 후손으로 여씨 왕들이 아니라 해씨 왕들이다. 낙양의 북망산에서 출토된 『부여융묘지명(扶餘隆墓誌銘)』에는 다음과 같은 기록들이 등장한다.

공의 휘는 융이고 자도 융으로, 백제 진조인(辰朝人)이다. … 정관 연간 (627~649)에 당 태종이 조를 내려 개봉의동삼사(開府儀同三司), 주국(柱國), 대방군왕(帶方郡王)을 수여하였다. … 마한(馬韓)의 남은 무리들이 이리와 같은 마음을 바꾸지 않고, 요해(遼海)의 바닷가에서 올빼미처럼 폭력을 행사하였으며, 환산 지역에서 개미떼처럼 결집하였다. 이에 황제가 크게 노하여 천자의 병사가 위엄을 빛내니, 상장군은 지휘의 깃발

을 옹위하였고, 정예의 중군은 군율을 받들었다. 이들을 병탄하는 책
략은 비록 조정의 계책에 따르는 것이지만 백성을 위무하는 방책은 사
람의 덕에 의지하는 것이니, 이에 공을 웅진도독으로 삼고 백제군공에
봉하였으며, 이어서 웅진도총관(熊津道摠管) 겸 마한도안무대사(馬韓道安
撫大使)로 삼았다.

公諱隆字隆百濟辰朝人也 ... 貞觀年詔授開府儀同三司柱國帶方郡
王 ... 馬韓餘燼狼心不悛鴟張遼海之濱蟻結丸 山之域皇赫斯怒天
兵耀威上將擁旄中權奉律吞噬之籌雖 稟廟謀綏撫之方且資人懿以
公爲熊津都督封百濟郡公仍 爲熊津道摠管兼馬韓道安撫大使

여기서 백제 진조인(辰朝人)이라는 것은 마한백제 진왕실의 사람이었다는
것을 의미한다. 백제는 마한 월지족의 나라, 부여족의 나라였다. 백제가 멸
망한 이후 중원의 대방군 일대에서 마한의 유민들이 벌떼처럼 일어나 백제
부흥운동을 전개한 것이다. 여기서 분명한 것은 백제가 멸망했는데, 마한
의 잔존 세력들이 규합했다는 사실이다. 백제와 마한은 별개가 아닌 한 몸
이었던 것이다. 그래서 이를 무마하기 위해 부여융을 마한 세력을 안무하
는 대사로 임명하였다. 어쨌든 부여융은 당나라에서 자신이 김일제와 같은
역할을 할 수 있다고 생각했다. 그런데 그는 백제로 복귀하지 못하고 중원
에서 죽었다.

백제가 멸망한 이후 점령된 백제지역에서는 신라의 대대적인 탄압이 자
행된 것으로 분석된다. 일단 왕성들은 모조리 제거하는 씨족말살 정책이
시행되었다. 그 결과 백제의 왕성인 부여씨(扶餘氏)들은 모두 개성을 해야만
했다. 백도백과에 따르면 백제가 멸망한 이후 의자왕의 아들 부여융은 서
씨로 개성한 것으로 보인다. 부여융 스스로가 개성을 한 것인지는 분명치

않으나 여씨들이 원래의 서씨로 개성하여 부여융을 서여융(徐余隆)으로 불렀다는 것이다. 이에 대해 백도백과에서는 당 왕조 시기에 백제왕자 부여융이 서씨로 개성했다고 적고 있다.

서씨의 대종인 이천 서씨는 원래 경기도 이천시를 본관으로 하는데, 이천 서씨 중 가장 많은 수가 전라남도와 광주시에 살고 있다. 백제 왕성인 여씨(=서씨)들은 발족, 즉 박씨들과 함께 나주 반남의 마한 진왕실을 이루고 있었다. 공주나 부여가 마한의 지원이 없이는 자립할 수 없었다는 것은 현재의 지형지세만 보더라도 충분히 이해할 수 있다. 마한 월지족이 이동하면서 부여 세력의 다른 한 축을 담당했던 여씨 또는 서씨도 박씨와 함께 이동하여 진조(辰朝), 즉 마한백제의 진왕실을 구성하고 있었던 것이다. 이들은 중원의 대방고지에서 건국된 구태백제가 고마(固麻){공주}로 이주하면서 백제 왕실의 왕성이 된다. 부여씨 왕들이 바로 이들이다.

이들 부여 세력은 원래 은나라를 떠받치던 핵심세력이었다. 은나라가 멸망하면서 그 유민들은 상당수가 부여로 결집한다. 동북은 은(殷)나라 유민들로 가득찼고, 이들이 여러 나라를 세운다. 고조선이 그러했듯이 이들은 연방 국가 형태로 다양한 세력들을 포용한 것으로 분석된다. 이 중 가장 큰 나라였던 부여국은 발(番) 세력과 여씨 세력의 연합을 통해 건국되었다. 색리국(索離國)을 탈출한 동명이 세운 부여국에는 발(番)세력만이 아니라 조이족 중 하나인 서이(徐夷)가 주축 세력을 이루고 있었다. 이들은 은나라가 망한 직후 동북으로 이동하여 부여국을 건국하는 데 앞장섰다. 그런데 발(番)세력과 서세력의 결합인 번서(番+徐)가 왜 부여로 표현되었을까? 번은 부(夫)와 음으로 통한다. 그리고 서씨는 여씨로 표현되었다. 중원에서 서(徐)와 여(余)는 같은 자손인 것으로 파악되고 있다.

백도백과의 검색 결과에 따르면 "당시에 여(余)진괴의 네 아들의 갈래는 네 성이었는데, 대만의 『여서도사유씨족보(余徐涂佘俞氏族谱)』에 따르면 하비 여씨(下邳余氏) 시조는 장남 여정녕(余靖宁), 동해 서씨(东海徐氏)는 차남 여경녕(余景宁), 남창 도씨(南昌涂氏)는 3남 여단녕(余端宁), 신정 사씨(新郑佘氏)는 4자 여기녕(余起宁)이라고 전해진다.”고 한다. 즉 여씨와 서씨는 같은 뿌리에 기원을 두고 있었던 것이다.

이에 따라 중국 사서에서는 부여 왕조 관련 기사를 기록할 때 여(余)와 서(徐)를 동일한 것으로 보아 서로 호환하여 사용했다. 예를 들어 『진서』「모용수편」에는 아래와 같이 서암(徐巖)이 반란을 일으켰다고 기록하고 있으나, 같은 사건에 대해 『자치통감』에서는 서(徐)를 여(餘)로 바꾸어 여암(餘巖)으로 표기하고 있다. 그리고 모용위가 기록한 서울(徐蔚)에 대해서도 『자치통감』에서는 여울(餘蔚)로 기록하였다.

다음으로, 이천(利川) 서씨 대종회[31]에서는 서씨의 유래 시조가 여수기(余守己)라고 하는데, 그 내력은 다음과 같다.

전해오기를 여수기라는 분이 단군을 더불어 예국(濊國)의 추장되어 있으면서 아홉 아들을 낳았는데 이들이 여러 고을의 장(長)으로 나누어져 있을 때 중민(衆民)을 도와서 공(功)이 많았으므로 ‘여(余)’ 자에 두인변[彳]{ … 두 사람, 즉 사람이라는 뜻}을 붙여서 서(徐)로 하여 성으로 내리셨다고 한다.
이천 서씨 공도공파 2005년 계유보(癸酉譜)

씨성에 대한 본격적 연구를 개시한 김성호(2000년)도 서씨 족보의 주장이 타당성을 갖는다고 지적한 바 있다. 필자가 보기에 서씨는 동북으로 이주

---

31 https://cafe.daum.net/2000seoga/Flye/1

하면서 여씨로서 부여 건국에 결정적 역할을 수행하였고, 백제 여씨 왕조를 이어오다가 백제가 멸망한 후 신라의 씨성 탄압을 피해 생존을 위한 방편으로 서씨로 환원한 것으로 파악된다. 필자가 직접 방문한 나주 철야현(봉황면)을 비롯한 남평 지역과 영암, 화순 및 무안, 진도 일원에 이천 서씨들의 집성촌이 있다.

사서에서 부여라는 명칭은 『사기』 「화식열전」에 "북쪽으로는 오환 및 부여와 이웃하고 있고(北鄰烏桓, 夫餘)"라고 해서 연나라의 북부에 있는 나라로 소개된다. 이러한 부여족은 발(번, 불)과 여(餘, 余)의 결합으로 이루어진 것이다. 여기서 여는 은나라 멸망 직후 은민육족으로 등장하는 서(徐)씨를 가리킨다. 서씨는 여씨의 후손으로 그 계통이 같아서 고대 시대에 여와 서는 서로 바꾸어 사용되기도 하였다.

서이(徐夷)는 색족(索族)과 함께 은나라를 지탱하던 은민육족 중 하나였다. 이들은 은나라가 멸망한 이후 주나라와 비타협적 갈등을 거듭하다가 주공단에게 패배하여 "이민(移民)"이라는 처벌을 받아 산동에서 동북으로 이주하였다. 『원화성찬』의 기록에 따르면, 색국은 원래 은나라를 지탱하던 핵심 7대 공족 중 하나로서 하남 정주 형양(滎陽)시 경내에 위치하고 있었는데, 주나라에 패하면서 주축 세력들이 노나라로 강제 사민당할 위기에 처하자 대규모 이주를 감행했다.[32] 그리고 서씨들 중 일부도 동북으로 강제 이주당했고, 엄국도 강제 사민당했다. 이 과정에서 색씨와 서씨는 북부로 이동하여 부여국을 건설하는 데 앞장서게 된다. 부여의 부는 번족(番族)이고 여(余)

---

[32] 『논어』 「자한편」에는 "공자가 구이(九夷) 땅에 살고 싶어 한다."고 했다. 소(疏)에 이르기를 "동쪽에 구이가 있는데, 하나는 현토(玄菟)이고, 둘은 낙랑(樂浪)이며, 셋은 고려(高驪), 넷은 만식(滿飾), 다섯은 부유(鳧臾), 여섯은 색가(索家), 일곱은 동도(東屠), 여덟은 왜인(倭人), 아홉은 천비(天鄙)이다."라고 했다. 여기서 여섯 번째로 나오는 색가는 바로 색국을 가리키는 것으로 해석된다.

는 서(徐族)을 가리킨다. 『상서』 「주서」 '주관'에 대해 공안국이 다음과 같이 주석했다.

> 바다 동쪽의 여러 동이족들은 구려, 부여 간맥에 속했다. 무왕이 상나
> 라를 멸망시켰을 때 모두 그 길로 통했다.
> 海東諸夷駒麗扶余馯貊之属 武王克商皆通道焉

이는 무왕 때 부여족이 이미 동북에 존재했음을 설명해준다. 주나라 초기에 번(番)과 서(徐) 양족이 부여족의 새로운 세력으로 재편되었다. 이것이 바로 훗날 역사책에 나오는 부여족이다. 『삼국지』 「위서」 '부여'조에는 "그 나라의 노인들은 자기네들이 옛날에 망한 나라의 사람이라고 말하였다.[國 之耆老自說古之亡人]"고 하는데, 위의 『상서』 「무성」 '공씨'조의 기록과 연결시켜 해석하면 부여인들은 상나라의 후손 또는 상나라를 뒷받침하던 동이족들이 주축을 이루었다는 것을 알 수 있다. 부여의 성립은 주나라의 건국 초기의 정세와 밀접한 연관이 있다.

은나라가 멸망한 이후 주공단은 은상 유민을 주왕실과 거리가 가깝지 않고 반란이 일어나지 않도록 산동성 일대로 이주시켰다. 이에 대해 『춘추좌전』 「정공 4년」(서기전 506년)에는 다음과 같은 기록이 등장한다.

> 당시 주공단의 아들인 백금(佰禽)을 노공(魯公)에 봉하면서 대로와 발
> 위에 교룡을 그린 깃발인 대기(大旗), 하후씨의 황옥, 봉보(封父) 나라의
> 명궁인 번약, 조(條)씨·서(徐)씨·소(蕭)씨·색(索)씨·장작(長勺)씨·미작(尾
> 勺)씨 등 은민육족을 나누어 주었다. … 상엄(商奄) 나라가 다스리던 백
> 성을 안무하고 백금을 시켜 그들을 훈계한 후 소호씨의 옛터인 소호지

허(少暭之虛)에 봉했다.

分魯公以大路大旂, 夏后氏之璜, 封父之繁弱, 殷民六族, 條氏·徐氏·蕭氏·索氏·長勺氏·尾勺氏 … 因商奄之民, 命以佰禽, 以封於少暭之虛

주공단은 주왕실을 좌지우지하면서 봉건국을 나누어 주었는데, 자신의 아들인 백금을 노(魯)나라에 봉하였을 뿐만 아니라, 산동성 곡부의 소호지허에도 봉하였다. 이때 은을 지탱하던 은민육족과 상엄의 백성들을 백금에게 나누어 주었다. 은민육족에는 서씨(徐氏)와 색씨(索氏)가 포함되어 있었는데 서씨는 서융으로서 주공의 식민화 정책에 반발하여 끝까지 대항하게 된다. 그리고 색씨는 부여 동명왕이 도망쳐 온 색리국(索離國)[33]과 같아서 서씨와 색씨가 동북으로 도망쳐 강대한 부여국을 건국하게 된 사정을 파악할 수 있게 해준다.

『춘추좌전』「소공 9년」에는 "무왕 때에 이르러 상나라에 승리하여 포고(蒲姑)와 상엄(商奄) 땅을 우리 주나라의 동쪽 땅으로 삼았다. 파(巴)와 복(濮), 초나라의 등(鄧)이 우리 주나라의 남쪽 땅이 되었다. 숙신과 연, 박은 우리 주나라의 북쪽 땅이 되었다(及武王克商, 蒲姑商奄吾東土也, 巴濮楚鄧吾南土也 肅慎燕亳吾北土也)."는 기사가 나온다. 포고는 박고(亳姑)로서 산동성 박흥현 동북쪽으로 비정된다. 주무왕 시기에 상나라를 지원하던 동이족에 대한 대대적인 정벌을 단행한 것이다.

그런데 『사기』「관채세가」에 따르면, 주무왕이 죽고 어린 성왕이 즉위하

33 색리국(索離國)은 색국을 떠난 사람들을 의미한다고 볼 수 있다. 색국(索國)은 은상을 뒷받침한 은민육족 중 하나로서 하남 정주 형양시에 위치하고 있었다. 백도백과에 따르면 갑골문에 상왕이 색의 땅에서 사냥해도 무탈하다는 내용이 등장한다. 동명왕이 색리국을 떠나 부여를 건국한 것은 초나라를 떠난 사람들이 초리국(楚離國)을 건국한 사례와 유사해 보인다.

자 숙부인 주공단이 섭정을 하게 되었는데, 관숙과 채숙은 주공을 의심하여 무경과 함께 반란을 일으킨다. 소위 삼감의 난 또는 관채의 난이 바로 그것이다. 여기에는 동이족의 주축을 이루던 회이(淮夷)와 서융(徐戎)도 가담했다. 『사기』 「주본기」에서는 주공이 사(師)에 임명되어 "동쪽으로 회이를 정벌하고 엄(奄)을 멸한 후 그 군주를 박고(蒲姑)로 옮겨 살게 했다(東伐淮夷, 殘奄, 遷其君蒲姑)."고 했다. 그런데 사태가 여기서 그친 것이 아니다. 청동기 『학방정(學方鼎)』에는 주공이 "동이와 풍백과 박고를 정벌하여 모두 멸망시켰다"(征伐東尸[夷], 酆白[伯], 薄古[姑], 咸[戔或戩])고 한다.

이상과 같은 일련의 동이족 정벌에 대해 당가홍(2011: 281~282)은 "박고가 멸망하자 일부 남은 민족은 동북으로 달아나 자신을 '부여(扶餘)'라고 일컬으며 예인(濊人)[시위(豕韋)의 후예]을 통치하였다."고 주장했다. 회이 중 가장 강성했던 서이(徐夷)의 일부가 동북으로 이동하여 부여 건국에 참여했다는 것이다. 이와 관련하여 당가홍은 포고(蒲姑)는 부고(薄古), 반고(盤古), 반호(盤瓠)와 같이 모두 부여(扶餘)로 쓰인 것이라고 주장했다(2011: 280). 박고도 물론 부여를 표현한 것이라고 할 수 있다. 부사년과 당가홍의 주장을 요약하면 산동의 박고가 주공에게 공격을 받아 동북으로 이주하여 부여족이 되었다는 것이다.

이들의 주장에 따른다면, 회이 중 가장 강력한 서이(徐夷) 또는 서융(徐戎)으로 불리우던 서(徐)씨족이 동북으로 이주하여 부여족이 된 것이다. 서씨족은 하나라에서 주나라 때까지 지금의 회하(淮河) 중·하류[지금의 강소 서북부와 안휘 동북부]에 분포하고 있었다. 주나라 초기에 지금의 강소 사홍(江蘇泗洪) 일대를 중심으로 서국(徐國)이 건립되어 있었는데 동이 중에서 가장 강력하였다.

서국은 서기전 2170년, 우임금의 아들인 하계가 백익을 살해하고 백익의 차남 약목을 서(徐){지금의 비주(邳州) 담성(郯城)}에 봉하면서 탄생하였다. 하나라 시기 서약목(徐若木)이 서씨들의 득성 시조이다. 서씨는 영성(嬴姓)에서 출자한 성씨이다. 서씨 인구는 2천만 명으로 대륙 백가성 중 11위에 해당한다. 서씨의 군망은 동해군(東海郡){치소는 산동 담(郯)}, 낭야군(琅邪郡), 복양군(濮阳郡){하남복양현}, 고평군(高平郡){산동 금향(金鄉)}, 동완군(東宛郡){산동 거현} 등이다.

백익의 아들 영약목(嬴若木)을 서국에 봉하면서 서약목이라 했다. 『원화성찬』과 『통지』 「씨족략」에 기록된 바에 따르면, 백익(伯益)이 우임금의 치수에 공로가 있어 순임금이 백익의 아들을 서국{지금의 산동 남부 담성 일대}에 봉했다고 한다. 『통지』 「씨족략 2권」에는 "서씨는 자작이고 영성이며, 고요의 후손이다. 고요가 백익을 낳았고 우임금을 보좌한 공이 있어 아들 약목(若木)을 서(徐)에 봉하여 지금의 서성현(徐城縣) 북쪽에서 30년 동안 지냈다. 서성은 강소성 임회(臨淮)에 합쳐졌고, 현재의 사주(泗州) 임회에 서성이 있다. 약목에서 서언왕까지 32세에 이르러 주나라에 멸망당했다가 자종을 서나라에 다시 봉하였다. 자종의 11세손 장우는 소왕 30년 오나라에 멸망당하고, 자손들은 나라를 씨로 삼았다.[徐氏 子爵 嬴姓 皋陶之後也。皋陶生伯益 佐禹有功 封其子若木于徐 在今徐城縣北三十年。徐城竝入臨淮 今泗州臨淮有徐城。自若木至偃王三十二世 爲周所滅 復封其子宗爲徐。子宗十一世孫章羽 昭三十年爲吳所滅 子孫以國爲氏]"라고 기록되어 있다.

서씨는 은나라를 지지하던 은민육족(殷民六族) 중 하나이기도 하다. 주나라 초기 주공의 장남 백금(伯禽)이 노(魯)나라에 봉해지면서 은민육족을 나누어 주었다고 한다. 그중에 서씨가 포함되어 있다. 그런데 서씨는 주나라와의 치열한 패권경쟁을 벌이다가 주공에게 정벌당하여 일부 세력이 동북으로 이주하였으나 주력은 끝까지 주나라와 경합하였다. 그 결과 주목왕(周穆王, 서기전 1001년~947년) 시기에 회대 지역에 남아 있던 서국의 서언왕(徐

偃王)이 인의를 행하여 민심을 얻어냄으로써 주나라와 병립하는 동이 최고의 강대국을 건국하였으며, 주위 36개국에서 조공을 보냈다고 한다. 이와 관련하여 『후한서』「동이전」'서문'에는 다음과 같은 기록이 나타난다.

그 후에 서이(徐夷)가 참람되이 왕호(王號)를 칭하며 구이를 거느리고 종주(宗周)를 쳐서 서쪽으로 황하의 상류에까지 이르렀다. 목왕(穆王)은 그 세력이 한창 떨침을 두려워하여 동방 제후를 분리시켜 서언왕에게 명하여 다스리게 하였다. 언왕은 황지 동쪽에 살았는데 국토가 500리였으며, 인의를 행하니 육로로 와서 조회하는 나라가 36국이나 되었다. 목왕이 후에 적기·록이 등의 말을 얻어서 조보로 하여금 그 말을 몰고 초나라에 알려서 서국을 치게 하니, [조보는] 하룻만에 [초나라에] 도착하였다. 이에 초문왕이 대병을 일으켜 서국을 멸망시켰다.
後徐夷僭號 乃率九夷以伐宗周 西至河上 穆王畏其方熾 乃分東方諸侯 命徐偃王主之 偃王處潢池東 地方五百里 行仁義 陸地而朝者三十有六國 穆王後得驥騄之乘繆 乃使造父御以告楚 令伐徐 一日而至 於是楚文王大擧兵而滅之

서언왕은 서기전 963년 주목왕이 초나라 병력을 일으켜 정벌하려고 하자 같은 동이족과 싸울 수 없다는 어진 마음에 나라를 버리고 서산으로 올라갔고, 어디론가 멀리 떠났다고 한다. 서언왕은 차마 동족상잔을 하지 못해 나라를 떠나 팽성(彭城){지금의 강소성 서주(徐州)} 일대의 산으로 떠났는데, 수만 명의 백성들이 그 뒤를 따랐다고 한다. 위나라의 조조는 서언왕이 붓의 힘에만 의지해 유약하게 처신함으로써 패망했다고 평가했다. 그런데 『자치통감』의 기록에 따르면 조조는 193년 자신의 부친 살해에 대한 보복으로 무고한 서주(徐州) 백성들을 대량학살했다. 그 결과 아버지와 아들을 잃은 서주 백성들이 조조를 철천지 원수로 여겨 조조는 산동성 지역으로는 얼씬거리지도 못할 정도였다고 한다. 이에 대해 『자치통감』은 다음과 같이 기록하고 있다.

> 전에 서주를 토벌하면서 위엄과 형벌을 실행하여 아들과 아우들은 아버지와 형들이 받은 수치를 생각할 터이니 반드시 사람들은 자발적으로 지키며 항복할 마음이 없을 것이므로 가서 그들을 격파한다 해도 오히려 소유할 수 없습니다.
> 前討徐州 威罰實行, 其子弟念父兄之恥, 必人自為守, 無降心, 就能破之, 尚不可有也

그 결과 사실상 요동 지역과 산동 지역 등은 중원으로부터 독립적인 상황으로 변해버린 것으로 분석된다. 서나라는 서기전 512년 겨울, 오나라에 의해 멸망되었다. 그런데 서언왕 이전에 주나라 성왕에게 패배한 서융(徐戎)이 이미 동북으로 북상하여 부여국을 건국함으로써 서국의 역사는 상당 기간 동안 이원적으로 운영된 것으로 분석된다. 부여의 역사는 『후한서』나 『삼국지』「부여조」이전에는 체계적으로 정리되어 있지 않기 때문에 여러 사서에서 그 편린들을 취해서 이해할 수밖에 없는데, 부여족의 최초 왕은 색리국을 탈출한 동명(東明)인 것으로 나온다. 상나라를 계승한 부여족은 난생신화를 신봉하였는데, 그것은 상나라의 주축 세력과 서이(徐夷)가 바로 조이 중 하나였기 때문이다.

『사기』「은본기」에 따르면 은의 시조 설(契)의 어머니 간적(簡狄)은 제비 알을 받아 삼켜 잉태하여 설을 낳았다. 『후한서』에 따르면 동명왕은 그 어미가 "지난 번 하늘에 크기가 달걀만한 기(氣)가 있어 저에게로 떨어져 내려오는 것을 보았는데, 그대로 임신이 되었습니다.[前見天上有氣 大如雞子 來降我 因以有身]"라고 하여 알과의 감응을 통해서 탄생하였다. 서국(徐國)의 서언왕은 알에서 직접 탄생하였다. 부여에서 자라던 주몽도 알에서 태어난다. 신라의 시조 박혁거세도 알에서 태어났다.

　이러한 난생설화는 이들이 새토템을 숭상한 조이족과 밀접하게 연관되어 있다는 사실을 보여준다. 설화의 모티브가 모두 새의 알에서 비롯되고 있는 것이다. 이에 따라 은나라와 서나라, 부여(백제), 더 나아가 고구려, 신라까지 모두 새토템 또는 난생사화로 서로 연결된 조이족들이라는 것을 알 수 있다.

19/ 석씨石氏

우리나라 석(石)씨는 2015년 통계청 인구 조사에서 4만9천 명으로 조사되었다. 충주 석씨가 4만2천 명으로 사실상 단일본이다. 충주 석씨(忠州石氏)의 시조는 고려 명종때 상장군 석린(石隣)이다. 석린은 조위총(趙位寵)의 반란을 평정하는 데 공을 세워 상장군에 오르고 동서북면 병마사가 되어 예성군(藥城君)에 봉해졌다. 마한의 55개국 중 대석색국과 소석색국이 있는데, 이들 두나라는 석씨와 색씨(사카족)가 연합한 나라로 분석된다.

중원의 석씨는 2010년 기준 인구수 420만 명으로 백가성 63위의 성씨이다. 석씨는 희성(姬姓)에서 출자했다. 춘추시기 강숙(康叔)의 6세손 위정백(衛靖伯)의 손자 공석작(公石碏) 또는 석작(石碏)의 이름을 따서 성씨로 삼았다. 위나라 환공 시기(서기전 734년~719년)의 충신이다. 춘추시기에 위장공이 애첩에게서 얻은 아들 주우(州吁)를 애지중지하는 바람에 주우가 너무 방종했다. 이에 대해 『춘추좌전』「노은공 3년」(서기전 720년)에 다음과 같이 석작의 간언이 길게 기록되어 있다.

> 위나라의 대부 석작이 위장공에게 간했다. "신이 듣건대, '아들을 사랑하되 바른 도리로 가르쳐 사악한 길로 들지 않게 한다'고 했습니다. 교만하고 사치하며 욕심많고 방종한 교사음일(驕奢淫逸)은 스스로 사악한 길로 접어드는 것입니다. …" 그러나 위장공은 이를 듣지 않았다. 석작은 아들 석후(石厚)에게 주우와 놀지 못하게 했으나 석후가 듣지 않았다. 위환공이 보위에 오를 때 석작은 이미 늙어 벼슬에서 물러났다.

石碏諫曰 "臣聞愛子 教之以義方 弗納於邪 驕奢淫佚 所自邪也...弗
聽 其子厚與州吁遊 禁之 不可 桓公立 乃老

『원화성찬(元和姓撰)』과 『춘추공자보(春秋公子譜)』 등의 기록에 따르면, 춘추
시대 강숙(康淑)의 6세손 위정백(衛靖伯)의 손자 공석작(公石碏) 또는 석작(石
碏)은 위나라의 현신(賢臣)으로 위국(衛國)에 큰 공을 세웠으며, 위(衛)나라의
대부가 되었다고 한다. 『춘추좌전』 「노은공 4년」(서기전 719년)에 따르면 주
우는 형인 주환공을 시해하고 보위에 올랐다. 그러나 주우는 백성들과 도
저히 화합하지 못하고 임금 자리가 위태로워졌다. 그러자 석작의 아들 석
후가 주우의 군위를 안정시킬 방법을 묻자 석작은 진(陳)환공에게 방도를
물으라 했다. 주우와 석후가 진나라로 떠나자 석작은 은밀히 사자를 진나
라에 보내 두 사람이 위나라 군주를 시해한 자들이니 곧바로 죽여달라고
청했다. 이에 대해 군자들이 다음과 같이 평했다고 한다.

"석작은 진실한 신하이다. 주우를 미워해 자신의 아들 석후도 함께 죽
게 했다. 대의를 위해 육친을 돌보지 않는 이른바 대의멸친(大義滅親)이
이를 두고 하는 말인가?"
"石碏 純臣也 惡州吁而厚與焉 大義滅親 其是之谓乎！"

석후(石厚)의 아들이자 석작의 손자인 태중(駘仲)이 이후 조부의 자(字) 석
(石)을 성씨로 삼았다.
석씨는 자성(子姓)에서도 출자한 성씨이다. 춘추시기 송나라의 공자 단(段)
이 선조의 이름을 성씨로 삼았다. 『춘추공자보』에 따르면 춘추시기 송나라
공자 단의 자는 자석(子石)이다. 본래 송평공의 둘째 아들로서 그의 후대가

선조의 자를 성씨로 삼아 석씨라 하였다. 대대로 이어져 지금에 이르고 있다. 원래 상구(商丘) 석씨이다.

　석씨는 영성(嬴姓)에서 출자한 성씨이기도 하다. 춘추시대 진(秦)나라에 석작씨(石作氏)가 있었다. 석작씨는 진나라 초기의 귀족 세가(世家)로서 복성이었다. 원래 진읍(秦邑){지금의 감숙 천수}에 살았다. 춘추 말기에 이르러 공자의 제자 중에 석작촉(石作蜀)이라는 사람이 있었는데, 『공자가어(孔子家語)』에서는 석자촉(石子蜀)이라고 불렀다. 석작촉의 자는 자명이고, 호는 탁자이다. 기{지금의 감숙 천수 감곡} 사람으로 석작촉의 옛 고장에 원래 돌무덤이 있었다. 석작촉의 후손 중에 선조의 성씨를 간소화하여 석씨라 하였다.

　석씨는 소무9성(昭武九姓) 중 하나이다. 서역의 석국{현재의 우즈벡 타슈켄트 일대} 사람들이 중원으로 이주하여 '석'을 씨로 삼았다. 석국은 서역의 옛 나라로 소무구국 중 하나이다. 석국은 중앙아시아에 있었으며 우즈베키스탄의 수도인 타슈켄트(Tashkent)에 소무9성이 있었는데, 그 중 하나였다. 『북사』「서역조」에는 석국(石國)에 대해 다음과 같이 기록하고 있다.

　　석국(石國)은 약살수(藥殺水) 가에 위치해 있고 도성은 사방 10여 리이다. 그 왕의 성은 석(石)이고 이름은 열(湦)이다. 도성의 동남쪽에 건물을 지어 그 안에 왕좌를 두었다. 정월 6일이 되면 태우고 남은 국왕 부모의 뼈를 금항아리 안에 담아 탁자 위에 놓아둔다. 그리고 순행하면서 향기나는 꽃과 여러 과일들을 뿌리고, 왕은 신하들을 이끌고 제사를 드린다. 의식이 끝나면 왕은 부인과 함께 별도로 마련된 천막으로 가고, 신하들은 서열에 따라 착석하여, 향연을 벌인 후 파한다. 조와 밀이 있고 좋은 말이 많이 난다. 그 풍습을 보면 싸움을 잘한다. 일찍이 돌궐에 반기를 들어 사궤가한(射匱可汗)이 그들을 멸망시키고, 특근

전직(特勤甸職)으로 하여금 그 나라의 사무를 섭정하도록 명하였다. 남쪽으로 발한(鐵汗)과 600리 떨어져 있고, 동남으로 과주와는 6,000리 떨어져 있다.

石國 居於藥殺水 都城方十餘里 其王姓石名涅 國城東南立屋 置座於中 正月六日 以王父母燒餘之骨 金甕盛置床上 巡遶而行 散以花香雜果 王率臣下設祭焉 禮終 王與夫人出就別帳 臣下以次列坐 享宴而罷 有粟 麥 多良馬 其俗善戰 曾貳於突厥 射寘可汗滅之 令特勤甸職攝其國事 南去鐵汗六百里 東南去瓜州六千里

석국은 당나라의 고승이 인도에 갈 때 반드시 거쳐가야만 했던 곳이다. 현장법사가 인도에 가서 경을 구해올 때에도 자시국, 즉 석국을 경유했다. 『대당서역기』「권1」에는 "자시국(赭時國) 둘레는 천여 리이다. … 서쪽은 협하(叶河)에 접하고, 돌궐(突厥)에 복속해있다.[赭時國周千餘里. … 西臨叶河 役屬突厥]"라고 기록되어 있다. 사마르칸트에서 7백여 리 떨어져 있다.

5호 16국 시대에 중원에 후조(後趙)를 건국한 석륵(石勒)이 있다. 그는 서역인으로 섬서성 상당군 출신이다. 아버지는 석주갈주(石周曷碌)라고 한다. 중국 드라마에서는 전형적인 서역인의 모습으로 등장한다. 석륵은 산동성에서 노예살이를 했으나 팔왕의 난으로 서진이 붕괴해갈 즈음에 흉노족 유연의 대열에 합류하여 서진을 멸망시키는데 결정적 역할을 하였다. 이후 흉노족과 결별하고 마침내 후조의 황제 자리에 오르게 된다. 석륵은 석국의 후손으로 분석되고 있다.

석씨의 군망은 무위군(武威郡), 발해군(渤海郡), 평원군(平原郡), 상당군(上党郡), 하남군(河南郡) 등이다. 무위군은 전한 원수(元狩) 2년(서기전 121년)에 흉노 휴도왕의 지역에 설치한 군이다. 치소가 무위{지금의 민근}에 있었다. 량주(涼

州)의 주부가 있었던 곳이다. 역사적으로 '서량(西凉)', '고장(姑臧)'이라고 불렀다. 발해군은 전한 때 거록(巨鹿), 상곡(上谷) 땅에서 발해군이 분리돼 치소가 부양(浮陽){지금의 하북성 창주 동관}으로 지금의 하북성, 요녕성 사이의 발해만 일대였다. 평원군(平原郡)은 전한 고조 때인 서기전 206년에 설치되었으며, 치소는 지금의 산동성 평원현 서남쪽에 있다. 관할 구역은 지금의 산동성 평원, 능현, 우성, 제하, 임읍, 상하, 혜민, 양신 등지에 해당한다. 동한 이후로는 나라가 되거나 군이 되었다. 북위 시기에는 폐지되었다. 수당 시대에는 덕주를 평원군으로 하였으며, 안덕{지금의 산동성 능현(陵縣)}을 치소로 하고 있었다. 상당군(上黨郡)은 전국시대 한국(韓國)이 설치한 군이다. 진나라가 한국을 멸망시킨 후 그대로 계승하였는데, 치소는 호관(壺關){지금의 산서성 장치현}이었다. 하남군(河南郡)은 전한 고종 2년{서기전 205년}에 설치되었고 치소는 지금의 하남 낙양에 있었다. 황하 남부 낙수(洛水), 이수(伊水) 하류에 해당한다. 지금의 하남성 맹진(孟津), 언사(偃師), 공의(鞏義), 형양(滎陽), 원양(原陽), 중모(中牟), 정주(鄭州), 신정(新鄭) 등이 이에 속했다.

20/ 설씨薛氏

　우리나라 설(薛)씨는 2015년 대한민국 통계청 인구 조사에서 4만3천 명으로 조사되었다. 전라북도 순창 설씨(淳昌 薛氏)가 3만6천 명이고 그 다음으로 경주 설씨가 3천 명이다. 사실상 순창 설씨 단일본인데, 시조는 박혁거세의 탄생설화에 나오는 6부 촌장 중 한 사람인 설거백(薛居伯)으로 삼고 있다. 『삼국사기』「신라본기」에는 유리왕이 설씨 성을 사여했다고 나온다.

　9년(32) 봄에 6부(六部)의 이름을 바꾸고, 성씨(姓氏)를 사여하였다. …
　명활부(明活部)는 습비부(習比部)라 하고 성을 설(薛)로 하였다.
　九年 春 改六部之名 仍賜姓 … 明活部爲習比部 姓薛

　설씨를 비롯한 6부의 성씨를 유리왕이 사여했다는 것은 믿을 수 없다. 이씨, 최씨도 모두 신라 왕조와 연결시켜 놓았는데, 신라가 생기기 전부터 여러 성씨들이 이미 존재하고 있었다. 설씨도 신라 설씨로 나오는데, 본관은 전북 순창이 압도적으로 많아 설씨의 기원을 추적할 필요성이 있다. 순창 설씨의 족보에는 시조를 설거백으로 받들고 있으며, 경주를 본관으로 세계를 이어오다가 36세손 설자승(薛子升)이 고려 인종 때 순화백(淳和伯)에 봉해지자 본관을 순창으로 분관하여 옮겼다고 한다.
　중원의 설씨는 임성(任姓), 규성(嬀姓) 등에서 비롯된 성씨이다. 설씨의 기원 중 첫째는 임성(任姓)에서 출자한 것이다. 황제(黃帝)의 어린 아들 우양(禹陽)이 전욱 임금 시기에 임(任)에 봉해졌다. 봉지의 이름을 따서 성씨로 삼았다. 설씨의 선조는 고대 임성 부락에서 나왔다고 한다. 고대 임성은 태호복희의 후손이며, 황제의 후손이기도 하다. 『통지』「씨족략」에는 "혹자는 황제의 스물 다섯 명의 아들 중 열두 명이 성씨를 받았는데, 그 중 한 아들이 임씨라고 했다. 6세가 지난 후 해중이 설에 봉해졌다. 또 말하길 황제의 손자인 전욱의 작은 아들 자양을 임에 봉해 임씨가 되었다고 한다. 또 임은 풍(風)씨의 나라가 되었고, 실제로 태호(太皡)의 후손이며, 제수(濟水)의 제사를 주재하였다. 지금의 제주(濟州) 임성(任城)이 그 땅이다. 임씨의 임과 임국의 임씨 자손은 모두 임을 성씨로 삼았다.[或云黃帝二十五子 十二人以德爲姓 一爲任氏 六世至奚仲封薛 又云黃帝之孫顓頊少子陽封于任 故以爲任氏 又任爲風姓之國 實太皡之後 主濟祀 今濟州任城即其地 任姓之任 任國之任子孫 皆以任爲氏]"고 기록하고 있다.

또한 『원화성찬』, 『신당서』「재상세계표」, 『통지』「씨족략」 등에 기록되기를 황제의 25명의 아들 중 성씨를 받은 이가 12명인데, 그 중 우양이 임(任){지금의 산동 제녕 임성}에 봉해져 임후(任侯)가 되었다고 한다. 우양의 손자(孫子)가 읍의 이름을 씨로 삼아 임씨라 하였다. 그 후 임씨는 날로 번창하였는데, 『춘추좌전』「노은공 11년」(서기전 712년)에 다음과 같이 기록되어 있다.

{노은공} 11년 봄 등(滕)나라 군주 등후와 설(薛)나라 군주 설후가 찾아와 서로 상석을 다투었다. 설후가 말했다. "우리가 먼저 제후로 봉해졌소." 등후가 말하길, "우리 선조는 주왕실에서 점복을 치는 복정(卜正)이었소. 설나라는 방계 성씨이니 내가 뒤에 앉을 수 없소." 노은공은 우보를 시켜 설후에게 말하길, "군주와 등후가 과인을 찾아왔소. 주나라 속담에 '산에 나무가 있어 공장이 그것을 헤아려 쓸 바를 정하고, 손님이 예를 갖추면 주인은 그에 합당하게 손님을 맞는다'고 했소. 주왕실이 방계 성씨는 뒤로 했소. 만일 과인이 설나라를 찾아가면 감

히 설후로 상징되는 여러 임씨들과 자리 다툼을 하지 않을 것이오. 군
주께서 과인에게 후의를 보이려면 등후에게 상석을 주기를 청하오."
설후가 이를 받아 들여 등후가 상석을 차지했다.

十一年春 滕侯薛侯來朝 爭長 薛侯曰 "我先封" 滕侯曰 "我周之卜正
也 薛庶姓也 我不可以後之" 公使羽父請於薛侯曰 "君與滕君 辱在
寡人 周諺有之曰 '山有木 工則度之 賓有禮 主則擇之' 周之宗盟 異
姓爲後 寡人若朝于薛 不敢與諸任齒 君若辱貺寡人 則願以滕君爲
請" 薛侯許之 乃長滕侯

노은공은 여러 임씨 봉국 세력들과 감히 논쟁을 하기도 어렵다면서 노나
라에 왔으니 설나라 군주에게 자리를 양보해줄 것을 요청한 것이다. 『춘추
좌전』 「노은공 11년」(서기전 712년)에 대한 주석에는 "임(任), 사(謝), 장(章), 설
(薛), 서(舒), 여(呂), 축(祝), 종(終), 천(泉), 필(筆), 과(過) 등 10개의 나라는 모두
임씨이다.[任姓 謝 章 薛 舒呂 祝 終 泉 筆 過 言此十國皆任姓也]"라고 기록하고 있
다.

우양의 12세손 해중(奚仲)은 중원의 역사상 매우 유명한 인물로, 정교한
사고로 수레를 발명한 공로로 대우(大禹)로부터 수레를 관장하는 차정(車正)
관직에 임명되어 천하의 수레 관련 업무를 전문적으로 관리하였던 인물이
다. 해중은 수레의 창조자로서 후세인들로부터 숭앙받았다. 수레의 발명으
로 중원의 문명이 혁명적으로 발전하기 시작하였다. 이에 우임금은 해중을
설(薛){지금의 산동 등주(藤州)}에 봉하고 설후라 불렀다. 해중의 후손들은 봉지
의 이름을 성씨로 삼아 설씨라 하였다. 해중이 설씨의 득성 시조가 된 것이
다.

이후 해중은 한때 비(邳){지금의 산동 조장(枣庄) 설성관교진(薛城官橋鎮)}로 거처를

옮겼다. 설나라는 하·상·주 3대에 육십사대에 걸쳐 후손들이 나라를 이어왔다. 그 세계가 자세하게 기록되어 있는데, 이는 기록적인 역사로 평가된다. 전국 말기에 이르러 설나라가 약화되었는데, 그 후손들은 성을 설(薛)이라 하여 세계를 이어왔다. 『원화성찬』에는 "황제의 스물다섯 명의 아들 중 한 명이 임성인데, 예손인 해중이 설(薛)에 거주하였다. 중훼(仲虺)에 이르러 상탕의 좌상이 되었다. 대대로 후백이 되었는데, 총 64세에 달한다. 주나라 말기에 초나라에 멸망당하였다. 공자(公子) 등(登)이 초나라에 출사하였고, 초회왕은 패읍을 하사했다. 대부가 되어 나라 이름을 따서 성씨로 삼았다. 군망은 하남, 신채. 패국, 고평 등이다.[黃帝二十五子 一爲任姓 裔孫奚仲居薛 至仲虺爲湯左相 代爲侯伯 凡六十四世 周末为楚所灭 公子登仕楚 怀王赐沛邑 爲大夫 遂以國爲氏 望出河南 新蔡 沛国 高平]"라고 적고 있다. 『상서』「중훼지고(仲虺之誥)」에 따르면 중훼는 탕왕이 하나라 걸왕을 몰아내자 고(誥)를 지어 말하길, 하나라가 덕이 없어 백성들이 진흙과 숯불에 떨어지게 되어 탕왕이 하나라를 정벌할 수 있었다고 말했다. 여기서 도탄지고(塗炭之苦)라는 말이 유래했다.

설씨는 순임금의 후손으로 규(嬀)성에서도 기원한 성씨이다. 순임금의 후손이 진나라를 건국하고, 이후 전씨로 성씨를 바꾸어 제나라를 장악했다. 이때 우임금의 후손인 제나라 승상 전영(田嬰)을 설(薛) 땅에 봉하였다. 그 후손들이 설 땅의 이름을 성씨로 삼았다. 전영의 아들인 맹상군은 '전국시대 네 명의 공자' 중 한 사람으로 불리웠다. 전영은 설 땅에 봉해져 설공(薛公)이라 불리웠다. 진시황이 중원을 통일하면서 설나라는 멸망되었고, 설군(薛郡)이 설치되었다. 이에 자손들이 설씨를 성씨로 삼았다.

설씨의 득성시조는 해중(奚仲)이다. 그가 설나라를 분봉받아 설씨라 하였다. 해중은 황제의 아들 우양(禺陽)의 12세손이다. 후세들이 나라 이름을 성씨로 삼았다. 선진 시기에 설씨들은 강소성, 산동성, 안휘성, 하남성, 하북성 등지에서 활동하고 있었다. 설씨는 2021년 현재 672만 명으로 중원 48위의 대성이다. 주요 군망은 하동군(河東郡), 신채군(新蔡郡), 패군(沛郡), 고평군(高平郡) 등이다. 2022년 1월 현재 하남성에 가장 많은 설씨들이 살고 있다.

21/ 소씨蘇氏

우리나라 소씨는 2015년 통계청 인구조사 기준으로 인구수가 5만2천 명이다. 진주 소씨가 5만 명으로 단일본이다.

진주 소씨의 시조는 소알천(蘇閼川)이다. 알천은 사로국(斯盧國) 돌산고허촌(突山 高墟村)의 촌장 소벌도리(蘇伐都利)의 25세손이며, 아달라이사금(阿達羅抳師今)의 14세손이라고 한다. 1935년에 간행된 『진주소씨족보』나 『씨족원류』에는 고려 말기의 소희철(蘇希哲)이 시조로 되어 있다. 이후 문헌사적과 분묘 고증 등으로 상대등공 소경(蘇慶)을 시조로 바로잡았다.

한국에서 소씨의 인구수가 적은 편에 속하지만 중원에서는 2016년 기준 714만여 명으로 41위의 대성이다. 소씨(蘇氏)는 기성(己姓) 곤오족의 대표적 성씨이다. 『장자(莊子)』「내편(內篇)」 '6 대종사' 1-9 무위무형(無爲無形)에 곤륜(崑崙)과 견오(肩吾)가 등장한다. 여기서 견오는 곤오의 가차(假借)로 파악된다. 곤오는 하백(夏伯)으로 시위(豕韋)씨와 함께 하나라의 패자였다. 곤오는 곤륜산 일대에서 중원으로 진입한 오손족의 선조들이다. 곤오씨는 육종의 큰 아들로 축융족 기(己)씨의 시조이다. 기씨는 나중에 소(蘇)씨가 되었다.

소씨들은 주나라 시기 곤오(昆吾)의 후손들이다. 『원화성찬(元和姓纂)』과 『소순족보(蘇洵族譜)』 등에 따르면 전욱 고양 임금의 후손인 오회(吳回)가 제곡 고신의 화정(火正), 즉 불의 신 축융이었으며, 그가 육종을 낳았고, 육종이 번(樊)을 낳았다. 그리고 번이 곤오를 낳았다. 곤오씨는 하나라의 후백(侯伯)이었는데, 산서성 운성 일대에 곤오국을 세웠다가 하남성 복양 일대로 이주했다고 한다. 주무왕 대에 이르러서는 희성(姬姓)들을 제후로 임명했는데, 곤오의 후손 중 분생(昆生)이 소(蘇)에 봉해진 후 하남성 온(溫)으로 천도하였다. 소씨들은 소분생을 시조로 삼고 그의 봉지를 따라 소씨라 했다고 한다.

소씨의 득성시조는 곤오(昆吾)이다. 이름은 번(樊)이고 원래는 기성(己姓)이 었다. 축융 8족 중 하나이다. 곤오는 전욱의 후손인 육종(陸終)의 장자이다. 육종은 귀방(鬼方)의 여인을 아내로 맞이하여 여섯 명의 아들을 낳았는데, 모두에게 균등하게 봉국을 내렸다. 번은 처음 곤오{현재의 하남 허창, 이후 천도하여 하남성 복양}에 봉해졌다. 그리고 이후 다시 소(蘇)에 봉해졌다고 하는데, 일설에는 그 아들이 소에 봉해졌다고 한다.

하나라 걸왕 때 상탕(商湯)에 의해 멸망당했다. 상탕은 하왕조의 제후국인 온국을 토벌한 이후 유소씨들을 온국 도읍 온읍{초작시 온현}에 봉해 소국을 건국하게 했다. 상나라 시기에는 상의 제후국으로 소국(蘇國) 또는 유소국(有蘇國)이 건국되었다. 하남성 초작시 온현에 고대 유적지가 존재하는데, 이곳이 소씨의 발원지이다. 하나라 시기에는 온국(溫國)이 건국되어 있었다. 소씨들은 하나라를 뒷받침하다가 상나라에 멸망당했는데, 상나라 초기에 소씨들을 주축으로 소국이 재건된 것이다.

주나라 초에 소분생(蘇忿生)이 공을 세워 소국(蘇國)에 봉해졌다. 상나라 말기에 소분생을 필두로 유소씨는 주나라가 상나라의 주를 정벌하는 것을 도왔고, 그 공로로 12개 읍을 하사받아 소국을 확대 건국하였다. 그 도성은 온읍(溫邑){현재의 하남성 초작시 온현}이었다.『잠부론』「지씨성조」에 따르면 "처음에 은나라는 유소씨의 딸 달기를 총애하다가 나라를 망쳤다. 주무왕 때 소분생이 사구가 되어 온 땅에 봉해졌으며, 그 후손으로 낙읍에 소진이란 자가 있었다.[初 紂有蘇氏以妲己女而亡殷 周武王時 有蘇忿生爲司寇而封溫 其後洛邑有蘇秦]"고 한다.

서기전 396년 춘추 말기에 소국은 적족(狄族)에 의해 멸망당했는데, 적족은 고조선을 가리키는 것으로 파악된다. 『춘추좌전』에 따르면 나중에 진문왕이 된 중이가 서기전 655년 대융(大戎) 출신 어머니의 나라인 적(狄)의 포국(蒲國)으로 망명한 사건이 발생하였다. 포는 보(保)와 발(發)로 발음되어 포국은 조선을 가리키는 또 다른 명칭인 것으로 분석된다. 소국의 마지막 왕 소명(蘇明)은 스스로 목숨을 끊었고, 소씨족들은 위(衛)나라{현재 하남 학벽 복양, 활현 등지}로 도피했다. 그 자손은 나라명을 따서 소씨라 했다고 한다. 그리고 곤오를 시조로 삼았다.

　곤오는 오손족의 족명이기 때문에 하나라 시기에 이미 오손족들이 중원에 들어와서 거대한 세력을 형성하였다는 것을 알 수 있다. 오손족은 월지족과 함께 곤륜산에서 옥을 배에 싣고 대륙의 곳곳을 누비고 다닌 선주민들이다. 이들은 중원의 여러 부족과 교역하고 교류하면서 세력을 키워 나갔다. 오손족은 태양을 숭배하던 종족이었다. 이들은 월지족과 같은 지역에서 살았던 것으로 보이며, 월지족과 융합된 것으로 분석된다. 하나라 말기에 온국이 상나라에 멸망당했으나 소국으로 나라 이름만 바꾸고, 그대로 생존한 것을 보면 월지와 오손의 관계를 알 수 있다.

　하나라 시기 오손족은 대륙의 곳곳에 자신들의 지표지명인 곤(昆)과 양(陽)을 심어 놓았다. 이러한 지표지명은 이들이 머물렀던 지역이 모두 곤과 양으로 기록된 것을 통해 파악할 수 있다. 오손족의 시조격인 곤오는 허창, 복양 등에 봉해졌으며, 곤양 등 이들이 상고시기에 머물던 곳은 상당수가 양(陽)계 지명으로 나타나고 있다. 고대의 지명은 선주민의 특권이라 할 수 있기 때문에 후대에 중원에 들어온 종족들은 선주민이 작명한 지명을 따라 가는 것이 일반적이다. 특히 이들 종족이 상고 시기에 오랜 기간 동안 세력을 유지하였기 때문에 지명이 살아남을 가능성은 더욱 높아질 수밖에 없다.

곤오씨의 후손인 오손족들은 그 왕의 이름을 곤미 또는 곤막으로 불렀는데, 이는 태양왕이라는 뜻이다. 아울러 오손족의 족명 자체도 까마귀의 후손이라는 뜻으로 삼족오의 종족들이다. 이들에 대한 기록은 『산해경』에 자세하게 기록되어 있다. 곤륜산, 곤오산, 곤륜구 등은 서왕모가 살던 곳이다. 이곳은 옥이 출토되는 지역이며, 오손족의 선대인 곤오씨족은 옥을 캐서 중원에 실어 날랐다. 물론 오랜 기간 동안 월지족과 혼혈하며 곤륜산의 옥을 교역하여 막대한 부를 축적한 것으로 판단된다. 이들은 황하, 한강, 금사강, 장강, 양자강 등을 배로 이동하면서 대륙 각 지역의 세력들에 대한 정보를 파악하고, 교역을 통해 막대한 부를 축적하는 등 옥을 매개로 중원에 대한 정치군사적 지배권도 확장시켜 나가 중원 최초의 왕국을 건국할 수 있었던 것이다.

처음에는 곤오씨를 필두로 하는 오손세력이 중원을 차지했던 것으로 보인다. 이들이 사용한 각종 지표지명이 중원에 그대로 남아 있기 때문이다. 그러나 상나라의 주축세력을 이루었던 월지족의 지표지명인 박(亳, 薄)도 곳곳에 남아 있어 이들이 하·상·주 시대를 이끌어 간 핵심 씨족들이라는 것을 알 수 있다.

소씨는 상고시대의 제왕 전욱 고양의 후손이다. 소씨의 가보(家譜)에 기재된 바에 따르면 소씨의 먼 조상인 전욱은 칭을 낳았고, 칭은 노동(老童)을 낳았으며, 노동은 중려(重黎)와 오회(吳回)를 낳았다. 중려와 오회는 제곡 때에 불씨를 관리하는 벼슬을 지냈는데, 관직명이 화정(火正) 또는 축융(祝融)이라 칭하였다. 이후 오회는 육종을 낳았고, 육종은 여섯 아들을 낳았다. 그 중 장자가 바로 번, 즉 곤오이다. 하나라 때 곤오{지금의 허창}에 봉해졌다가 봉지의 이름을 따 곤오씨라 했다. 이후 곤오씨의 자손 중에 소{지금의 하남성 온현 일대}에 봉해져 그 후손들이 봉지의 이름을 따 소씨라 했다. 이들이 바로 소씨의 최초의 일 지파이다.

　백도백과에 따르면 속래만(速來蠻)의 속(速)은 소와 발음이 유사해 소성으로 쓰이기도 한다. 아속(阿速), 아아사란(阿兒思蘭)의 후손 중 그 시조의 칭호를 해음한자(諧音漢字), 즉 동음이의어를 취하여 속씨(速氏) 또는 소씨(蘇氏)라고 부르는 이들이 있었으며, 대대로 전해져 오늘에 이르고 있다. 마한의 55개국 중 속로불사국의 속이 바로 소씨를 의미한다.

　소씨의 본관인 진주에는 변진 12개국 중 하나인 군미국(軍彌國)이 있었다. 군미국은 곤미국(昆彌國)의 음차표기이다. 인근의 사천에는 곤양(昆陽)과 곤명(昆明)이라는 지명이 존재하고 있다.

22/ 손씨 孫氏

우리나라 손씨는 2015년 통계청 인구조사 결과 46만 명으로 인구순위 25위이다. 이 중 밀양 손씨 31만 명, 경주 손씨 6만8천 명, 일직 손씨(+안동 손씨) 2만7천 명 등의 순이다.

손(孫)씨는 신라 무산(茂山) 대수촌(大樹村)의 촌장 구례마(俱禮馬)를 원조로 삼고 있다. 신라 유리왕 9년 구례마의 손자 직(稷)이 손(孫)씨가 되었다고 한다. 『삼국사기』「신라본기」에는 손씨에 대해 다음과 같이 기록하고 있다.

{유리 이사금 9년(32)} 봄에 6부(六部)의 이름을 바꾸고, 성씨(姓氏)를 사여하였다. … 대수부(大樹部)는 점량부(漸梁部)[일설에는 모량부(牟梁部) 라고도 한다.]라고 하고 성은 손(孫)으로 하였다.

九年 春 改六部之名 仍賜姓 … 大樹部爲漸梁部 [一云牟梁] 姓孫

밀양 손씨의 시조 손순(孫順)은 신라 흥덕왕 때 사람으로 효심이 깊어 신라의 국효(國孝)로 일컬어졌다고 한다. 경주 손씨는 손순(孫順) 이후의 기록이 없어 판밀직사사(判密直司事)를 지낸 손경원(孫敬源)을 1세조로 삼고 있다. 일직(一直) 손씨의 시조 순응(筍凝)은 본래 순(筍)씨였는데 고려 현종의 이름과 음이 같아 손(孫)씨로 사성되었다고 한다. 그러나 손응 이후의 기록이 없어 상의직장동정(尙衣直長同正)을 지낸 손세향(孫世鄕)을 1세조로 한다.

중원의 손씨는 다양한 기원을 가진 성씨이다. 주로 자성(子姓), 희성(姬姓) 과 규성(嬀姓) 등에서 출자하였다. 손씨의 시조는 지금으로부터 3,000년 이상으로 거슬러 올라가 주문왕(周文王)시기에 위(衛)나라의 손을(孫乙)을 희성 손씨의 시조로 삼고 있다. 손씨의 인구수는 2,215만 명으로 중원 백가성 중 12위이다. 중원 역사상 위촉오 삼국 시기에 손권(孫權)이 오(吳)나라를 건국한 바 있다. 낙안군(樂安郡), 오군(吳郡), 급군(汲郡), 진류군(陳留郡) 등을 군망으로 형성하고 있다. 현재 산동성과 하남성에 약 30%의 손씨들이 살고 있다.

손씨의 가장 오래된 출자는 상나라의 자성(子姓)에서 유래하였다. 상나라 말기에 주왕(紂王)은 상의 현신(賢臣)인 숙부 비간(比干)이 직언으로 간(諫)하자 죽였다. 이에 그 자손들이 피난하여 성을 바꾸어 왕족의 자손이라는 의미로 손씨(孫氏)로 성을 바꾸었다고 한다. 『사기』에는 비간의 죽음에 대해 다음과 같이 기록하고 있다.

> 주(紂)왕은 점점 더 음란해져 그칠 줄 몰랐다. 미자(微子)가 여러 차례 간했으나 듣지 않자 태사(太師), 소사(少師)와 더불어 모의하여 마침내 떠났다. 비간(比干)이 말했다. "신하된 자는 죽음으로써 간언하지 않을 수 없다" 이에 주왕에게 강력하게 간언했다. 주왕이 화가 나서 말하기를 "내 듣기에 성인의 심장에는 구멍이 일곱 개가 있다고 하더라." 하며 비간(比干)의 배를 가르고 그의 심장을 보았다.
> 紂愈淫亂不止 微子數諫不聽 乃與大師·少師謀 遂去 比干曰: "爲人臣者, 不得不以死爭." 乃彊諫紂 紂怒曰: "吾聞聖人心有七竅." 剖比干 觀其心

손씨는 희성(姬姓)에서도 유래하였다. 서기전 1055년 주공단이 강숙(康叔)을 위(衛){지금의 하남 기현}에 봉하여 위나라를 건국하였다. 춘추 때, 그의 8세손 희화(姬和)가 서융을 공격하여 멸망시킨 공로로, 주평왕이 공작을 하사했다. 역사에서는 그를 위무공(衛武公)이라 한다. 위무공의 아들은 혜손(惠孫), 혜손(惠孫)의 손자 이름은 을(乙), 자는 무중(武仲), 일명 무중을(武仲乙)이다. 무중을이 조부 혜손(惠孫)의 자(字)를 성씨로 삼고 손씨(孫氏)라 했다 한다. 그래서 무중을을 손을(孫乙)이라고도 하는데, 그가 바로 손씨의 득성시조이다. 『원화성찬』에는 "주문왕의 여덟째 아들 위강숙의 후손이 무공 화에 이르러 혜손을 낳았고, 혜손이 이(耳)를, 이가 무중을 낳았는데, 왕부의 자(字)를 성씨로 삼았다.[周文王第八子衛康叔之後 至武公和生惠孫 惠孫生耳 耳生武仲 以王父字爲氏]"고 기록되어 있다.

『신당서』「재상세계표」에는 아래와 같이 손씨가 본래 규(嬀)성과 요(姚)성에서 비롯되었다고 한다.

순(舜) 임금의 후손인 호공 규만이 진(陳)에 봉해지고, 경중에 이르러 제나라에서 벼슬을 하면서 또 전씨(田氏)가 되었다. 왕망은 전풍(田豊)을 대휴후로 봉하였고, 이후 풍의 아들 전회는 왕망의 난을 피하여 강을 건너 오군(吳郡)으로 이주하여 규성(嬀姓)으로 고쳤다. 그 5대손 규부는 다시 요씨(姚氏)로 고쳤다.

舜後胡公嬀滿封陳 至敬仲仕齊 又爲田氏 王莽封田豊爲代睦侯 後豊子田恢爲避王莽之亂 過江徙居吳郡 改爲嬀姓 其五代孫嬀敷 又改爲姚氏

원래 순임금은 요허(姚墟)에서 태어나 요성이었는데, 규수에 살면서 규씨로 성을 고쳤다. 이 때문에 규회가 규씨로 성을 고친 것이다. 이후 규부가 다시 요씨로 성을 바꾸었다. 요와 규가 서로 통한다는 사실을 알았기 때문이다. 고대 시대에 성씨를 바꾸는 이유는 다양한데, 대부분은 원수로부터 자신을 보호할 목적으로 신분을 감추기 위한 것이다. 그런데 무조건 바꾸는 것이 아니라 서로 상통하는 성씨로 바꾸는 경우가 많다. 예를 들어 목(木)씨가 나무를 하나 더 추가하여 임(林)씨가 된다거나 여(餘)씨가 근원이 같은 서(徐)씨로 바꾸는 것이 바로 그것이다. 송나라 소사(邵思)가 저술한 『성해(姓解)』에 따르면 "우순 임금은 요에서 태어나 지명을 성씨로 삼았는데, 후세들이 요를 성씨로 삼았다.[虞舜生于姚 故因生地爲姓 後世有以姚爲氏]"고 한다. 『원화성찬』과 『통지』 「씨족략」에서도 요임금이 요허에서 태어나 자손들이 요씨라 했다고 적고 있다.

순임금의 규성(嬀姓) 후손 중 가장 유명한 인물이 바로 손무(孫武)이다. 그는 춘추시기의 가장 유명한 전략가이자 용병술의 대가였다. 손무의 조상은 진(陳)의 왕족으로 본래 성은 규성으로 득성시조는 손서(孫書)이다. 『신당서』 「재상세계표」에 따르면 전완(田完)의 후대인 전무우(田無宇)에게는 전환(田恒)과 전서(田書)라는 두 아들이 있었는데, 전서가 거나라 정벌에 공을 세워 제경공에게 손씨 성을 사여받았다고 한다. 손무는 손서의 손자이다.

이에 대해서는 『사기』 「전경중세가(田敬仲世家)」에 더 자세하게 기록되어 있다. 이에 따르면 서기전 627년 공자 완(完)이 제나라로 망명하여 정착할 때 성을 전(田)으로 바꾸고 100여 년 이상 제나라에서 번성하여 고(高)씨, 국(國)씨, 포(鮑)씨 등과 더불어 제나라 4대 성이 되었다. 그런데 손무의 조부인 제나라 대부 전서(田書)가 거(筥) 땅 정벌에 공을 세워 제경공에게 손(孫)씨를 사여받고 낙안(樂安){지금의 산동 혜민현}을 식읍으로 삼았다. 그래서 제나라에서는 전씨와 손씨를 같은 성으로 간주하였다.

손무는 제나라에서 성장하였으나 국정혼란이 발생하여 전국을 떠돌다가 오(吳)나라로 이주하여 오자서를 만나게 된다. 오자서의 추천으로 오왕 합려의 군사가 된 이후 손무는 궁녀들을 추상같은 군기를 내세워 정규군에 못지 않는 군대로 만드는 등 뛰어난 용병술을 보여주었다. 이 과정에서 손무는 합려의 애첩 두 명을 대장으로 세워 훈련을 시켰는데, 장난인 줄 알고 어슬렁거리던 두 명을 모두 합려가 보는 앞에서 참해버린다. 이에 혼줄이 난 궁녀들은 일사분란하게 진법에 따라 움직이게 된다. 이에 대해서는 중국 드라마에서 여러 차례 방영된 바 있다. 손무가 출사하기 전에 오나라에서 『손자병법』이라는 병법서를 써서 역사에 길이 빛나는 인물이 되었다.

실제로 손무는 서기전 506년 오나라 군사 5만 명을 거느리고 초나라를 공격하여 백거(伯舉)에서 춘추 시기 가장 큰 전쟁을 치러 대승을 거두었고, 마침내 초나라의 도읍인 영(郢)을 점령하기에 이르른다. 손씨 중 가장 유명한 인물이 바로 손무이다. 사실상 초나라가 붕괴 직전까지 내몰렸는데, 오자서가 초평왕의 시신에 채찍질을 가하고 합려 등이 여색에 빠지는 사이에 신포서가 진(秦)나라에 가서 7일간 식음을 전폐하며 구원을 요청하여 마침내 진나라의 도움을 받아 초나라가 기사회생하게 된다.

서기전 496년 합려가 월나라를 공격하려 하자 손무는 이에 반대했다. 그럼에도 합려는 월나라를 공격하다가 부상을 입어 사망하게 된다. 합려의 뒤를 이은 부차가 오나라를 패자의 반열에 올린 이후 손무는 은퇴하여 세상을 등지고 만다.

23/ 송씨宋氏

　우리나라 송씨는 2015년 기준 68만 명으로 인구수 18위의 성씨이다. 그 중 전북 익산의 여산(礪山) 송씨가 30만 명으로 인구수가 가장 많고, 그 다음으로 충남 논산의 은진(恩津) 송씨 22만6천 명, 충북 진천(鎭川) 송씨 3만3천 명 등의 순이다. 익산과 논산은 사실상 접하는 지역으로서 이 일대에 송씨들이 집중적으로 모여 살았다는 것을 알 수 있다.

　송씨는 상나라가 멸망하고 그 후손들이 건국한 송나라에서 비롯된 성씨이다. 송씨의 시조는 상나라 왕 제을의 큰 아들 미자계(微子啓)이다. 한국에서 송씨의 도시조는 당나라에서 호부상서를 지낸 송주은(宋柱殷)이다. 그의 후손인 자영(自英)이 3형제를 두었는데, 여산 송씨의 시조 유익(惟翊), 은진 송씨의 시조 천익(天翊), 서산 송씨 시조 문익(文翊) 등이 바로 그들이다. 여산 송씨의 시조인 유익은 고려때 여산군으로 봉해졌다고 하는데, 그 이전의 송씨 역사는 단절되어 있다. 현존하는 송씨는 모두 도시조 송주은의 후손이라고 한다. 여산 송씨의 시조는 고려 시대에 여산군(礪山君)에 봉해진 송유익(宋惟翊)이다. 은진 송씨는 고려시대에 판원사(判院事)를 지내고 은진군(恩津君)에 봉해진 송대원(宋大源)을 시조로 한다. 진천 송씨는 신라 헌강왕때 대아찬(大阿湌)을 지낸 송순공(宋舜恭)을 시조로 삼고 있다.

　여산 송씨의 본관인 전북 익산의 여산면은 금마면과 접하고 있는데 이 일대에는 마한 55개국 중 유력한 맹주국이었던 건마국(乾馬國)이 건국되어 있었다. 건마국은 익산을 세거지로 삼았던 사(沙)씨들이 나라를 건국한 것으로 분석된다. 사씨는 백제의 대성팔족 중 하나였으며, 송씨와 더불어 송나라의 주력이었다. 그리고 사씨는 기자조선의 후예이기도 하다. 따라서 백제가 멸망한 후 사씨들이 송씨로 개성한 것으로 추정된다. 그리고 고조선의 준왕(準王)이 위만(衛滿)에게 나라를 빼앗긴 후 평양과 한성 등을 거쳐 익산으로 내려온 것으로 보인다. 준왕의 후손들이 십제의 온조에게 멸망당한 것은 한강 유역에 머물러 있을 때로 분석된다. 익산은 마한의 유력 세력으로 강력한 무력을 갖춘 사씨들이 있었기 때문에 온조에게 멸망했다는 기록은 잘못된 것이다. 결국 익산과 논산 일대에 송나라 미자의 후손, 상나라의 왕족 사씨, 기자의 후손 등 상나라의 후예들이 모두 집결하여 살았던 것이다.

　원래 송씨는 중원의 상고시대 상(商)나라를 뒷받침하던 핵심 씨족이었다. 그래서 송씨는 상나라 계통의 자성(子姓)이다. 그 기원은 하남성 상구(商丘)이다. 『통지』「씨족략」에는 "송나라 사람들은 자성으로 상나라의 후예이다.[宋民 子姓 商之裔也]"라고 기록하고 있다. 상나라가 멸망한 이후 상나라의 3대 성인 중 한 사람인 미자 계가 송나라를 건국해 송씨의 계보를 이어갔다. 미자계가 송씨의 득성 시조이다. 현재 중원에서 송씨는 백가성 중 22위로 인구가 약 1,120만 명이다. 미자가 송나라를 건국한 것에 대해서는 『사기』「송미자세가」에 자세히 실려있다.

　　미자 계는 은나라 제을의 장남이고, 주(紂)왕의 배다른 형이다. 주왕이 자리에 오르고 나서, 현명하지 못하고 정사에도 음란하여 미자가 여러 차례 간언하였으나, 주왕은 듣지 않았다. … 미자는 주왕에게 끝내 간언할 수 없다고 여기고 죽으려고 생각하다가 태사(기자)와 소사(비간)에게 묻고 … 이에 태사와 소사가 미자에게 떠날 것을 권하니 마침내 떠났다. … (주나라에 상이 멸망된 후 주공은) 미자 계를 은나라의 후사로 대신하여 그의 조상 제사를 받들게 했다. 그리고 「미자지명(微子之命)」
을 지어 이 뜻을 널리 알리고는 송나라 땅에 나라를 세웠다. 미자는 본
래 능력이 있고, 어질었으며, 현명하여 무경을 대신할 수 있었다. 은나
라 유민들 또한 그를 매우 존경하고 사랑했다.

微子開者 殷帝乙之首子而帝紂之庶兄也 紂既立 不明 淫亂於政 微
子數諫 紂不聽 … 於是微子度紂終不可諫 欲死之 及去 未能自決
乃問於太師少師 … 於是太師 少師乃勸微子去 遂行 乃命微子開代
殷後 奉其先祀 作微子之命以申之 國于宋 微子故能仁賢 乃代武庚
故殷之餘民甚戴愛之

　송나라는 상나라가 멸망한 1046년 이후 주성왕이 등극한 서기전 1044
년에 건국된 것으로 파악된다. 이로부터 서기전 286년까지 약 760여 년간
존속했다. 미자의 아버지 제을에게는 기자와 비간이라는 형제들이 있었다.
기자와 비간은 미자의 숙부들이었다. 비간과 미자, 기자 세 사람은 서출이
었기 때문에 은나라 계승권이 없었다. 이들 세 사람은 역사에서 은나라의 3
대 성인이라고 부른다. 미자가 상나라에 제사를 지낼 나라로 송나라를 건
국하게 된 것은 제을 임금의 아들이었기 때문이다. 미자(微子)는 제을의 아
들이었지만, 그 어머니의 신분이 매주 낮아 변방 제후에 머물고 있었다.

　송씨는 자성(子姓)으로 나라명을 따라 성씨로 삼았다. 『사기』 「주본기」에
따르면 주무왕이 서기전 1046년에 상나라를 멸망시킨 후 2년 만에 죽자
주성왕이 너무 어려 주공 단이 섭정을 하게 되었는데 이에 반발하여 은후
(殷侯) 무경(武庚) 그리고 관숙과 채숙 등이 삼감(三監)의 난을 일으켰다. 주공
단은 난을 평정한 이후 미자를 상나라의 발원지 상구에 봉해 송나라를 건
국하도록 했다. 그리고 작위 중 가장 높은 공작(公爵)으로 임명해 상나라의

제사를 지내도록 하였다.

송나라 양공 시기에 도달해 제나라 환공이 죽자 송나라는 천하 제후의 맹주 자리에 올라 춘추 오패 중 하나가 되었다. 양공 12년 봄에 송나라는 녹상(鹿上)에서 회맹을 소집하여 제후들이 모두 자신을 옹호해줄 것을 초나라에 요청하자 초나라가 이를 허락해주었다. 그런데 작은 나라가 패자를 자칭하는 것이 가능한 일이 아님에도 양공은 계속해서 패자를 자처했다. 이에 초나라가 송나라를 정벌해 송양공을 사로잡아 갔다. 제후들이 박(亳)읍에서 회맹하자 초나라에서 양공을 풀어주었다.

풀려난 양공은 13년 여름 정나라를 정벌하게 된다. 이때 초나라가 정나라를 구원하기 위해 송나라를 공격하기 위한 군대를 보내 홍수 전쟁(泓水之戰)이 발생했다. 문제는 송양공은 아주 품격있고 어진 전쟁을 수행하고자 했다는 점이다. 즉 그는 정정당당한 전쟁을 원하였던 것이다.

그래서 송양공은 초성왕의 군대가 미처 강을 다 건너지 못한 상태에서 공격하자는 요청을 거부하고 초군이 모두 강을 건널 때까지 기다리도록 했다. 그러자 아직 전열이 정비되지 않을 때 공격하자고 하자 초군의 전열이 정비될 때까지 기다리라고 명령했다. 초나라가 모두 전열을 정비한 이후 송나라 군대가 초나라를 공격했는데 송나라 군대는 초나라 군대에게 허무하게 무너졌다. 이때 송양공도 넓적다리에 부상을 입었는데, 결국 그로 인해 죽음에 이르게 되었다. 송양공은 전쟁에서 인의를 행하다가 스스로 목숨을 잃었다. 사마천은 『사기』 「송미자세가」에서 송양공이 양보의 미덕을 가진 군주였다고 평가했다.

서기전 286년에 제나라는 송나라를 멸망시키고 초나라, 위나라와 더불어 세 나라가 송나라를 나누어 차지했다. 송나라가 멸망한 이후 자손들이 나라 이름을 따라 송씨를 성씨로 삼았다. 송씨의 군망은 하남성 서하(西河)

군, 하북성 광평(廣平)군, 돈황(敦煌)군, 하남(河南)군, 홍농(弘農)군, 강하(江夏)군 등이다.

백도백과에 따르면 선진(先秦) 시기에 송(宋)씨는 주로 하남(河南)성, 하북(河北)성, 산동(山東)성 등 북방 지역에 분포했다. 진한·위진남북조 시대에 송씨는 이미 산서성, 섬서성, 감숙성, 호북성 안휘성, 강서성, 절강성 등지로 퍼져 나갔다. 현재 송씨는 산동성에 송씨 인구 중 가장 많은 사람인 약 14%가 살고 있다. 산동성, 하남성, 하북성, 흑룡강성 등 4개 성에 송씨 전체 인구의 43%가 살고 있는 것으로 나타났다.

24/ 신씨申氏

　신씨는 2015년 통계청 인구조사 기준으로 74만 명에 달해 인구수 14위의 성씨이다. 신씨 중 평산 신씨는 황해도 평산군을 본관으로 하며, 고려 왕건 시기 대장군 신숭겸(申崇謙)을 시조로 삼고 있다. 56만여 명으로 신씨 중 3/4 이상을 차지하고 있다. 그 다음으로 고령 신씨는 신성용(申成用)을 시조로 하며, 인구는 13만 명이다.

　평산 신씨의 시조인 신숭겸(申崇謙)은 전남 곡성현(谷城縣) 출신으로 궁예 휘하에 있다가 배현경(裵玄慶), 홍유(洪儒), 복지겸(卜智謙) 등과 함께 궁예를 축출하고 왕건(王建, 918년~943년)을 왕으로 추대하여 고려 개국의 일등공신이 되었다. 태조 왕건에게 평산을 관향(貫鄕)으로 하사받았다고 한다. 왕건이 신(申)씨를 사성(賜姓)했다고 하는데, 이는 믿을 수 없다. 왜냐하면 신숭겸 이전에 신씨가 이미 존재하고 있었기 때문이다. 신숭겸은 927년 팔공산 전투에서 견훤과의 전투 중 태조를 대신하여 전사하였다. 이에 태조 왕건은 순절한 신숭겸을 공신으로 추봉하였다. 고령 신씨(高靈 申氏)의 시조 신성용(申成用)은 고려 때 호장(戶長)을 지냈고, 검교군기감(檢校軍器監)을 역임하였다. 신숙주가 세조 때 영의정에 올랐다.

　중원에서 신씨는 다양한 기원을 갖는 오래된 성씨이다. 중국 내 인구는 170만여 명이다. 위군(魏郡), 낭야(琅琊), 단양(丹陽), 요동(遼東) 등을 군망으로 하고 있다. 특히 하북성 평산(平山)에는 평산 신씨(平山申氏)가 있어 한국의 평산 신씨가 평산의 지명을 한반도에 그대로 가지고 이주한 것으로 보인다. 중국 평산은 석가장의 서북쪽 방향에 위치하고 있다.

신씨는 염제의 강씨(姜氏)에서 비롯되었다. 『춘추좌전』「노은공 원년」(서기
전 722년)에는 "정나라의 2대 군주인 무공이 신(申)나라[하남성 남양]에서 부인
을 맞이했다. 그녀의 이름은 무강(武姜)이었다."라고 기록되어 있다. 여기서
무강은 무공의 부인 강씨를 의미하는 것으로 신나라에서 강씨 성의 부인을
맞이했다는 것을 의미한다. 무강의 아버지가 바로 신후(申候)였다. 『국어』
「주어(周語)」에는 "제(齊), 허(許), 신(申), 여(呂) 등은 태강(大姜)으로 인해 복을
받았다."고 했는데, 위소(韋昭)는 신나라 등 4개국이 모두 강성으로 사악(四
嶽)의 후손이라고 했다.

염제 세력은 관중(關中) 서부의 보계(寶鷄) 일대에서 꾸준히 동쪽으로 이동
하였는데, 지금으로부터 약 5천 년전에 염제 세력과 황제 세력이 합병한 이
후에도 많은 강씨들이 관중에서 살았다. 상주(商周) 시기에 이르러 강성 신
씨들이 관중(關中) 일대에 신나라를 건국하였다. 이를 서신(西申)이라 부른다.
그런데 주나라 시대에 이르러 신려(申呂)라는 사람이 주왕(周王)에 의해 지금
의 하남 남양(南陽)의 신(申)나라에 봉해졌다. 이를 남신(南申)이라고 한다. 남
신이 건국된 이후 그의 후손들이 나라 이름을 성씨로 삼았다. 『잠부론』「지
씨성조」에는 신씨와 관련하여 다음과 같이 기록하고 있다.

염제의 후손으로서 사악(四嶽) 중의 하나인 백이(伯夷)가 있었다. 그는
요임금의 전례(典禮)로서 백성의 소송을 판결하고 형법을 만들었다. 그
로 인해 그는 신(申)과 여(呂) 땅에 봉해졌다. … 신성(申城)은 지금의 남
양군(南陽郡) 완현(宛縣) 북서산 아래에 있다. 『시경』에는 이렇게 노래했
다. "훌륭한 신백(申伯)을 불러, 왕께서 제후의 일을 맡기셨네. 저 서(序)
땅을 내려 주시며, 남쪽 나라에 법도를 세우게 하셨네.
炎帝苗胄 四嶽伯夷 爲堯典禮 折民惟刑 以封申·呂 … 申城在南陽

宛北序山之下 故≪詩≫云: "亹亹申伯, 王薦之事, 于邑于序, 南國
爲式"

백이(伯夷)는 염제 신농씨(강씨)의 후예 중 중요한 한 사람이다. 백이는 태
악(太岳)이라 불리웠으며, 요순 임금 시기에 '사악(四岳)', 즉 사방 제후를 통
괄하는 우두머리의 직위를 맡았던 사람이다. 사악은 요순 시기에 치수 담
당관으로 곤과 우를 추천했고, 순임금을 추천하는 임무를 수행했다. 순임
금은 사악에게 삼례를 관장할 사람을 추천해달라고 하자 모두가 백이를
추천했으나 백이는 기와 용에게 그 자리를 양보한다. 백이는 상고시대에
청렴결백의 상징과 같은 인물로서 신씨의 시조가 되었다. 그의 후손을 신
백이라 불렀다.

『시경』「대아」'숭고(崧高)'에는 "큰 산의 신령님이 강림하시어 보후(甫候)와
신백(申伯)을 탄생시켰다네. 신백과 보후는 주나라의 기둥이라네.[維嶽降神 生
甫及申 維申及甫 維周之翰]"라고 노래했다. 이는 신씨가 주나라를 떠받치던 중
핵세력이었다는 사실을 잘 보여준다. 신씨는 서주의 주성왕부터 주려왕까
지 9명의 역대 왕을 섬겼으며, 주나라의 서부 변방을 지키는 방백(方伯) 역
할을 했다. 원래 신씨들은 주나라의 도읍인 호경(鎬京){서안}의 서쪽에서 살
았는데, 진(秦)나라와 인접하여 활동지역은 대체로 지금의 감숙성, 섬서성의
경계인 소롱산(小隴山) 남쪽 기슭 지역이다.

주무왕이 상나라를 멸망시키고 제후들에게 땅을 나눠주는 대대적 분봉
을 실시하였다. 그리고 주성왕 대에 이르러서도 여러 제후국을 임명했다.
그러나 제9대 주이왕(周夷王)과 10대 주려왕(周厲王)에 이르러 왕권이 약화되
고 제후국들의 힘이 커지기 시작했다. 이런 와중에 주려왕이 포학무도한
정치를 하다가 백성들에게 쫓겨나 비참하게 죽었다. 민심이반이 심각해진

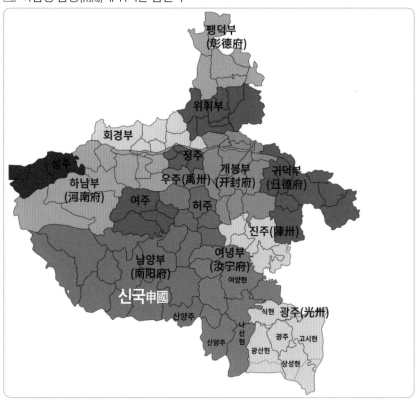

⬛ 하남성 남양(南陽)에 위치한 남신국

상태에서 왕이 공석이 되었는데 태자의 나이가 어려 신하들이 정치를 결정하는 공화(共和)정이 14년에 걸쳐 실시되기에 이른다.

공화정은 주선왕(周宣王)이 제위에 오르면서 종식된다. 주선왕은 주나라의 위상을 제고하기 위해 각고의 노력을 다하게 된다. 그 일환으로 주선왕은 자질이 있는 신하들을 임용했는데, 이때 신백(申伯)이 남신에 봉해졌다. 원래 신나라(申國)는 서주 초년에 봉해진 강(姜)성 제후국(諸侯國)으로 신백국(申伯國)이라고 불렀다. 지금의 섬서성 미현(眉縣) 동북(東北)에 있었다고 한다. 이때 관중(關中) 서쪽에 위치한 신나라는 신융(申戎)으로도 불리웠으며, 종주(宗周)의 서쪽에 있었으므로 역사적으로 서신(西申)이라고 불렀다.

24/ 신씨申氏 227

주선왕 때 증봉되어 종주(宗周) 서쪽에 남아 있던 신(申)나라 세력과 별도로 남쪽에 남신을 건국하도록 하여 신후(申侯)의 나라로 삼았다. 남신의 건국은 초나라에 대한 대응을 강화하기 위한 것이었다. 서주 후기에 주선왕은 국경 남쪽의 힘을 강화하기 위해 초나라를 공격하였고, 관중의 일부 제후국의 인력을 남쪽으로 이동시켜 하남 남양 지역에 새로운 신나라를 세웠다. 이 나라를 역사적으로 남신(南申)이라 부른다. 이후 신후의 딸이 주평왕의 어머니가 되었다. 신나라는 서신국(西申國) 외에도 남신국(南申國), 동신국(東申國) 등으로 나뉘어 있었다. 주선왕 때 서신국이 증봉되어 남신국이 건국되었다. 그런데 남신국이 초나라에 멸망한 후 동신국(東申國)이 초의 종속국으로서 형성되었다는 설과, 서신국이 증봉되어 동신국이 되었다는 설이 있다.

신나라는 주나라의 정치를 좌우하는 중요한 지위를 갖게 되었다. 주유왕(周幽王) 시기에 신백(申伯)의 딸이 왕후가 되고 아들 의구(宜臼)가 태자로 책봉되었다. 신백도 백(伯)에서 후(侯)가 되어 신후(申侯)가 되었다.

▨ 춘추 초기의 제후국 중 신국의 위치

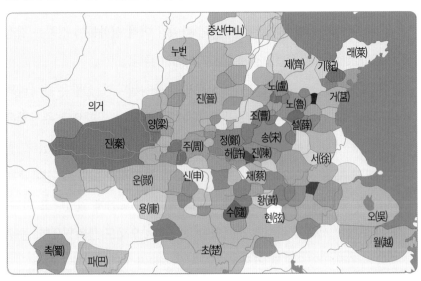

서주 후기에 신나라는 주왕실에서 주려왕의 대신인 '신계(申季)'와 같은 요직을 맡았고, 주려왕은 신씨의 딸과 혼인하여 왕후로 삼았다. 『죽서기년(竹書紀年)』에는 신후(申侯)가 종주(宗周)의 변방을 경영하는 정치적 기반과 주왕실과 혼인하는 정치적 지위를 갖고 있었기 때문에 경제력과 군사력이 강했다고 한다. 『고본죽서기년』에는 "주효왕이 즉위 원년 신묘 춘 정월에 신후에게 명해 서융을 정벌했다.[元年辛卯春正月 王即位 命申侯伐西戎]"고 기록하고 있다. 주선왕 때 신백(申伯)을 미(郿)에서 사(謝)에 봉함으로써 서신국은 종주의 서쪽 위협을 방어하는 임무를 면제받았다. 또한 신백(申伯)으로 하여금 천자의 친족이자 보국대신(輔國大臣)으로서 남쪽에 진주시켜 주왕조(周王朝)의 남방 경영을 강화시켰다.

그러나 서주의 마지막 임금인 주유왕이 포사(褒姒)라는 여인에게 빠져 서기전 771년 태자 의구(宜臼)를 폐위하고 정실 왕후인 신씨를 죽이려 하자 신후에게 도망치는 일이 발생하게 된다. 그리고 포사의 아들을 태자로 삼았다. 『고본죽서기년』에는 다음과 같이 기록하고 있다.

{주유왕} 5년 왕세자 의구가 신나라로 도망쳤다. … 8년 … 왕이 포사
의 아들 백복을 태자로 삼았다.
五年 王世子宜臼出奔申 … 八年 … 王立褒姒之子日伯服爲太子。

포사는 자신이 낳은 백복(伯服)을 태자로 삼았음에도 한 번도 웃지를 않았다. 이에 주유왕은 그녀를 웃게 하려고 온갖 방법을 다 동원하게 된다. 그런데 어느날 실수로 봉화를 잘못 피워 제후들과 병사들이 허둥지둥 주왕실에 몰려드는 모습을 보고 포사가 함박 웃음을 웃었다. 이에 주유왕은 자주 장난으로 봉화를 피워 올리도록 했다. 그 결과 제후들과 병사들의 신뢰

를 잃어 아무도 봉화에 반응하지 않게 되었다. 이때 신후는 자신들을 핍박하고 배신한 주왕실에 원한을 품고 주나라를 붕괴시키고자 견융과 힘을 합치게 된다.

견융과 신후가 주왕실을 침공하자 도움을 청하는 봉화가 피워 올랐으나 아무도 이를 믿지 않았다. 그 결과 두 세력은 주유왕을 죽이고 서주 왕실을 멸망시켰다. 이후 뒤늦게 제후들이 몰려와 서융을 격퇴한 이후 신나라에 은신해 있던 태자 의구를 왕으로 옹립했다. 그가 바로 주평왕이다. 이후 전쟁으로 폐허가 되어 버린 호경을 버리고 낙양으로 천도하였다. 견융과 신후의 공격으로 서주 시대가 끝나고 낙양을 중심으로 하는 동주 시대가 개시된 것이다. 동주 시대는 춘추전국시대가 열렸다는 것을 의미한다.

춘추시대는 제후국들 사이에 서로 무차별적인 각축전이 벌어진 시기를 말한다. 동주의 건국은 신나라의 국력이 정점에 달함과 동시에 쇠락이 시작되었다는 것을 의미했다. 이때 진(秦)나라가 관중(關中)을 통일하였고, 그 과정에서 관중(關中)의 서신(西申)은 진나라에 의해 공멸·병합되었다. 이에 관중의 신융(申戎)은 황하를 건너 진(晉)나라에 망명하여 진나라의 작전에 병력을 제공하는 등 진나라의 일원이 되었다. 이와 관련하여『춘추좌전』「노양공 14년」(서기전 559년)에는 유명한 "구지불굴우진(駒支不屈于晋)"이라는 문답이 등장한다.

범선자는 융자(姜戎) 구지를 체포할 생각으로 그를 직접 조정에 불러다 놓고 꾸짖었다. "여보시오, 강융씨, 예전에 진(秦)나라 사람이 그대의 조부 오리(吾離)를 과주(감숙성 돈황)에서 내몰자 오리는 흰 띠풀로 만든 점개와 풀로 만든 모자인 형극을 걸치고 우리 선군을 찾아와 몸을 의탁했소. … 지금 제후들이 우리 과군을 섬기는 것이 이전만 못한 것은 우리의 말이 누설되기 때문인데, 틀림없이 그대들에게 원인이 있소. 내일 맹회에 참석할 필요가 없소. 만일 이를 어길 경우 그대를 체포할 것이오." 구지가 대답했다. "전에 진(秦)나라 사람들이 군사의 수가 많은 것만 믿고 땅을 탐내 우리 모든 융인들을 몰아냈습니다. 진(晉)혜공이 큰 덕을 베풀 때 융인들이 옛날 요순 시대의 방백인 사악(四嶽)의 후손임을 알고는 버리지 않았습니다. … 효산지역 이후 우리 융인들은 진(晉)나라의 모든 전역에 참가해 진나라 군사와 접응하면서 진나라 집정의 지시를 좇았는데 효산지역 당시의 자세에서 결코 벗어난 적이 없습니다. 어찌 감히 우리가 이적할 리가 있겠습니까? … 우리 융인들의 음식과 의복이 중국과 다르고, 재화도 통하지 않으며, 언어도 서로 통하지 않습니다. 그러니 어떻게 나쁜 짓을 하겠습니까? … 범선자가 곧바로 구지에게 사과한 뒤 그를 맹회에 참석케 해 평소와 다름없이 대하면서 이후 참언을 듣지 않는 미덕을 보여주었다.

將執戎子駒支 范宣子親數諸朝, 曰"來, 姜戎氏. 昔, 秦人迫逐乃祖吾離於瓜州, 乃祖吾離被苫蓋, 蒙荊棘, 以來歸我先君 … 今諸侯之事我寡君, 不如昔者, 蓋言語漏洩, 則則職女之由. 詰朝之事, 爾無與焉. 與將執女." 對曰:"昔秦人負持其衆, 貪于土地, 逐我諸戎. 惠公蠲其大德, 謂我諸戎是四嶽岳之裔冑也, 毋是翦棄 … 自是以來, 晉之百役, 與我諸戎相繼于時, 以從執政, 猶殽志也, 豈敢離逖? … 我諸戎飮食衣服不與華同, 贄幣不通, 言語不達, 何惡之能爲? … 宣子辭焉, 使卽事於會, 城愷悌也

이는 진(晉)나라가 초나라를 공격하기 전 강융 신씨 구지(駒支)가 초나라에 기밀을 누설할 것이라고 보고 진의 범선자가 구지를 체포하려고 하던 상황에서 구지가 진나라에 굴복하지 않고 이에 대해 강융의 신의를 밝힌 사실을 나타낸다. 여기서 우리는 강융 신씨들이 진(秦)에 공격당하여 진(晉)에 의탁하고 있었다는 사실을 확인할 수 있다. 강융이 연대한 견융(犬戎=畎戎)은 동이(東夷) 구이족 중 일원이고 신씨의 군망이 요동군, 낭야군 등인 것으로 보아 이들은 조선의 일원이었던 것으로 추정된다. 강융 구지의 말에서 알 수 있듯이 융인들은 음식과 의복이 모두 중원 세력과 달랐고, 언어도 통하지 않았다는 것을 알 수 있다.

이후 초문왕 때 하남 남양 일대의 남신(南申)은 초나라에 의해 멸망되고 병합되었다. 남신국이 초나라에 합병된 이후 초나라 북방의 신현(申縣)이 요충지가 되었다. 초나라는 신(申)과 식(息)에서 징발한 병력은 방위상 중요한 군대로 특별히 '신과 식의 사'(申息之師)로 불렀다. 특히 신현은 부유하고 땅이 넓어 진초(晉楚)가 패권을 다투는 성복전쟁(城濮之戰)에서 신현의 병력이 초군의 핵심을 이루었다. 신씨들은 초나라에 흡수되어 초의 일원이 된 것이다. 초나라는 또 남신(南申)의 일부를 신양(信陽) 일대로 이동시켜 일명 동신국(東申國)을 건국하였다. 동신국은 초나라의 속국으로 초나라의 동방의 장벽이 되어 오월(吳越) 등을 막아내는 역할을 수행했다. 그러나 초나라가 오월을 병합한 이후 동신의 존재 이유가 없어지자 이를 초나라 재상 춘신군 황헐(黃歇)에게 봉해주었다.

신씨는 축융족의 후손이기도 하다. 『잠부론』 「지씨성조」에 따르면 "미(半)성의 공족으로는 초계씨(楚季氏) … 신씨(申氏) 등이 모두 미씨이다."라고 했다. 신씨는 축융 미성의 후손이다. 초나라의 재상을 지낸 신포서(申包胥)가 대표적인 미성 신씨이다. 신포서(申包胥)는 초나라의 명장으로 오자서(伍子胥)와 절친한 벗이었다. 그러나 오자서는 초평왕이 태자비로 출가한 진나라 공주를 취하자 이에 반대하다가 죽음을 당한 오사의 아들이다. 오자서는 아버지와 형이 억울하게 죽자 오나라로 망명해서 복수를 칼을 갈았다. 오자서가 도망갈 때 신포서에게 말하길 "나는 반드시 초나라를 멸망시킬 것이다."라고 했다. 이에 신포서가 대답하여 가로되 "자서가 멸망시키면 내가 반드시 부흥시킬 것이다."라고 말하였다.

서기전 506년 오나라가 초나라의 수도 영을 점령하고 초나라의 국운이 존망을 다툴 때 신포서는 진(秦)나라에 구원을 요청하러 가게 된다. 오나라가 영도(郢都)를 공격하여 들어갈 때, 어린 초소왕은 도성을 버리고 도망갔다. 신포서가 운몽택(雲夢澤)에 이르렀을 때 오나라 군이 쏜 화살에 부상을 입었으며, 이리저리 도망다니다가 운나라, 수나라에 이르렀다. 신포서(申包胥)가 진(秦)나라에 가서 군사를 내어 구원해 주기를 빌었다.

진(秦) 애공(哀公)은 애지중지 키운 공주를 초나라의 태자비로 시집을 보냈으나 초평왕은 며느리가 될 여인을 자신이 취해 버렸다. 이에 진나라 애공은 어린 공주가 늙은 초평왕에게 왕후도 아닌 후궁으로 들어갔다는 소식을 듣고 상당히 분노하고 있었다. 어찌나 화가 났던지 초나라의 도읍 영이 오나라 왕 합려의 침공으로 점령당한 상태에서 원군을 요청하자 초나라는 신의를 버린 나라라고 지원 요청을 거절했다.

처음에는 얼음장처럼 차갑게 대했지만, 신포서가 조정의 뜰에서 꿇어 앉아 먹고 마시지 않고 통곡을 한지 7일이 지나도록 그치지 않자 "이러한 신하를 둔 나라라면 구원하지 않을 수 없다."며 군사를 내어 초나라를 구원하였다. 서기전 505년 6월, 초나라와 진나라의 연합군이 오나라 군사를 직(稷)에서 패배시켰고, 소왕은 영도로 돌아와 공신에게 상을 내렸지만 신포서는 달아나 받지 않았다.

신불해(申不害)는 법가의 학술을 배워 15년 동안 한(韓)나라 소후(昭侯)의 재상이 되었다. 현명한 지도력으로 중원 한국(韓國)의 정치·외교를 일사불란하게 처리하여 전란이 계속되던 시대임에도 한국은 커다란 방해나 공격도 받지 않았으므로 변방의 국부민안(國富民安)을 누렸다. 그의 학문적 사상은 황로(黃老)에서 유래하여 형명을 주장하였고, 한비자와 함께 신한(申韓)으로 불린 법가의 시조이며, 저서로는 『신자2편』이 있다. 이에 대해 『사기』「노자·한비열전」에는 다음과 같이 기록하고 있다.

> 그는 15년 동안 안으로는 정치와 교육을 바로 세우고 밖으로는 제후들을 상대했다. 결국 신자(申子, 즉 신불해)가 자리에 있을 때 나라는 다스려지고 군대가 강하여 한나라로 쳐들어 오는 자가 없었다. 신자의 학문은 황로(黃老)에 근본을 두고 형명(刑名)을 내세웠다. 그는 글 두 편을 썼는데, 그것을 「신자」라고 한다.
> 內修政敎 外應諸侯 十五年 終申子之身 國治兵彊 無侵韓者 申子之學本於黃老而主刑名 著書二篇 號曰申子

신씨는 중원 남부 운남성의 율속족(傈僳族)에서 유래한 성씨도 있다. 운남 보산(保山) 지역의 역사는 유구하고, 각 민족 선민들이 남서 변강에서 비교적 일찍 개발했던 지역 중의 하나이다. 운남성 보산시를 중심으로 한 노강(怒江) 중류 유역은 인류의 기원지와 인류문명의 중요한 발상지 중의 하나이다. 이미 8천여 년 전 홍황(洪荒) 시대, 보산의 선민인 '포표인(蒲缥人)'이 이 지역에서 번성했고, 지역적 특징을 지닌 "당자구문화(塘子沟文化)"를 창조했다. 이 지역은 중원 최초의 국제통상도로인 '촉신독도'(蜀身毒道)의 중요한 역참이 됐고, 서남 실크로드의 중원 내 마지막 구간으로 역사적으로 활발한 상업무역 활동이 있었다

25/ 신씨辛氏

　우리나라의 신씨는 2015년 통계청 조사기준으로 19만3천 명이다. 이 중 경남 창녕군 영산면을 본관으로 하는 영산 신씨(靈山 辛氏)가 18만7천 명으로 사실상 단일본이다. 영산 신씨의 시조는 송나라에서 고려로 이주한 신경(辛鏡)이다. 그는 송나라 8학사 중 한 명으로 고려 인종 때 문하시랑평장사를 역임했다. 고려 말 신돈(辛旽)은 영도첨의사사로 고려 왕권을 좌지우지한 인물이다. 신씨 문중에는 하(夏)나라 2대 계왕(啓王)의 차남인 신진(莘鎭)의 후손이 신(辛)을 성으로 삼았다고 기록되어 있다.

　그런데 신씨의 기원을 추적해 본 결과 신씨는 하나라 우임금 모친의 후손인 것으로 확인되고 있다. 백도백과에 따르면 신씨는 현재 중원에 117만 명이 살고 있는데 2020년 기준 139위에 해당한다. 신(辛)씨는 우임금의 사씨(似氏)에서 나왔고, 유신씨(有莘氏)에서 성을 고쳤다. 이뿐만 아니라 제곡 고신(高辛) 임금의 후손이기도 하다. 상고 유신씨(有辛氏)의 후손에서 출자하기도 하였다. 득성 시조는 우임금의 아들인 하계(夏启)이다. 『원화성찬』에는 "사성(姒姓)으로, 하후 계가 별도로 신(莘)에 봉해졌는데, 자손들이 풀초(艹)를 없애고 신(辛)을 성씨로 삼았다."라고 적고 있다.

　우임금의 아버지 곤(鲧)은 유신씨(有莘氏)에게 장가들었다. 유신씨는 동이족으로 하나라와 상나라의 방국이었다. 지금의 산동성 조현(曹縣) 서북쪽 신총(莘冢)에 유신씨 고성이 있다. 주나라 시기에는 신씨 부락이 제수를 따라 점차 서쪽으로 이동하여 전국 각지에 퍼져 나갔다. 신씨의 주요 군망은 농서(隴西)군, 안문(雁門)군이다.

신씨의 제1원류는 희성(姬姓)이다. 황제의 후예인 제곡 고신(高辛)씨 후손을 신씨라 했다고 한다. 『노사』에 기록된 바에 따르면 황제의 후손 중에 고신씨가 있었는데, 그 후손들이 고(高)를 없애고 신씨로 고쳤다고 한다.

신씨의 두 번째 원류는 신성(莘姓)에서 출자했다. 『원화성찬』에는 하나라 왕 계(啓)가 서자를 신(莘){섬서성 합양현}에 봉하여 신국을 건국했는데, 그 후손들이 지명을 따라 신씨라 했다고 한다. 후손들이 신(莘)을 간소화해 신(辛)씨라 했다. 『통지』「씨족략」에는 "신(辛)씨는 곧 신(莘)씨이다.[辛氏即莘氏也]"라고 적고 있다.

유신씨족은 하나라 상나라 시대에 동이의 중요한 씨족 부락이었다. 우임금의 부친 곤은 유신씨의 딸 수기(脩己)와 혼인하여 우(禹)를 낳았다. 『제왕세가』에 대한 황보밀의 주해에는 "맹자가 말하길 우는 석뉴에서 출생한 서이족이다.[孟子曰 禹生石紐 西夷人也]"라고 했다. 석뉴는 사천성 성도(成都) 북서쪽의 문천현(汶川縣) 일대를 가리킨다. 『오월춘추(吳越春秋)』「월왕무여외전」에서는 "곤이 유신씨(有莘氏)의 딸 여희에게 장가들어 고밀, 즉 우를 낳았다. 집은 서강으로 일명 석뉴라고 했다.[鯀娶于有莘氏之女 名曰女嬉 産高密(禹) 家于西羌 曰石紐]"라고 기록되어 있다.

『제왕기』에는 우가 '본래 서이(西夷) 사람'이라고 기록하고 있다. 『사기』「육국연표」에는 "우(禹)가 서강(西羌)에서 흥했다."라고 밝히고 있으며, 『후한서』「재량전(載良傳)」에는 "우는 서강 출신이다.[大禹出西羌]"라고 했고, 『제왕세기』에는 "우가 서강의 이족이다.[伯禹西羌夷人也]"라고 적고 있다. 『신어(新語)』「술사(術事)」편에도 "대우가 서강에서 나왔다.[大禹出于西羌]"라고 기록하고 있다. 『태평어람』에서는 "우가 융의 땅에서 태어났으며 이름이 문명이다.[禹生戎地 一名文命]"라고 했다.

『사기』에는 곤을 지금의 강소성 동해현에 있는 우산(羽山)으로 추방해서 동이를 변화시켰다고 했다. 이는 서강족인 곤이 서강(西羌)에서 출자하여 처가인 동이족으로 추방되었다는 것을 의미한다. 우(禹)는 황하의 치수에 공이 있어 순(舜) 임금의 뒤를 이어 제위를 계승하였다. 우는 신씨 어머니에게서 태어났다.

하나라 말기에 상탕(商湯)은 유신씨의 딸을 맞이하였고, 이윤(伊尹)은 탕 임금에게 다가갈 기회가 없자 탕임금의 처가인 유신씨의 잉신(媵臣)이 되어 탕 임금에게 맛있는 음식을 만들어주며 탕임금이 하나라를 멸망시키도록 설득했다. 이와 별도로 서쪽에도 신국(莘國)이 있었는데, 주문왕의 비 태사(太姒)도 유신씨의 딸이다. 지금의 섬서성 합양(合陽)현 동남쪽에 신국고지가 있다. 하·상·주 때의 사성(姒姓) 유신씨는 본래 하우의 후손이다.

곤은 유신씨의 딸에게 장가들었는데, 유신씨는 사성 신국(姒姓莘國)이었다. 우임금의 아들 계(啓)가 서자를 신(莘)에 봉하였는데, 신(莘)과 신(辛)의 발음이 거의 같아서 신씨(辛氏)라 하였다. 주나라에도 신갑(辛甲)이라는 신씨가 있었다고 한다. 『원화성찬(元和姓纂)』에는 "사(姒)성은 하후(夏后) 계가 나라 이름을 성씨로 삼아 별도로 사용했다."고 한다. 이에 따라 신씨(辛氏)가 있고, 신씨(莘氏)는 사서에 신씨(辛氏)로 적혀있다. 『시경』 「대아」 대명에는 "신나라의 여식을 신부로 맞이했네. 신나라의 장녀로 문왕에게 시집와 덕이 두터운 무왕을 낳았다네.[纘女維莘 長子維行 篤生武王]"라고 노래했다. 『모전(毛傳)』에는 "신(莘)은 태사국이다.[莘 太姒國也]"라고 했다. 『세본』에서는 "신국(莘國)은 사성(姒姓)으로 하우(夏禹)의 후손이다."라고 기록하고 있다. 『대대례기』 「제계」에는 "곤이 여지씨로 불리운 유신씨의 딸에게 장가들어 우임금을 낳았다.[鯀娶于有莘氏之子 谓之女志氏 產文命]"고 했다. 『잠부론』 「오덕지」에는 우임금과 관련하여 다음과 같이 기록하고 있다.

소호씨 뒤를 이은 이가 수기(修己)이다. 유성을 보고 감응하여 백제(白帝) 문명(文命) 융우(戎禹)를 낳았다.

後嗣修己 見流星 意感生白帝文命戎禹

이를 통해 우리는 우임금이 화하족이 아니라 서융의 강족 가정에서 태어났다는 사실을 알 수 있다. 강족은 고대 중원의 서쪽에 위치하고 있었다. 고대의 저(氐)와 강(羌)은 모두 서융으로 서쪽에서 살고 있었다. 고대 하족은 숭산(嵩山) 주위에 거주하였던 것으로 보인다. 강족(羌族)은 강족(姜族)의 서쪽에 살던 종족이다. 우임금은 황제의 후손으로 강족(羌族)은 염제의 먼 후손이었다. 희성(姬姓) 황제족과 강(姜)성 염제족은 서로 혼인하였다. 이들 두 부족은 서로 혼인을 통해 정치집단을 형성했다. 우임금의 모친의 나라 유신국(有莘國)은 염제 후손의 강성(姜姓) 부족이었다. 하왕조가 건국되자 우임금의 아들 계는 그의 서자를 강성(姜姓) 유신씨(有莘氏)의 옛 땅에 분봉하여 하나라의 지배력을 강화하고자 하였다. 원래의 강성 부족은 다른 곳으로 옮겨갔는데, 이들이 바로 사성(姒姓) 유신씨(有莘氏)들이다.

하·상 시대에 유신국(有莘國)은 하남 이천(伊川)에 있었다는 주장이 제기되고 있다. 『여씨춘추』「본미편」에 따르면, "유신씨(有侁氏) 여자가 뽕을 따다가 빈 뽕나무(空桑)에서 갓난 아기를 얻었다."라고 기록되어 있는데, 그 아기가 이윤(伊尹)이라는 것이다. 여기서 유신씨는 유신씨(有莘氏)와 같다. 이는 신(莘)씨들이 상나라 초기에 이천(伊川) 일대에 살고 있었다는 사실을 보여준다. 유신씨들은 섬서 합양에도 있었다. 『괄지지』에는 "옛 신국성이 동주 하서현 남쪽 20리에 있다.[古莘國城在同州河西縣南二十里]"고 했다. 유신씨들은 산동 조현(曹縣) 일대에도 살고 있었다. 이뿐만 아니라 하남 진류(陳留)에도 유신씨들이 살았다.

26/ 심씨沈氏

우리나라 심씨 인구는 2015년 기준으로 27만 명이다. 그 중 청송 심씨가 24만 명으로 사실상 단일본이다. 삼척 심씨가 1만7천 명, 풍산 심씨 1만1천 명 등으로 그 뒤를 잇고 있다.

청송 심씨(靑松 沈氏)의 시조는 고려 충렬왕 때 위위시승(衛尉寺丞)을 지낸 심홍부(沈洪孚)이다. 4세 심덕부(沈德符)가 고려 말기에 왜구토벌에 공을 세워 청성부원군(靑城府院君)에 봉해졌다고 한다. 조선 개국 후 심온(沈溫)이 세종 시기에 영의정을 지냈고, 그 아들 심회(沈澮)도 세조 때 영의정을 지냈다.

중원의 심씨는 2007년을 기준으로 600만 명으로 백가성 37위에 달하는 대성이다. 땅의 이름을 성씨로 삼았다. 심씨의 군망은 오흥군(吳興郡)이다. 심씨의 기원은 다양하다. 백도백과 검색결과에 따른 중원 심씨의 기원은 다음과 같다.

심씨의 제1 갈래는 영성(嬴姓)에서 출자하였다. 제준(帝俊)의 아들 실심(實沈)의 후손이다. 실심 씨족은 원숭이를 토템으로 하여 최초에 산동 곡부의 심유(沈猶)에서 살았으며, 동이족의 한 지파인 영성이 되었다. 이후에 친족 알백(閼伯)과 싸우다가 산서성 분수(汾水)와 회수(澮水) 사이 대하족의 터전인 지금의 산서성 남부 임의(臨猗)현 서쪽에 심국(沈國)을 건국하였다. 그 때는 하나라가 흥기한 이후였다. 따라서 사성(姒姓) 하나라 사람들은 영성 심(沈) 나라 땅을 빼앗았고, 심나라 사람들은 남쪽의 하남 고시(固始)의 침구(寢丘)에 나라를 세웠다. 상나라가 하나라를 멸망시킨 후 영성 심씨들은 나라를 다시 세웠다. 주무왕이 상나라를 멸망시킨 후 진(晉)나라가 심토(沈土)를 병합하자 영성 심씨들은 남쪽으로 피난하여 하남 심구(沈丘)에 나라를 세웠다. 주소왕이 회이(淮夷)를 정벌할 때 영성 심국(沈國)도 멸망했다. 이렇게 보면 영성 심씨의 역사는 최소한 4,500년이나 된다.

심씨는 사성(姒姓)에서도 기원하였다. 하나라가 건국된 후 하나라 사람들은 사주(四周)의 부족들을 병탄시켰다. 이때 산서성 남부의 임의에 있었던 영성 심국도 하나라 사람들에게 병탄되었다. 이후 사성(姒姓) 심국을 건국하였다. 상나라가 하나라를 멸망시킨 후 상나라와 친밀한 영성 심씨들이 복국하자 사성 심씨들은 남쪽으로 도망쳐 황하를 건너 하남 신성현(新城縣)의 심수(邘垂)로 이주하였다. 이후 계속 남쪽으로 이주하여 하남 고시의 침구에 건국하였다. 주나라 초기에 장국(蔣國)이 하남 고시의 사성 심국을 멸망시켰다. 심나라 사람들은 더 남쪽으로 도망쳐 초나라 땅의 심록(沈鹿){지금의 호북성 종상(鍾祥)} 동쪽으로 이동하여 초나라의 일원이 되었다. 이러한 사성 심씨의 역사는 4,000년에 달한다.

상나라 초기, 산서 남부의 사성 심씨와 영성 심씨의 일파가 서쪽으로 이주하여 섬서성 서화(西華), 그리고 다시 주나라에 도달하였다. 그리고 계속 서쪽으로 이동하여 감숙성 정서현(定西縣)에 이르러 민산(岷山)과 민강을 넘어 그 남쪽의 사천성 중부의 한원에서 여(黎)족과 혼성하여 심나라(沈國, 일명 단국)를 성립시켰다.

심씨의 세 번째 출자는 희성(姬姓)이다. 서주는 문왕의 아들 계재(季載)를 심(沈)에 분봉하였고, 고성은 지금의 하남 평여(平輿) 북쪽에 있는데, 담(聃)이라고 부른다. 기원전 506년 채국(蔡國)에 멸망당했다. 자손들이 나라 이름을 따서 심씨라 했다. 서주(西周) 소왕(昭王) 때 장(蔣)나라가 하남 고시의 사성 심국을 병탄했다. 이후 그 아들을 봉하여 희성 심국이 되었다. 노(魯)양공은 서자 심계(沈季)를 심유(沈猶)에 봉하고 노나라의 부용국으로 삼았으며

심(沈)을 씨로 삼았다. 서주 소왕이 남하하여 회이를 정벌하자, 심계가 주소왕을 따라 하남 심구의 영성 심국을 멸망시켰고, 심계의 아들 심자타(沈子它)가 안휘 부양(阜陽) 서북쪽에 희성 심자국(沈子國)을 건국하였다. 춘추시기에 초나라에 의해 멸망당했다. 희성 심씨는 3,000년의 역사를 갖고 있다. 현재 심씨는 강소성에 가장 많은 인구가 살고 있다.

춘추 시기에 희성 심씨의 나라가 채에 멸망당하자 계재의 후손들은 초나라로 이주하였고, 그 손자 심윤술(沈尹戌)은 영산에 은거하다가 초나라에 출사하여 좌사마(左司馬) 겸 총사령관이 되었다. 서기전 6세기 초에 오나라는 손무와 오자서 등이 합려를 보좌하여 초나라를 침공하였다. 초소왕은 심윤술이 전군을 통솔하여 오나라군을 방어하도록 하였다. 심윤술은 손무가 이끄는 오군에 맞서 싸웠으나 백거전쟁(柏擧之戰)에서 대패하여 초나라의 수도 영(郢)이 점령당하는 등 초나라가 멸망 직전으로 내몰리게 된다. 이때 심윤술 부자는 전쟁에서 전사했다.

서기전 506년 발생한 백거지전은 춘추시기 최대의 전쟁 중 하나이다. 오왕 합려가 손무, 오자서 등과 함께 3만군으로 초나라의 백거{지금의 호북성 마성시(麻城市) 경내}에서 초군 20만을 격파한 전쟁이다. 이 전쟁의 주장은 오나라는 손무, 초나라는 심윤술이었다. 손무의 뛰어난 용병술과 다양한 진법, 심리전 등에 의해 초군이 속수무책으로 패배한 전쟁이다. 초나라의 주장을 맡은 심윤술은 한수(漢水) 방어 중심으로 전쟁을 이끌려 했으나 우사마 겸 부사령관인 낭와가 손무의 전략에 놀아나 소수의 군대에 대군이 궤멸당하는 패배를 당했다.

초나라는 춘추 이래로 수많은 제후국을 병합하였으나 서기전 516년 초소왕이 즉위하면서 내정이 부패하고, 주변국과 불화가 심해져 쇠락의 길을 걷고 있었다. 오나라는 이 시기 초나라를 공격하려다 오자서와 손무가 초나라의 내분이 더욱 심화되기를 기다려야 한다고 건의해 정벌을 미루고 있었다. 초나라가 채나라를 공격하자 채를 구원한다는 명분으로 오나라가 초나라를 침공하였다.

　마침내 오나라 군이 초나라를 쳐들어오자 초나라는 첫 전투부터 대군으로 대응했다. 오나라 군대는 짐짓 패배한 것처럼 후퇴를 반복했다. 6년여 동안 초나라를 계속 공격하자 해마다 초나라는 수많은 인력과 물자를 소비하여 국력이 소진되었다. 서기전 507년 채나라 국군 채소후(蔡昭侯)와 당나라 국군 당성공(唐成公)은 초나라 영윤 자상(낭와)의 협박과 3년간의 구속에서 벗어나기 위해 초나라에 등을 돌리고 오나라, 진(晉)나라와 동맹함으로써 초나라의 북쪽 경계를 열어 주었다. 더 나아가 서기전 506년에 채나라가 앞장서서 진, 제, 노 등 18국의 소릉(召陵){지금의 하남성 언성현(郾城縣)} 회맹을 추진하여 초나라 정벌을 모의하였다. 초나라는 같은 해 가을 군사를 보내 채나라를 포위 공격하였다. 오나라는 총력전이 가능하다는 판단하에 채를 구한다는 명분으로 초나라 군의 수비가 취약한 동북부에서 초나라로 돌진하였다.

　서기전 506년 겨울, 오왕 합려는 손무와 오자서를 앞세우고 3만 병력을 이끌고 초나라로 진군했다. 이때 초나라는 오군의 날랜 기세를 피해 본토를 방어해야 했으나 채나라에 대한 포위를 풀지 않고 공격 기세를 유지했다. 이에 오나라와 채나라, 당나라 등 세 나라 연합군은 회수를 거슬러 올라가 계속 서진하였다. 손무는 수군 대신 육군을 활용하여 기습적으로 초나라의 주요 거점들을 점령하여 기습전에 성공하였다. 초소왕은 오군이 한수 동안(東岸)에 갑자기 출몰하자 당황하여 영윤 낭와, 좌사마 심윤술 등을 급파하여 전 병력을 쏟아부어 한수 서안으로 달려가 오군과 대치하였다.

　좌사마 심윤술은 초나라 각지에 흩어져 있던 병력이 아직 집결하지 못하여, 오군에게 각개 격파당하기 쉬우므로, 한수의 방어에 전력을 기울이자고 주장했다. 그런데 심윤술이 오나라에게 빼앗긴 관문들을 회복하기 위해 방성(方城)으로 북상하자 전공을 빼앗길 것을 우려하여 낭와는 독단적으로 한수를 건너 오군을 공격하게 된다. 그 결과 초나라의 주력군은 손무의 계략에 빠져들었다. 오군은 짐짓 패한 것처럼 한수 동쪽 강변에서 자진 철수하였다. 계략에 빠진 줄도 모르고 초군은 오군을 추격해 총공격에 나선다. 그 결과 우사마 낭와의 초군은 호북성 소별산에서 대별산까지 진격하다가 오군에게 세 번 싸워 모두 대패하였다. 낭와는 패전의 책임을 질 수밖에 없게 되자 백거{지금의 호북성 마성(麻城)}에서 총력전을 펼치게 된다.

그러나 낭와에 대한 신뢰를 갖지 못한 초군이 오군에게 참혹하게 패전하면서 모두 한수를 건너 도망치기에 바빠졌다. 강을 건넌 초군이 옹서(雍澨){지금의 호북 경산현(京山縣)}에서 솥을 파묻고 밥을 짓고 있었는데, 오군이 들이닥치자 밥을 먹지도 못하고 도망쳤다. 오군은 초군이 지은 밥을 먹고 초나라 군대를 추격했다. 초군 좌사마 심윤술은 낭와의 주력군이 무너진 사실을 알고 급히 본부의 병마를 이끌고 패전군을 구원하러 나섰다. 오군 선봉대는 심윤술 병력의 날카로운 반격에 당해 상당수가 무너졌다. 그러나 오군의 주력을 이끌던 손무가 신속히 심윤술의 초군을 포위했다. 심윤술은 좌충우돌하며 용감하게 싸웠지만 포위를 뚫고 나갈 수 없었다. 결국 대세가 기울자 심윤술은 항복하지 않고 자결했다.

초소왕은 백거에서 초군이 대패했다는 소식을 듣고 대신들의 반대를 무릅쓰고 수도 영을 포기하고 도망쳤다. 그러자 초나라 군사들도 모두 도망치기에 바빴다. 오군은 서기전 506년 겨울에 초나라의 도읍 영도(郢都){지금의 호북성 형주시(荊州市)}로 쳐들어갔다. 심윤술의 군대가 최종적으로 패배하면서 백거전쟁은 오나라의 승리로 돌아갔고, 초나라는 나라가 멸망될 수 있는 위기에 빠져들었다. 오자서는 영도에 들어간 후, 자신의 부친과 형을 죽인 초평왕의 묘를 찾아 관을 열고 시신에 채찍질을 함으로써 복수했다.

27/ 안씨安氏

우리나라 안씨는 2015년 통계청 인구조사 결과 68만6천 명으로 나타나 인구수 기준 17위의 성씨이다. 그 중 순흥(順興) 안씨가 52만 명으로 절대 다수를 차지하고 있고, 그 다음으로 죽산(竹山) 안씨 7만7천 명, 광주(廣州) 안씨 4만8천 명, 탐진 안씨 2만6천 명 등이다.

순흥 안씨는 경북 영주시 순흥면을 본관으로 하는 성씨이다. 순흥 안씨의 시조는 고려 신종 때 순흥현(順興縣)에 세거하던 안자미(安子美)이다. 순흥 안씨는 크게 세 갈래로 나뉜다. 안자미의 큰 아들 안영유의 후손을 흥주인이라 하고, 작은 아들 안영린의 후손을 순정 안씨 또는 검교공파라고 한다. 안자미의 증손자 문성공 안향(安珦)의 족자인 석(碩)의 후손은 흥령인 또는 죽계 안씨(竹溪安氏)라고 하였다. 독립운동가 안창호, 안중근 등이 순흥 안씨이다.

죽산 안씨는 경기도 안성시 죽산면을 본관으로 한다. 죽산(竹山)은 본래 고구려의 개차산군(皆次山郡)이었다. 고려 초에 죽산 안씨의 죽(竹)을 따서 죽주(竹州)로 고쳤다. 조선 태종 때 죽산현(竹山縣)이 되었다. (구)죽산 안씨는 안준(安濬), 안영의(安令儀)를 시조로 하는 두 문중이 별도로 족보를 간행하며 별개로 계대를 이어오고 있다고 한다. (신)죽산 안씨는 고려 말 문하시중을 역임한 안원형(安元衡)을 시조로 삼고 있다. 광주 안씨는 고려 태조 때 대장군을 역임한 안방걸(安邦傑)을 시조로 하고 있다. 탐진 안씨는 전남 강진군을 본관으로 하며, 시조는 안우(安祐)이다.

안씨는 원래 고대 서아시아에 있던 파르티아(Parthia) 왕국 또는 안식국(安

息國)의 후손으로 알려져 있다. 안식국은 이란 고원 북동부에 위치하였으며, 원래 페르시아 제국에 속했다. 서기전 3세기 중반에 아사세스(Arsaces) 왕조가 수립되면서 독립했다. 안식국은 안식의 창건자 아삭(Arsak)의 한문 음역이다. 서기전 2세기 말 미트라다 1세 시기에 이란 고원 전역과 양하 유역을 거느리는 거대한 제국으로 성장하였다. 이 시기에 안식국은 월지국(月支國)과 이웃하고 있었는데 고대 실크로드의 중간에 위치해 무역의 중심지로 번영했다.

한무제의 사신이었던 장건은 서기전 129년 무렵 대월씨(大月氏)의 대하(大夏)에 이르렀는데, 이때 안식까지 가보지는 못하고 월씨로부터 안식국에 대해 들은 바를 기록하였다. 이 종족은 말을 타고 달리며 몸을 뒤로 돌려 활을 쏘는 용맹한 기술을 보유하고 있었다. 서기전 120년부터 서기전 80년 사이에 사카족 일파가 남하해 서해안을 차지하고, 이후 여러 사카족의 나라가 건국되었다. 이를 천축 사카족이라고 불렀다. 2세기 말에 이르러 월지

◩ 안씨의 기원 안식국(安息國)의 위치와 강역

자료: 지도제(地圖帝)

쿠샨제국과 로마제국 사이에서 쇠퇴의 길을 걸었다. 『사기』 「대완열전」에는 안식국에 대해 다음과 같이 기록하고 있다.

안식국은 대월지국의 서쪽 수천리 되는 곳에 있다. 토착세력으로서 밭을 일구어 벼와 보리를 수확하고 포도주를 생산했다. 성읍은 대완과 마찬가지이다. 거기에 크고 작은 수백 개의 성이 속한다. 땅은 사방 수천 리의 대국이다. 규수(嬀水)에 임해 도시들이 있으며, 백성들은 장사를 위해 수레나 배를 타고 나라 밖의 수천 리를 이동한다. 은을 화폐로 삼았으며, 돈에는 왕의 얼굴이 새겨져 있다. 왕이 죽으면 곧 동전을 바꾸어 새로운 왕의 얼굴을 새긴다. 가죽에 글을 적어 기록한다. 안식의 서쪽에는 조지(條枝)가 있으며, 북쪽에는 엄채(奄蔡), 여헌(黎軒)이 있다.

安息在大月氏西可數千里. 其俗土著, 耕田, 田稻麥, 蒲陶酒. 城邑如大宛. 其屬小大數百城, 地方數千里, 最為大國. 臨嬀水, 有市, 民商賈用車及船, 行旁國或數千里. 以銀為錢, 錢如其王面, 王死輒更錢, 效王面焉. 畫革旁行以為書記. 其西則條枝, 北有奄蔡、黎軒

안식국 사람들과 월지국 사람들은 이 지역 토착민으로서 메소포타미아 문명의 주역들인 것으로 파악된다. 안식의 초기 도시에 대해 『한서』에서는 반두(番兜)라 했고, 『후한서(後漢書)』에서는 화독(和櫝)이라고 했다. 일설에 반두는 파르티아(Parthia)나 파르타바(Parthava)의 음역이며, 화독은 반두가 와전된 것이라고 한다. 고대에 「ㅍ」과 「ㅂ」을 혼용한 것으로 보아 파르티아는 바르티아, 즉 발흐로 월지족 박트리아의 도읍 발흐와 깊은 연관이 있다. 반(番)계 지명은 발, 박, 포, 반 등과 가까운 지역에 있는 경우가 많은데, 이들이 중원에 진입할 때 월지족과 같이 이동했기 때문인 것으로 보인다.

안씨의 득성 시조는 안청(安淸)이다.『신당서』「재상세계표」에는 황제의 아들 창의의 차남 안(安)이 서방에 살았는데, 상고 시기에 서융으로서 이후 안식국을 건국했다고 한다. 후한 환제 건화 2년(148년) 안식국의 태자 청(淸)이 부친의 사후 왕위 계승을 원치 않아 숙부에게 양위했다. 그리고 출가한 이후 중원으로 떠나 불경을 번역하는 일을 수행했다. 태자 안과 같이 중원으로 진입한 사람들은 모두 안식국의 안(安)을 성씨로 삼았다. 중원의 안씨의 인구는 약 170만 명으로 백가성 중 110위권을 차지하고 있다. 안씨는 조선의 핵심 세력이었던 월지족(=嵎夷)과 함께 서역에서 이주해 온 성씨로 조선, 선비 등의 계열로 분류할 수 있다. 안씨의 군망은 호북성 무릉(武陵)과 하남성 하내(河內)이다.

그런데 안씨들이 후한보다 훨씬 이전 시기인 서주 시기에 이미 중원에 이

▱ 호북성의 안씨(安氏) 세거지 죽계(竹溪)와 죽산(竹山) 위치도

주해와 살았다는 것은 중국의 지명과 한국의 씨성 본관의 비교를 통해 확인 가능하다. 중국 감숙성 안강(安康)시 바로 밑의 호북성에 죽계(竹溪)와 죽산(竹山)이라는 지명이 나란히 있는 것을 확인할 수 있다. 죽계, 죽산은 서주 시기에 목서팔국 중 하나인 용국(庸國)에 속했으며, 『한서』「지리지」에 따르면 한중(漢中)군에 무릉현이 있었다. 그런데 한국의 순흥 안씨의 한 계파 중 죽계 안씨가 있으며, 죽산 안씨도 있다. 한문의 지명이 모두 같아 우연한 현상으로 볼 수 없다. 이는 중원의 호북성에서 살던 안씨들이 한반도로 이주하면서 지명을 복제하여 본관으로 삼았다는 사실을 보여준다.

　중원의 지명이 한국 지명에 복제된 사례가 많다는 사실을 통해 우리는 안씨들이 서역에서 중원으로 이주한 후 한반도로 이주해 왔다는 사실을 알 수 있다. 죽계와 죽산의 오른쪽에 있는 노국과 나국의 경우에도 주나라가 성립된 이후 제후국으로 건국된 나라들이다. 이들은 초나라에 멸망된 후 나라명을 따라 노씨와 나씨를 성씨로 삼고 한반도의 광주와 나주로 이주한 것으로 나타나고 있다. 안씨도 비슷한 시기에 한반도로 이주한 것으로 보인다.

　경남 함안에 있었던 가야국 중 안야(安邪)국이 안씨와 깊은 연관이 있는 것으로 분석된다. 안야국은 안라(安羅)국으로 불리우기도 했고, 아라가야라고 불렸다. 함안(咸安)의 지명에도 여전히 안(安)이 존재하는데, 함(咸)은 '모든'이라는 의미를 갖고 있어 모든 안씨라는 뜻으로 풀이된다. 안씨들이 세거하던 중원의 죽계는 서기전 202년 무릉(武陵)현이었는데, 함안에 무릉산성(武陵山城)이 있고, 칠서면에 무릉(武陵)리가 있다. 칠원에는 무릉산이 있으며, 칠원의 별명이 무릉이다. 이뿐만 아니라 칠서에는 안곡산(安谷山)과 안기(安基)라는 지명이 있고, 안곡산은 안국산(安國山)으로 불리우고 있다.

　그렇다면 왜 순흥 안씨들의 본관은 경북 영주의 순흥으로 나타나는 것일까? 그것은 209년 포상팔국전쟁에서 아라가야가 패전한 후 내륙으로 이주되었기 때문인 것으로 분석된다. 원래 안씨들은 안식국을 경영하던 강력한 세력들이었기 때문에 한반도에 진입하던 초기에는 해안에 가까운 함안에 위치하였던 것으로 보인다. 그런데 안야국이 강성해지자 신라 및 금관가야와 연대하여 마한 및 변한에 반기를 들었던 것으로 보인다. 그 결과 『삼국사기』「물계자전」에는 209년에 포상팔국과 아라가야 사이에 대규모 전쟁이 발생한 것으로 나온다. 그 결과 아라가야가 점령당한 것이다. 이에 대해서는 『삼국지』「한조」에 마한 진왕에게 복속하고 있는 신지 중 안야축지, 즉 아라가야의 축지가 등장하는 것을 통해 확인할 수 있다. 이후 안씨들의 주력은 내륙 깊숙한 경북 영주로 이주된 것으로 분석된다.

안씨는 소무 9성(昭武九姓) 중 하나인데, 감숙성 임택현에 살다가 흉노에게 패배한 후 안국(安國)을 건국하였고, 수당 시기에 중원으로 이주한 후 나라 명을 따서 안씨라 하였다. 안씨는 강국(康國)인과 동족으로 강국과 혼인관계로 서로 연결되어 있었다. 『원화성찬』에는 "전욱의 현손인 육종의 다섯째 아들 안(安)이 조(曹)씨이다."라고 기록하고 있다. 이를 통해 소그드인 안씨는 조씨와 더불어 축융족이었다는 것을 알 수 있다. 당나라 때 '안사의 난(安史之亂)'의 주인공인 안록산(安祿山)은 친부가 소그디아 강(康)국 출신이었는데, 안록산이 안연언의 양아들이 되어 안씨로 개성했다고 한다. 그의 후손들이 안씨라 하고 대대로 전해오고 있다. 안씨는 당나라 5대 10국 시대에 안사의 난이 발생한 이후 영흥군 절도사 안광업(安光鄴)과 성덕군 절도사 안중영(安重榮)이라는 중원 최고의 실력자를 배출하였다. 두 사람은 모두 독주하고 대권을 거머쥐고 있었지만 어진 정치를 하고 조금도 발호하지 않아 청사에 이름을 남길 수 있었다.

그 중 안중영은 일찍이 후진(後晉)의 군주 석경당(石敬瑭)이 요나라에 칭신하는 것을 넘어 거란인 요태종 야율덕광의 아들이 되겠다고 상주문을 거란에 보낼 때 통탄하며 말하길, "오랑캐에 굴복하여 그를 존대하니, 만세의 치욕이다."라고 호언하여 그 이름이 길이 빛났다. 『구오대사(舊五代史)』「권98 진서(晉書) 안중영(安重榮)전」에는 그가 거란 사신 수십 기가 와서 불손하게 행동하자 이들을 모두 죽여 버렸다고 한다. 그리고 군주에게 대책을 상주하면서 다음과 같이 말했다.

> 예지를 우러러 깨닫고 깊이 허물을 생각하며, 하늘의 도를 백성의 마음으로 여겨 잔악한 무리에게 이기려면 오로지 좋은 기회를 놓치지 말고 때는 다시 오지 않는다는 것을 알아야 한다.
> 仰認睿旨 深惟匡瑕 其如天道人心 至務勝殘去虐 須知機不可失 時不再來

이뿐만 아니라 『구오대사』「권123 안숙천(安淑千)전」에는 "안숙천은 사타(沙陀) 세 부락의 종족으로서 부친이 성심성대하시며, 당나라 무황(武皇)을 섬기시니 날래고 용맹스러웠다."라고 한다. 이들 외에도 당나라 시대에 수많은 안씨들이 사서 기록에 등장하는데 대표적으로 안정견(安庭堅), 안록산(安祿山), 안경충(安敬忠), 안금장(安金藏) 등이 바로 그들이다. 백도백과에 따르면 안씨들 중에는 선비족에서 기원한 사람들도 많으며, 회족(回族) 출신도 있다고 한다. 그런데 안씨 인구수의 증감과 관련하여 안록산이 중요한 역할을 수행했다. 안록산은 원래 강씨로서 안씨 성의 인구를 증가시켰으나 그가 반란을 일으킨 이후 다수의 안씨들이 이씨로 성을 바꾸었기 때문이다.

『당서(唐書)』에 기록되어 있는 "이포옥(李抱玉)의 본래 성은 안씨(安)인데 안록산과 같은 성씨라는 것을 부끄러워 해서 이씨(李氏) 성을 하사했다."라고 한다. 이로 인해 후세에 수많은 안씨들이 이씨가 된 것이다. 『죽산안씨대동보』에 시조 안방준(安邦俊)이 당나라 종실 이국정(李國貞)의 아들인 이원(李瑗)의 장남 이지춘(李枝春)이라고 했다는 기록이 있는데, 이는 이씨 중 안씨가 많았다는 것을 보여준다. 그는 864년(신라 경문왕 4년)에 이엽춘(李葉春), 이화춘(李花春) 형제와 왜구토벌에 큰 공을 세우자, 안국지신(安國之臣)이라는 뜻에서 안씨(安氏) 성을 받았으며, 이 때에 안방준으로 개명하고 죽산군(竹山君)에 봉해졌다고 한다. 이 기록은 지금까지 불신당해 왔는데, 안씨들이 이씨로 개성했다가 다시 안씨로 복귀했다는 것을 의미하는 것으로 당나라 시기의 상황을 입증하는 중요한 사료이다.

당나라 중엽 안록산이 반란을 일으킴으로써 당나라는 결정적으로 쇠퇴하기 시작하였으며 중국 봉건사회가 전기에서 후기로 넘어가는 역사적 전환점이 되었다. 안씨들은 낙양을 비롯한 하남성, 그리고 호북성 서북쪽의 무릉(죽계)과 죽산에 집중적으로 살고 있었다. 이밖에도 안씨의 군망은 양주(凉州), 고장(姑臧), 호남 상덕시 무릉군(武陵郡), 하내군(河內郡) 등을 들 수 있다.

28/ 양씨梁氏

우리나라 양씨는 2015년 기준으로 46만1천 명이다. 양씨는 남원 양씨, 제주 양씨로 양분되어 있었으나 현재 모든 양씨는 제주 양씨로 통합되어 있다. 제주 삼성혈(三姓穴)에서 비롯된 양을나(良乙那)를 시조로 삼고 있다. 삼성혈 사화는 양씨와 고씨, 부씨 등 제주 삼성의 탄생에 관한 기록에 기초하고 있다. 이에 대해서는 『고려사』「지리지」'탐라현조'에 다음과 같이 기록되어 있다.

탐라현은 전라도의 남쪽 바다 가운데에 있다. 고기에서 말하길, "태초에 사람이 없었는데 세 신인(神人)이 땅 속에서 솟아 올랐다.[한라산 북쪽 기슭에 구멍이 있는데, 모흥(毛興)이라고 한다. 이곳이 바로 그 땅이다.] 맏이가 양을나(良乙那), 둘째가 고을나(高乙那), 셋째가 부을나(夫乙那)라 하였다. 이들 세 사람은 황량하고 외진 산간으로 다니면서 사냥을 하여 그 가죽으로 옷을 삼고 고기를 먹고 살았다. 어느날 자주색 진흙으로 봉해진 나무 상자 하나가 동쪽 바닷가에 떠 들어오는 것을 보고 가서 이를 열어 보니, 상자 안에 또 돌 상자가 있었으며, 자주색 옷에 붉은 띠를 두른 사자(使者) 한 사람이 따라 나왔다. 그가 돌 상자를 열자 푸른 옷을 입은 처녀 세 사람과 망아지와 송아지, 오곡종자가 나왔다. 사자가 "저는 일본국의 사신입니다. 우리 왕이 이 세 딸을 낳고서 말하길, 「서해의 중악에 신의 아들 세 사람이 내려와 장차 나라를 세우고자 하지만 배필이 없다」 하고는 저에게 명하여 세 딸을 모시고 여기에 오도록 한 것입니다. 마땅히 배필로 삼아 대업을 이루소서."라고 말하고 홀연히 구름을 타고 가버렸다. 세 사람이 나이 순에 따라 세 여자를 아내로 삼고서, 샘이 달고 땅이 비옥한 곳으로 가서 화살을 쏘아 땅을 점치고는 양을나가 사는 곳을 제일도(第一都)라 하고, 고을나가 사는 곳을 제2도(第二都), 부을나가 사는 곳을 제3도(第三都)라 하였다. 처음으로 오곡의 씨를 뿌리고 또 가축을 길러 날로 부유하고 자손이 번성하였다.

耽羅縣在全羅道南海中 其古記云 "太初無人物 三神人 從地聳出 [其主山北麓 有穴曰毛興 是其地也] 長曰良乙那 次曰高乙那 三曰 夫乙那 三人遊獵荒僻 皮衣肉食 一日見紫泥封藏木函 浮至于東海 濱 就而開之 函內又有石函 有一紅帶紫衣使者 隨來 開石函 出現靑 衣處女三 及諸駒犢五穀種 乃曰 '我是日本國使也 吾王生此三女云 「西海中嶽 降神子三人 將欲開國 而無配匹」 於是 命臣侍三女 以來 爾 宜作配 以成大業' 使者忽乘雲而去 三人 以年次 分娶之 就泉甘 土肥處 射矢卜地 良乙那所居 曰第一都 高乙那所居 曰第二都 夫乙 那所居 曰第三都 始播五穀 且牧駒犢 日就富庶

삼성혈 사화에 '일본국 사신'이 등장하는 것으로 보아 이는 일본에서 국가가 형성된 이후 또는 사신을 파견할 수 있었던 시기에 만들어졌다는 것을 알 수 있다. 더구나 일본이라는 호칭이 사용된 것은 『신당서』 「일본조」에 등장하는 함형 원년(670년)이 최초이다. 따라서 삼성혈 사화가 만들어진 것은 일본이라는 국명과 사신을 파견한 시기를 모두 감안해서 판단해야 한다. 고려가 건국된 것은 918년이고, 『고려사』가 편찬된 시기는 1451년 고려 문종 때이다.

『고려사』가 편찬되던 시기에는 일본국이 건국된 지 아주 오래된 이후 시기이므로 일본국의 성립만이 아니라 왜가 성립된 시기까지도 고려해야 한다. 따라서 최초로 열도에서 대외적으로 사신을 파견한 시기가 언제인가를 살펴보아야 한다. 왜의 사신이 한반도와 중원에 파견된 시기는 2~3세기의 신공왕후 시기이다.

세 사람이 탄생된 시기를 요임금 9년이라고 해서 단군조선이 건국된 시기와 거의 같은 시기라는 주장도 있는데, 일본국이 등장하는 것을 감안해서 이를 해석하는 것이 합리적이다. 고대 시대에 중원에서 사람들이 제주도를 찾아온 기록들이 등장한다. 대표적으로 진시황이 불로초를 찾아오라고 해서 바다를 헤매던 서복(徐福)이 제주도 서귀포 정방폭포에 '서복과지(徐福過之)'라는 글자를 새겨 놓고 갔다고 한다. 그렇다면 서기전 3세기 초에 서복이 제주도에 왔다는 것이 된다. 서귀포시(西歸浦市)의 지명은 서복이 '서쪽을 향해 귀로에 오른 포구'라는 의미를 갖는다고 한다. 서복은 제주도에 정착한 것이 아니라 지나쳐 갔을 뿐이다. 이뿐만 아니라 제주시 용담동의 산지항에서 전한 시대의 화폐인 오수전과 왕망의 신나라 때 화폐인 화천(貨泉), 대천오십(大泉五十), 화포(貨布) 및 구리거울 등이 발굴되어 외부 세력들이 거쳐 간 것으로 나온다.

그러나 3세기 중반의 상황을 전하는 『삼국지』 「한조」에는 주호(州胡)가 마한의 서쪽 바다 가운데의 큰 섬에 있다고 했으며, 그 사람들은 대체로 키가 작고 말도 한(韓)과 다르다고 했다.

또 주호(州胡)가 마한의 서쪽 바다 가운데의 큰 섬에 있다. 그 사람들은 대체로 키가 작고 말도 한(韓)과 같지 않다. 모두 선비족처럼 머리를 삭발하였으며, 옷은 오직 가죽으로 해 입고 소나 돼지 기르기를 좋아

한다. 그들의 옷은 상의만 입고 하의는 없기 때문에 거의 나체와 같다. 배를 타고 왕래하며 한(韓)에서 물건을 사고 판다.

又有州胡在馬韓之西海中大島上 其人差短小 言語不與韓同 皆髡
頭如鮮卑 但衣韋 好養牛及豬 其衣有上無下 略如裸勢 乘船往來 市
買韓中

주호는 제주를 가리키는 것으로 분석된다. 삼성혈 사화에 기록된 것처럼 동물 가죽으로 옷을 해입는 것으로 나온다. 농토가 많지 않기 때문에 주로 물가에 살면서 물고기를 잡아 먹으며 살았던 것으로 보인다. 가축으로 소나 돼지를 기른다고 했는데, 현재와 마찬가지이다. 생필품은 한과의 교역을 통해 확보한 것으로 보인다. 『삼국사기』 포상팔국전쟁과 『일본서기』의 가라 7국 정벌전쟁은 마한 진왕의 정벌전을 기록한 것인데, 이에 따르면 3세기 초에 탐라가 정복된 것으로 분석된다. 탐라의 명칭은 탐진(耽津), 즉 강진의 앞자이고, 라(羅)는 영산강 세력 나씨의 지표지명이다. 이상의 내용들을 종합해보면 2세기~7세기 무렵에 삼성혈 사화가 형성된 것으로 판단된다.

『고려사』에 기록된 바에 따르면 양을나가 맏이인 것으로 나타나고 있다. 양을나가 2세기~7세기 경에 탐라국을 창건한 이후 912년부터 고자견이 탐라국 왕위를 이어받은 것으로 보인다. 한국 양씨는 크게 남원 양씨와 제주 양씨로 구분되는데, 남원 양씨가 한국 양씨 전체의 80%에 달한다. 그런데 양을나(良乙那)를 시조로 삼고 있어 제주 양씨와 합보를 만들고 사실상 합가하였다.

당나라 침공시 안시성 전투를 지휘한 장수가 양만춘(梁萬春)이다. 그런데 16세기 명나라의 『당서지전통속연의(唐書志傳通俗演義)』에 양만춘(梁萬春)이란 이름이 최초로 등장한다. 이 책은 당태종의 정벌전을 『삼국지연의』와 같은 형태의 소설로 쓴 것이다. 당나라에서 구전되었던 인물들을 여기에 기록하였다. 중원에서 영웅이었던 당태종을 물리친 적장의 이름이 중원에 얼마나 많이 퍼져 나갔겠는가? 그래서 소설에 양만춘이 등장하게 된 것이다. 그러나 한국의 강단사학계는 역사소설은 믿을 수 없다며 양만춘이라는 이름을 사용하지 말 것을 주장하고 있다. 그럼에도 현재 우리나라 잠수함 중에는 양만춘호가 있다. 정작 제주 양씨 문중에서는 양만춘에 대해 아무런 입장 표명도 하지 않고 있다. 사실 고수 전쟁의 영웅 강이식 장군도 『삼국사기』에 단 한 자도 등장하지 않는다.

이후 송준길(宋浚吉)의 『동춘당선생별집(同春堂先生別集)』과 박지원(朴趾源)의 『열하일기(熱河日記)』에는 양만춘(梁萬春) 또는 양만춘(楊萬春)이라고 기록하고 있다. 그런데 고구려를 침공했던 수문제의 이름이 양견(楊堅)으로 양(揚)씨이다. 따라서 고구려를 지킨 성씨는 양(楊)씨일 수가 없다. 더구나 고구려는 건국 초기에 양맥국(梁貊國)을 합병해 양씨들은 고구려 성씨가 되었다. 양맥, 즉 양씨들이 있었던 곳이 양구(梁口)이다. 『삼국사기』 「고구려본기」에는 다음과 같이 기록되어 있다.

{유리왕 14년(33년)} 가을 8월에 왕이 오이(烏伊)와 마리(摩離)에게 명하여 병력 20,000명을 거느리고 서쪽으로 양맥(梁貊)을 쳐서 그 나라를 멸망시키고, 병력을 내어 보내 한(漢)의 고구려현(高句麗縣)을 습격하여 빼앗았다. {현(縣)은 현토군에 속하였다}

秋八月 王命烏伊·摩離 領兵二萬 西伐梁貊 滅其國 進兵襲取漢高句麗縣 {縣屬玄免郡}

{신대왕 2년(166년)} 답부를 국상으로 삼고 작위를 올려 패자로 삼아 내외병마를 담당하고 아울러 양맥(梁貊) 부락을 영솔하게 하였다.

拜荅夫爲國相, 加爵爲沛者, 令知內外兵馬, 兼領梁貊部落.

{동천왕 20년(246년)} 가을 8월에 위(魏)가 유주자사 관구검을 보내 10,000명을 거느리고 현토(玄菟)로부터 침략해왔다. 왕이 보병과 기병 20,000명을 거느리고 비류수에서 싸워 패배시키니 베어버린 머리가 3천여 급(級)이었다. 또 병력을 이끌고 다시 양맥(梁貊)의 골짜기에서 싸워 또 패배시켰는데 목을 베거나 사로잡은 것이 3천여 명이었다.

二十年 秋八月 魏遣幽州刺史毋丘儉 將萬人 出玄菟來侵 王將步騎 二萬人 逆戰於沸流水上 敗之 斬首三千餘級 又引兵再戰於梁貊之 谷 又敗之 斬獲三千餘人

{중천왕 12년(259)} 겨울 12월에 왕이 두눌 골짜기에서 사냥을 하였다. 위(魏)의 장수 위지해(尉遲楷)가 병사를 이끌고 쳐들어왔다. 왕이 정예 기병 5,000명을 선발하여 양맥(梁貊) 골짜기에서 싸워서 이를 물리쳤는데, 베어버린 머리가 8천여 급이었다.

十二年 冬十二月 王畋于杜訥之谷 魏將尉遲 名犯長陵諱 將兵來伐 王簡精騎五千 戰於梁貊之谷 敗之 斬首八千餘級

{서천왕 11년(280)} 왕이 크게 기뻐하여 달가를 안국군(安國君)으로 삼고 내외의 병마 업무를 맡아보게 하고 겸하여 양맥과 숙신의 여러 부락을 통솔하게 하였다.

王大悅 拜達賈爲安國君 知內外兵馬事 兼統梁貊·肅愼諸部落

{봉상왕 원년(292)} 봄 3월에 안국군 달가를 죽였다. 왕은 달가가 아버지의 항렬에 있고 큰 공과 업적이 있어 백성이 우러러보자, 그를 의심하여 음모를 꾸며 죽였다. 나라 사람들이 말하기를, "안국군이 아니었다면 백성들이 양맥(梁貊), 숙신(肅愼)의 난을 피하지 못하였을 것이다. 지금 그가 죽었으니 장차 누구에게 의탁할 것인가?"라고 하며 눈물을 흘리고 서로 조문하지 않는 자가 없었다.

元年 春三月 殺安國君達賈 王以賈在諸父之行 有大功業 爲百姓所瞻望 故疑之謀殺 國人曰 "微安國君 民不能免梁貊·肅愼之難 今其死矣 其將焉託." 無不揮涕相弔

초기 고구려가 2만 병력을 동원하여 양맥을 합병하였다. 양맥이 있었던 곳에는 대양수(大梁水)가 흐르고 있었다. 고구려를 '맥'으로 칭한 것으로 보아 양맥은 '대양수(大梁水) 유역의 맥족(貊族)'이라는 의미로서 고구려와 동일한 계열의 족속인 것으로 파악된다. 처음에는 고구려의 통제를 받았고 숙신과 더불어 반란을 일으킨 것으로 나타난다. 이로 보아 양맥은 고구려와 일체화된 씨족이 아닌 것으로 나타난다. 『삼국지』 「동이전」과 『후한서』 「동이열전」에서는 양맥이 소수맥(小水貊)으로 불리운 것으로 분석된다. 양맥과 소수맥은 모두 양씨를 가리킨다.

또 소수맥(小水貊)이 있다. [고]구려는 대수(大水)유역에 나라를 세워 거주하였는데, 서안평현의 북쪽에 남쪽으로 흘러 바다로 흘러드는 작은 강이 있어서, 고구려의 별종이 이 소수(小水)유역에 나라를 세웠으므로, 그 이름을 따서 소수맥(小水貊)이라 하였다. 그곳에서는 좋은 활이 생산되니, 이른바 맥궁이 그것이다.

又有小水貊 句麗作國 依大水而居 西安平縣北有小水 南流入海 句
麗別種依小水作國 因名之爲小水貊 出好弓 所謂貊弓是也 {『삼국
지』동이전}

구려는 일명 맥(貊)이라 부른다. 별종이 있는데, 소수(小水)에 의지하여
사는 까닭에 이를 소수맥(小水貊)이라 부른다. 좋은 활이 생산되니 이
른바 맥궁이 그것이다.
句驪一名貊(耳), 有別種 依小水爲居 因名曰小水貊 出好弓 所謂「貊
弓」是也 {『후한서』동이열전}

『한서』「지리지」를 통해 양맥이 위치한 곳을 찾아보면 다음과 같다. 이에
따르면 양맥은 요동에 위치한 맥족이었다. 구체적으로 대량수는 요수, 즉
북경 북동쪽의 어양 일대를 흐르던 백랑하와 합류하던 조백하의 상류에 있
었던 강이다. 그리고 이 일대의 요동에 안시성이 있었다. 양맥이 있었던 곳
에 안시성이 있었다는 것은 양만춘이 양(梁)씨였다는 사실을 잘 보여준다고
말할 수 있다.

요동군(遼東郡)은 진(秦)나라가 설치하였다. ⋯ 요양(遼陽), 대량수(大梁
水)는 서남쪽으로 흘러 요양에 이르러 요수로 들어간다. ⋯ 거취, 실위
산에서 실위수가 나와 북으로 양평현에 이르러 양수로 들어간다. 고
현, 안시가 있고, 무차는 동부도위가 다스린다.
遼東郡 秦置 屬幽州 ⋯ 遼陽 大梁水西南至遼陽 入遼 ⋯ 居就 室僞
山 室僞水所出 北至襄平 入梁也 高顯 安市 武次 東部都尉治

이상의 기록들에 따르면 제주 삼성혈의 성씨들은 고구려의 왕성인 고씨, 고구려 양맥족의 양씨, 그리고 부여의 부씨 등인 것으로 분석된다. 정리하면 양만춘은 제주 양씨와 동일한 혈족인 것으로 파악된다. 고수 전쟁의 강이식 장군이 진주 강씨의 시조인 것처럼 양만춘도 제주 양씨의 중시조격 인물로 보인다. 100만 대군에 맞서 당태종 이세민의 눈에 커다란 화살을 쏘아 맞춰 당나라의 침략을 방어한 제1차 고당전쟁의 영웅 양만춘 장군은 제주 양씨인 것이다. 삼성혈 사화는 고구려 부여족들이 제주도에 들어오게 된 것을 보여주는 것으로 판단된다.

중원의 양씨는 전형적인 남방계 성씨이다. 영성(嬴姓), 희성(姬姓) 나라와 읍의 이름을 딴 성씨 등 다양한 기원이 있다. 중원의 양씨는 1천1백만 명 이상으로 백가성 중 21위이다. 양씨의 시조는 백익(伯益)이고, 그 후손인 양강백(梁康伯)이 득성시조다. 발원지는 양산(梁山)으로 섬서성, 감숙성 등지이다. 양씨의 군망은 안정군(安定郡), 부풍군(扶風郡) 등이다. 현재는 산동성에 가장 많은 양씨들이 살고 있다.

원래 영성에서 기원하였다. 영성은 그 후세가 열 네 개의 성씨에 달한다. 그 중 진(秦)씨와 양(梁)씨가 중요한 지류이다. 『잠부론(潛夫論)』「지씨성조」에 따르면 양씨는 서씨, 황씨, 강씨 등과 함께 진시황의 선조들인 것으로 나타나고 있다. 비렴(飛廉, 蜚廉) → 악래(惡來) → 여방(女防) → 태기(太幾) → 태락(太駱) → 비자(非子)로 이어지는 계보가 춘추전국시대 진(秦)나라의 근원이다

악래의 후손으로 비자가 있었다. 가축을 잘 길러 주효왕이 그를 진(秦)에 봉하였다. 대대로 그 땅을 다스려 서추대부가 되었으니 견수가의 진정이 바로 그곳이다. 그후 열후의 반열에 서서 □세에 왕을 칭하게 되었으며, 다시 6세를 지나 시황이 한단에서 태어났다. 그래서 그를 조

정이라고 부르는 것이다. 그 외에 양(梁), 갈(葛), 강(江), 황(黃), 서(徐), 거(莒), 요(蓼), 육(六), 영(英)은 모두 고요의 후손이다.

惡來後有非子 以善畜 周孝王封之於秦 世地理以爲西陲大夫 汧秦
亭是也 其後列於諸侯 □世而稱王 六世而始皇生於邯鄲 故曰趙政
及梁·葛·江·黃·徐·莒·蓼·六·英 皆皐陶之後也

전욱 임금의 후예인 백익(伯益)의 후손들이 하양(夏陽) 양산(梁山)을 봉지로 삼았다. 사료에 기록된 바에 따르면 백익(伯益)의 후예로 비자(非子)라는 사람이 있어 말을 잘 키웠다고 한다. 그러자 주효왕은 그에게 말 사육을 맡겼고, 그 결과 양마업이 크게 발전했다. 이에 주효왕은 비자를 진읍(秦邑)에 봉하였고, 비자는 진영(秦嬴)으로 불리웠다. 비자의 증손자 중에 진중(秦仲)은 주선왕 시기의 대부였는데, 명을 받들어 서융(西戎)을 토벌하였으나, 불행히도 서융(西戎)에게 죽음을 당하였다. 후에 진중의 다섯 아들은 군사를 거느리고 계속 서융을 공격하여 마침내 서융을 물리치고 실지를 수복하였다.

이에 서기전 821년 서주(西周)의 선왕은 진중(秦仲)의 차남 강(康)을 하양(夏陽) 양산(梁山){지금의 섬서 한성 일대}에 봉해 백작으로 삼아 양국(梁國)을 건국하도록 하였다. 이를 동량(東梁)이라 부른다. 사람들은 영강(嬴康)을 양강백(梁康伯)이라 불렀다. 양국은 지금의 섬서성 위남시(渭南市)와 한성시(韓城市) 일대에 도읍하고 있었다. 양씨(梁氏)가 사용한 '양(梁)' 자는 수공(水工) 건축의 조성이 서로 밀접하게 연결되어 있다는 의미를 담고 있다. 양(梁)은 유수(流水)의 작은 다리이자 물고기를 잡는 댐으로, 양(梁)씨 선조가 살던 섬서(陝西) 한성(韓城)에는 다리를 닮은 양산(梁山)이 여러 개 있었다.

양강백은 화려한 궁전을 짓는 것을 매우 좋아하여 자주 토목을 크게 일으켰고, 백성들은 그 고통을 견디지 못하고 나라 밖으로 도망쳤다. 서기전

640년 진(秦)목공이 대군을 이끌고 와서 양나라를 멸망시키고 그 땅을 소량(少梁)으로 개칭하였다. 망국 후 양나라 자손들은 대부분 진(晉)나라로 도망갔고, 국명을 성씨로 삼았다. 이러한 양씨의 갈래는 소호씨(少昊氏) → 백예(伯翳) → 비자(非子) → 진중(秦仲) → 양백(梁伯)으로 이어지며, 춘추시대에 양씨(梁氏)를 형성하였다. 이 양씨를 하양 양씨(夏陽梁氏)라고 하는데, 천하 양씨의 정통 대가 중 하나이다. 양산(梁山)은 양씨의 발원지이다. 『시경』「대아」'한혁'편의 "크고 높게 치솟은 양산(奕奕梁山)"이 바로 그곳이다. 이곳은 고조선 세력들이 머물던 곳으로 양산의 양씨들도 고조선의 한 축을 담당한 세력으로 해석된다.

양씨는 희성(姬姓)에서도 출자한 성씨이다. 동주시기 주평왕의 아들 당(唐)의 봉지인 남량(南梁){지금의 감숙성 롱서(隴西)}에서 출자하였다. 봉읍(封邑)의 이름을 성씨로 삼았다. 『노사(路史)』 등에 기재된 바에 따르면, 동주 초기 주평왕 희의구(姬宜臼)의 아들 희당(姬唐)이 남량에 봉해져 여(汝){지금의 하남 여주}를 통치하였는데, 초나라에 병합되었다. 이에 그 후손들이 나라를 성씨로 삼아 양씨(梁氏)라 했다. 안정 양씨(安定梁氏)와 하남 양씨(河南梁氏)가 여기에서 비롯되었다. 『광운』「노국기」중에서는 모두 양씨가 직접 희성이 변천하여 유래한 것으로 보고 있으며, 본래 황제의 정통 후손인 하동 양씨가 번성하여 또 하나의 양씨 갈래가 되었다고 한다.

전국시대 위(魏)나라 문후(文侯)의 아들 필(畢)의 후손으로 거주하던 읍(邑)의 이름을 성씨(姓氏)로 삼아 양씨라고도 했다. 『통지』에 따르면 위(魏)는 서주 시대의 제후국으로, 국도는 지금의 산서성 예성현(芮城縣)에 있었다고 한다. 진헌공(晉獻公)은 여러 차례 위나라를 멸망시킨 뒤 필만(畢萬)의 봉지로 바꾸었다. 필만의 후손 위사(魏斯)는 한(韓)·조(趙) 3가와 진(晉)나라를 삼분하여 제후의 반열에 올라 안읍(安邑){지금의 산서 운성(運城)}에 도읍을 정하고 국호를 위(魏)라 하였다. 전국시대 초기 진(秦)나라의 위협을 피해 서기전 361년에 위나라 혜성왕(惠成王)은 대량(大梁){지금의 하남 개봉}으로 천도하였다. 이 위나라는 사가(史家)들로부터 전국 시대의 양나라(梁國)로 불렸다 이에 따라 위나라 혜성왕(惠成王)은 양혜왕(梁惠王)으로 불리게 되었다. 하남성 개봉시의 대량(大梁)은 위문후의 아들 위필이 통치할 때인 서기전 225년에 이르러 진시왕에게 멸망당했다.

백도백과에 따르면 양씨들은 춘추 초기에는 섬서성과 하남성에서 기원하였다. 특히 섬서 한후에게 넘겨준 한성이 위치한 양산이 양씨들이 발원한 곳이다. 이후 양씨들은 산서성, 하북성, 산동성, 강소성 등지로 이주했다. 진나라 말에는 복건성과 광동성 등으로 이민을 갔으며, 당송(唐宋) 때 양(梁)씨의 주력은 주로 산동성, 하남성, 섬서성 등이라고 한다. 명·청 시대에 이르러 양(梁)씨는 광동성 등 중원의 남부에서 번성하여 오늘날 전형적인 남방 대성(大姓)이 되었다.

29/ 오씨吳氏

우리나라 오씨는 2015년 통계청 조사결과 76만3천 명으로 인구수 기준 12위의 대성이다. 해주 오씨가 46만 명으로 가장 많고, 그 다음 동복 오씨 7만2천 명, 보성 오씨 7만1천 명, 나주 오씨 3만3천 명 등의 순이다.

오씨는 주나라 고공단보의 장남인 오태백을 시조로 삼고 있다. 오나라의 마지막 왕 부차의 손자 루양이 오씨 성을 하사받았다고 한다. 해주 오씨는 두 갈래가 있는데, 고려 성종 때 송나라에서 온 오인유(吳仁裕)를 시조로 하는 경파와 오현보(吳賢輔)를 시조로 하는 향파로 나뉜다. 향파는 오태백의 25세손인 초나라 재상 오기(吳起)의 45세손 오첨(吳瞻)이 신라 지증왕 시기에 이주하였다고 한다. 황해도 해주는 산동반도에서 가장 가까운 곳으로 오씨는 산동~절강 지역을 근거로 삼고 살다가 이주해 온 것으로 분석된다. 더구나 오씨는 해상 세력이었던 것으로 파악되어 이들의 한반도 이주 시기가 다른 성씨보다 매우 빨랐던 것으로 보인다.

동복(同福) 오씨는 전남 화순 동복면을 본관으로 한다. 시조는 오녕(吳寧)이다. 보성 오씨는 오첨의 24세손 오현필(吳賢弼)을 시조로 삼고 있다. 나주(금성) 오씨는 오언(吳偃)을 기세조로 삼고 있다. 고려 태조 비 장화왕후(莊和王后)의 아버지 오다련(吳多憐)이 왕건의 나주 진입을 도와 고려 건국에 결정적 역할을 수행했다. 장화왕후는 왕건과 견훤의 나주 전투시 완사천에서 우물물을 떠주며 버드나무 잎을 띄워 준 인연으로 왕비가 되었다. 그녀가 낳은 아들은 왕건에 이어 고려 2대 왕에 오른 혜종이다. 나주는 고려 건국만이 아니라 이후 고려의 유지에도 매우 중요한 역할을 수행했다. 고려 시대에 개경 다음으로 나주에서 팔관회를 개최함으로써 나주는 사실상 제2의 왕도 역할을 수행했다. 그 과정에서 해주 오씨 등 오씨의 해상 네트워크가 중요한 역할을 수행한 것으로 분석된다.

오씨는 다양한 기원을 가진 성씨이다. 중원의 오씨는 강소성 무석(無錫)에서 발원한 성씨이다. 고대에는 하남 개봉의 진류(陳留)군, 복양(濮陽)군, 강소성 연릉(延陵)군 등에 거주하고 있었다. 2018년 현재 대륙에만 2,780만 명이 살고 있으며(중국 인구순위 9위), 그중 광동, 복건, 광서, 귀주, 강소성에 1/3이 분포하고 있다. 오씨의 발원지는 무석 이외에도 하남 신정(新鄭), 우성(虞城), 강소 상주(常州) 등이 있다. 이중 하남 신정은 남방계 세력들이 모두 '축융의 터'(祝融之墟)라고 부르는 지역이다. 오나라는 오태백이 지금의 강소성 소주에 건국한 이후 25대 왕 부차 때인 서기전 473년에 이르러 월나라에 멸망당했다. 멸망 이후 오씨 자손들은 내륙만이 아니라 산동반도, 요동반도 그리고 한반도 등에 대규모로 이주한 것으로 파악된다.

오나라 왕실의 한 분파는 일본 황실의 고위직을 차지한 것으로 보인다.

☒ 오씨의 발원지와 오권의 활동 지역

그러나 왕족은 아니었다. 그런데 한(漢)나라 위(魏)나라에서 수당(隋唐)에 이르기까지 열도의 오인(吳人)들이 고향을 그리워하자 왜왕은 여러 차례 사자를 보내 대륙 왕조를 순례하며 일본 왕실은 오태백의 후예임을 밝혔다. 그런데 열도의 왜 왕실은 오씨가 주력이 아니었으므로 이는 중원과의 관계에서 자신들의 위상을 높이기 위한 전략적 주장이었던 것으로 분석되었다. 일본 왕실 족보인 『신찬성씨록』에는 부차의 후손으로 송야(松野)가 등장하는데 그는 황실 랭킹이 837위로 왕족과는 거리가 멀다. 오씨들은 월나라에 갑작스럽게 멸망당하면서 가장 가까운 한반도로 대규모 이동을 하여 세력을 구축하였고, 나중에 개성 왕씨들과 연합하여 고려 왕조를 건국하였다. 왕건의 후계자인 고려 혜종은 나주 오씨 왕후와의 사이에서 탄생한 왕이다.

현대 중국의 오씨는 주로 광동성, 복건성, 광서성, 귀주성, 강소성 등 다섯 성에 대략 34%가 분포하고 있다. 그 다음으로 하남성, 절강성, 호남성, 사천성, 호북성, 산동성, 강서성, 안휘성 등 8성에 41%가 집중되어 있다. 오씨는 오나라가 멸망된 이후 나라 이름을 본따서 성씨로 삼았는데, 언제부터 오씨가 존재했는지에 대해서는 여러 가지 설이 있다.

첫째, 오씨는 염제의 후손으로 원래는 강씨(姜姓)에서 비롯되었다. 일찍이 섬서성 보계(寶鷄)시 일대의 강수(姜水)에는 염제족 강씨(姜姓) 부족이 살고 있었다. 이 부족은 추우(騶虞)를 토템으로 삼았다. 추우는 생물들을 잡아먹지 않아서 다른 동물들을 보호하여 번성하게 하는 하얀 호랑이(白虎)다. 상고 때 동이족 유우씨(有虞氏) 순임금의 후손이 봉해진 우(虞)와 오(吳)는 동음이었다. 나중에는 해음으로 바뀌었고 자형이 비슷해 통용되다가 전국시대에 이르러 우와 오의 구별이 시작되었다. 그래서 순임금의 후손이었던 이 부족은 토템을 오(吳)로 해석하고 오(吳)를 부족의 이름으로 삼았다. 오부락은 용감하고 민첩하며 사냥에 능숙하고 수령은 오권(吳權)이었다. 오권이 오씨들의 최초의 시조인 셈이다.『산해경』「해내경」과『노사』「국명기」에 따르면 오권(서기전 3218년~서기전 3078년)은 염제의 대신이었다. 오씨 부락은 강수(姜水){지금의 섬서 롱현(隴縣)의 롱산(隴山)} 동쪽에서 활동했는데, 이들이 살던 곳은 오산(吳山)이었다.

『노사』국명기에 따르면 오권(吳權)의 후손 중에 오추(吳樞, 서기전 2560년~서기전 2500년)라는 여인이 있었는데, 유웅(有熊) 부락의 소전(少典)과 결혼해 아들을 낳았는데, 그가 바로 황제(黃帝)다. 화하족이 자신들의 시조라고 주장하는 황제를 낳은 이가 바로 오씨이다. 오권의 후손인 오씨들은 5,000년 이상의 역사를 자랑한다.

둘째, 오씨는 축융(祝融) 오회(吳回)에서 출원한 성씨이다. 전욱 고양 임금의 손자인 노동(老童)에게는 중려와 오회라는 두 아들이 있었는데, 오회 씨족은 축융의 터{지금의 하남 신정}에 살았다. 순임금 시대에 중려가 공공씨를 토벌하지 못하자 주살되었고, 그 동생인 오회가 축융이 되었다. 오씨는 바로 이러한 축융 오회의 자손이라는 것이다. 상나라 때 이 씨족은 산동 임구(臨朐)로 이주하였는데, 역사에서 칭하기를 왕오(王吳)라고 불렀다. 상나라 말기에 오백(吳伯)이라는 사람이 있었는데, 바로 오회씨족의 후예였다. 이 경우 오씨의 역사는 4천 년 이상이 된다. 오회의 유래에 대해서는『산해경』에도 설명이 있는데, 그 내용은 다음과 같다.

사람이 있는데 이름을 오회(吳回)라고 하며 왼쪽 팔 하나만 있고 오른쪽 팔은 없다.
有人名曰吳回 奇左 是無右臂

오회에서 오(吳)는 크다(大)는 뜻이고 회(回)는 뢰(雷)로 해석된다. 따라서 오회는 하늘의 큰 벼락을 뜻한다고 말할 수 있다. 남방의 불의 신, 뇌성벽력을 뜻한다고 볼 수 있는 것이다. 오회는 대장장이였는데 외팔이였다. 북구의 신 티르도 외팔이인데, 그는 욕망의 화신인 늑대 펜리르를 묶어버리기 위해 자신의 한 팔을 늑대의 입에 집어 넣었고, 탐욕을 붙잡는 대신 자신의 팔을 희생시켰다.

셋째, 제곡 고신씨(서기전 2480년~서기전 2345년) 시기 서방 견융부락의 오장군(吳將軍)이 오씨의 시조라는 주장이 존재한다.『후한서』「남만서남이열전」에 따르면, 서방 견융부락에 오씨들이 있었는데 그들은 개를 토템으로 삼았다. 오씨 부족 중 서융 출신으로 용감하고 전쟁을 잘하여 견융 부락의 우두머리가 된 사람이 있었는데 그를 역사에서는 오장군이라고 불렀다. 오장군은 중원의 제곡 고신씨가 이끄는 부락과는 적대적이었고, 그는 특히 전투에 능해 제곡 고신을 괴롭혔다.

제곡 고신씨는 도저히 그를 이길 방법이 없자 천하에 상을 내걸어 견융(犬戎) 오장군의 목을 가져오는 자에게 황금과 봉지, 그리고 자신의 두 딸을 시집보내겠다고 약속했다. 그런데도 아무도 나서는 자가 없었다. 이때 제곡 고신의 신하 중 개토템을 가진 부족의 반호(槃瓠)가 나섰다. 견융은 개를 토템으로 삼고 있었기 때문에 반호가 오장군을 공격하러 왔을 때 그를 죽이지 않았다. 그 결과 백전백승을 거두던 오장군은 반호에게 목덜미를 물려 죽게 되었다. 반호가 사람의 머리를 물고 오자 모두들 괴이쩍게 여기며 살펴본 결과 오장군의 머리였다고 한다.

이에 제곡 고신은 크게 기뻐하였으나 견족에게 딸들을 주지 않으려 하자, 공주들이 임금은 약속을 어기면 안된다고 하면서 스스로 반호와 동반하여 떠났다. 반호는 제곡 고신의 딸들과 혼인하여 험준한 석실에서 살았는데, 6남6녀를 낳았다고 한다. 이들이 서로 결혼하여 자손을 낳음으로써 묘(苗), 요(瑤), 여(畬) 등 남만족의 시조가 되었다.

이는 오손족의 늑대 신화와 모티브가 같다. 오씨들이 오손족으로 개를 토템으로 삼았다는 것, 그리고 견융이었다는 것 등은 오씨들이 서융 오손족이었다는 사실을 보여준다. 오장군이 지휘하던 견융족은 개에 대한 숭배가 지나쳐 오장군이 제곡 고신이 키우던 개에게 물려 죽었다. 그리고 그 개가 제곡 고신의 두 딸과 혼인하여 남만족의 시조가 되었다는 것이다. 견융은 오손 및 흉노족과 연관이 있는데, 개로 개를 죽였다는 것은 동족상잔을 했다는 것을 의미한다고 볼 수 있다.

이상의 오장군 사화는 오씨들이 견융족의 일원이었다는 사실을 보여준다. 여기서 견융(犬戎)은 동이 구이족 중 견융(畎戎)으로 곤이(昆夷), 곤이(緄夷)라고 부르기도 한다. 이들은 감숙성 정녕현 위융진을 도읍으로 하고 있었다. 이와 관련하여 『산해경』「대황북경」에는 "대황 가운데 융보산에 견융이 있다. 황제(黃帝)의 후손이다."라는 기록이 있다. 『춘추좌전』에는 "노민공 2년 봄(서기전 660년), 괵공이 위예(渭汭){섬서성 화음현}에서 견융(犬戎)을 깨뜨렸다."라고 기록하고 있다. 이에 대해 두예(杜預)는 주석하기를 "견융(犬戎)은 서융 중 하나로 중국에 있었던 자들이다."라고 했다. 『국어』「주어(周語) 상」에는 "주목왕이 견융(犬戎)을 정벌하려고 하였다."라고 한다. 『사기』「송미자세가」에는 "주유왕이 견융(犬戎)에게 피살되었고, 진나라가 처음 제후의 반열에 올랐다."라고 기록하고 있다.

넷째, 『중국성씨대전』에는 하왕(夏王) 소강 시기에 오하(吳賀)가 오씨의 시조가 되었다는 기록이 있다. 하나라 시대에 오씨 부족은 관진(觀津){지금의 하북 무읍(武邑) 동쪽}으로 이주했다. 『제왕세계(帝王世系)』에 따르면 오하는 고대 오씨 부족의 일원이었는데, 활을 잘 쏘기로 유명하여 당대 최고의 궁수로 9개의 태양을 쏘아 죽인 후예(后羿)와 활쏘기 경합을 할 정도였다고 한다.

오하는 당대에 사냥과 전쟁으로 유명했는데, 그 명성이 크게 알려지지 못했다.

다섯째, 주나라 고공단보의 장남인 오태백이 득성 시조라는 설이다. 황제희성(黃帝姬姓)에서 유래한 이 기원의 오씨는 역사적으로 가장 유명하고 후대에 가장 큰 영향을 끼쳤다. 현재 대다수의 오씨들이 자신들의 기원으로 삼고 있으며, 자타가 공인하는 오씨의 기원이다. 상나라 말기에 고공단보는 부족을 이끌고 기산 아래 주원{지금의 산기산 일대}에 정착했다. 그에게는 세 아들이 있었는데, 맏아들인 오태백은 고공단보가 셋째 아들 계력을 세워 그 아들 창에게 왕위를 물려주려 한다는 사실을 알고 둘째 동생인 중옹과 가족들을 모두 데리고 형만으로 달아나서 오·월 일대에 오나라를 세웠다. 이에 대해 『사기』 「주본기」에는 다음과 같이 기록되어 있다.

> 맏아들 태백과 우중은 고공이 계력을 세워 창에게 왕위를 전하려 한다는 것을 알자, 둘이서 형만으로 달아나 문신을 하고 머리카락을 잘라서 왕위를 계력에게 양보했다.
>
> 長子太伯 虞仲知古公欲立季歷以傳昌 乃二人亡如荊蠻 文身斷髮以讓季歷

『사기』 「오태백세가」에는 오태백이 장강 인근인 형만으로 가서 그곳의 풍속에 맞게 몸에 문신을 새기고 머리카락을 잘라 주나라 왕이 될 수 없다는 것을 보여준 뒤 오나라 지역민의 추대로 대오(大吳)를 건국했다고 한다. 오나라 사람들은 해상세력으로서 문신단발(文身斷髮)하는 습속이 있어 고대시대부터 왜(倭)로 불리웠다. 오태백도 오나라 왕이 되기 전에 문신단발하였다. 이에 따라 오태백은 왜의 시조로 불리우기도 한다. 고대 오나라는 지금의 강소(江蘇)성 무석(無錫)현 일대에 위치해 있었는데, 이곳이 오씨의 또 다른 발원지이다. 주나라 초기에는 오태백의 봉지였다. 그의 19세 손인 수몽(壽夢) 때부터 왕으로 칭했다. 국세도 날로 강해져 지금의 절강성 자후(嘉湖) 일대까지 세력을 뻗쳤다.

오태백은 주나라가 건국되기 전에 떠났고, 그 조카 창(문왕)의 아들인 무왕이 서기전 1046년에 주나라를 건국했으므로 대략 서기전 12세기 경 이전부터 형만 지역에는 왜인들이 살고 있었다는 것을 알 수 있다. 왜인들은 주로 바닷가나 큰 강가에서 어로생활을 하며 살았다. 특히 장강 하류인 절강성 유역에서는 1만 년 전의 상산 유적과 9천 년 전의 소황산 유적에서 출토된 토기의 바탕 흙 속에 다량의 알곡이 섞여 있었는데, 이는 이 지역에서 오래 전부터 벼농사를 시작했다는 사실을 보여준다. 왜(倭)라는 단어가 사람 인(亻) 변에 벼 화(禾), 여자(女)로 구성되었다는 사실로 비추어 볼 때 왜는 벼농사를 하던 사람들을 가리킨다는 것을 알 수 있다. 『사기』 「조세가」에는 월나라와 오나라의 풍속에 대해 다음과 같이 설명하고 있다.

머리카락을 자르고 몸에는 문신을 하며 팔에 무늬를 아로새기고 옷깃을 왼쪽으로 여미는 것은 구월(甌越) 백성들의 습속입니다. 이를 검게 물들이고 앞 이마에 무늬를 새기며 물고기 가죽으로 만든 모자를 쓰고 거친 옷감으로 만들어진 옷을 입는 것은 오나라의 습속입니다.

夫翦發文身 錯臂左衽 甌越之民也 黑齒雕題 卻冠秫絀 大吳之國也

『사기』 「노주공세가」와 『춘추좌전』 「노애공 7년」(서기전 488년)의 기사에 따르면 오나라 왕 부차는 제나라를 쳐 증(繒) 땅에까지 이르러 노나라에 백뢰(소, 양, 돼지 등)를 요구한다. 이에 굴복하여 노나라에서는 백뢰를 바쳤는데, 그 후 자공(子貢)을 보내 다음과 같이 예법으로 설복하고자 한다. 이 과정에서 아래와 같이 왜에 관한 언급이 나온다.

계강자(계환자의 아들로 노나라 집정 대신)가 자공으로 하여금 오나라 왕과 태재 비를 설득하게 하니, [자공은]『주례』로써 그들을 설복시키려 했다. 오나라 왕이 말했다. "내 몸에는 문신이 있으니 나에게 예의를 따지지 말라." 그러자 그만두었다.
季康子使子貢說吳王及太宰嚭 以禮詘之 吳王曰:「我文身 不足責禮」乃止 (『사기』「노주공세가」).

"오태백은 단위를 입고 주례를 행했습니다. 그러나 그의 아우 중옹이 형의 지위를 계승한 뒤 머리를 자르고 문신을 했습니다. 그리고 알몸

◿ 오나라 멸망(서기전473년) 이후 오씨들의 이주 경로

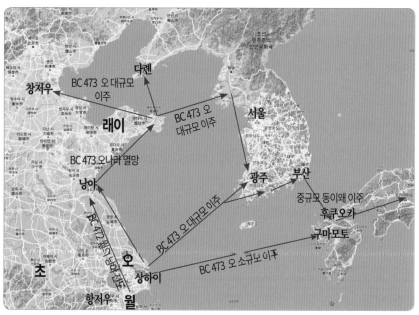

에 장식을 하였으니 어찌 예절에 맞는다고 하겠습니까? 그러나 이유
가 있어서 그렇게 했을 것입니다."라고 하였다.

大伯端委 以治周禮 仲雍嗣之 斷髮文身 羸以爲飾 豈禮也哉 有由然
也 (『춘추좌전』「노애공 7년」).

　오나라는 뽕나무를 심어 누에고치를 치고, 도자기를 생산하였으며, 동을
제련하고 축성법을 익힘으로써 부강한 나라가 되었다. 특히 초나라에서 아
버지와 형이 초평왕에게 억울하게 죽음을 당한 이후 오나라로 망명한 오자
서(伍子胥)는 뛰어난 조선술과 항해술을 개발하여 오나라를 해양강국으로
만들었다. 오나라 세력들은 바닷가나 강가를 중심으로 어렵과 벼농사에 종
사하였고, 면직물 등 각종 교역품을 생산하였으며, 이를 해상무역을 통해
교역하고 있었던 것이다. 이후 제나라에서 망명한 손무(孫武)가 오나라의 총
사령관이 되어 춘추시대 최대 전투인 백거지전에서 초나라에 대승을 거두
고 초의 도읍인 영(郢)까지 점령하게 된다. 그러나 초나라 점령 이후 군기가
해이해지고, 내분이 일어나면서 진(秦)의 원병에게 밀려나 철군하게 된다.
　이후 서기전 500년에 오나라 왕 합려는 월나라를 공격하다가 부상당해
죽고 부차가 왕위에 오른다. 이에 부차는 월나라를 점령하였으나 월왕 구
천을 노예로 삼고 살려준다. 구천은 와신상담 고사의 주인공이다. 구천은
부차가 병이 있다고 하자 그의 변을 맛보아 신임을 얻는 상분득신(嘗糞得信)
등 거짓 충성을 보이다가 살아난다. 그리고 부차에게 서시라는 미인을 보
냈는데, 부차는 소주의 영암사 터에 관왜궁(館娃宮)을 짓고 서시와 밀월을
즐긴다. 서시효빈(西施效矉)이라는 말은 서시가 찡그려도 너무 아름다워 그
것을 흉내내다 혼쭐이 났다는 뜻이다. 그리고 구천은 식량이 부족하다고
쌀을 달라고 통사정을 하여 쌀을 받아내고, 이를 갚는다는 명분으로 찐 벼

를 보내 오나라가 벼농사를 망치는 틈을 타 오나라를 공격하여 서기전 473년에 오나라를 멸망시켜 버린다. 오나라가 멸망한 이후 그 유민들은 나라 이름을 성으로 삼았다. 이 오씨는 지금까지 2,600여 년의 역사를 가진 것으로 볼 수 있다.

여섯째, 오씨가 요성(姚姓)에서 발원했다는 주장이다. 우의 아들 계(啓)가 하왕조를 건국하자 순의 아들 상균이 우지(虞地){하남 상구시 우성}에서 방국인 우국(虞國)을 세웠다. 우사(虞思)는 두 딸을 소강에게 시집보내고 하왕조가 흥하도록 도와주었다. 상나라가 건국된 후 우나라가 쇠퇴하여 멸망하였고, 우나라 유민은 오를 성씨로 삼았다. 진(秦)말 농민봉기의 지도자 중 한 명인 오광(吳廣)이 바로 요성(姚姓) 오(吳)씨의 후예다. 이 오씨는 지금까지 3,500여 년의 역사를 가지고 있다. 이상의 여러 오씨들의 기원을 살펴보면 오씨들이 가장 빈번히 사용한 지표지명이 존재한다는 것을 알 수 있다.

📈 오씨의 지표지명에 따른 오씨의 거주지역과 이동경로

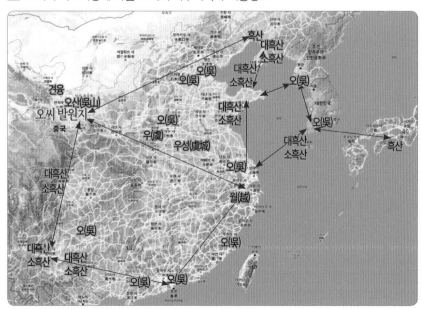

그 첫째는 오가촌, 오산, 오씨 등 오(吳)를 들 수 있다. 다음으로 우(虞)는 상고시대에 오(吳)와 같은 의미로 사용되었다. 오씨는 순임금의 후손들이다. 끝으로, 백도백과와 기록물 등을 보면 오씨들이 있었던 곳이 흑산(黑山)인 것으로 나온다. 백도백과에는 "당요(唐堯)의 시기에 흑산이 바로 기주의 영역이었다. 하우가 물과 땅을 평평하게 하고 구주를 설치했을 때 흑산은 우(虞)에 있었다(黑山在虞)."라는 기록이 등장한다. 그리고 왕근(王根)의 『흑산역사연혁편』에는 "대오태(大吳台) 유적은 신석기 유적으로 요서 홍산문화권이다."라는 기록이 있다. 대오태 유적은 지금으로부터 약 6,000~8,000년 전의 대표적인 신석기 유적으로 대흥향 대오태 마을에 위치하고 있다.

이러한 오씨들의 지표지명을 활용하여 오씨들이 중원대륙과 한반도, 그리고 열도 등에서 거주하고 이동한 지역들을 살펴볼 수 있다. 이에 따르면 오씨들은 감숙성 오산 일대에서 발원하여 운남성, 사천성, 복건성, 절강성, 강소성, 산동성, 묘도열도, 요동반도, 한반도 등에 위치하고 있었다는 것을 알 수 있다. 한반도에는 해주에 오씨들의 근거지가 있었고, 전남에 대흑산, 소흑산이 있다. 오씨들은 열도의 나루토시에도 근거를 두고 있었던 것으로 나타난다. 오씨의 지표지명인 구로야마(黑山)가 도쿠시마현(德島県) 나루토시(鳴門市)에 있다. 효고현 미나미나와지시의 담로도(淡路島) 나루토시 사이에 나루토 해협이 있다. 홍하합니족이족자치주 금평묘족요족태족자치현의 소흑산 대흑산, 운남성 옥계시의 소흑산과 대흑산, 곤명시의 소흑산과 대흑산, 사천성 반지화시(攀枝花市)의 소흑산과 대흑산, 산동성 태안시와 비성시의 흑산, 소흑산, 대흑산, 묘도열도의 산동성 연태시 흑산향의 대흑산도, 소흑산도, 요동반도의 대련 금주(金州)에도 소흑산, 대흑산이 있다. 금주(錦州)시 흑산현에 대흑산이 있다([그림] 참조).

이상의 여러 가지 기원은 나름대로 근거를 갖고 있기 때문에 오씨들의 공

통의 시조로 보아도 무방할 것으로 보인다. 이러한 중원 오씨의 주요 관향
은 강소성 연릉, 하남성 복양, 진류, 하북성 발해 등이다. 여기서 흥미로운
것은 발해가 오씨의 관향 중 하나라는 사실이다. 오씨는 원래 오나라가 멸
망한 후 나라 이름을 본따서 성을 삼은 것으로 멸망 이전에 대체로 강소성
이남에 살고 있었다.

오나라는 합려왕 때 크게 번성한다. 손자와 오자서의 보좌로 합려는 춘
추전국시대 최대 전쟁인 백거지전(柏擧之戰)에서 승리하여 초나라 수도 영을
함락하는 등 큰 전과를 올린다. 그러다가 남쪽의 월나라를 공격하게 되는
데, 배후에서 갑자기 습격해 온 월나라 군사와 싸우던 중 부상을 입고 그
후유증으로 사망한다. 이로 인해 오·월 전쟁이 발생하는데, 초반에는 오왕
부차가 월나라 회계산에서 구천에게 항복을 받아낸다. 그리고 월왕 구천을
노예로 삼았는데, 구천은 상분득신(嘗糞得信)의 굴욕을 감수하며 와신상담
(臥薪嘗膽)을 하다가 오왕 부차에게 복수할 기회를 찾는다. 이러한 상황에서
오왕 부차는 더욱 호전적이 되어 중원의 여러 제후국들을 공격한다. 그러
다가 위나라 자공(子貢)의 현란한 전략에 속아 제나라를 공격하다가 배후의
월나라로부터 공격을 받아 멸망하고 만다. 이후 오나라 왕족을 중심으로
오나라 사람들은 나라 이름을 본따서 오씨를 성씨로 삼았다.

오나라가 멸망하던 시기에 오인들은 수많은 선박을 보유하고 있었는데,
월왕 구천에 의해 나라가 폐허가 되자 산동반도의 바다로 뛰어 나가 해상
족이 되었다. 월나라는 강대한 오나라의 부활을 두려워 해 오나라 도성이
던 소주(蘇州)를 철저히 폐허로 만들어 버린다. 그리고 오나라 사람들을 마
구 죽이고, 노예로 삼았다. 사마천은 『사기』「춘신군열전」에서 이러한 파괴
의 양상을 오허(吳墟), 즉 오나라의 폐허라고 명명했다.(春申君因城故吳墟, 以自爲
都邑)

오나라 왕족 대다수가 전쟁에서 죽거나 포로가 되고 유랑민이 되었다. 다수의 오나라 왕족과 백성들이 월나라의 박해를 피해 도망쳤다. 잔류한 오인들은 노예보다 못한 처지에 처하게 되었다. 결국 산동반도 낭야까지 밀려난 오나라 사람들의 선택은 송나라나 초나라로 도망가거나 바다로 나가는 것 뿐이었다. 바다로 나갈 수 있었던 것은 오나라 사람들이 왜인들로서 수많은 배를 확보하고 있었기 때문이다. 월나라의 압박을 못이긴 다수의 오인들은 해중으로 튕겨져 나갈 수밖에 없었다.

오나라가 멸망한 이후 수많은 오인들은 해중에서 세력을 형성하여 발해만 연안과 도서 지역을 중심으로 수많은 나라를 건설한 것으로 나타난다. 특히, 오나라 세력이 산동반도에서 튕겨져 나가면서 이들은 가장 가까운 한반도의 해주 지역에 대규모로 이주한 것으로 추정된다. 한반도에 이주한 이후 이들은 그 지역을 본관으로 삼아 해주 오씨라 불렀다. 이들 중 일부는 전남 해안지역으로 이동하여 나주와 보성, 화순 등지에 정착했다. 나주 오씨, 보성 오씨, 동복 오씨 등이 바로 그들이다. 이들이 실제로 강력한 해상 세력이었다는 점은 나중에 개성의 왕건 세력과 연합하여 고려를 건국한 것을 통해 확인할 수 있다.

『한서』「지리지」는 오나라 씨족들이 발해만 해중으로 쫓겨 나간 이후 낙랑의 앞 바다, 즉 발해만 바다 내의 섬과 연안에 1백여 개의 나라가 존재했다고 표현했다. 이들은 문신단발을 하고 있었기 때문에 왜로 불리웠다.

낙랑(樂浪)의 바다 한 가운데에 왜인의 나라가 있는데, 백여국으로 나뉘어 있다. 세시마다 와서 조견하였다.

樂浪海中有倭人分爲百余國以歲時來獻見云

여기서 낙랑은 한사군 중 하나인 낙랑군을 가리키는 것으로 해석된다. 그런데 낙랑이 한반도의 평양에 있었다면 그 바닷가에 1백여 국이 있다는 것은 성립이 불가능하다. 평양 인근에는 커다란 섬이 별로 없기 때문이다. 여기서 낙랑은 지금의 북경 동쪽 일대에 위치한 것으로 비정된다. 오씨가 오나라 사람들의 성씨로 자리잡은 것은 바로 이 시기인 것으로 보인다. 서기전 473년 월나라 구천에게 나라가 멸망당한 후 해중으로 들어간 이후 이들은 발해만을 중심으로 한반도 서해안 지역에 널리 분포했다. 그 결과 발해가 관향이 되었을 뿐만 아니라 한반도 서해안과 영산강 유역 등지로 널리 퍼져 나가 그것을 본관으로 삼았던 것이다. 특히 산동반도에서 가장 가까운 해주를 근거지로 삼아 영산강 유역의 나주, 화순, 보성 등지에 새로운 둥지를 틀었다.

30/ 옥씨 玉氏

　우리나라 옥씨는 2015년 통계청 인구조사 기준 인구수가 2만5천 명이다. 그중 의령 옥씨가 2만2천 명으로 단일본이다.

　의령 옥씨(宜寧 玉氏)는 경남 의령군을 본관으로 하고 있다. 시조는 고구려가 당나라에 요청하여 파견받은 8재사 중 한 명인 옥진서(玉眞瑞)이다. 고구려가 멸망된 후 신라에서 국학교수(國學敎授)를 역임하고, 의춘군(宜春君)에 봉해졌다고 한다. 이후 세계를 파악할 수 없어 고려조에서 창정을 지낸 옥은종(玉恩宗)을 1세조로 하는 계통과 평장사(平章事) 옥여(玉汝)를 1세조로 하는 두 계통으로 갈려 있다.

　옥씨는 고려 왕씨(王氏)에서 기원했다는 설이 가장 설득력을 갖고 있다. 『등과록전편(登科錄前編)』에 고려 창왕 1년(1389년) 동진사 1위로 문과에 급제한 왕사온(王斯溫)이라는 사람이 있는데, 그가 『조선씨족통보』 의령 옥씨 편에 옥사온(玉斯溫)이라고 기록되어 있다. 이는 왕씨가 점을 하나 찍어 옥씨로 개성한 증거일 가능성이 높다. 이성계의 조선왕조 건국 직후 고려 왕씨에 대한 대규모 학살이 이루어졌다. 이는 신라가 백제와 고구려를 정벌한 이후 단행한 씨성 탄압 이후 가장 큰 규모로 이루어진 씨성 탄압이다.

　고려 왕씨들은 엄청난 인구수를 가진 것으로 추정된다. 1927년 일본인 세키노 타다시(關野貞) 등이 낙랑군의 유물이라고 발표한 평양 일대의 유물 중에 왕부(王扶), 왕평(王平), 왕의(王宜), 왕잡(王帀) 등 여러 명의 왕씨 인명이 등장하는 것으로 보아 최리(崔理)의 낙랑국에 왕씨들이 유력한 집단으로 존재했음을 보여준다.

이후 왕씨들은 백제와 고구려가 멸망한 이후 해주 오씨 등과 손을 잡고 918년 고려 왕조를 건국하는데 성공한다. 그리고 왕건에서부터 공양왕에 이르러 멸망(1392년)하기까지 474년간 존속하였다. 따라서 조선의 이씨 왕조가 5백여 년 존속하면서 전주 이씨가 263만 명에 달하는 것에 견주어 보면 왕씨도 200여만 명 정도가 되는 것이 정상이라고 볼 수 있다. 그런데 현재 개성 왕씨의 인구는 남북 합쳐 5만여 명에 불과하다.

이에 반해 중원의 왕씨는 현재 대륙의 성씨 중 이씨와 1~2위를 다투는 대성이 되어 있다. 왕씨들이 현재 북경 일대 등 하북성을 주요 거점으로 하는 것을 보면 고려 왕씨들이 이씨 조선의 씨성탄압을 피해 대거 중원으로 이주하였다는 것을 알 수 있다. 이뿐만 아니라 왕씨들은 옥(玉)씨, 전(全)씨 등으로 개성하여 국내에서 생존을 모색했던 것으로 알려지고 있다. 이들의 개성에 대해서는 입에서 입으로 구전되어 오늘날까지 전해지는 것으로 보면 사실에 해당한다고 말할 수 있다.

왕씨 중 성씨에 점 하나를 추가한 옥씨는 개성 왕씨(王氏)에서 개성한 경우가 대부분인 것으로 보인다. 1918년에 발행된 개성 왕씨의 족보 무오보에 옥(玉)씨 성을 쓰던 사람 중 일부가 다시 왕(王)씨로 복귀한 것으로 나타나고 있다.

의령 옥씨의 세보(世譜)에 따르면, 시조 옥진서(玉眞瑞)는 당나라 때 옥을 가공하던 기능공이었다고 한다. 그가 당 황제에게 옥띠를 만들어 올리자 황제가 기뻐했다고 전해지고 있다. 이 때 옥(玉)씨 성을 하사받아 옥진서(玉眞瑞)라고 했다고 한다. 『삼국유사』「기이편」'천사옥대(天賜玉帶)'에도 옥띠에 대한 기사가 등장하는데 이는 시기로 비추어 보아 옥진서가 만들었을 가능성이 매우 높다. 천사옥대는 황룡사(皇龍寺)의 장육존상, 구층탑 등과 함께 신라의 3대 보물 중 하나로 불리웠다. 나당 시기에 옥가공 기능공이 많지 않았을 뿐만 아니라 황제와 왕이 사용하는 최상의 국보급 옥띠를 만들었다는 점에서 옥진서와의 연관성을 추정해볼 수 있다.

그리고 고려시대에 실존했던 왕규(王珪)와 옥규(玉珪)는 동일인인 것으로 보인다. 옥규는 의령 옥씨의 중요 인물로 간주되고 있으며, 고려 때 평장사를 역임했다고 한다. 왕규(王珪)는 고려 시기(1142~1228)의 문인으로 원래 이름은 왕승로(王承老)다. 고려 신종 때 문하시랑 동중서 평장사를 지냈다고 한다. 의령 옥씨 중 평장사(平章事) 옥여(玉汝)를 1세조로 하는 계통이 있다. 고려 시대에 평장사는 성종(재위 981년~997년) 때부터 정2품의 관직으로 2명씩 임명하였는데, 1275년 충렬왕 시기에 폐지된 관직이다. 옥씨들이 자신들의 시조를 고려 시대의 관직을 지낸 왕씨들과 연결시키는 것으로 보아 왕씨와 옥씨가 서로 연관되어 있다는 사실을 알 수 있다. 의령 옥씨 4세손 옥성(玉成)도 고려 왕성(王成)과 동일인으로 여겨지고 있다.

옥씨들은 강화도와 거제도로 대규모로 유배당했다고 한다. 조선 태조 3년(1394년) 『태백산사고본(太白山史庫本)』과 『영인본』에 따르면 "왕씨(王氏)를 거제(巨濟) 바다에 던졌다."와 "중앙과 지방에 명령하여 왕씨(王氏)의 남은 자손을 대대적으로 수색하여 이들을 모두 목 베었다."라고 기록되어 있다. 거제도에는 임진왜란에서 이순신 장군이 첫 승리를 거뒀던 옥포해전을 상징하는 옥포대첩비문이 있는데, 여기에 의령 옥씨와 김해 김씨, 거제 반씨 등의 성씨가 기록되어 있다. 옥씨는 거제도의 3대 대성 중 하나이다.

중원이 전란으로 고통받고 인구가 쇠퇴하던 시기에 호북성 일대에 장위강(張玉剛)과 장위화(張玉和) 두 형제가 있었는데, 장강(張剛)과 옥화(玉和)로 이름을 바꾸고 호북성에 살았다고 한다. 이 중 옥화(玉和)가 바로 본촌 옥성의 시조이다. 사실상 중원의 옥씨는 희귀한 성씨에 해당한다. 이에 반해 백도백과에서도 옥씨의 중요한 출자 중 하나로 고려 왕씨들이 옥씨로 개성한 사례를 들고 있다. 옥씨는 전욱 고양의 후손으로 알려지고 있다. 춘추시기 초나라에 옥새를 담당하는 관직이 있었는데, 옥윤(玉尹)으로 불리웠다. 관직을 성씨로 삼았다. 조선 이성계가 대성이었던 왕씨를 탄압하자 점 하나를 추가해 옥씨라 했다는 이야기가 전해지고 있다.

31/ 왕씨王氏

우리나라 왕씨는 2015년 통계청 인구조사 기준 2만6천여 명이다. 이 중 개성 왕씨(開城 王氏)가 2만2천 명으로 사실상 단일본이다. 개성 왕씨는 고려 왕건의 후손으로 474년간 존속한 고려의 왕성이다. 조선의 전주 이씨 왕조가 5백여 년 존속하면서 현재 인구가 263만 명에 달하는 것에 비해 보면 자연적인 상태의 경우 최소 200만 명 정도가 정상적일텐데, 왕씨들은 조선 왕조 개국이후 엄청난 씨성 탄압을 받았다. 그 결과 개성 왕씨는 1/100 정도로 인구가 감소한 것으로 판단된다. 왕씨들은 중원에서 약 1억명으로 이씨와 1~2위를 다툴 정도로 인구수가 많은데, 수많은 개성 왕씨들이 하북성 일대로 이주한 것으로 보인다. 그리고 한반도에 살아 남은 왕씨들은 옥씨나 전씨 등으로 개성하였다고 전해지고 있다.

개성 왕씨의 시조는 고려 태조 왕건의 증조부 왕국조(王國祖)이다. 왕건이 918년 고려를 건국한 이후 고려 왕족 성씨가 되었다. 왕건은 송악(松岳)의 해상호족으로 해주 오씨 등과 힘을 합쳐 고려를 건국했다. 1392년 공양왕 시기에 고려가 멸망하면서 왕씨들은 이씨 조선의 씨성 멸족 탄압에 직면하게 된다. 고려의 뿌리가 강력했기 때문에 그만큼 씨성 탄압의 강도가 심했다.

고려 왕씨들은 강화(江華)와 거제(巨濟)에 유배보내졌다. 거제에 보내진 왕씨 일족은 모두 바다에 빠뜨려 죽였다. 이때 공양왕 일가가 살해되었다. 이후 거제도에 있던 왕씨들도 해중에 수장되었다. 그리고 왕씨 자손들은 모두 목을 베어 죽였다. 이에 생존을 위해 왕씨들은 옥씨(玉氏), 전씨(全氏) 등으로 성씨를 개성하여 멸족을 피하고자 했다. 왕씨 성은 사용이 금지되었다. 산으로 들어가 중이 된 왕씨 후손들도 추격을 당해 죽임을 당했다. 개성 왕씨 중에는 옥씨에서 환성한 성씨들이 많다고 한다.

중원의 왕씨는 희성(姬姓)에서 출자하였다. 주문왕(周文王)의 후손으로 왕족(王族)의 작호를 씨(氏)로 삼았다. 주문왕의 열 다섯째 아들 필공고 후에 왕족이었으므로 왕을 성으로 삼았다. 왕씨는 자성(子姓)에서도 출자하였다. 은(상)왕자인 비간(比干)의 후손으로 작호를 씨(氏)로 삼았다. 『사기』「은본기」에 따르면, 은(상)나라 주왕(紂王) 때 왕자 비간(比干)은 주에게 직언으로 간하였는데, 성인은 심장에 7개의 구멍이 있다고 들었다며 비간의 배를 갈라 심장을 꺼내 죽였다고 한다. 『통지』「씨족략」에는 비간이 죽임을 당하자 후손들이 그를 기리기 위해 왕자 작호의 '자(子)'성을 '왕(王)'성으로 바꾸어 별개의 왕씨를 만들었다고 한다. 왕씨는 규(嬀)성에서도 비롯되었다. 제나라 왕 전화(田和)의 후손이다. 왕족칭을 성씨로 삼았다. 『통지』「씨족략」에 기록된 바에 따르면 순임금의 후손인 규만(嬀滿)이 주무왕에 의해 진(陳)에 봉해졌다가 아들 완(完)에 이르러 피난하여 제(齊)나라로 도망쳐 성을 전(田)씨로 바꾸었다. 이후 제나라의 강씨들을 몰아내고 전씨 제나라를 세웠다. 이후 진시황에 의해 전씨 제나라가 멸망하자 후손들이 왕족 신분 규성을 왕성으로 삼아 왕씨라 했다고 한다.

왕씨의 득성 시조는 주영왕의 태자 진(晉)으로 원래 희성이었다. 후대 사람들은 왕자 진을 왕교(王喬)라고 불렀다. 태자 진은 직언 때문에 폐위되어 평민으로 강등되었다. 왕씨의 군망은 산서 태원군, 산동 낭야군, 산동 북해군, 하남 진류군, 산동 동해군, 산동 고평군, 섬서 경조군 등으로 산동성을 중심으로 분포한 것으로 나타나고 있다.

왕씨는 진한(秦漢) 때 지금의 산서성 예성(芮城), 하현(夏縣), 포현(浦縣), 평륙

(平陸), 그리고 하남성 개봉(開封), 우성(虞城), 회현(淮縣), 섬서성 함양(咸陽), 산동성 치박(淄博) 등에서 살고 있었다. 그리고 자성(子姓) 왕씨 후손들은 하남성 위휘(衛輝)에서 감숙 천수(天水), 산동 동평(東平), 하남 신채(新蔡), 신야(新野) 등지로 이주했다. 양한 시대부터 신나라 황제 왕망(王莽)의 이름을 딴 원성(元城){지금의 하북성 대명(大名)} 왕씨가 생겨나기 시작하였다. 낭야(琅邪) 왕씨들은 전한 간의대부 왕길(王吉)을 기조(基祖)로 삼았다. 명나라 시기에 왕씨들은 하남, 하북, 산동, 강소, 절강, 감숙 등지로 이주했다.

백도백과에 따르면 '왕(王)' 자는 3횡(橫) 1수(竪)로 구성되어 있는데, 3횡은 하늘(天), 땅(地), 사람(人)을 의미하며, 1횡은 하늘, 땅, 사람을 모두 통한다는 것을 뜻한다. 이것이 바로 하늘, 땅, 사람이 모두 '왕'의 관할이 되어야 한다는 철학에서 비롯된 것이다. 상고시대 하(夏)·상(商)·주(周)의 3대의 최고 통치자를 모두 '왕(王)'이라고 불렀다. 왕(王)씨는 동주 때의 희진(姬晉)을 시조로 삼고 있다. 왕씨는 신(新), 조한(趙漢), 제(齊), 연(燕), 정(鄭), 조(趙), 전촉(前蜀), 북평(北平), 민(閩), 촉(蜀), 고려(高麗) 등의 정권을 수립했다. 2018년 현재 중원 대륙의 왕씨 인구수는 약 1억 명이다. 현재 왕씨는 북경, 천진, 하북, 산서, 내몽고, 요녕, 길림 등 16개 성에서 1위를 차지하고 있다. 왕씨는 현재 산동성, 하남성, 하북성의 3개 성에 왕씨 총인구의 28%가 살고 있다.

32/ 우씨禹氏

우리나라 우씨는 2015년 인구조사 결과 19만5천 명이다. 그 중 단양 우씨가 19만 명으로 사실상 단일본이다. 단양 우씨(丹陽 禹氏)는 충북 단양을 본관으로 삼고 있다. 시조는 고려시대 호장 벼슬을 지낸 우현(禹玄)이다. 그 뒤 씨족의 세력이 커지면서 공민왕 때 과거에 급제하여 좌시중에 오른 현보의 다섯 아들이 분파를 이루었다. 조선 개국시 고려 신하임을 고집하다가 유배되거나 죽임을 당한 이가 많았다고 한다.

중원의 우씨는 사성(姒姓)에서 유래된 성씨이다. 하나라를 건국한 개국군주인 우임금의 우를 성씨로 삼았다. 우씨는 송판(宋版) 백가성 순위에서 107

△ 곤오축융족 등의 지표지명 분포에 따른 하나라 강역 추정

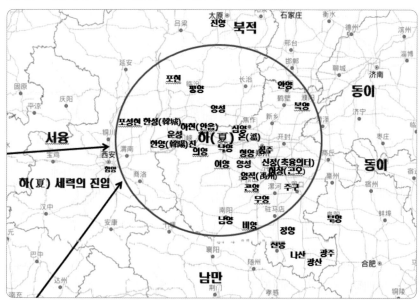

위에 달했다. 우임금은 서강족 출신으로 화하족이 아니다. 하(夏)라는 국명을 통해서 알 수 있듯이 여름 태양을 숭배하던 동이 축융족의 나라를 건국했다. 하우의 세력은 중원의 산서성, 하남성 일대를 중심으로 수많은 양계 지명을 남겼다. 우씨의 군망은 롱서군(隴西郡)과 낭야군(琅琊郡)이다.

우임금은 대우, 하우, 융우(戎禹)로 불리우고 있다. 우임금의 아버지는 곤(鯀)으로 치수(治水)에 실패한 후 아들 우에게 치수 사업의 대권을 물려주었다. 당시 중원에서 치수 담당자가 사실상 군주의 권한을 행사할 수밖에 없었다. 수많은 노동력을 지휘하고 통솔해야 했기 때문이다.

요임금 말기에 엄청난 홍수가 발생해 황하가 범람하자 요순 임금은 고산 지대로 피난을 가야만 했다. 중원이 물바다 천지가 된 이때 곤에게 치수사업을 맡겼다. 9년 대홍수로 불리우는 물난리가 날 정도라면 요순 시대가 태평성대였다는 말은 성립할 수 없다. 곤은 요임금의 지시로 물을 다스리는 임무를 맡았으나 성공하지 못해 결국 유배가서 사망한다. 곤은 9년 동안 물을 막기 위해 총력을 기울였으나 대홍수로 둑을 막는 방식으로는 치수를 할 수 없었다.

『산해경』「해내경」에 "곤은 상제의 스스로 불어나는 흙을 훔쳐 홍수를 막았으나 상제의 명을 기다리지 않았으므로 상제께서 축융에게 명해 곤을 우교에서 죽였다. 곤이 다시 우를 낳았는데 상제가 우에게 명령하여 땅을 덮고 구주를 정하는 일을 마치도록 했다."고 했다. 그런데 『개서』에 곤이 죽은 지 3년 동안 시체가 썩지 않자, 오도(吳刀)로 배를 쪼개니 거기에서 외뿔 달린 용, 즉 규룡(虯龍) 한 마리가 튀어 나왔다. 이 규룡이 바로 곤의 아들 우(禹) 임금이다. 보검으로 잘린 곤의 시체는 황룡으로 변했다고 한다. 곤의 시체가 3년 동안 썩지 않았다는 것은 무엇을 의미할까? 곤의 세력인 곤오족은 곤의 유배에 반기를 들고 요임금에 저항하였고, 그 저항이 3년이나 계속되었다는 것으로 해석할 수 있다. 그리고 곤의 뱃속에서 우가 나왔다는 것은 후계자로 우가 옹립된 것을 의미한다.

요임금에 대한 저항이 심각하자 결국 순임금이 요임금을 끌어 내리고 제위에 올랐다. 순임금은 오손족의 조상인 곤오족의 지원을 받아 제위에 오른다. 그는 곤의 아들인 우에게 치수를 맡긴다. 이는 사실상 권력을 우에게 넘겨주었다는 것을 의미한다. 왜냐하면 치수사업을 담당한 자가 결국 통치권을 행사할 수밖에 없기 때문이다. 고대 시대에 중원의 치수사업에 동원된 인력은 수십만 명에 달하였을 것으로 추정된다. 따라서 우가 13년 동안 치수를 할 수 있었다는 것은 그만큼 엄청난 인력을 결집시켰다는 것을 나타내고 이는 하나라의 건국으로 이어진다. 치수를 통한 건국은 고대 시대에 권력집중이 이루어졌다는 것을 보여준다.

그리고 요임금과 순임금, 그리고 우임금으로 제위가 이어진 것은 태평성대의 선양 방식이 아니라 엄청난 권력투쟁을 수반한 방식이었다는 것을 알수 있다. 『죽서기년』「공30편」에는 다음과 같이 기록되어 있다.

> 옛날에 요임금의 덕이 쇠퇴하자 순임금의 죄수가 되었다. 순은 요임금을 평양에 가두고 제위를 취하였다. … 순은 요를 옥에 가두고 또 단주를 쓰러트려 아버지와 만나지 못하게 하였다.
> 昔堯德衰 爲舜所囚也. 舜囚堯于平陽 取之帝位. … 舜囚堯 復偃塞
> 丹朱 使不與父相見见也

이뿐만 아니라 『한비자』「설의」에서는 간신배들의 입을 빌어 "순이 요를 핍박하고, 우가 순을 핍박했으며, 탕은 걸왕을 축출하고, 무왕은 주왕을 토벌했다.[舜逼迫堯 禹逼迫舜 湯放逐桀 武王討伐紂]"고 기록했다. 이백은 「원별리」라는 시에서 "요임금은 감금되고 순임금은 들에서 죽었다 하네. 구의산 아홉 봉우리 연이어 비슷한데 순임금의 외로운 묘는 도대체 어디에 있는가?[堯幽 囚 舜野死 九疑聯绵皆相似 重瞳孤坟竟何是?]"라고 읊었다. 우임금이 순임금을 권좌에서 끌어 내리고 제위에 오른 것이다.

사마천의 『사기』에 따르면 우임금은 전욱 임금의 아들 곤의 아들로 나온다. 즉 전욱 고양 임금의 손자라는 것이다. 『제왕기』에는 우가 '본래 서이(西 夷) 사람'이라고 기록하고 있다. 『사기』 「육국연표」에는 "우(禹)가 서강(西羌) 에서 흥했다."라고 밝히고 있으며, 『후한서』 「재량전(載良傳)」에는 "우는 서강 출신이다.[大禹出西羌]"라고 했고, 『제왕세기』에는 "우가 서강의 오랑캐이 다.[伯禹西羌夷人也]"라고 적고 있다. 『신어(新語)』 「술사(術事)편」에도 "대우가 서강에서 나왔다.[大禹出于西羌]"라고 기록하고 있다. 『태평어람』에서는 "우가 융의 땅에서 태어났으며 이름이 문명이다.[禹生戎地 一名文命]"라고 했다. 갑골문에서 강(羌)은 강(姜)과 같은 것으로 나온다. 상나라는 항상 강족과 전쟁을 벌여 사로잡은 포로들을 인신제사용으로 사용했다. 상나라는 하족과 주족을 모두 오랑캐로 보았기 때문에 그들을 제사용으로 사용한 것이다.

그런데 화하족의 시조가 서강족 출신이라는 것이 말이나 되는가? 우의 세력이 나중에 중원에 있다보니 화하족은 항상 중원이라고 생각하고 우도 자기 조상으로 우긴 것이다. 그런데 서강족이 화하족의 시조라고 한다면 서강족이 아닌 나머지는 모두 화하족이 아니란 소리가 된다. 더구나 하나라를 건국한 우임금을 화하족이라고 주장하는 것은 자신들 스스로가 폄하한 오랑캐 후손이라는 것을 인정하는 셈이다.

『제왕세가』에 대한 황보밀의 주해에는 "맹자가 말하길 우는 석뉴에서 출생한 서방 오랑캐이다.[孟子曰 禹生石纽 西夷人也]"고 했다. 석뉴는 사천성 성도 (成都) 북서쪽의 문천현(汶川縣) 일대를 가리킨다. 『신어(新語)』에서는 "주문왕은 동이에서 출생하였고, 대우는 서강에서 출생하였다. 세상은 다르지만 땅은 절묘하고, 법은 합치하여 잣대와 같다.[文王生于東夷 大禹生于西羌 世殊而地絶 法合而度同]"라고 했다. 『오월춘추(吳越春秋)』「월왕무여외전」에서는 "곤이 유신씨(有莘氏)의 딸 여희에게 장가들어 고밀, 즉 우를 낳았다. 집은 서강으로 일명 석뉴라고 했다.[鯀娶于有莘氏之女 名曰女嬉 産高密(禹) 家于西羌 曰石紐]"라고 기록되어 있다.

우임금의 치수 방식은 물이 흘러가는 길을 열어 주는 방식이다. 즉, 물의 흐름을 개선하자 물이 바다로 자연스럽게 흘러가게 되어 중원은 홍수의 발생이 줄어들게 된다. 우임금이 치수 사업을 했다는 것은 엄청난 노동력을 동원했다는 것을 의미한다. 고대 시대에 중원에서 치수 사업을 벌였다는 것은 우의 세력이 상당한 규모였다는 것을 나타낸다. 따라서 순임금으로부터 제위를 이어받았다기보다 스스로 제위에 오를 수 있을 정도의 막강한 세력을 구축했다는 것을 의미한다. 우임금은 13년 동안 치수사업을 진행하여 홍수를 다스릴 수 있었다. 13년 동안 수십 만의 노동력을 동원할 수 있었다는 것은 하나라가 일정한 정도로 권력을 집중할 수 있는 역량을 갖추고 있었다는 것을 나타낸다.

그리하여 우는 구주를 정하고 각각의 곳에 구주의 정(鼎)을 만들었다. 우가 아홉 개 주의 정을 만들 정도였다는 것은 이들이 이미 청동기를 다룰 줄 알았다는 사실을 의미한다. 『산해경』에는 곤오산에서 나는 청동을 사용해 칼을 만들었다고 한다. 곤오의 칼이 바로 그것이다. 우가 최초로 도읍한 곳은 하남성 등봉현(登封) 양성(陽城)이다. 축융족이 우를 뒷받침한 것이다. 우는 한민족의 주축세력인 축융족의 지원을 받아 나라를 건국하였다. 곤(鯀, 鯤)은 황제-창의-전욱-곤-우(禹)-계(啓)로 이어지는 오손 서강족의 양(陽)세력이다. 곤은 묘족(苗族)의 후손으로, 곤오족의 곤(昆)과 같은 것으로 파악된다. 하나라는 곤오족이 건국한 나라이다. 곤오족은 축융족으로 한민족의 주축을 이루는 씨족들이었다.

상고시대 중원의 역사는 하나라(이후 주나라) 대 상나라 양대 세력 간의 대립과 투쟁, 그리고 상호 융합의 역사였다. 하나라는 전욱-곤-우-계로 이어지는 서강(西羌) 축융족, 즉 곤륜산 일대에 거주하던 후대의 오손족이 건국한 나라이다. 우는 서강족 출신이다. 따라서 하나라에 화하족은 없다. 전욱 고양은 중원에 양(陽)계 지명을 착근시킨 제왕이다. 이들은 양(陽)세력으로 가는 곳마다 양계 지명을 남겼다. 중려와 오회 등과 축융팔족과 오씨들이 바로 그들이다. 하나라 건국 시기에는 곤오족이 결정적 역할을 했다. 그러나 걸왕대에 이르러 하나라의 국운이 기울면서 천산산맥 일대에 대치하던 월지 밝족이 하나라를 토벌하고 상나라를 건국한다.

상나라는 소호 금천, 제곡 고신, 요임금을 거쳐 설과 탕에 의해 건국된 밝족의 나라이다. 이들은 가는 곳마다 박(亳), 발(發), 벌(伐), 부리, 비리 등의 지표지명을 남겼다. 상나라는 단군조선과도 밀접한 관계를 갖는 나라이다. 상나라의 북쪽에 숙신국이 있었다. 주왕 시기에 동이족에 대한 무차별적 공격으로 민심이 이반하면서 상나라는 주무왕에게 멸망당한다. 주나라의 건국은 고공단보의 희씨와 서융 강씨 등이 주축이 되어 이루어졌다. 『시경』과 『맹자』 등의 기록에 따르면 고공단보는 강녀(姜女), 즉 태강(太姜)에 장가들어 오태백, 중옹, 왕계 3남을 낳았다. 3남인 왕계가 형들의 양보로 위에 올라 주문왕이 되었고, 그 아들인 주무왕이 상나라를 멸망시켰다. 강녀는 염제의 후손이고, 전군을 지휘한 강태공도 염제의 후손이다. 상나라를 멸망시키는데 동이족들과 서융이 대연합을 이루었다. 주족은 하우와 마찬가지로 서융이며, 화하족과는 관련이 없다.

정리하면 이하동서설은 성립할 수 없다. 왜냐하면 상고시대에 하족은 동이족과 같은 종족이었기 때문이다. 서융은 원래 동이나 남만, 북적의 기원이 되는 세력이다. 동이족은 대부분 서쪽에서 동남부로 이동한 세력이다. 상고시대에 월지족이 북방을 평정하고 있었기 때문에 천산에서 바이칼 호수 일대에 이르기까지 전역을 장악하고 있었다. 신석기 시대에 북방은 월지와 오손족이 세계를 양분하고 있었다. 흉노가 출현한 것은 양대 세력 간 갈등이 심화되면서부터이다.

서융이 주축을 이루고 있었고, 이들은 곤오 축융족으로 오손족(태양족)의 선조들이다. 이들은 곤륜산 일대에 근거를 두고 있었다. 상나라는 복희-황제-제곡 고신-탕왕으로 이어지는 세력이 주축을 이루었다. 이들은 월지 밝족으로 단군조선의 환국, 한국과 같은 세력이다. 이들은 오손족과 마주보며 천산산맥 일대에 거주하였다. 주나라는 하나라의 후손들이다.

이들이 상고시대에 고산지대에 살았던 이유는 천지에 수십년 간의 대홍수가 발생해 저지대에는 사람이 살 수 없었기 때문이다. 상고시대에 고산지대는 사람이 살기 좋은 환경이 조성되었다. 광활한 초원지대가 형성되면서 농경과 유목 생활이 가능했다. 수많은 말과 소, 양떼가 풀을 뜯는 장관을 연출하면서 파미르 고원 일대는 지상낙원이나 마찬가지였다. 이 일대에는 동서양인이 모두 몰려 살았다. 홍수를 피하기 위해서 동서 세력이 모두 고원지대로 몰려들면서 이들 사이의 혼혈도 불가피했다. 파미르 고원 일대의 카자흐스탄이나 우즈베키스탄, 키르키스탄 등에 동서양인들의 얼굴을 한 사람들이 섞여 있는 것은 이러한 상고시대의 상황을 반영한 것이다. 대홍수는 아주 오래 지속되었다. 최초의 문명을 이루었던 태호 복희씨는 대홍수가 발생하자 커다란 조롱박에 들어가 표류하다 고산지대에 이르러 박에 나왔다고 해서 복희라고 했다고 한다. 복희씨의 홍수사화는 요임금 시대로까지 계속된다.

곤(鯤)과 우(禹)의 치수는 중원에서 가장 유명한 홍수 사화이다. 곤은 대우의 아버지로 숭(崇)부락의 수령이었다. 그런데 홍수가 하늘까지 넘치게 되자 요임금은 곤(鯀)에게 치수를 맡겼다. 곤은 서기전 2276년부터 2267년까지 9년 동안 홍수를 다스렸고, 강기슭에 제방을 설치하는 장법으로 중원의 범람한 홍수를 해소하고 만민을 불에서 구해내는 등 공을 들였다. 그러나 물이 차오를수록 높아져 9년이 지나도록 홍수를 잠재우지 못해 곤의 아들 우가 치수를 하게 됐다.

곤이 실각하게 된 이유로는 요의 아들 단주(丹朱)·순(舜)의 부족연맹과 공주(共主) 지위를 두고 다투다 실패함에 따라 요가 우산으로 유배시켰다는 설과 요가 축융에게 곤을 우산에서 죽이라는 명령을 내렸다는 설 등이 있다. 곤은 우산(羽山)에 묻힌 비극적인 치수 영웅이다. 요(순)가 곤을 죽이라고 명한 축융족은 염제 계열 축융족으로 보인다. 축융족은 전욱 고양 계열과 염제 계열 두 갈래가 존재했다. 『산해경』「해내경」에는 염제 계열 축융족 계보를 염제-염거-절병-희기-축융-공공-술기 등으로 제시하고 상제가 축융에게 곤을 죽이라고 명했다고 기록하고 있다.

하나라의 우가 있었던 곳은 양적(陽翟)으로 현재의 지명은 우주(禹州)이다. 하남성 등봉현의 양성(陽城) 일대에서 하나라의 유적지로 파악되는 왕성강(王城崗) 성보(城堡) 유적지가 발굴되었다. 우의 아버지 곤(鯀, 鯤)은 곤오족의 곤(昆)과 같은 것으로 분석된다.

이 당시 하나라는 방 5백 리의 강역을 다스렸다. 그러나 우임금 시기에 치수문제가 해결되면서 중원 9주의 강역을 정하고 각 지역의 명칭을 붙이기 시작하게 된다. 우임금은 치수세력의 수장으로서의 힘을 활용해 요순의 제위 선양 시대를 끝내고 직계후손으로 권력을 이양하는 세습제를 실시한다. 우의 치수 성공으로 하나라는 상당한 기간동안 중원을 통치하게 된다. 우씨는 바로 이같은 우임금에서 비롯된 성씨이다.

33/ 유씨劉氏

　우리나라 유씨(劉氏)는 2015년 인구조사 결과 30만3천 명으로 인구순위 30위의 성씨이다. 그 중 강릉 유씨가 23만7천 명으로 가장 많아 사실상 단 일본이다. 그 다음으로 거창 유씨, 배천 유씨 등이 있다.

　유씨의 대종을 이루는 강릉, 거창, 배천 유씨는 송(宋)나라에서 한림학사 (翰林學士)와 병부상서를 지내다 고려 문종 36년(1082년) 고려에 귀화한 유전 (劉筌)을 도시조로 삼고 있다. 중원의 한나라 태조 유방의 40세손으로 송나 라 신종 때 재상 왕안석(王安石)이 제정한 청묘취식법(靑苗取息法)에 반대하다 가 간신으로 내몰릴 위험에 처하자 경남 영일군에 정착하였다.

　거창 유씨는 시조 유전의 맏아들인 유견규(劉堅規)가 거타군(居陀君){지금의 거창}에 봉해져 거창 유씨가 되었다. 강릉 유씨는 시조 유전의 9세손 유승비 (劉承備) 때 거창에서 분관하였다. 유승비의 증손 유창(劉敞)이 조선의 개국공 신으로서 옥천부원군(玉川府院君){옥천은 지금의 강릉}에 봉해져 강릉으로 분관 하였다고 한다. 배천 유씨(白川劉氏)의 시조는 도시조 유전의 8세손 유국추 (劉國樞)로 고려조에서 문하시중평장사로 추증되고 배천군에 추봉되었다고 한다.

　중원의 유(劉)씨 득성시조는 요임금의 후예 유루(劉累)이다. 2013년 현재 유씨는 7,000만 명으로 백가성 순위 4위이다. 유씨의 군망은 강소성 팽성 군(彭城郡), 중산군(中山郡), 장사군(長沙郡), 남양군(南陽郡) 등이다. 유씨는 전 한, 후한, 남한 등의 중원 왕조를 세웠다. 역사적 인물로는 한고조 유방(劉 邦), 후한 광무제 유수(劉秀), 촉한 유비(劉備) 등이 있다. 유씨의 시조 중 한 사람인 한고조 유방은 중원 최초의 평민 출신 황제이다. 『사기』, 『한서』, 『통지』 「씨족략」 등에 따르면 유씨의 주요 기원은 기성(祁姓), 희성(姬姓), 외부족 개성(改姓) 등 크게 세 갈래이다. 그러나 기성 유씨가 대세를 이루고 있어 여기서는 이에 초점을 맞추었다.

유씨의 최초 기원은 기성이다. 요임금의 후예로서 하(夏)나라 후기에 형성되었다. 하남성 노산(魯山)에서 출자하였다. 기성 유씨의 직접적 시조는 유루로 하나라 시기에 형성되었다. 하나라 후기에 유루(劉累)는 용을 길러 하나라 공갑(孔甲) 임금을 섬겼다. 이에 대해 『고본죽서기년』에는 "공갑 임금이 원년 을사에 즉위하여 서하에 살았는데, 시위씨를 폐하고 유루에게 용을 기르도록 했다.[帝孔甲 元年乙巳 帝即位 居西河 廢豕韋氏 使劉累豢龍]"고 기록하고 있다. 『잠부론』 「지씨성」에는 "제요의 후손은 도당씨(陶唐氏)이다. 그 후대에 유루가 있었다. 용을 잘 길렀으며, 공갑이 그에게 어룡씨라는 성을 내려 주어 시위의 후손들이 하던 일을 대신하도록 했다.[帝堯之後爲陶唐氏 後有劉累 能畜龍 孔甲嗣姓爲御龍 以更豕韋之後]"고 적고 있다.

고양 임금시기에 동보(董父)라는 사람에게 용을 기르도록 함으로써 새로운 관직이 시작되었다고 한다. 『춘추좌전』 「노소공 29년」(서기전 513년)에는 다음과 같이 기록하고 있다.

동보(董父)는 용을 길들이고 사육하는 요축으로 순임금을 섬겼다. 순임금은 그에게 동(董)이라는 성과 환룡이라는 씨를 하사했다. 이어 그를 종천(鬷川, 산동성 정도현)에 봉했다. 종이씨(鬷夷氏)가 바로 그 후손이다. 순임금 때 용을 기르는 사람이 존재했던 이유이다. 하나라 공갑 때에 이르러 공갑이 천제에게 순복하자 천제가 그에게 네 마리 용을 내렸다. 황하와 한수에 각각 두 마리씩을 두었는데 두 곳 모두 암수 한

쌍이 있었다. … 이후 하나라 때 유루가 나타났다. 그는 용을 길들이는 비법을 환룡씨에게 배운 뒤 공갑을 섬겼다. 이때 용을 몇 마리 가량 능히 사육할 수 있게 됐다. 하후 공갑이 유루를 매우 좋아한 나머지 어룡(御龍)이라는 씨를 내리고 시위씨의 후계자로 삼았다.

{董父}乃擾畜龍 以服事帝舜 帝賜之姓曰董 氏曰豢龍 封諸鬷川 鬷夷氏其後也 故帝舜氏世有畜龍 及有夏孔甲 擾于有帝 帝賜之乘龍 河漢各二 各有雌雄 … 其後有劉累 學擾龍于豢龍氏 以事孔甲 能飲食之 夏后嘉之 賜氏曰御龍 以更豕韋之後

유루가 용을 기를 때 지금의 하남성 언사현(偃師縣)에서 살았다. 이후 용 사육이 잘 되지 못해 암컷 한 마리가 죽었는데, 유루는 몰래 담근 고기 젓갈인 잠해(潛醢)를 만들어 공갑에게 먹게 했다. 그런데 이후 공갑이 너무 맛있었다고 더 만들어 달라며 유루를 찾자[孔甲因之味美 命令劉累再獻] 그는 용이 죽은 사실이 탄로날까 두려운 나머지 가족들을 데리고 남쪽으로 도망쳐 노현(魯縣){지금의 하남 노산현}으로 피신하였다. 유루의 자손들은 유루의 이름을 성씨로 삼은 중원 최초의 유씨다. 하남성 평정산시(平頂山市) 노산현(魯山縣) 소평호수(昭平湖水) 호반 언덕 위에 유루(劉累)의 묘가 있다.

백도백과에 따르면 유씨의 비조(鼻祖)는 상고시대의 사람인 유원명(劉源明)으로, 요임금의 아들이다. 유원명이 유(劉) 땅에 봉해져 유를 성으로 삼았다. 유(劉)씨의 태시조(太始祖)라고도 하는데 산서성 평양부(平陽府) 홍동현(洪洞縣)에 살았다고 한다. 유원명의 18세손이 바로 유루이다. 유원명의 21대손인 시위영(豕韋咏)은 상나라 시기 상탕에 의해 시위국의 군주로 봉해졌다. 이 때문에 유씨는 상나라 시기에 시위씨로 불리웠다.

유원명의 75세손 유방은 지금의 강소성 서주시 패현(沛縣)에서 태어났다.

『사기』「고조본기」에는 다음과 같이 기록하고 있다.

{고조의} 아버지는 태공이고 어머니는 유온이라고 한다. 예전에 유온
이 큰 연못 옆에 쉬고 있다가 꿈에서 신과 만나 정을 통했다. 이때 천
둥과 번개가 치면서 어두컴컴해졌는데 태공이 가서 보니 교룡이 유온
의 몸 위에 있는게 보였다. 얼마 후 임신을 해 고조를 낳았다.
父曰太公 母曰劉媼 其先劉媼嘗息大澤之陂, 夢與神遇 是時雷電晦
冥 太公往視 則見蛟龍於其上 已而有身 遂産高祖

『사기』「항우본기」와 「고조본기」에 따르면 유방이 한나라를 건국하는 과
정은 아래와 같이 요약할 수 있다.

유방은 패현의 정장(亭長){현재의 파출소장}이었는데, 협객으로 통했다. 외상
술을 좋아하고, 여색을 탐했으며, 임무에도 충실하지 않았다. 그런데도 일
종의 사람을 끄는 매력이 있어 많은 사람이 따랐다. 산동성 출신의 여공(呂
公)이 패현으로 이주해왔다. 여공의 환영연을 개최한 자리에 수많은 사람이
몰리자 선물이 1천전 이하인 사람은 땅에 앉도록 했는데, 유방은 한 푼 없
이 들어와 1만전의 선물을 가져왔다고 허풍을 떨었다. 이에 여공이 그를
상석에 앉게 했는데, 이 사건을 계기로 유방은 여공의 딸인 여치와 혼인하
게 된다.

유방은 정장으로서 공사에 동원할 인부들을 데리고 함양으로 가야만 했
는데, 진의 가혹한 고역을 두려워한 인부들이 하나 둘 도망쳤는데, 유방은
얼마 안 남은 사람들에게 모두 다 도망가라고 했다. 진시황이 중원을 통일
한지 얼마되지 않아 죽고 진나라가 자멸의 길을 걷자 진승(陳勝)·오광(吳廣)
의 난 이후 중원 전역에서 농민봉기가 발생하게 된다. 이때 유방은 소하와

조참 등이 반란에 가담하자고 몰려오자 패현 사람들을 이끌고 반란군의 대열에 서게 된다. 부하 장수로는 개고기 도살업자였던 번쾌(樊噲)와 어릴 적 친구 노관(盧綰), 마구간지기 하후영(夏侯嬰), 방직업자 주발(周勃) 등 뿐이었다. 그런데 오합지졸에 불과했던 유방군이 결정적으로 변모하게 된 것은 책사인 장량이 합류하면서부터이다. 장량은 진시황 암살 시도에 실패한 이후 한(韓) 땅에서 병력을 모아 진과 싸우려고 했으나 번번히 실패했다. 그리고 아무도 장량의 말을 귀담아 듣지 않았다. 그런데 유방은 장량의 말을 곧이 곧대로 믿어 주자 유방을 따르게 된다.

유방이 세력을 규합해 나가게 되면서 초나라의 반란군인 항량(項梁)의 휘하에 들어가 항우와 함께 진나라 군대와 맞서 싸웠다. 항량은 초나라 사람들의 마음을 얻으려면 진에 끌려가 되돌아 오지 못하고 죽은 초회왕의 후손을 왕으로 세워야 한다는 범증의 계책에 따라 초회왕(楚懷王)의 손자 웅심(熊心)을 초회왕으로 삼았다. 그런데 초회왕은 항우와 유방에게 가장 먼저 관중[함양 인근]에 들어가는 자를 왕으로 봉하겠다고 약속했다. 이에 유방과 항우의 두 군대는 팽성(彭城)에서 출발하여 서로 경쟁적으로 함양으로 진출하게 된다.

그런데 항우는 함양으로 출정하기 전에 조나라를 공격하던 장한군을 먼저 공격하라는 회왕의 명령을 받았다. 이에 거록에서 항우군과 진의 장한군이 맞섰는데 장한은 승산이 없다고 보고 20만군을 거느리고 항우에게 항복했다. 그런데 진나라 병사들은 진시황이 중원을 통일한 이후 패전한 나라의 병사와 백성들을 가혹하게 대했다. 이제 상황이 역전되자 모든 나라의 병사들이 진나라 병사들을 경멸하고 혹대했다. 그러자 항복한 진군 사이에 반란의 기운이 감돌기 시작했다. 이에 항우는 군량도 부족한 데다 진군 20만이 늘어나 상황이 더 어려워졌다고 말했다. 더구나 이들이 반란을 할 기세이니 차라리 그들을 모두 죽이라고 했다. 이에 경포 등이 진나라 병사 20만 명을 신안성 남쪽에 생매장했으니, 이를 신안대학살이라고 한다. 진나라 백기가 조나라 군사 20만 명을 생매장한 후 얼마 지나지 않아 진나라 군사 20만 명이 생매장 당한 것이다.

이후 항우는 가는 곳마다 섬멸전을 펼쳐 함양에 진출하는 데 많은 어려움을 겪었다. 이에 반해 유방은 회유 위주의 전술로 전투를 거의 벌이지 않고 함양으로 진격하여 항우보다 먼저 함양에 들어가 진나라 3세 황제 자영의 항복을 받아낸다. 장량은 가급적 전투를 피하고 함양으로 빠르게 진출하는데 전력을 기울였다. 그리고 그 과정에서 민심을 얻는데 주력했다. 오합지졸에 불과한 유방군에 역이기라는 유생이 참가했는데, 그는 항복해도 신변을 보장한다는 약속을 하면 피 한 방울 안 흘리고 함양까지 진출할 수 있다는 계책을 제시했다. 유방을 이를 수용했다. 민심이 유방에게 항복하면 살고, 항우에게 항복하면 죽는다는 것을 당연하게 여기기 시작했다. 그 결과 이미 천하는 유방에게 넘어가기 시작했다.

유방은 항우보다 훨씬 먼저 함양에 들어갔으나 왕이 된 것은 항우이다. 항우는 전승을 기념해 개최한 '홍문의 연'(鴻門之宴)에서 유방을 죽이려 하였으나 장량의 계책과 번쾌의 활약, 항우의 숙부인 항백(項伯)의 도움 등으로 간신히 살아나게 된다. 이후 유방과 항우 양자 간 격돌이 불가피했는데, 결국 유방이 중원을 통일하여 한을 세웠다. 유방은 진나라의 중앙집권제를 계승하고자 했고, 항우는 주나라의 봉건제를 답습하고자 했다. 그 결과 민심이 유방에게 기울면서 결국 유방이 서기전 202년 2월 통일왕조인 서한을 건국할 수 있게 된 것이다. 유방은 군현제와 봉건제를 병용한 군국제를 실시하였다. 그리고 도교 정신을 매우 중시하였고, 황제와 노자를 지칭하는 황로사상을 이용하여 나라를 다스렸다.

후한말 위촉오 삼국이 정립하는 시기에 유비(劉備)가 한의 재건을 외치며 조조의 위나라와 손권의 오나라 등과 더불어 삼국 시대를 열었다. 유비는 하북성 유주 탁군 탁현(涿郡涿縣) 사람으로 제갈량, 관우, 장비 등과 함께 촉나라를 건국했다. 이들을 주인공으로 한 소설인 『삼국지연의』가 세계적으로 유명하다.

34 / 유씨柳氏

한국의 유씨(柳氏)는 2015년 통계청 인구조사 결과 64만 명(류씨 16만 명+ 유씨 48만 명)으로 조사되었다. 유(柳)씨는 2004년 대법원 판결을 통해 두음 법칙 적용을 강제당했는데, 2007년 대법원에서는 두음법칙 적용을 명시한 호적 예규를 위헌이라고 판시했다. 현재는 유와 류를 모두 사용할 수 있게 되었다. 이에 따라 통계청 집계에서는 유씨와 류씨를 별도로 구분했으나 여기서는 두 성이 같은 성씨라는 차원에서 유로 통일하였다. 문화 유씨가 32만8천 명으로 가장 많고, 그 다음으로 진주 유씨 9만3천 명, 전주 유씨 7만9천 명, 고흥 유씨 7만3천 명 등의 순이다.

문화 유씨(文化柳氏)는 황해도 신천군 문화면을 본관으로 하며, 고려 태조 때의 대승(大丞) 류차달(柳車達)을 시조로 삼고 있다. 시조 류차달과 관련하여 차(車)씨와 류(柳)씨가 조상이 같다는 인식이 오랫동안 지속되어 왔다. 그 결과 류씨와 차씨는 차유대종회중앙총본부를 만들어 종친운동을 함께 했다. 서로 혼인도 안하고 동종이라는 인식을 제고하는데 노력해왔다. 그러나 최근 류씨와 차씨 모두 별개의 성이라는 관점이 지배적인 양상으로 나타나고 있다.

어쨌든 문화는 원래 유주(儒州)였는데, 고려 고종이 무신정권을 끝내고 문치를 회복했다고 해서 개칭한 지명이라고 한다. 진주 유씨는 고려 때 진강부원군(晋康府院君)에 봉해진 류정(柳挺)을 시조로 하는 토류계(土柳系)와 류인비(柳仁庇)를 시조로 하는 이류계(移柳系) 등의 두 계통이 있다. 전주 유씨는 고려 때 사헌부 장령 류습(柳濕)을 시조로 한다. 백제 무왕 때 열도의 성덕태자(聖德太子)의 요청으로 사천왕사(四天王寺)를 건축하러 백제에서 일본으로 건너간 류중광(柳重光)의 본관이 전주(全州)라고 한다. 고흥 유씨는 신라 말 흥양(興陽)으로 낙향해 호장(戶長)이 된 류영(柳英)을 시조로 삼고 있다.

중원의 유씨는 다원류의 성씨이다. 춘추시대에 유씨는 초나라에 거주하고 있었다. 진한 시기에는 산서성 경내에 있었다. 이후 점차 하동(산서성 황하 동쪽지구)에 군망을 형성했다. 당나라 이전에 유씨는 사천성, 광서성, 복건성 등지로 확산되었다. 군망은 하동군이다. 득성시조는 유하혜(柳下惠)이다.

유씨의 제1원류는 유하혜이다. 유하혜는 희성(姬姓) 주공 단의 아들 백금(伯禽)의 후손이다. 서주 초기에 백금은 노(魯)나라의 초대 군주가 되었다. 백금의 후손인 노효공 시기에 전(展)이라는 이름의 아들을 낳았다. 전의 손자 무해는 왕인 부친의 자를 성씨로 삼아 전씨라 하였다. 무해는 전금(展禽)이라는 아들을 낳았는데, 그가 바로 유하혜이다. 유씨는 춘추시기 노(魯)나라 대부 희전금(姬展禽)의 후손이다. 전금, 즉 유하혜가 거주하던 읍을 성씨로 삼았다.

『광운(廣韻)』에 기재된 바에 따르면, 춘추시대 노나라 대부 전금(공자 전(展))은 유하(柳下){지금의 하남 복양 유하둔진(濮陽柳下屯鎭)}를 식읍으로 하고 있었다. 그 후손들이 유하의 유를 성씨로 삼았다. 『원화성찬』에는 주공단의 후예인 노효공(魯孝公) 희칭에게는 희전(姬展)이라는 아들이 있었는데, 그의 손자 희무해(姬無駭)가 부친의 이름을 따서 전(展)씨라 했다고 한다. 이후 전금(展禽)은 공자 전이라고 불리우며 유하(柳下)를 식읍으로 삼았는데, 그 자손들이 유씨라 한 이후 지금에 이르고 있다.

유하혜는 원래 노나라 대부로 형옥을 관장하였다. 그가 추운 겨울 어느 날 성문 밖에서 야숙(夜宿)을 하였는데 성문 앞에 쓰러져 추위에 떨고 있는 젊은 여인과 동숙하게 되었다. 그는 그녀가 동사할 것을 두려워하여 자신의 품에 앉게 하였으나 다음 날 아침까지 예의에 어긋나는 일이 전혀 발생하지 않았다. 이것을 두고 '좌회불란(坐懷不亂)', 즉 여인을 품에 안고서도 난잡하지 않다는 고사가 생겨났다. 전금(展禽)이 죽은 뒤 고사의 미덕으로 인해 시호를 혜(惠)라 했다. 사서에서는 그를 유하혜(柳下惠)라 불렀다. 『회남자』에 따르면 전금은 집 문앞에 버드나무가 많아서 혜덕을 강구해 '유하혜(柳下惠)'로 불렀다고 한다. 『맹자』 「만장장구하」에서 유하혜에 대해 다음과 같이 기록하고 있다.

> 유하혜는 무도한 군주라도 섬기는 것을 부끄럽게 여기지 않았고, 작은 벼슬도 사양하지 않았단다. 나아가서는 자기의 현명함을 숨기지 않았고 반드시 정당한 도로써 일했으며, 버림을 받아도 원망하지 않았고, 곤궁에 빠져도 고민하지도 않았지. 무지한 시골뜨기들과 더불어 살아도 너그럽게 대하며 차마 그 자리를 떠나지 못했단다. 그러면서 말하길 '너는 너고 나는 나다. 비록 내 곁에서 벌거벗었다 한들 네가 나를 어찌 더럽힐 수 있겠는가?'라고 했지. 그러므로 유하혜의 기풍을 듣게 되면 비루한 사내도 너그럽게 되고, 천박한 사내도 도탑게 되었단다.
> 柳下惠不羞於君 不辭小官 進不隱賢 必以其道 遺佚而不怨 阨窮而不憫 與鄕人處 由由然不忍去也 '爾爲爾 我爲我 雖袒裼裸裎于我側 爾焉能浼我哉?' 故聞柳下惠之風者 鄙夫寬 薄夫敦

그리고 맹자는 백이와 이윤, 유하혜, 공자를 비교하여 다음과 같이 말했다.

백이는 성인 중에서 청렴한 사람이었고, 이윤은 성인 중에서 사명감이

강했던 사람이며, 유하혜는 성인 중에서 온화한 사람이었고, 공자는
성인 중에서 때에 맞게 해나간 사람이다.

孟子曰 伯夷 聖之淸者也. 伊尹 聖之任者也. 柳下惠 聖之和者也. 孔子 聖之時者也.

유하혜는 노(魯)나라의 유명한 현인으로서 화(和)의 덕을 갖고 있었으며,
절개를 생명처럼 여기고 살았다. 유하혜의 후손들은 그 봉읍을 씨로 삼고
유씨(柳氏)라고 불렀다.

유씨의 제2원류는 초회왕(楚懷王)의 손자 웅심(熊心)에서 비롯되었다. 웅심
은 미성(羋姓)이었다. 도성(都城) 이름을 성씨로 삼았다. 전국 말기, 초회왕 웅
괴(熊槐)에게는 웅심이라는 손자가 있었다. 진(秦)나라 말기 농민봉기가 크게
일어났을 때 항량은 초나라 사람들의 민심을 얻기 위해서는 진나라의 전국
통일시 진에 끌려가 돌아오지 못한 초회왕의 후손을 옹립할 필요가 있다는
범증의 계책을 받아 들여 웅심을 찾아내어 초회왕(楚懷王)으로 옹립하였다.
조부와 동일한 왕명을 사용하여 초나라 사람들의 인심을 수습하고 구심점
으로 삼은 것이다.

초회왕을 의제(義帝)라 불렀는데, 류(柳){지금의 호남 상덕}에 도읍(都邑)하였다.
의제는 나중에 항우에게 죽임을 당한다. 조선 성종 때 김종직이 세조가 단
종을 살해한 것을 항우가 의제를 살해한 것에 빗대어 조의제문(弔義帝文)을
지었다가 무오사화가 발생했는데, 이때 의제가 바로 초회왕이다. 초회왕
웅심의 후손들이 선조가 세운 도읍의 이름을 성씨로 하여 유씨(柳氏)라 하
고 대를 이어 오늘에 이르고 있다.

백도백과에 따르면 유씨는 처음 하남성 북부와 산동성 서부 일대에서 번
성하였는데, 서기전 256년 초나라에 의해 노나라가 멸망하면서 초나라에
들어가 살았던 사람들이 많았다. 진(秦)나라가 6국을 멸망한 후에는 산서성

으로 이주한 이들도 있었다. 이후 산서성 하동(河東)에 군망을 형성하였다. 그 후 상당 기간 동안 하동(河東)은 유(柳)씨가 발전하고 번성하는 중심지였으며, 유(柳)씨의 많은 명인도 대부분 하동에서 나왔다고 한다.

35/ 윤씨 尹氏

한국 윤씨의 2015년 기준 인구수는 102만 명으로 8위의 대성이다. 파평 윤씨가 77만 명으로 압도적 다수를 차지하고 있다. 해남 윤씨 6만6천 명, 칠원 윤씨 6만5천 명, 남원 윤씨 4만2천 명, 무송 윤씨 1만5천 명 등이다.

파평(坡平) 윤씨의 시조는 윤신달(尹莘達)이다. 파주 파평산 서쪽 기슭의 용연(龍淵)에서 옥함이 떠올랐는데, 윤신달은 그 안에서 나왔다고 한다. 신라 말에 태조 왕건을 도와 고려 건국에 공을 세웠다. 그의 6세손 윤관이 17만 대군을 이끌고 동북면으로 진출하여 여진 정벌을 한 것으로 유명하다. 해남 윤씨의 시조는 고려 문종 시기 윤존부(尹存富)이다. 중시조인 8세손 윤광전(尹光琠)이 고려 공민왕 때 강진에 터전을 마련하면서 본관을 해남으로 삼았다. 해남 윤씨 선대의 묘소가 모두 전남 강진(康津), 해남(海南) 관내에 있는 것으로 보아 해남 윤씨의 발상지(發祥地)는 강진과 해남으로 추정된다. 경남 함안 칠원 윤씨의 시조는 신라 김춘추 시기 태자태사를 지낸 윤시영(尹始榮)이다. 남원 윤씨의 시조 윤위(尹威)는 윤신달의 8세손이다. 전북 무송(茂松) 윤씨의 시조 윤비(尹庇)는 소호 금천의 자손이다. 상고시대에 소호 금천씨 둘째 왕후의 아들 반이 궁정이 되었는데, 윤성에 봉해져 윤씨가 되었다고 한다. 무송은 백제 시기 송미지현에 해당한 지역이다.

중원의 윤씨는 여러 가지 기원을 가진 성씨이다. 그 기원은 상고시기까지 거슬러 올라간다. 중원 대륙의 윤씨 인구는 2016년 기준 약 300만 명으로 백가성 91위이다. 산동, 안휘, 호남, 사천(중경 포함) 등에 다수가 거주한다. 그 중 산동성에 윤씨의 약 12%가 살고 있다. 윤씨의 득성시조는 소호 금천, 윤일(尹佚), 혜갑(兮甲) 등이다. 윤씨의 득성 방식은 땅과 관직을 성씨로 삼은 것이다. 윤씨의 군망은 천수군(天水郡)과 하간군(河間郡) 등이다.

윤씨는 소호 금천의 후손으로 소호의 아들 은(殷)이 윤성(尹城)에 봉해져 후손들이 윤을 성씨로 삼았다. 당나라의 장구령(張九齡)이 지은 보첩 『성원운보(姓源韻譜)』에 따르면 "소호의 아들 은(殷)이 공정(工正)을 관장하여 윤성(尹城)에 봉해졌다. 이에 후손들이 윤씨를 성씨로 삼은 것이다."라고 한다. 소호는 상고시기 희화(羲和) 부족의 후예이자 고대 동이족의 지도자였다. 희화는 태호 복희의 자손이다. 소호의 아들 은이 공인의 업무를 관장하는 공정이 되어, 윤성에 봉해졌고, 후손들은 이로 인해 윤씨를 성으로 삼았다. 소호 금천은 농정(農正) 및 공정(工正)과 같은 농업과 수공업을 담당하는 관직을 설치하여 씨족의 기반을 공고히하였다. 『원화성찬』에도 기재되길, "소호의 아들이 윤성에 봉해져서 윤씨라 했다.[少昊之子, 封于尹城, 因氏焉]"고 했다. 『산해경』「해내경」에는 반(般)이 처음으로 활과 화살을 만들었다고 한다.

> 소호(少皞)가 반(般)을 낳았는데, 반이 처음으로 활과 화살을 만들었으며, 준(俊) 임금이 예(羿)에게 붉은 활과 흰 화살을 하사하여 그것으로 하계의 나라를 도와주도록 하였다.
> 少皞生般 般是始為弓矢 帝俊賜羿 彤弓素矰 以扶下國

반(般)은 윤반(尹般)을 가리킨다. 그런데 『세본』에는 모과(牟夸)가 화살을 만들고 휘(揮)가 활을 만들었다고 했다. 그렇다면 윤반과 장휘(張揮)의 관계는 어떠한가? 당나라 임보의 『원화성찬』에는 "소호의 아들이 윤성(尹城)에 봉해져 그 때문에 윤씨라 했다."라고 했다. 『중화윤씨통지』에도 "소호의 아들 반이 윤성에 봉해져 그 때문에 성씨로 삼았다. 윤씨가 성을 얻은 것은 여기서 시작된 것이다."라고 했다. 『윤씨수성고(尹氏受姓考)』에는 "윤씨의 선조인 소호의 차남 반(般)이 윤성에 봉해지자 자손들이 이를 따라 윤씨라 한 것이다."라고 기록하고 있다. 송나라 나필(羅泌)의 『노사(路史)』에는 "소호의 두 번째 왕후가 반을 낳았다. 반이 궁정(弓正)이 되었으며, 활과 화살을 처음 제조하였고, 활자리 별(弧星)에 대한 제사를 주관하였다. 이로써 윤성에 봉해졌고, 대대로 그 관직을 관할했다. 매(眛)라는 아들이 있었는데, 현명사(玄冥師)가 되었다."라고 했다. 송나라 정초의 『통지』에도 "윤씨는 소호의 아들로 윤성에 봉해졌고, 그 때문에 윤씨가 되었다."라고 한다. 윤반의 봉읍지는 분주(汾州)인데, 정초는 "윤(尹) 지역이 주나라에 이르러 윤씨 식읍이 되었다."라고 했다. 지금의 산서성 습현(隰縣) 동북쪽이다. 그 후손들이 지역명을 성으로 삼았다. 은(殷)과 반(般)은 동일인으로 분석된다.

『통지』「씨족략」에 따르면, 소호의 아들 반(般)은 공정(工正) 또는 궁정(弓正)으로 활과 화살을 주재하여 윤성에 봉해졌다고 했다. 이 때문에 반을 '윤반(尹般)'이라고 부른다. 반은 궁상(窮桑)에서 태어나 관명은 중(重)이고, 별호는 구망(勾芒) 또는 징(徵)이라고 한다. 반은 어려서 새총을 발명하였고, 소호 임금은 그가 오치부(五雉工)에서 일하도록 했으며, 윤성에 봉하였다. 소호 임금 사후 전욱 고양 임금은 반에게 활자리 별(弧星)에 제사를 지내도록 하고 천문을 관찰하게 하였다. 고양 임금은 절지천통(絕地天通)을 단행하여 반을 하늘을 다스리는 사천축신(司天祝神)으로 임명해 남정(南正)이라 하였다. 윤반(尹般)은 사서에 최초로 등장하는 사람으로 윤씨의 득성시조로 불리운다.

윤씨는 서주(西周) 시기 작책(作冊)이었던 윤일(尹佚)의 후손이기도 하다. 작책은 상나라 시기에 만들어진 관직으로 문서 만드는 일을 관장했다. 작책내사(作冊內史), 작명내사(作命內史), 내사 등으로 불렀으며, 간책을 손에 쥐고 왕명을 봉행하는 일을 담당했다. 윤일은 사일(史佚)이라고도 했는데, 『청화

간(淸華簡)』에는 "작책일(作册逸)"이라고 기록되어 있다. 윤일은 천문을 관찰하고 역법을 제정하며, 주왕의 언행과 천하대사를 기록하라는 명령을 수행했다.

윤일(尹佚) 이후 '작책윤(作册尹)'은 서주(西周)에서 상(商) 왕조가 설치한 관료기구의 전례에 따라 왕궁내정(王宮內廷) 사관(史官)에 속해 주(周)나라 천자(天子)를 위한 문서를 작성하고 제후(諸侯)와 경대부(卿大夫)에게 책명(策命)을 내리는 일을 주관했으며 신직(神職)을 겸임했다. 『사기』 「주본기」에 따르면 "강왕은 작책인 필공에게 명하여 백성들이 사는 곳을 나누어 성주(成周)의 교외에 살도록 하고서는 필명(畢命)을 지었다.[康王命作策畢公分居里, 成周郊, 作畢命]"고 기록하고 있다. 여기서 필공은 주성왕과 주강왕 두 왕을 보필하던 보정대신을 가리킨다. 역사에서 칭하길 "필공고(畢公高)"라고 부르며, 학계에서는 작책필공(作策畢公)이 바로 "작책필공(作册畢公)"으로 윤일의 후손이라고 본다. 필공은 주강왕 시기 작책의 관직을 맡고 있던 사람이다. 서주 후기에 작책윤은 흔히 '내사(內史)'라고 불렸는데, 내사는 태사료(太史寮)에 속했고 윤씨(尹氏)는 태사료의 장관이었다. 서주가 멸망하자 주평왕을 따라 동천한 윤씨는 주왕조의 기내국인 "윤읍(尹邑){하남성 의양현(宜陽縣)}"을 봉읍으로 받았다. 서기전 516년 윤국(尹國)이 멸망한 이후 나라 사람들이 윤을 성씨로 삼았다.

『설문해자(說文解字)』에서 윤(尹)은 "다스린다" 또는 "한 손에 만천 사무를 장악한다"는 의미를 갖는다. 윤(尹) 자(字)는 상나라 갑골문과 금문에 처음 등장한다. 상나라 시기에 윤(尹)은 온 나라를 주름잡던 관리를 지칭했다. 항상 왕의 곁에서 나라를 관리하거나 왕과 관련된 업무를 수행했다. 손에 지팡이를 쥐고 있는 형상으로서 권력이 있다는 것을 표시한다. 윤은 원래 붓으로 치리(治理)를 담당하는 관직명을 가리키며, 나중에 성씨가 되었다. 이후 재상(宰相)을 가리키는 글자가 되었다. 임금 군(君)은 권력을 상징하는 지 휘봉을 들고 있는 윤(尹) 자에 입(口)이 합쳐진 것으로 군주가 명령을 내린다 는 것을 나타낸다. 초나라에서는 국왕 다음의 권력을 가진 자를 영윤(令尹) 이라 칭했다.

윤씨의 득성시조는 윤길보(尹吉甫)로, 그는 황제(黃帝)의 후손인 백숙족(伯儵族)의 후예이고 윤국(尹國)의 군주이기도 하였다. 서기전 852년에 태어나 서기전 775년에 죽을 때까지 중원(中原)에 살면서 주선왕의 대신이 되었다. 『풍속통의』에 기록된 바에 따르면, 혜(兮)씨이고, 이름은 갑(甲), 자는 백길부(伯吉父){길보(吉甫)라고도 함}로 벼슬이 태사(太師)였기 때문에 윤씨로 봉해졌으며, '태사 윤씨(太師尹氏)'라고 불렀다. 주선왕 시기의 중흥대신이었다. 윤길보는 윤씨와 길씨의 태시조이다. 윤길보가 봉해진 윤국은 지금의 산서성 습현(隰縣) 일대이다.

서주 말기 주선왕 시기(서기전 827년~서기전 781년)에 험윤(흉노족)이 초획(焦獲)으로 침입하여 경수 북안으로 진격하자, 주선왕 5년(서기전 823년)에 윤길보는 군대를 이끌고 북벌을 감행하여 태원(太原)에 이르렀으며, 이후 성주{지금의 하남 낙양 동쪽}에서 왕명을 받아 남방 회이족 등에게 부세를 징수하여 삭방(朔方)에 성을 쌓았다. 유물로는 청동기 회갑반(兮甲盘)이 있다. 호북성에는 윤길보의 종묘가 있다. 노주(瀘州)에는 윤길보 무금대(撫琴台) 유적, 산서성 평요고성(平遥古城)에는 윤길보 점장대(点将台), 호북성 십언시 방현에는 묘와 묘비 유적이 여러 곳에 있다. 서주 선왕 때 북방에서는 험윤이 진격하여 침입하는 소란이 극심하였다. 윤길보는 이를 방어하였을 뿐만 아니라 북벌에 성공하는 혁혁한 전공을 세웠다. 윤길보는 『시경』의 편찬자이기도 하다. 윤길보는 문무를 고루 겸비한 뛰어난 인물이었다.

36/ 이씨李氏

2015년 기준 우리나라 이씨의 인구수는 730만 명이다. 이중 전주 이씨가 267만 명이고, 경주 이씨가 139만 명을 차지하고 있다. 그 뒤를 이어 성주 이씨 20만 명, 광주 이씨 18만 명, 연안 이씨 16만 명, 전의 이씨 16만 명, 한산 이씨 15만7천 명, 함평 이씨 15만7천 명, 합천 이씨 12만 명 등이 있다.

전주 이씨의 시조는 이한(李翰)으로 조선왕조의 왕성이다. 전주 이씨는 한반도에 조기 정착한 씨족 중 하나로 평가된다. 『조선왕조실록』에는 전주의 토착성씨였다는 점을 강조하고 있다. 이한의 선대에 대해서는 전해지는 바가 없다. 고려 말 이안사는 대대로 전주에서 살았으나 새로 부임한 관원과 다투다 강원도 삼척으로 피했다. 그리고 다시 함경도를 거쳐 원나라 간동으로 가서 다루가치 벼슬을 지냈다. 그의 증손자 이자춘(李子春)의 아들인 태조 이성계가 조선을 건국했다. 경주 이씨는 『삼국사기』 「신라본기」에 기록된 바와 같은 신라 6부 성씨중 하나이다. 『삼국사기』의 기록에 따르면 유리이사금 시기에 6부의 성씨 중 알천 양산촌의 촌장인 표암공 이알평에게 이씨(李氏)를 사여했다고 한다. 그런데 이씨는 아주 오래된 성씨이므로 신라 시대에 이씨를 사여했다는 것은 신뢰하기 어렵다. 경주 이씨는 진한이 중원 요동반도에 처음 건국되었으므로 북방에서 이주해온 성씨이다.

이씨는 상고시대 산동성 동이족의 지도자인 고요(皋陶)의 후손이다. 고요는 소호 금천(少皞 金天)씨의 증손자로서 삼황오제 시기에 순임금에 의해 형법을 관장하는 대리(大理)로 임명된 전설적인 법관이었다. 고요의 후손들은 대대로 대리의 관직을 맡게 되어 직업을 본따서 리(理)씨라 하였다. 그런데 상나라 말기에 이리정(李利貞)이 주임금의 폭정에 간언을 하다가 죽음의 화를 맞이하여 도망하던 중 굶주림에 시달리게 되었는데, 오얏나무 열매(李果), 즉 자두를 먹고 살아나 리(理)를 이(李)로 바꾸어 오늘에 이르렀다고 한다.

고요(皋陶)는 서기전 2220년~서기전 2113년 시기의 인물로서 대업(大業)이라고도 한다. 고요가 탄생한 곳은 산동성 곡부의 소호지허라는 설과 산서성 홍동현(洪洞縣) 고요촌이라는 두 가지 설이 있다. 이에 따라 성이 언(偃)씨라는 주장과 영성(嬴姓)이라는 두 가지 주장으로 나뉜다. 요·순·우 임금과 더불어 상고시대의 4대 성인(上古四聖) 중 한 명으로 일컫어졌다. 고요는 요·순·우 시대에 사법부를 관장하는 대리(大理)라는 직책을 맡았다. 그래서 그를 사법비조라고 부르기도 한다. 후대에 유가와 법가 사상의 정신적 뿌리를 이루었다.

고요가 죄를 판정할 때 활용한 것이 바로 유니콘 해태(獬豸)이다. 해태는 시비와 선악을 구분하여 공정하게 판단한다는 상상의 동물로서 고대의 군주의 위엄을 상징하는 동물이었다. 해태는 죄가 있는 사람을 찾아내는 신비한 능력을 갖고 있었는데, 죄가 있는 사람은 들이받고 죄가 없으면 가만히 있었다고 한다. 해태는 오늘날까지도 사법의 상징이 되었으며, 중국 법관의 망치에는 해태 문양이 새겨져 있다. 우리나라에도 광화문에 해태가 있고, 국회에도 해태가 있다. 그런데 국회의 해태는 입법부에 해당하므로 이를 헌법재판소나 대법원으로 옮겨야 한다는 주장이 제기되고 있다.

고요는 오랫동안 '사사(士師) 또는 이관(理官)'의 직책을 맡으면서 중원 최초의 사법 체계인 오형(五刑), 오교(五敎)를 구축하였다. 형벌을 다스릴 때 공정을 견지하였으며, '법치'와 '덕정'의 결합을 강조하였다고 한다. 고요에 대한 기록은 『우서(虞書)』 「고요모(皐陶謨)」, 『사기』 「오제본기」, 『사기』 「하본기」, 『사기』 「초세가」, 『논형(論衡)』, 『당서(唐書)』 「현종본기」 등에 등장한다. 『사기』 「오제본기」와 「하본기」에서 고요의 언행에 대한 기록을 보면, 그는 도덕을 설파하고, 임무에 용맹스러웠으며, 공정무사(公正無私)한 정치상을 가졌다는 것을 알 수 있다. 『상서』 「고요모」에서는 고요의 인간중심적이고, 겸손하고, 정직무사하고, 민본적인 모습을 볼 수 있다. 『순자』, 『회남자』 등에서 공평무사하고 이성적인 법관의 모습을 볼 수 있고, 『후한서』에서도 고요가 옥신으로 등장한다.

고요는 우임금을 잇는 임금으로 내정되었으나 우임금 재위 2년인 서기전 2113년에 제위에 오르지 못하고 106세의 나이로 세상을 떠났다. 대우(大禹)는 고요의 공덕(功德)을 기리기 위해 그 후손들을 영(英)·육(六) 일대{지금의 안휘성 육안(六安市)}에 봉하였다. 그리고 고요는 육안국(요국(蓼國))과 언국(偃國)의 시조 및 24개 성씨의 비조로 추존되었다. 당 현종 천보 2년(743년)에 당나라 이씨 정권은 고요를 '대당덕명황제(大唐德明皇帝)'로 추봉하였다. 당나라 황실에서는 고요를 공식적으로 이씨의 시조로 인정하였고, 그가 산동곡부에서 탄생하였고 현재의 안휘성 육안시의 고성(皐城)에 묘지가 있다고 했다. 이에 따라 당나라 이씨들도 화하족이 아니라 이적(夷狄)으로 불리웠다.

『사기』 「진본기」에 따르면 진(秦)나라의 선조는 전욱(顓頊) 임금의 후대 손녀인 여수(女脩)이다. 여수가 베를 짜고 있는데 제비가 알을 떨어뜨려서 여수가 이 알을 삼키고 아들 대업(大業), 즉 고요를 낳았다. 대업은 소전(少典)의 딸 여화(女華)를 아내로 맞이하여 대비(大費), 즉 백익을 낳았고, 대비는 우(禹)와 함께 물과 땅을 다스렸다. 치수에 성공하자 순(舜)임금이 현규(玄圭)를 하사했다. 우(禹)가 이를 받으면서 말했다. "저 혼자 이룰 수 있었던 것이 아니라 대비(大費)도 도왔습니다." 순임금이 말했다. "아, 비(費)야! 우(禹)를 도와

서 공을 이루었으니 그대에게 깃발의 띠인 조유(旱游)를 하사한다. 그대의
후손이 장차 크게 번창할 것이다." 이에 요씨(姚氏) 성의 미녀를 아내로 삼게
했다. 대비(大費)는 공손하게 받고 순(舜)임금을 도와 새와 짐승들을 대부분
잘 길들였으니 이 사람이 곧 백예(柏翳, 백익의 다른 이름)이다. 중원에서 처음
으로 집을 건축하고 우물을 판 인물로 알려져 있다. 순(舜)임금은 그에게 영
성을 하사했다. 『통지』 「씨족략」에 따르면 고요의 아들인 백익이 영성(嬴姓)
을 받아서 영씨의 시조가 되었다고 했다.

백익은 대업의 아들로 등장하는데, 그렇다면 대업(大業)이 고요와 동일 인
물인가에 대해 논란이 제기되어 왔다. 즉, 사서에서 "고요의 자손이 영·육
에 봉해졌다."라고만 했을 뿐 아들을 백익(伯益)이라 하지 않았고, 백익과 고
요는 비슷한 시기에 살았다는 이유로 고요와 대업이 별개의 인물이라는 주
장이 제기되고 있는 것이다. 그러나 고요와 대업이 동일인이라는 주장들이
대세를 이루고 있다. 그 이유는 대업도 상고사성으로 불리우고 법관을 지
냈기 때문이다. 다만 계보상으로 등장하지 않을 뿐이다. 『잠부론』 「지씨성
(志氏姓)조」에서는 고요와 대업이 동일한 인물이라고 보고 백익이 고요의 자
손이라고 적고 있다.

고양씨 시대에 재자가 여덟이 있었다. 창서, 퇴개, 도연, 대림, 방강, 정
견, 중용, 숙달이 바로 그들이다. 세상 사람들은 그들을 팔개라고 불렀
다. 고양씨의 후손으로 고요가 있어 순임금을 섬겼다. 순임금은 그에
게 "고요야! 만이가 하나라를 어지럽히고 도적이 활개를 치고 있으니
너를 옥관으로 삼는다."라고 하였다. 그의 아들 백예는 백성의 뜻을
잘 살펴 순과 우를 보좌하였으며, 조수를 잘 순치시켜 순임금이 그에
게 영(嬴)이라는 성을 하사하였다.

高陽氏之世 有才子八人: 蒼舒·隤凱·檮戴·大臨·厖降·庭堅·仲容·叔達 天下之人 謂之八凱 後嗣有皐陶 事舜 舜曰: "皐陶! 蠻夷滑夏, 寇賊姦宄 女作士." 其子伯翳,能議百姓以佐舜·禹 擾馴鳥獸 舜賜姓嬴

백익(伯益)은 새나 짐승을 길들일 수 있고, 우(虞)를 섬겨 영(嬴, 산동성 래무시)을 식읍으로 하였다. 백익은 소호지허에 봉해져 영씨의 조상이 되었고, 후대에 위세를 떨친 진시황 영정(嬴政)이 백익의 후손이다. 백익은 순임금의 축마관(畜馬官)이었으며, 말을 키운 공로로 영(嬴)성을 하사받았다. 주효왕 때 백익(伯益)의 후손이 진읍(秦邑)에 봉해져 진영(秦嬴)이라 불렀다. 조씨(趙氏)의 시조가 된 조보(造父)도 백익의 후예이다. 백익의 첫째 아들 대렴(大廉)은 하나라 계임금 시기 백익의 지위를 계승하여 황국(黃國)을 건국하였으며, 대렴의 후손이 서주 시기에 진(秦)에 봉해져 진나라를 건국하였다. 대렴은 황씨의 시조이고, 조나라의 대장군 염파, 진시황 영정, 조나라 무령왕, 초나라 춘신군 황헐 등이 대렴의 후손이다. 둘째 아들 서약목(徐若木)은 서국(徐國)을 건국하여 동이족 서씨(徐氏)의 시조가 되었다.

백익은 우임금과 치수활동을 했던 인물로 우임금의 후계자로 내정되었다. 결국 왕위에 올랐으나 우임금의 아들 계와의 왕위쟁탈전에서 패해 죽었다. 백익은 우임금과 함께 치수에 성공한 공적이 있어 순임금으로부터 영성(嬴姓)을 사여받았다. 산동성 임기시(臨沂市) 비현(費縣)의 비(費) 땅에 봉해져 대비(大費)라고 부르기도 한다. 동이 조이족의 지도자였다. 주로 활동한 지역은 산동성 일조(日照) 지역이다. 일조시 동항구 도락진 천태산(天台山)에는 백익의 '대왕릉(大王陵)'이 있다.

상고시대에는 요임금이 순임금에게 양위하고, 순임금이 우임금에게 양위했듯이 우임금도 고요에게 제위를 양보하고자 하였다. 그러나 고대 시대의 양위는 평화롭게 이루어지지 못했다. 요임금은 순임금에게 제위를 찬탈당해 그의 신하가 되었고, 아들도 면회하지 못했다. 순임금도 마찬가지로 우임금에게 제위를 찬탈당한 것으로 나온다. 당나라때 시인이자 정치인인 이백은 '원별리(遠別離)'라는 시에서 순임금의 시체도 못찾아 무덤이 어디에 있는지도 모른다고 슬프게 노래했다. 마찬가지로 우임금도 백익에게 제위를 넘겨주려고 하였으나 우임금의 아들이 백익을 죽이고 왕위에 오른다. 이로써 하나라의 부자세습제가 확립되었다.

『세본(世本)』에 따르면 고요의 후대들이 대리(大理)라는 관직(理官)을 계속 이어받으면서 리(理)씨라 했는데, 이리정(李利貞)이 리(理)를 이(李)로 고쳐 오늘날에 이르고 있다. 이리정은 서기전 1070년에 태어났는데, 상나라 말기에 어머니 계화씨(契和氏)와 함께 주왕의 폭정을 피해 하남성 서부 지역으로 달아 났다. 먹을 것이 없던 차에 오얏나무 열매(자두)를 먹고 살아 남았다고

▧ 이씨(李氏)의 본향 진국(陳國)의 위치

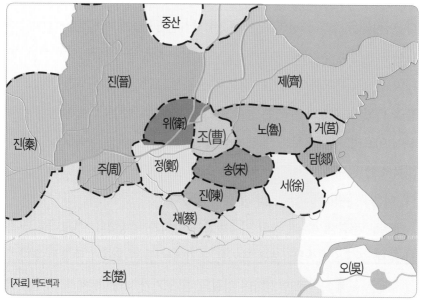

한다. 그래서 오얏나무를 뜻하는 이(李)씨라 개성한 것이다. 직업을 성씨로 삼은 대표적 사례이다. 이(李)씨는 전국 시대의 문헌에 최초로 등장하는데, 옥관(獄官)을 이(李)라고 불렀다.

상나라가 멸망한 이후 이리정은 어머니의 고국인 진(陳){도읍은 하남성 주구시(周口市) 회양현(淮陽縣)}나라의 고현(苦縣){하남성 주구시 녹읍현(鹿邑縣)}에 정착하게 된다. 진국은 송나라의 남부, 정나라의 동부, 초나라의 북부에 위치하고 있었다. 고현은 고요가 봉해진 육안시 일대이다. 육안시의 다른 이름은 "고성(皋城)"으로 안휘성 관할 도시이다. 합비(合肥) 도시권 부중심 도시이기도 하다. 형산국 내의 여섯 현, 안풍 등의 앞자를 따서 육안이라 했다. "여섯 개 땅의 평안, 영원히 반역하지 않는다"는 뜻을 담고 있다. 순임금이 고요를 봉한 곳으로 후대에는 고성(皋城)이라고 부르기도 했다. 이곳에 이리정이 정착하였으며, 노자가 이곳에서 태어났다.

이곳은 동이 회이족의 본거지로서 백익의 영성 후손 서국(徐國)의 서쪽에 위치하고 있다. 이로 보아 이씨들은 전형적인 동이족이라는 것을 알 수 있다. 이씨들은 소호 금천의 후손으로서 서기전 6500년~서기전 4500년경의 대문구 문명의 주인공으로 불리우기도 한다. 대문구 문명은 황하 하류 일대의 신석기 문화를 가리키는 것으로 산동성 태안시의 대문구진에서 그 이름을 따왔다. 대문구 문명은 동쪽으로 황해에 닿고, 서쪽으로 노서평원 동부에 이르며, 북쪽으로는 발해 북안에 도달한다. 그리고 남쪽으로는 강소 회북(淮北) 일대에 이른다. 이곳에 소호 금천씨가 자리잡고 있었다고 한다. 대문구 문명은 용산문명의 원류가 되었다.

대문구 문화에서는 침골의 인공변형과 발치가 성행했다. 부드러운 진흙과 모래, 진흙으로 만든 붉은 도기는 초기에는 붉은 도기가 주를 이루다가 말기에는 윤제 도기로 발전하여 경질의 흰 도기가 나왔다. 채색 도기는 비교적 적지만 특색이 풍부하고, 석기를 갈아서 정교하게 만들었다. 중기 이후에는 잘 만들어진 옥기가 등장했다. 안휘성 몽성 위지사 유적에서는 대문구 문화 말기의 취락 유적이 발견되었으며, 도작(稻作) 농경 유적도 발굴되었다. 부부 합장과 부부아이 동반 합장은 모계사회의 종말을 알리는 것으로 부계 씨족사회가 시작됐거나 또는 진입했다는 것을 보여준다.

이리정 이후 이씨가 번성하는데 매우 중요한 역할을 수행한 사람이 바로 노자이다. 노자의 본명은 이이(李耳)이다. 귀가 매우 커서 이름에 귀이자를 붙여 주었다고 한다. 노자명 이이(李耳)는 초나라 말로 늙은 호랑이라는 뜻도 담고 있다. 『사기』 「노자·한비열전」에 기록된 바에 따르면, "노자는 초나라 고현 여향(厲鄕) 곡인리 사람으로 성은 이(李)씨이고, 이름은 이(耳), 자는 담이다. 그는 주나라의 장서실을 지키는 사관이었다." 노자의 부친은 송나라 대장군 이건이다. 이건은 노자가 탄생하기 전 팽성 회복을 위해 초나라와 전쟁 중에 전사했다. 곡인리는 원래 진(陳)나라 땅이었는데, 초나라에 정복되었다. 최근에 '노자'라는 TV 드라마가 방영되어 노자의 일생에 대해 자세하게 알 수 있게 되었다. 노자는 대대로 이어져 온 이씨 집안에서 탄생하였으므로 이씨의 시조는 아니다.

노자는 오랫동안 주나라에서 살았는데, 주가 쇠락해가는 것을 보고 그곳을 떠났다. 노자가 은둔하기 전 함곡관의 관령 윤희(尹喜)가 억지로라도 책을 지어 달라고 청하자 도덕경을 집필하였다. 도가학파를 창시한 사람으로서 장자와 더불어 노장사상, 즉 도교의 시조로 불리운다. 『사기』에 따르면 노자는 도를 닦아 수명을 연장하여 160여 살 또는 200여 살을 살았다고 한다. 당나라는 이씨(李氏)들의 나라였는데, 자신들의 시조를 노자로 추대하고 노자의 사상인 도교를 치국이념으로 삼았다. 그리고 당나라는 고구려에게 도교를 숭배할 것을 강요하기도 했다. 그 결과 고구려에 도교가 도입되기도 하였다.

1980년대에 이씨는 인구수 기준으로 중국 1위의 성씨가 되었으며, 단일 성씨로는 세계 최대의 성씨이다. 장삼이사(張三李四)라는 말은 사람에게 돌을 던지면 장씨가 맞을 확률이 10명 중 3명이고, 이씨가 4명이라는 뜻으로 그만큼 이씨가 많다는 것을 의미한다. 현재 하남성, 산동성, 사천성, 하북성, 광동성, 호남성, 호북성 등에 몰려 살고 있다. 한국과 베트남의 이씨를 모두 합할 경우 전세계 이씨 인구는 1억을 넘는다.

37/ 임씨林氏

임씨는 2015년 기준 인구수가 82만 명으로 전국 인구 순위 제10위의 성씨이다. 이중 나주 임씨가 29만 명으로 가장 많고, 다음으로 평택 임씨가 23만 명, 부안 임씨 7만6천 명, 예천 임씨 6만6천 명 등으로 사실상 나주임씨와 평택 임씨 양대 본관으로 나뉜다. 우리나라 임씨는 중원에서 이주해왔다는 것이 정설이다. 나주 임씨와 평택 임씨의 족보에 따르면 중원에서 시조가 이주해와 한반도에서 씨족을 이루어 살게 되었다고 한다. 나주 임씨는 예전에 회진이 본향이었으나 지명이 나주로 바뀌면서 나주 임씨로 변경하였다. 나주, 회진 임씨를 제외한 대부분의 임씨는 평택 임씨에서 분관되었다. 따라서 나주 임씨와 평택 임씨가 우리나라 임씨의 대표격이다.

나주 임씨의 시조는 임비(林庇)로 고려 충렬왕 때 대장군이 되었다. 9세손 임탁(林卓)이 고려말에 나주 회진으로 낙향하여 본관으로 삼았다고 한다. 조선 선조 시기에 호방하고 자유분방한 시인인 백호(白湖) 임제(林悌)가 유명하다. 신채호(1998)는 『조선상고사』에서 "백호 임제가 말하기를, '나도 중국의 육조(六朝 : 後五代, 곧 당과 송 사이 53년 동안에 일어났다 사라진 후량·후당·후진·후한·후주의 다섯 왕조)를 만났더라면 돌림천자는 얻어 했겠다.'"라고 기록하고 있다. 이처럼 임제는 시대의 흐름만 잘 탔으면 자신도 중원 천자가 될수 있었다며 중원을 둘러싼 사이팔만(四夷八蠻)의 모든 나라가 황제라 일컫는데 유독 조선만이 그렇지 못했다고 지적했다. 그리고 천자 자리 하나 없는 누추한 나라에서 태어났으니 죽는다고 애석할 것 없으니 울지말라며 조선 사대주의를 혹독하게 비판했다. 현재 나주 다시면 회진리에는 임씨 집성촌과 대종가가 있고, 전체 주민 200여 가구 중 100여 가구가 나주 임씨들이다.

평택 임씨는 당나라에서 망명하여 신라에서 이부상서를 역임한 임팔급(林八及)을 도시조로 삼고 있다. 그러나 임팔급 이후 세계가 실전되어 그 후손이 어떻게 전해졌는지 알 수 없다. 다만 고려 말 임세춘(林世春)을 1세조로 하는 전객령계와 임언수(林彦脩)를 1세조로 하는 충정공계 등 두 가지 계통이 있다.

중원에서 임씨(林氏)의 원류는 다양하다. 백도백과에 따르면 임씨는 상나라 계통 자(子)성과 주나라 계통 희(姬)성 모두에서 유래한 것으로 나온다. 동이(東夷)의 한 지파로서 임방(林方)으로 불리웠으며, 남천(南川)하여 침(郴)이라고 불렀다고 한다. 임씨는 태호 복희의 후손인 풍씨(風姓)의 한 분파로서 범(梵)이라고도 썼다. 『제왕세기』와 『죽서기년』에 따르면 삼황오제의 으뜸인 태호 복희의 부친인 뇌왕(雷王) 수인씨(燧人氏)가 풍씨였다고 한다. 『죽서기년』에 따르면 "태호 복희씨는 목(木)의 덕을 가진 왕으로 풍성이었다."고 한다. 풍은 발람, 즉 바람을 가리키는 것으로 이를 한문으로 박남(博南), 박라(博羅), 반남(潘南) 등으로 표기한 것으로 나타나며, 박(朴)씨, 백(白)씨, 배(裵)씨, 임(任)씨, 람(藍)씨 등이 그 직계 후손이고 목(木)씨, 임(林)씨는 풍씨에서 갈라져 나온 것으로 분석된다.

중화서국(中華書局)에서 발행한 『사해(辭海)』 합본에는 "임(林)씨는 은(殷)나라 비간(比干)이 장림산(長林山)으로 피난하였기 때문에 임씨라 했다."라고 되어 있다. 중원에서는 비간을 은나라의 삼대 성인 중 한 명으로 존경하고 있다. 『사기』 「송미자세가」에는 비간이 상나라 마지막 주(紂)왕이 무도하자 끝까지 간언한 것으로 나온다. 그러자 주왕은 숙부인 비간에게 "옛날부터 성인은 심장에 구멍이 7개나 있다는데 확인해보자."라며 그의 간을 도려내 죽였다. 비간의 부인이 산으로 도망하여 산림 속에서 유복자 견(堅)을 낳았다. 주무왕이 주왕을 토벌한 이후 비간의 후손을 찾다가 장림(長林)에서 아들을 낳은 것을 알고 임(林)씨를 사여했고 박릉공(博陵公){지금의 하북 안평현}에 봉하였다고 한다. 이로써 비간은 임(林)의 태시조(太始祖)가 되었다.

주나라 희성의 임씨는 주평왕(周平王)의 세자 희개(姬開)에서 유래한 것으로 선조의 이름을 따온 성씨다. 주평왕에게는 임개(林開)라는 서자가 있었는데 그 자손들이 조상의 이름을 따서 성씨로 삼았다고 한다.

임씨의 세 번째 기원은 벼슬에서 기원한 것이다. 서주 시기에 임형(林衡)은 삼림을 관장하는 벼슬을 받았는데, 이를 성씨로 삼았다고 한다. 이밖에도 임씨는 선비족이 개성한 임씨가 있고, 대만의 고산족이 개성한 임씨가 있으며, 만주족 중에서 임씨로 개성한 성씨들이 있다고 한다.

그런데 하나같이 임씨 성의 기원이 충분하게 밝혀지지 못한 것으로 보인다. 산림과 다 연결되어 있거나 소수민족들이 성을 바꾸었다는 것이다. 더구나 왕(王)씨와 손(孫)씨도 비간이 자신들의 시조라고 주장하고 있다. 중원 임씨의 원류는 여타 성씨의 기원에 비해 매우 빈약하게 출발하는 것으로 파악된다. 그런데 임씨의 또 다른 기원이 있다. 단목씨 → 목씨(=소아씨) → 임씨로 개성하여 오늘날의 임씨가 되었다는 것이다. 이에 대해서는 백도백과와 『일본서기』에 상세하게 기록되어 있다. 고대 사회에서는 정치군사적 상황 변화에 따라 개성하는 경우가 많았는데, 임씨의 시조들은 씨족사회의 특성에 맞게 성씨를 바꾸는 것을 생존전략으로 삼은 대표적 사례이다. 먼저 목씨의 기원에 대해서 살펴보면 다음과 같다.

고대인들은 다양한 생물 그리고 태양과 같은 우주의 물체를 토템으로 삼았는데, 나무는 그 중에서도 매우 중요한 숭배의 대상이었다. 단군사화에는 신단수(神壇樹)가 등장하고, 서기전 3000년~서기전 1000년경의 사천성 삼성퇴 유적에서는 9마리의 새가 앉아 있는 청동나무가 출토되었다. 후대에도 신단수는 당산나무나 서낭나무로 그 신성성을 지속해 나간다. 마한 소도(蘇塗)의 솟대(大木) 신앙도 신목 신앙에 기초한다.『산해경』에는 소나무, 박달나무, 뽕나무, 계수나무 등이 등장한다. 부여인들은 소나무 숭배 신앙을 갖고 있었다.『춘추좌전』「소공 29년조」(서기전 513년)에는 목화금수토를 담당하는 5관에 대해 다음과 같이 설명하고 있다.

> 5관(五官)은 대대로 성씨를 하사받고 상공으로 봉해졌으며, 제사를 지낼 때 귀한 신의 대우를 받았으며, 사직의 다섯 사신(祀神)으로 높여지고 받들어졌습니다. 목정(木正)을 담당하는 구망(句芒), 화정(火正)를 담당하는 축융(祝融), 금정(金正)을 담당하는 욕수(蓐收), 수정(水正)를 담당하는 현명(玄冥), 토정(土正)를 담당하는 후토(后土)가 바로 그것입니다.
> 是謂五官 實列受氏姓 封爲上公 祀爲貴神 社稷五祀 是尊是奉 木正 曰句芒 火正曰祝融 金正曰蓐收 水正曰玄冥 土正曰后土

여기서 나무의 신 목정은 구망(句芒)이라고 불렀다. 마치 불의 신 화정을 축융이라고 부른 것과 같다.『산해경』「해외동경」에서도 동쪽의 목신(木神)을 동방구망이라 불렀고, 구망은 "새의 몸체에 사람의 얼굴을 하고 두 마리의 용을 타고 다닌다"고 했다. 갑골문의 목(木)자를 보면 뿌리는 땅을 향하고, 가지는 하늘을 향하고 있어 나무가 천지를 연결하는 통로라는 것을 알 수 있다. 고대 시대에 나무는 하늘과 땅을 연결하는 매개자로 인식되었던 것이다. 이처럼 나무를 숭배하는 신앙이 강했기 때문에 나무(木)가 여러 씨족(朴씨, 李씨, 林씨 등)의 성씨에도 빈번히 등장한다. 목씨는 바로 이러한 나무 신앙에 기초한 성씨이다.

백도백과에 따르면, 목씨는 중원의 절강성 임안(항주)과 강소성 의흥 일대를 망라하는 오흥군(吳興郡)에 집중 분포하고 있고, 그밖에도 절강성 온주, 상해 송강, 천진 무청(武淸), 하북 계택(鷄澤), 신집(辛集), 산동 동평(東平), 평읍(平邑) 등 중원 각지에 분포한다.[34] 이들이 분포하고 있는 지역 중 하북 계택과 신집을 제외하고는 대부분 중원의 동해안에 집중되어 있다는 것을 알 수 있다. 이를 통해 이들이 대체로 하북에서 발원한 이후 중원의 해안으로 이동하여 해상세력이 되었다는 사실을 알 수 있다.

2018년 말 기준으로 중원 대륙 내 목씨 전체 인구는 17만 명에 불과하고, 송대에는 1만2천여 명으로 집계되어 사실상 중원을 떠나 다른 곳으로 집단 이주한 성씨로 판단된다. 그런데 이러한 사례는 중원의 씨성 중 그 유례를 찾아 볼 수 없다. 대부분 씨성의 경우 일부가 떠나고 다수가 남는 것이 일반적이기 때문이다. 현재 한국에도 목(木)씨는 존재하지 않는다. 다만 백제의 대성팔족 중 하나로 목씨가 있었다는 사실이 전해지고 있을 뿐이다. 이들은 어디로 사라진 것일까?

그렇다면 목씨는 그 중간에 뭔가 커다란 변화를 맞이했다는 사실을 알 수 있다. 백도백과 검색결과 목씨의 출자는 크게 두 가지로 구분된다. 하나는 자성(子姓)에서 나온 것으로, 춘추시대 송나라의 대부 공금보(孔金父)의 후손으로서 그의 자(字) 자목(子木)을 성씨로 삼았다고 한다. 다음으로, 춘추시대 공자의 제자 단목사(端木賜)의 후손이라는 주장이 제기되고 있다. 『대중화족보』에 따르면 후자가 더욱 유력한 것으로 나타난다.

백도백과와 사료들을 검토한 결과 목씨의 시조는 춘추시대 공자의 수제자인 단목사(端木賜)로 확인되고 있다. 이는 하북성에서 발원하여 제나라와 오·월로 이주한 단목(端木) 씨족의 분포 양상과도 일치한다. 『원화성찬(元和

---

34 https://baike.baidu.com/item/%E6%9C%A8%E5 %A7%93: 2020년 4월 30일

姓纂)』에도 단목성은 공자의 제자인 단목사의 후대로 기재되어 있다. 『상우록(尙友錄)』에는 목씨가 단목사의 후손으로 나온다. 동노(東魯) 목씨 족보에도 춘추시대 공자의 수제자였던 단목사(端木賜)의 9대손 단목조(端木肇)가 진시황의 분서갱유로 인한 화를 피하기 위해 단목 성씨에서 단을 없애고 목씨로 개칭했다고 한다.

단목사(端木賜)는 서기전 520년~서기전 456년 시기의 사람으로 성은 복성인 단목이고 자는 자공(子貢)이다. 춘추시대 말기에 위(衛)나라 려(黎){현재의 하남성 학벽시 준현(鶴壁市浚縣)}에서 태어났다. 학벽은 상나라의 말기 수도로서 동이족들이 몰려 있었던 곳이다. 특히 나씨들이 위나라에서 관직을 보유하고 있었기 때문에 위나라의 재상을 비롯한 고위직을 역임한 단목 씨족과 나·노 씨족 사이에 이미 교분이 있었을 것으로 추정된다.

어쨌든 자공은 공자의 수제자로서 공자 문하 십철지인 중 한 사람(孔門十哲之一)으로 불리웠다. 공자는 『논어』에서 자공에 대해 칭하길 호련지기(瑚璉之器), 즉 종묘제사의 그릇이라 했다. 재능이 매우 뛰어나 큰 임무를 담당할 만한 인재라는 뜻이다. 『사기』 「중니제자열전」과 「화식열전」에는 자공과 관련된 기사가 상당한 비중을 갖고 나타난다.

「중니제자열전」에 따르면, 자공은 한 번 움직여 천하의 판도를 뒤바꾸었다. 제나라 대부 전상이 반란을 일으키려 했으나 제나라 내부에 거족(巨族)인 고(高)씨, 국(國)씨, 포(鮑)씨, 안(顔)씨를 두려워하여 그들의 군대를 합쳐 노나라를 치기로 하였다. 이에 공자가 노나라를 구해야 한다고 탄식하자 여러 제자들이 나섰으나 모두 물리치고 자공이 나서자 이를 허락하였다. 자공은 제나라와 오나라, 그리고 월나라를 유세하여 세 치 혀로 노나라를 치려던 제나라와 오나라의 싸움을 붙이고, 진나라를 강성하게 하였으며, 결국 월나라가 오나라를 멸망시키도록 만들었다. 한 번 움직여서 중원의 역사를 뒤바꾸어 놓았던 것이다. 이에 대해 『사기』 「중니제자열전」에는 다음과 같이 기록되어 있다.

자공은 한 번 나서서 노나라를 보존시키고 제나라를 어지럽게 했으며, 오나라를 멸망시키고 진(晉)나라를 강국이 되게 하였으며, 월나라를 제후들의 우두머리가 되게 하였다. 즉 자공이 한 번 뛰어다니더니 각국의 형세에 균열이 생겨 10년 사이에 다섯 나라에 커다란 변화가 있었다.
故子貢一出 存魯 亂齊 破吳 彊晉 而霸越 子貢一使 使勢相破 十年
之中 五國各有変

자공은 뛰어난 언변과 지혜로운 계략으로 상대방의 침략 의도를 꺾는 최상의 병법인 상병벌모(上兵伐謀)의 전범이 되었다. 그는 위나라와 노나라의 재상을 역임했다. 그는 오나라의 부차에 대해 예에 어긋나는 인물이라고 평가했다. 부차는 서기전 494년 월왕 구천을 회계산에서 격파한 이후 전쟁광으로 변해 있었다. 이와 관련하여 『춘추좌전』에서는 부차가 오직 즐기는 데에만 힘을 쏟고 백성들을 매일 전쟁으로 내몰고 있다고 평했다. 자공은 이러한 오나라의 상황을 정확하게 꿰뚫고 있었다. 『사기』 「중니제자열전」에서 그는 오왕 부차를 북쪽 제나라와의 전쟁으로 내몰기 위해 부차를 만나 월나라의 위협을 제거하겠다고 약속한다. 그리고 회계산 전투 패배 이후 복수 기회만 엿보던 월왕 구천을 만나 다음과 같이 이야기 하였다.

"오나라 왕은 사람됨이 사납고 모질어 모든 신하가 버티기 힘들 지경이고, 나라는 잦은 전쟁으로 황폐해졌으며, 군사들은 견디지 못하니다. 백성은 왕을 원망하고 대신들은 마음이 변하였습니다. … 오나라의 정예 병사들은 제나라에서 싸울 수 있는 힘을 다 쓰고, 튼튼한 무기를 지닌 군사는 진나라에서 거의 기진맥진할 것입니다. 왕께서 그 틈을 타서 공격한다면 반드시 오나라를 멸할 수 있을 것입니다."

"吳王爲人猛暴 群臣不堪 國家敝以數戰 士卒弗忍 百姓怨上 大臣內變 … 其銳兵盡於齊 重甲困於晉 而王制其敝 此滅吳必矣"

자공의 계략으로 오나라는 북진을 시도하였으나 월왕 구천의 기습공격으로 패배를 거듭하다가 마침내 서기전 473년에 멸망하고 만다. 자공은 만년에 제나라로 이주한 것으로 나타난다. 그리고 이후 그 자손들이 항주를 비롯한 절강성 유역과 회대 지역에 분포하고 있는 것으로 보아 월나라에서 자공의 후손들을 특별히 우대하여 이주시킨 것으로 분석된다.

이뿐만 아니라 단목사는 집안에 천 금을 쌓아둘 정도로 뛰어난 재기를 갖고 있었다. 부민부국을 부르짖었던 춘추전국시대 상가(商家) 사상의 핵심 인물(관중, 자공, 사마천, 범려) 중 그 효시인 관중과 비교되는 인물로 평가되고 있다. 오늘날에도 중국 민간에서 단목사는 재신(財神)으로 숭앙받고 있다. 많은 가게에 '단목생애(端木生涯)'라는 족자가 내걸려 있을 정도이다. 이와 관련하여 사마천은 『사기』「화식열전(貨殖列傳)」에서 자공에 대하여 아래와 같이 평하고 있다.

자공은 물건을 비축하여 조나라와 노나라 일대에서 비싼 물건을 팔고 싼 물건을 사들이는 방법으로 상업을 하여 공자의 우수한 70제자 중에서 그가 가장 부유하다고 할 수 있었다. … 제후들은 그를 맞아 군신의 예가 아니라 평등한 예로써 대하였다. 공자의 이름이 능히 천하에 떨칠 수 있었던 데에는 자공의 도움이 결정적인 역할을 하였다. 이 야말로 부자가 세력을 얻으면 명성과 지위가 더욱 빛난다는 것이 아니 겠는가?

鬻財於曹魯之間 七十子之徒 賜最爲饒益 ... 所至 國君無不分庭與 之抗禮 夫使孔子名布揚於天下者 子贛先後之也 此所謂得勢而益 彰者乎

자공은 사후에 여후(黎候), 여공(黎公)으로 추봉되고, 선현 단목자로 불리 우기도 하였다. 이후 단목씨는 유교의 상징과 같은 존재가 되었다. 사마천 은 『사기』 「화식열전」에서 공자를 만든 사람이 자공이라고 평가했다. 그런 데 서기전 221년 진시황이 중원을 통일하면서 유교를 처단 대상으로 삼음 에 따라 단목씨 집안은 대대적인 탄압을 받아 몰살 위기에 처하게 되었다. 단목이라는 성씨가 발각되는 경우 곧바로 죽음의 구렁텅이로 직행할 수밖 에 없을 정도의 위기 상황이 도래하였던 것이다.

이러한 절체절명의 상황에서 단목사의 9대손인 단목조가 진화(秦禍)를 피 하기 위해 성씨에서 단을 제거하여 목씨로 개칭한 이후 중원 동해안을 거쳐 한반도의 영산강 유역으로 집단 이주해 온 것으로 보인다. 목씨는 위나라 와 노나라 시기에 중원에 있었으나 이후 강소성과 절강성, 산동성 일대로 이동한 것으로 나타나고 있기 때문이다. 위의 백도백과 검색결과 단목사의 후손인 목창(木昌)은 복건성을 따라 절강성 서안(瑞安)에 이르렀고, 이후 온 주 칠풍항(七楓巷)으로 이주한 것으로 나타난다. 목창의 후손들은 복건성으 로까지 남천했다가 다시 절강성 유역으로 이주한 것이다.

그리고 기수공(期壽公)은 절강성 남부 온주시 교외의 대라산(大羅山) 중턱 산으로 이주하였다. 강절(江浙) 목성은 모두 대라산 목성 대종에서 나왔다고 한다. 대라산은 나(羅)씨의 집중 분포 지역인데, 이로 미루어 볼 때 목씨는 나씨와 불가분의 관계를 맺고 있었던 것으로 판단된다. 대표적인 사람이 바로 『일본서기』에 등장하는 목라근자(木羅斤資)이다. 목라는 복성으로 아버지가 목씨이고 어머니가 나씨인 것으로 해석된다. 백도백과 검색 결과 목씨의 계보는 아래와 같다.[35]

황제-창의-전욱-칭-권장-오회-육종-계련-부저-혈웅-죽웅-웅단목-단목전-단목서(10세조)--단목거(부친)-단목사(본인)---목(木)

단목씨는 진시황의 개산위민 정책과 분서갱유 정책의 직접적인 공격대상이었다. 따라서 진나라 체제 하에서는 생존 그 자체가 어려울 수밖에 없었다. 따라서 이들은 성씨를 개칭한 데 그친 것만이 아니라 집단적으로 한반도로 이주를 감행했다. 이를 가능하게 했던 것은 이들이 동해안의 해상세력이기 때문이었다. 이들은 나씨, 노씨 씨족과 더불어 중원의 동해안에서 해상 활동에 종사하다가 새로운 희망을 좇아 영산강 회진으로 이주하였다.

목씨는 영산강 유역에서 해상세력으로 성장하는데, 『삼국사기』와 『삼국유사』에 따르면 209년과 212년의 두 번에 걸쳐 발생한 포상팔국 전쟁을 승리로 이끈 목라근자(木羅斤資) 장군의 후손이다. 나주 회진의 고분군들 중 나주 아파트형 고분을 포함해 칠조산을 이루었던 고분들은 목씨들의 고분인 것으로 분석되었다(박동, 2020). 『삼국사기』나 중국 25사에는 목씨와 관련된 기록이 단 한 번씩밖에 나오지 않지만 『일본서기』에는 목씨와 관련된 기록이 넘쳐난다. 아래의 기사들은 『일본서기』 신공황후기에 나타난 목씨

35 https://baike.baidu.com/item/%E7%AB%AF%E6%9C%A8%E8%B5%90: 2020년 4월 30일

와 관련된 기록들이다.

(가) (신공) 49년 봄 3월에 황전별, 녹아별을 장군으로 임명하였다. 그리하여 구저 등과 함께 군사를 정돈하여 바다를 건너가 탁순국에 이르러 신라를 공격하고자 하였다. 그때 누군가가 "군사의 수가 적어서 신라를 깨뜨릴 수 없습니다. 그러니 다시 사백개로(沙白蓋盧)를 보내 군사를 증원해달라고 요청하십시오."라고 말하였다. 곧 목라근자(木羅斤資), 사사노궤(沙沙奴跪)[이 두사람의 성(姓)은 알 수 없다. 다만 목라근자는 백제의 장군이다.]에게 명령하여 정병을 이끌고 사백개로와 함께 가도록 하였다. 그 후 모두 탁순에 집결하여 신라를 공격하여 깨뜨리고 비자발(比自烋), 남가라(南加羅), 록국(㖨國), 안라(安羅), 다라(多羅), 탁순(卓淳), 가라(加羅) 7국을 평정하였다. 그리고 군사를 옮겨 서쪽으로 돌아서 고해진(古奚津)에 이르러 남만(南蠻) 침미다례(忱彌多禮)를 도륙하고 백제에게 주었다. 이에 백제왕 초고(肖古)와 왕자 귀수(貴須) 또한 군대를 이끌고 와서 만났다. 그때 비리(比利), 벽중(辟中), 포미(布彌), 지반(支半), 고사(古四) 읍(邑)이 스스로 항복하였다.

卅九年 春三月 以荒田別·鹿我別爲將軍 則與久氐等 共勒兵而度之 至卓淳國 將襲新羅 時或曰 兵衆少之 不可破新羅 更復 奉上沙白·蓋盧 請增軍士 卽命木羅斤資·沙沙奴跪[是二人, 不知其姓人也. 但木羅斤資者 百濟將也.] 領精兵 與沙白·蓋盧共遣之 俱集于卓淳 擊新羅而破之 因以 平定比自烋·南加羅·㖨國·安羅·多羅·卓淳·加羅 七國 仍移兵 西廻至古奚津 屠南蠻忱

彌多禮 以賜百濟 於是 其王肖古及王子貴須 亦領軍來會 時比利辟中布彌支半古四邑 自然降服

(나) (신공) 62년에 신라가 조공해오지 않았다. 그 해에 습진언을 파견하여 신라를 치도록 하였다. [『백제기』에서는 다음과 같이 적고 있다. "임오년에 신라가 귀국을 받들지 않으므로 귀국이 사지비궤(沙至比跪)를 보내어 이를 치도록 하였다. 신라인은 미녀 두 명을 단장시켜서 나루에서 사지비궤을 맞이하여 유혹하였다. 사지비궤는 그 미녀를 받고는 도리어 가라국을 쳤다. 가라국의 왕 기본한기와 아들 백구저, 아수지, 국사리, 이라마주, 이문지 등은 그 인민을 데리고 백제로 도망해 왔다. 백제는 이들을 두터이 대우하였다. 가라국 왕의 누이인 기전지가 대왜(大倭)에 가서 '천황은 사지비궤를 보내어 신라를 치도록 하셨습니다. 그런데 사지비궤는 신라의 미녀를 받고 신라를 치지 않았습니다. 오히려 우리나라를 멸망시켜 형제, 인민 모두가 떠도는 신세가 되니 걱정스러운 마음에 견딜 수가 없어 이렇게 와서 아룁니다.'라고 말하였다. 천황은 매우 노하여 목라근자를 보내 병사를 이끌고 가서 가라에 모여 그 나라의 사직을 복구시키도록 하였다.

六十二年 新羅不朝 即年 遣襲津彦擊新羅[百濟記云 壬午年 新羅不奉貴國 貴國遣沙至比跪令討之 新羅人莊飾美女二人 迎誘於津 沙至比跪 受其美女 反伐加羅國 加羅國王己本旱岐 及兒百久至·阿首至·國沙利·伊羅麻酒·爾汶至等 將其人民 來奔百濟 百濟厚遇之 加羅國王妹旣殿至 向大倭啓云 天皇遣沙至比跪 以討新羅 而納新羅美女 捨而不討 反滅我國 兄弟人民 皆爲流沈 不任憂思 故 以來啓 天皇大怒 卽遣木羅斤資 領 兵衆來集加羅 復其社稷

(가)의 신공 49년조 기사는 일본의 임나일본부설의 근거이기도 하며, 다른 한편 영산강 세력들이 백제 근초고왕에게 정복당했다고 주장되어 왔던

문제의 기사이다. 그런데 일본의 주장과 달리『일본서기』에도 백제장군 목라근자가 가라 7국 정벌전쟁을 주도한 것으로 나온다. 그리고『일본서기』의 백제는 한성 십제가 아니라 영산강 유역의 마한백제를 가리키는 것으로 확인되었다. 그리고 (나)의 기사는 가야를 정벌한 이후 전북 익산에 근거를 둔 사지비궤가 진왕에게 반기를 들고 신라가 아니라 가야를 공격함에 따라 목라근자를 보내 사직을 재건했다는 내용이다.

3세기 초 한반도 남부의 상황과 당시의 정치·군사적 역학 관계, 그리고 『삼국사기』와『일본서기』의 기록 등을 종합적으로 검토해볼 때『일본서기』「신공 49년」조의 가라 7국 정벌 기사는『삼국사기』가 기록한 212년 포상 팔국전쟁을 가리킨다고 말할 수 있다. 그 이유는 첫째, 가야가 정벌된 것은 『삼국사기』 기년상 212년이다. 212년을 기점으로 가야가『삼국사기』에서 사라진다. 3세기 초에 가야국을 정벌하고 신라를 멸망 직전까지 내몰 수 있을 정도의 강력한 힘을 보유한 세력은 마한 진왕과 보라국(=발라국) 세력 뿐이었다. 둘째, 212년 전쟁은 보라-갈화 전쟁으로 명명된 것을 통해 알 수 있듯이 보라국(=발라국) 세력이 주도한 전쟁이다.『삼국유사』의 일연은 보라국을 발라, 즉 나주로 비정했다. 그런데『일본서기』에 등장하는 백제 장수 목라근자도 영산강 출신 장군으로 분석되었다. 셋째, 당시 포상팔국 전쟁과 맞먹을 만한 대규모 전쟁이『삼국사기』나『일본서기』에는 더 이상 기록되지 않았다.

신공 49년조의 기사를 세부적으로 검토해보면, 먼저 가야 정복전쟁을 지휘한 장수들의 성씨가 목라근자, 사사노궤, 사백개로 등으로 마한백제 장군들이라는 사실이다. 전체 전투를 지휘한 장수는 목라근자이다. 목씨와 사씨는 한성백제가 멸망할 즈음에 새롭게 등장하는 백제 대성팔족의 성씨 들이다. 목라근자는『일본서기』에 최초로 등장하는 인물이고, 주로 3세기

~5세기를 다룬 『백제기』에 기록된 내용이 인용된 것으로 보아 목씨의 시조격 인물이라는 것을 알 수 있다.

(가)와 (나)의 목라근자 기사를 통해서 우리가 확인할 수 있는 것은 다음과 같다. ① 목라근자는 수군을 주력으로 대규모 선박을 보유하고 있었던 마한백제의 정복세력이었다. ② 그는 나중에 백제로 통합된 지역의 장수로 가야를 평정하고 그 인근 지역에 변진 12개국을 아우르는 왕실을 성립시켰다. ③ 사지비궤 세력이 이를 공격하여 무너뜨리자 곧바로 군대를 이끌고 사직을 재건하는 중추 역할을 수행하였다. 『삼국지』 「한조」에 따르면 변진 12개국을 통치하는 진왕은 항상 마한 사람으로 왕을 삼아 대대로 세습하였다고 한다. 그리고 『일본서기』가 인용한 『백제기』에는 목만치(木滿致)가 변진 12개국을 통치하는 사직에서 전횡을 저질렀다고 기록하고 있다. 이는 목씨 세력들이 변진 12개국을 통치한 진왕(辰王)이었다는 사실을 보여준다. 이때까지만 해도 목씨 진왕은 자립위왕하지 못하고 마한 진왕이 임명한 왕이었다.

여씨(餘氏) 개로왕의 한성백제가 멸망한 이후 백제는 다시 공주 공산성으로 복귀하는데, 이 과정에서 목씨가 등장한다. 『삼국사기』에서 목협만치는 문주왕을 호위하고 한성 이남으로 내려간 것으로 나온다. 그리고 웅진의 구 왕궁터를 개보수하여 백제의 제2건국을 도모하지만 문주왕마저 암살되자 목협만치는 열도로 다시 건너온다. 목협만치는 이중천황 하에서 관료로 일하고 있는 것으로 보아 응신천황 시기에 일가가 열도로 건너간 것으로 보인다. 목씨는 한반도에서는 목씨로, 그리고 열도에서는 소아씨로 성을 구분하여 사용했다.[36]

---

36 소아씨는 6세기에서 7세기 중엽까지 1백여년 동안 왜 왕권을 좌지우지하는 엄청난 정치세력을 형성한 씨족이다. 목협만치로 등장하여 문주왕을 호위한 소아만지(蘇我滿智)는 목라근

소아만지숙녜(=목협만치)는 목토숙녜, 물부이거불대련 등과 함께 이중천황기부터 국사를 집행하고 있었다. 목협만치의 집안은 열도에 건너가서 정착한 지명을 본따 소아(蘇我)로 성씨를 바꾸었다. 목협만치의 아버지는『일본서기』에 석천숙녜로 나오는데,『고사기』효원단의 소아석하숙녜(蘇賀石河宿禰)와 동일인이다. 소아석하숙녜는 건내숙녜(=무내숙녜)의 자식으로 나오는데, 일본 소아씨의 조상이다. 목씨는 3세기의 목라근자를 원시조로 하고, 5세기 말 소아석하숙녜(석천숙녜)와 그 아들 목협만치(=소아만지)를 중시조로 하는 두 집단으로 나뉘게 된 것이다.[37] 물론 이들은 성씨가 바뀌었지만 혈연적으로는 하나였다.

그런데 성덕태자와 관련된 일본의 고대 사료인『상국성덕법왕제설』에는 소아씨가 원래 임씨였다고 나온다.『일본서기』「황극천황」조에는 소아입록이 임신(林臣)이고 이름은 안작(鞍作)이라고 기록하고 있다. 이로 미루어 볼 때, 목씨가 소아씨로 곧바로 바뀐 것이 아니라 먼저 기존의 목(木)씨에 나무 목을 하나 더 붙여 임(林)씨로 바꾼 다음 소아씨로 개성한 것으로 보인다. 즉 백제에서는 목씨가 임씨로 한 번 개성했던 반면, 열도에서는 목(木)씨 → 임(林)씨 → 소아(蘇我)씨로 바뀌었던 것이다. 열도에서는 소아씨를 성씨로 삼고 있었는데, 소아입록이 천지계열에 의해 살해당하면서 소아입록의 성씨가 임(林)씨라는 점이 밝혀진다.『일본서기』에 따르면 소아입록(蘇我入鹿)의 정식 이름은 소아대랑임신안작(蘇我大郎林臣鞍作)이다.

소아씨는 6세기~7세기 중엽까지 왜왕권의 최대 정치세력이었다. 소아만

자가 아니라 소아석하숙녜의 아들로 나온다. 소아석하숙녜는 건내숙녜의 자식으로서 소아씨의 조상이다.

37 목만치가 열도로 건너가 소아만지가 되었다는 연구는 일본에서 먼저 이루어졌는데, 門脇禎二(1971), 鈴木靖民(1981) 등이 바로 그들이다. 이후 국내의 연구로는 김은숙(1992), 이재석(2000), 김현구(2007), 박재용(2017), 이근우(2017) 등이 있다.

지숙녜는 『공경보임』의 선화천황조에 나오는 소아도목숙녜의 각주에 "소아도목은 만지숙녜의 증손이고, 한자(韓子)의 손자이며, 고려(高麗)의 아들"이라고 나온다. 이를 통해 우리는 일본 소아씨의 계보가 소아석하(蘇賀石河)-소아만지(蘇我滿智)-소아한자(蘇我韓子)-소아고려(蘇我高麗)-소아도목(蘇我稻目)—소아마자(蘇我馬子)-소아하이(蘇我蝦夷)-소아입록(蘇我入鹿)으로 이어진다는 것을 알 수 있다.

475년 백제로 돌아가 웅진천도를 지휘한 목협만치와 소아만지는 동일인물이다. 소아만지는 웅진천도 후 국가 재건을 위한 정비에 깊숙이 관여하다가 열도로 복귀한다. 목씨(=소아씨)는 백제 지역은 물론 변진 지역, 열도 지역 모두에 엄청난 씨족연합체, 군사력 등을 보유하고 있었기 때문에 열도로 복귀하여 왕실의 중책을 담당한 것으로 추정된다. 소아만지는 웅략천황 시기에 삼장을 검교하는 역할을 수행하였다. 소아만지의 후손들은 당시까지 미개한 상태를 벗어나지 못하던 열도에 아스카 문명을 일으킨 주역들이다. 그중 소아마자가 대표적 인물이다.

열도를 부족국가에서 고대국가로 발돋움시킨 아스카 시대를 열어 나간 소아마자는 민달천황 원년에 소아도목의 뒤를 이어 대신의 자리에 올랐다. 소아마자는 초기에 소아도목이 수행했던 둔창 일을 계속하고, 동시에 불교를 도입하는 데 보다 더 적극성을 보인다. 그는 환속한 승려 고려혜편을 스승으로 모시는가 하면, 일본 최초의 비구니를 출가시킨다. 『일본서기』에 따르면 소아마자는 홀로 불법에 귀의하여 세 비구니를 받들어 숭경하였다. 소아마자는 자신의 집에 불전을 세워 불법의 기초를 수립하기도 하였다.

용명천황 원년에 흠명천황의 아들인 혈수부황자가 천황이 되고자 취옥희황후를 범하려고 하였다. 이를 총신인 삼륜군역이 막아서자 그를 마침내 죽이고 만다. 이에 소아마자가 "천하가 머지않아 어지러워질 것이다."라고 탄식하자 물부수옥대련(物部守屋大連)이 이를 듣고 "너는 소신(小臣)이어서 알 수 없는 바이다."라고 조롱한다. 용명천황이 병이 들어 불교에 귀의하려고 하자 물부수옥과 중신승해련이 천황의 명을 거역하면서 이를 반대하였다. 이에 숭불 세력과 배불 세력 간 갈등이 최고조에 달했다. 결국 천황이 사망하자 소아마자는 흠명천황의 아들로서 소아도목의 딸을 어머니로 둔 숭준천황을 옹립하기에 이른다. 그런데 이때 물부수옥은 사냥을 핑계로 다른 황자들을 제거하고 혈수부황자를 천황으로 옹립하려 했다. 이 음모가 드러나자 소아마자는 드디어 칼을 빼들었다.

혈수부황자를 제거한 이후 소아마자는 여러 황자와 군신들에게 권하여 물부수옥대련을 멸할 것을 모의한다. 그리고 군대를 이끌고 물부대련을 토벌하러 간다. 물부대련은 그 자제들과 사병을 이끌고 이에 대응했는데, 결국은 소아마자 세력에게 죽임을 당한다. 소아마자는 승리한다면 절과 탑을 세우고, 삼보를 널리 통하게 하겠다는 맹세를 하고 물부씨 토벌에 나선다.

이렇게 해서 소아마자는 왜 왕실을 장악했다. 숭준의 천황 즉위는 소아마자와 물부대련 간 권력투쟁의 결과였다. 이로써 숭불세력 대 배불세력 간 전쟁은 일단락되었다. 그러나 역설적이게도 소아마자가 옹립한 숭준천황은 절대권력을 행사하는 소아마자를 제거하고자 하였다. 숭준천황 5년 겨울 10월에 천황은 멧돼지를 가리키며 "언젠가 이 멧돼지의 목을 자르는 것처럼, 짐이 싫어하는 사람을 자를 것이다."라고 말하고 많은 무기를 준비하기 시작한다. 이에 총애를 잃은 숭준의 비가 이 사실을 소아마자에게 고하자 그는 무리를 불러 천황을 죽인다. 그리고 천황을 암살한 바로 그 날 장례를 치러 버린다. 이는 신하가 천황을 제거한 전무후무한 사례이며, 그 이후 소아마자의 권력은 열도 내에서 따르지 않는 자가 없을 정도였다.

소아마자는 권력을 장악하는 과정에서 혈수부황자와 택부황자 그리고 군권을 장악하고 있던 물부씨를 제거한다. 그리고 숭준천황을 제거하는 등 왜 왕실을 피로 물들였다. 혈수부황자나 숭준천황은 모두 소아도목이 섬긴 흠명천황의 자제들이었다. 따라서 제사를 성대하게 치르고 성덕태자가 창건한 것으로 알려진 아스카의 법륭사 인근에 후지노키 고분을 조성한 것으로 판단된다.

후지노키 고분의 조성은 6세기 말로 추정되는데, 일본의 국보로 지정된 금동관, 금동신발, 대도, 검 등 엄청난 유물이 발굴되었다. 특히 후지노키 고분에서는 5세기 말~6세기 초로 비정되는 복암리 96호분에서 출토된 물고기 문양 금동신발과 친연성을 지닌 금동신발이 출토되어 나주 회진과 밀접한 연관이 있다는 사실을 보여주고 있다. 1988년 열도에서는 물고기 문양 금동신발이 열도 고유의 유물이라며 대서특필하였으나 1996년 나주 회진의 아파트형 고분에서 그보다 100년 앞서는 동일한 문양의 금동신발이 출토되어 벌어진 입을 곧바로 닫고 말았다. 그리고 무엇보다 횡혈식 석실 자체가 복암리 96호분과 빼닮았다. 현재 후지노키 고분의 피장자는 혈수부황태자와 택부황자, 또는 숭준천황 등으로 추정되고 있는데, 중요한 것은 고분의 조성이 소아마자의 지시와 지원으로 이루어진 것으로 보인다는 사실이다.

왜 왕실을 완전히 장악한 소아마자는 흠명천황과 소아도목의 딸 사이에서 태어나 민달천황의 황후였던 조카 추고천황을 여제로 옹립한다. 사실상 허수아비를 세우고 소아마자가 열도를 통치하게 된 것이다. 추고 원년에 추고천황은 구호풍총이황자, 즉 성덕태자를 황태자로 삼고 모든 국정을 위임해버린다. 이와 관련하여 오야마 세이이치(2012년)는 성덕태자가 허구의 인물이라는 점을 강조하며 소아마자가 성덕태자를 활용해 권력을 장악했다고 주장한다. 실제로 『일본서기』에서 성덕태자의 존재감을 찾기가 어려운 것이 사실이다. 성덕태자는 엄청나게 숭고한 존재로 숭앙되었지만 실제로 그러한 인물이었는지에 대해서는 회의적이다. 추고천황이나 성덕태자 모두 실체가 안보이고 모든 것은 소아마자가 장악하여 실행한 것으로 나타나고 있기 때문이다. 소아마자는 추고천황 34년까지 열도 역사상 가장 강력한 존재로 군림하면서 아스카문화(飛鳥文化)를 일으켰다.

소아마자의 절대권력은 씨족공동체를 구축함으로써 왜 왕실 내에서 군권과 재정 등을 모두 장악한 것에 기인한 바 크다. 무내숙녜의 자식으로 등장하는 소아씨, 평군씨, 기씨는 모두 목씨와 직접 연관된 성씨들이다. 그런데 여기서 중요한 것은 갈성씨도 무내숙녜를 공동 시조로 하고 있다는 사실이다. 갈성씨는 열도로 이주한 사씨들이 자신들이 이주한 지역명을 따서 붙인 성. 이는 결국 한반도의 목씨와 사씨가 무내숙녜라는 공동 시조를 중심으로 사실상 합가를 했다는 사실을 의미한다. 아울러 소아씨는 동한씨를 휘하에 둠으로써 세력기반을 강화했다.

소아마자는 왜 왕실에서 전대미문의 권력을 행사한 인물이다.『수서』「동이전」에는 개황 20년(600년)에 왜왕이 사신을 보내왔다는 기사가 나오는데, 여기서는 6세기 말과 7세기 초에 걸쳐 절대권력을 가진 남성 왜왕이 있었던 것으로 나온다. 후궁에는 여자가 600~700인이 있다는 것으로 보아 추고천황이 아니라 소아마자를 왜왕으로 본 것이다. 소아마자의 궁전, 아스카사, 야마토 최대의 전방후원분인 미세마루야마고분, 석무대(이시부타이)고분 등은 모두 소아씨가 사실상 천황과 별도의 왜왕으로 군림했음을 보여주는 유적들이다. 석무대는 소아마자의 무덤으로 390개의 돌로 만든 2,300톤 규모로 만들어졌다. 겉모양은 화순의 바둑판식 고인돌과 유사한 형태인데, 무덤 아랫부분에 거대한 석실이 있다.

소아마자를 뒤 이은 소아하이와 그 아들 소아입록은 권세를 과시하다가 많은 정적들을 만들었다. 그 결과 소아씨가 점차 왜 왕실에서 고립되어 갔다. 이러한 상황속에서 소아입록은 황위 계승에 반발한 산배대형왕 등을 제거하고자 군을 동원하였다. 산배대형왕은 잠시 피했다가 자제, 비첩 등과 함께 한시에 스스로 목을 매어 죽어 버린다. 그때서야 소아하이는 "아아, 입록은 극히 어리석어 오로지 난폭한 짓을 행하였다. 너의 생명 또한 위태롭다."라고 질책한다. 『일본서기』에는 소아입록에 대한 당시의 민심을 다음과 같이 전하고 있다.

> 사람들은 앞의 동요에 응답하기를 '바위위'라는 것은 상궁, '작은 원숭이'라는 것은 임신(林臣)에 비유된다[임신은 입록이다.] 그리고 '쌀을 굽는다.'라는 것은 상궁을 태우는 것에 비유한 것이다. '쌀이라도 먹고 있으라. 산양과 같은 백발의 늙은이여.'라고 말하는 것은 산배왕의 두발이 얼룩진 것을 산양에 비유한 것이라고 한다. 또 '그 궁을 버리고 깊은 산에 숨은 것을 나타낸 것이다.'라고 말하였다.
>
> 時人說前謠之應曰 以伊波能杯爾 而喩上宮 以古佐屢 而喩林臣(林臣入鹿也) 以渠梅野俱而喩燒上宮 以渠梅施爾母 陀礙底騰褒衰羅栖 柯麻之之能鳴臈 而喩山背王之頭髮 班雜毛似山羊 又曰 棄捨其宮匿深山相也

이러한 왜 왕실의 분위기를 반영하여 황극 3년 봄에 중신겸자련이 중대형과 모의하여 소위 '을사의 변'을 준비한다. 그럼에도 불구하고 같은 해 겨울 11월에 소아하이와 아들 입록은 집을 감도강에 나란히 지었다. 대신의 집은 위쪽의 궁문이라 부르고, 입록의 집은 골짜기[谷]의 궁문이라 이름 붙였다. 자녀들은 왕자라고 불렀다. 또, 집밖에 성책을 만들고 문 옆에는 병기고를 지었으며, 문마다 물을 가득 담은 배 한 척과 목구 수십 개를 비치하여 화재에 대비했고, 항상 힘이 센 장사에게 무기를 들게 하여 집을 지키게 하였다. 황극천황 4년에 결국 '을사의 변'이 발생했다. 소아씨의 막강한 무력을 고려해 나중에 천지천황이 되는 중대형은 소아입록을 단신으로 황궁에 불러서 시해했다.

이상에서 제시한 바와 같이 소아만지의 후손들은 원래 목씨였으나 6세기 말 임(林)씨로 개성하자 자신들도 임씨로 성을 바꾸었다. 소아입록의 이름은 임신안작(林臣鞍作), 즉 임씨이다. 815년에 편찬된 열도의 『신찬성씨록』에는 "백제 임(林)씨는 백제국 목귀공의 후손(百濟國人木貴公之後也)이다."라고 나온다. 이를 통해 우리는 백제국 목(木)씨들이 임(林)씨로 성을 바꾼 것을 알 수 있다. 목씨가 임씨로 개성한 이유는 최전성기를 구가하던 소아마자 시기에 사실상 목씨(=소아씨)가 국왕과 같은 지위를 보유하고 있었기 때문에 나무(木)를 하나 더 덧붙여 임금을 나타내는 임(林)으로 표현하기 위함이었다. 『이아(爾雅)』 「석고(釋詁)」에는 "임과 증, 천, 제, 황, 왕, 후, 벽, 공, 후는 모두 임금을 나타내는 글자이다(林烝天帝皇王后辟公侯, 君也)."라는 기록이 등장한다.

임(林)은 고대 시대에 임금(君)을 나타내는 글자였던 것이다. 중국에서는 『이아』의 해석을 매우 복잡하게 하는데, 한글로 읽으면 임금할 때 임자가 바로 임(林)이다. 중국 학자들이 임(林)이 임금의 뜻을 갖는 이유를 분석하면 다음과 같다(郭鵬飛, 2000, 『爾雅』〈釋詁〉 「林烝天帝皇王后辟公侯, 君也」探析, 漢學研究第18卷 第2期, 63-64). 곽붕비(2000년)에 따르면 임(林)은 단순히 "성(盛)하다, 또는 성대(盛大)하다"는 의미를 넘어서 "더 크게 통치하다는 뜻의 임(臨)의 의미를 갖는다."는 것이다. 그래서 "임(林)이 임금이라는 뜻을 갖는다."고 한다.

상고 시기에 임(林)과 임(臨)은 글자의 의미와 관계없이 발음이 비슷한 글자를 사용하는 가차자였다고 한다. 『설문해자(說文解字)』「고림(詁林) 제5책」, '968항 하편'에는 "임(林)은 [옛날에] 임(臨)이 되었고, 『이아』「석고」에 이르길, '임(林)은 임금이다.'"라고 했다. 『설문해자』에는 "임(臨)은 감임(監臨)을 말한다."라고 했다. 감임의 글자를 서로 바꾸면 임감, 즉 임금이 된다. 임금은 위에서 아래로 임한다(君者在上臨下). 즉 백성에게 임한다는 뜻을 갖는 것이다.

목씨들이 임씨로 개성한 결정적 이유는 자신들이 사실상 임금이 되었다는 것을 만방에 알리기 위한 것이었던 것이다. 목씨들의 조상은 공자의 수제자인 자공으로서 유학에 밝은 사람들이 많아서 이러한 의미를 제대로 이해하고 있었을 것이다.

38/ 임씨任氏

　우리나라 임씨(任氏)는 2015년 통계청 인구조사를 기준으로 29개 본관의 19만 명이다. 풍천 임씨가 11만 명으로 가장 많고 그 다음 나주 임씨 3만 명, 장흥 임씨 2만8천 명 등의 순이다.

　풍천 임씨의 시조 임온(任溫)은 절강성 영파시의 소흥부(紹興府) 자계현 사람으로 고려 때 건너와 황해도 풍천에 살았다고 한다. 황해도 풍천 남쪽 박달산 아래 도곡리에서 임주의 조부 임도(任徒)와 부 임천유(任天裕)의 비(碑)와 지석(誌石)이 발견됨으로써 중원 도래설에 대해 '확증하기 어렵다'고 보고 있다. 풍천 임씨가 한 가문으로 성장하기 시작한 것은 임온의 5대손인 임주에서부터라는 것은 대체로 일치한다. 장흥 임씨의 시조는 임호(任灝)로 중원의 송(宋)나라 사람으로 고려 정종 때 귀화하여 정안현(定安縣)[전남 장흥군 관산읍]의 당동리에 정착하였기에 장흥 임씨라 정했다고 한다. 다른 이름으로는 관산 임씨라고도 한다.

　중원의 임씨는 황제(黃帝)가 사성한 12개 기본 성씨 중 하나이다. 현재 중원의 임씨 인구는 약 533만 명이다. 『국어』「진어(晉語)」에 따르면, 황제에게는 25명의 아들이 있었는데, 득성한 자는 14인이고 성은 12개이다. 임(任)씨는 12개 성씨 중 하나에 속한다. 임(任)씨는 황제(黃帝)의 소자(少子) 우양(禹陽)의 후손으로 제왕이 하사한 국명(國名)을 씨로 삼았다. 『당서』「재상세계표」와 『좌전정의』에 따르면, 임씨는 5천여 년 전에 황제가 하사한 열두 개의 기본 성씨 중의 하나로, 매우 오래되고 영광스러운 전통을 지닌 성씨이다. 『성찬』에도 "황제에게 25명의 아들이 있었는데, 12명이 성씨를 갖게 되었고, 그 중 하나가 임씨이다. 6대에 이르러 해중(奚仲)이 설에 봉해졌고, 위(魏)에는 임좌(任座), 진(秦)에는 임비(任鄙)가 있다.”고 했다.

『통지』「씨족략」에는 “혹자는 황제의 25명의 아들 중 12명이 성씨를 하사받았는데, 임씨가 그 중 하나로 6대에 이르러 해중이 설에 봉해졌다고 한다. 다른 사람들은 황제의 손자인 전욱 고양의 작은 아들 양(陽)이 임(任)에 봉해져 봉지를 성씨로 삼았다고 한다. 또 임은 풍(風)씨의 나라가 되었고, 실제로 태호(太皞)의 후손이며, 제수(濟水)의 제사를 주재하였다. 지금의 제주(濟州) 임성(任城)이 그 땅이다. 임씨의 임과 임국의 임씨 자손은 모두 임을 성씨로 삼았다.[或云黃帝二十五子 十二人以德爲姓 一爲任氏 六世至奚仲封薛 又云黃帝之孫顓頊少子陽封于任 故以爲任氏 又任爲風姓之國 實太皞之後 主済祀 今济州任城即其地 任姓之任 任國之任子孫 皆以任爲氏]”라고 한다.

황제(黃帝)가 수레(車)를 만들었다는 이유로 임씨는 스스로 헌원씨(軒轅氏), 인황(人皇), 황족(皇族)이라고 칭하고 있다. 또 임씨이자 설(薛)씨의 시조이면서 동이족인 해중(奚仲)이 수레를 만들었다는 이유로 임씨는 스스로 헌원황족(軒轅皇族)이라고도 한다. 해중은 황제의 아들 우양(禺陽)의 12세손이다. 『세본』에는 서주 초기에 “사(謝)·장(章)·설(薛)·서(舒)·여씨(呂)·축씨(祝)·종씨(終)·천씨(泉)·필씨(筆)·과씨(過) 등 10개의 나라가 있었는데, 모두 임씨 후손의 봉국”으로 임씨가 분사한 것이라고 한다. 또 『좌전』에 따르면, “여러 임씨들과는 감히 상의할 수 없다”는 말이 있는데, 그 중 “여러 임”이란 10개의 성씨를 가리키는 말로서 서주 귀족의 대성(大姓)이기 때문에 감히 더불어 논쟁할 수 없을 정도로 당시 임씨족의 강력함을 알 수 있다.

일설에는 헌원 황제(皇帝)가 임국(任國)을 건국하고 이를 작은 아들 우양(禺陽)에게 하사하였으며, 이에 우양(禺陽)이 임씨 성을 사성했다고 한다. 임국(任國)은 백성들의 풍속이 순박하여 밤에도 문을 닫지 않고 길에 남은 것을 줍지 않고, 관리도 없으며, 병사나 정벌도 없고, 세금도 없으며, 빈부귀천도 없었다고 한다.

임씨의 두 번째 원류는 태호 복희씨의 풍성(風姓)이다. 『춘추좌전』 희공 21년에는 다음과 같이 기록되어 있다.

> 원래 임(任, 산동성 제녕시), 숙(宿), 수구(須句, 산동성 동평현), 전유(顓臾, 산
> 동성 비현)는 모두 풍씨(風氏)의 나라들이다. 이 나라들은 태호 복희와
> 제수(濟水)의 제사를 맡았다.
> 任·宿·須口·顓臾 風姓也 實司大皡與有濟之祀

임씨는 태호(太皡)의 후손으로서 그 후예의 봉지인 임국(任國){즉 임성(任城)} 에서 성씨를 따온 것이다. 임(任)씨는 태호와 제수(濟水)의 제사를 맡아 복희 팔괘(伏羲八卦)에 능통하고 천문역법(天文歷法)과 하천제사 및 금슬에 능하다. 『통지』「씨족략」에 따르면, 주나라 초기 주성왕은 상고제왕 태호씨(太皡氏) 의 후예를 찾아 임(任){지금의 제녕 임성}, 숙(宿){지금의 산동 동평}, 수구(須胊){지금의 제녕}, 전유(顓臾){지금의 산동 평읍 백림향}의 네 나라에 분봉했다고 한다.

그러다가 춘추 말기에 노(魯)나라 집정 상경 계손(季孫)이 부용국인 전유국 을 토벌하여 사사로이 자기 땅을 넓히려 하자 공자는 『논어』「계씨(季氏)편」 에서 다음과 같이 조롱했다.

> 나는 계손씨(季孫氏)의 근심이 전유(顓臾)에 있지 않고 궁실 울타리 안에
> 있을까 두렵다.
> 吾恐季孫之憂不在顓臾, 而在蕭牆之內也

즉 모든 환란은 결국 이후 내부에서 일어날 것이라는 것이다. 춘추전국시대에는 약소국인 임나라가 노(魯)·송(宋)·제(齊) 등 대제후국을 거쳐 전국 말기의 칠웅(七雄) 사이에서 끈질기게 존재했다. 진시황이 중원을 통일하자 임국을 폐하고 임성(任城)현을 두었다. 또 궁상에서 태어나 임성, 곡부, 미산 일대에서 활동한 소호(少昊) 금천씨는 이름이 지(摯)로 지국이 있었으며 성이 임(任)이었다.

임씨는 제준(帝俊)의 후손이기도 하다. 제준(帝俊)은 상은(商殷)에서 상제로 섬기던 임금이다. 제준의 후예 임씨는 두 갈래가 있다. 제준-우호(禺號)-음량(淫梁)-번우(番禺)-해중(奚仲)-길광(吉光)이 한 갈래이고, 제준-우호(禺號)-담이(儋耳)-무골(無骨)-무계(無繼)-무장(無腸)이 다른 한 갈래이다. 『산해경』「대황서경」에는 다음과 같이 기록되어 있다.

> 여자가 있는데 지금 달을 목욕시키고 있다. 준 임금이 상희(常羲)를 아내로 맞아 달 열두 개를 낳고 처음으로 목욕을 시켰다.
> 有女子方浴月 帝俊妻常羲 生月十有二 此始浴之

> 준 임금이 우호(禺號)를 낳고 우호가 음량을 낳고 음량이 번우를 낳았는데, 번우가 처음으로 배를 만들었다. 번우가 해중을 낳고 해중이 길광을 낳았는데, 이 길광이 처음으로 나무로 수레를 만들었다.
> 帝俊生禺號 禺號生淫梁 淫梁生番禺 是始爲舟 番禺生奚仲 奚仲生吉光 吉光是始以木爲車

『산해경』에 따르면 배와 수레를 처음으로 만든 사람은 모두 임씨이다. 담이(儋耳)도 임씨인데, 그중 우강(禺强)은 우경이라고도 하는데, 북해의 신으로 봉해졌고 풍신(風神)이 되었다고 한다.

임씨는 파(巴) 민족에서도 출자하였다. 이들은 진한(秦漢) 시기 판순족(板楯族)의 후손들이다. 이 민족은 작전 과정에서 판자를 방패로 만들어 죽도록 돌진해 '판순만(板楯蠻)'이라는 별명을 얻었다. 고대에 [ㅍ]과 [ㅂ]은 상호 호환이 가능했으므로 파(巴)는 바 또는 박, 발 등으로 풀이된다. 『위서(魏書)』에 기재된 바에 따르면 "파이(巴夷)의 성씨 중에 임씨가 있다."고 한다. 파이는 판순족을 가리키며, 고대 파인의 일파를 지칭한다. 판순민족은 천동(川東)에 주로 분포하고 있는데, 사천성 랑중(閬中) 일대이다. 선진 시기에 한(漢) 고조가 파중 지역의 판순만이를 징발하여 삼진(三秦)을 정벌했는데 이 때 나(羅), 박(朴), 독(督), 악(鄂), 도(度), 석(夕), 공(龔) 등 판순만이의 7대 성씨가 등장한다.

『사기』「남월열전」에 진시황이 남해군을 설치했다고 기록되어 있다. 치소는 번우현(番禺縣){지금의 광주(廣州)}이다. 진시황이 중원을 통일하면서 영역을 확장하였는데, 현재의 광동과 광서 지역에 이르렀다. 이 때 진나라 장수 남해군위(南海郡尉) 임효(任囂)와 그 부관인 용천현령(龍川縣令) 조타(趙佗)가 이곳에 파견되었다. 그러나 진시황이 일찍 죽고, 그 뒤를 이은 이세황제 호해의 폭정으로 인해 진나라가 혼란에 빠지자 임효와 조타는 독립을 모색했다. 도중에 병을 얻은 임효가 임종 직전에 조타에게 번우 지역에 나라를 세우라는 유언을 남기고 남해군위의 직무를 대행하는 조서를 주었다. 임효의 사망 후 조타는 남월국을 건국하였다. 남월국의 건국은 임씨들의 지원을 통해 가능했던 것이다. 중원 임씨의 군망은 동안군(東安郡)으로 치소는 지금의 절강성 부춘현(富春縣)이다.

39/ 장씨張氏

우리나라 장씨는 2015년 기준 인구수가 99만 명으로 9위의 성씨이다. 그중 인동(仁同) 장씨가 67만 명으로 전체 장씨의 2/3를 차지하고 있다. 다음으로 흥덕(흥성) 장씨 5만9천 명, 안동 장씨 4만 명 순이다.

인동 장씨는 경북 구미시와 칠곡군의 인동을 본관으로 하고 있으며, 상장군계는 고려 초 삼중대광 신호위상장군을 역임한 장금용(張金用)을 시조로 삼고 있다. 직제학계는 고려 충렬왕 때 예문관대제학을 지낸 장계(張桂)를 시조로 한다. 흥덕(흥성) 장씨는 전북 고창 흥덕면을 본관으로 하며, 시조는 고려 때 광평시랑을 지낸 장유(張儒)이다. 그는 후삼국시대의 난을 피해 오월(吳越)로 피난갔다가 중국어를 배워 고려 광종 때 중국 사신을 접대하는 일을 전담했다. 인동 장씨의 시조는 충헌공 장정필(張貞弼)이다. 장보고(張保臯)의 아버지인 장백익(張伯翼)으로부터 관(貫)을 이어 절강성 출신인 5세 장정필(張貞弼)이 우리나라로 건너 와 뿌리를 내린 것에서 비롯되었다고 한다. 888년 중국 절강성 소흥부에서 대사마대장군 장원(張源)의 아들로 태어났다. 930년 고창전투에서 태조 왕건을 도와 견훤군을 대파한 공으로 태사에 오르고 고창군에 봉해졌다고 한다.

덕수(德水) 장씨의 시조 장순룡(張舜龍)은 위구르계 사람으로 고려 충렬왕 때 귀화했다. 중앙아시아 투르크계 민족 출신이다. 절강(浙江) 장씨의 시조 장해빈(張海濱)은 한나라 개국 공신 장량(張良)의 후손이라고 한다.

우리나라 장씨 중 가장 유명한 사람은 장보고(張保臯)이다. 장보고는 신라 말기 전남 완도 사람이다. 『삼국사기』「신라본기」에는 그의 이름을 궁복(弓

福)이라 하고, 『삼국유사』에서는 궁파(弓巴)라고 기록하고 있는데, 장(張)은 원래 궁(弓)을 나타내는 말이었으므로 궁복과 궁파는 곧 장복(張福)과 장파(張巴)를 가리킨다는 것을 알 수 있다. 장보고는 정년(鄭年)과 함께 당나라의 강소성 금산현에 가서 무령군소장(武寧軍小將)이 되었다. 『삼국사기』「장보고·정년열전」에 따르면 다음과 같이 기록하고 있다.

> 후에 장보고(張保臯)가 귀국하여 흥덕왕을 뵙고, "중국을 두로 돌아보니, 우리나라 사람들을 노비로 삼고 있습니다. 바라건대, 청해(淸海)에 진(鎭)을 설치하여 도적들이 사람을 붙잡아 서쪽으로 데려가지 못하도록 하소서."라고 아뢰었다. 청해는 신라 해로의 요충지로, 지금(고려)은 그곳을 완도(莞島)라 부른다.
>
> 後保臯還國 謁大王曰 "遍中國 以吾人爲奴婢 願得鎭淸海 使賊不得掠人西去" 淸海新羅海路之要 今謂之莞島

이후 흥덕왕이 군사 1만 명을 내어 주자 장보고(張保臯)는 해적들을 소탕하였을 뿐만 아니라 당나라 및 일본과의 교역을 대폭 확대할 수 있었다. 신라 희강왕이 시해되어 나라가 어지러운 상황에서 장보고와 정년은 왕경에 들어가 반역자를 죽이고 신무왕을 옹립한다. 이에 청해진 대사 궁복(=장보고)은 차례로 강의군사, 진해장군이 되었다. 문성왕 시기인 845년에 왕이 장보고의 딸을 차비로 삼으려 했는데, 신하들이 섬 사람의 딸이라며 반대하여 뜻을 이루지 못했다. 이후 장보고는 거짓으로 신라를 배반한 것처럼 하고 청해진에 몸을 의탁한 염장이란 자에게 살해당했다. 이로써 828년 전남 완도에 청해진을 설치하고 동중국해 국제해상권을 장악했던 시대의 영웅이 사라졌다. 해상왕 장보고는 한국인 중 유일하게 한·중·일 역사서에 등장하는 인물이었다. 그가 죽음으로써 신라의 대외무역은 물론이고 국제적 위상은 크게 위축될 수밖에 없었다.

중원의 장씨는 다양한 기원을 갖는 씨족이다. 주요 원류는 동이족 희성(姬姓)에서 기원하는 것으로 장휘(張揮)가 장씨의 득성시조이다. 장휘는 상고시기 황제(黃帝)의 손자이고, 소호 금천씨의 다섯 째 아들이다. 탁록(涿鹿) 전투에서 궁전(弓箭), 즉 활과 화살을 발명하여 황제가 치우에게 승리할 수 있도록 했다. 이로 인해 휘(揮)는 장씨 성을 하사받고 청양후(清陽候)에 봉해졌다. 궁시를 제작하는 궁정(弓正)의 직책을 맡았으며, 황제 사후 전욱 고양이 즉위한 이후 제구(帝丘){지금의 하남 복양}에서 봉직하다가 그곳에서 죽어 제구에 안장되었다.

『세본』, 『설문』, 『원화성찬』 등의 여러 사서에도 "휘(揮)가 활을 만들었다"고 기록하고 있다. 『장씨회수통종세보(張氏會修统宗世谱)』「본원기」에는 "장씨는 희성에서 출자한 성씨이다. 황제의 아들 소호 청양씨의 다섯째 아들인 휘(揮)가 궁정(弓正)이 되어 활과 화살을 만들기 시작했다. 그의 자손들이 장씨를 사성받았다."고 한다. 그런데 『산해경』「해내경」에는 윤반(尹般)이 처음으로 활과 화살을 만들었다고 기록하고 있다.

소호가 반(般)을 낳았는데, 반이 처음으로 활과 화살을 만들었으며, 준(俊) 임금이 예(羿)에게 붉은 활과 흰 화살을 하사하여 그것으로 하계의 나라를 도와주도록 하였다.
少暤生般 般是始爲弓矢 帝俊賜羿彤弓素矰 以扶下國

『세본』에는 "휘(揮)가 활을 만들고, 이모(夷牟)가 화살을 만들었다.[揮作弓, 夷牟作矢]"고 했다. 그렇다면 윤반과 장휘(張揮)의 관계는 어떠한가? 중원의 윤씨 가보와 장씨의 개별 가보에 따르면 윤씨의 조상과 장씨의 조상이 동원(同源) 관계일 가능성이 있다. 장씨의 후손 중 윤성원류파(尹城源流派) 유파는 당대에 계보를 정리할 때 휘(揮)가 반(般)일 가능성이 있다고 보고 반은 휘의 다른 이름이라고 생각했다. 그러나 이를 입증할 사료는 없다. 조회할 수 있는 사료는 휘가 궁정(弓正)이 되어 처음 활과 화살을 만들었다고 설명하고 있다. 그러나 당송(唐宋) 이후의 성씨류(姓氏類) 자료에 따르면 반(般)이 곧 휘(揮)라는 사실은 증명할 수 없는 실정이다. 그럼에도 불구하고 장씨 가보와 윤씨 가보의 최초 시조 대전에 근거하면 장(張)씨와 윤(尹)씨가 같은 뿌리인 황제(黃帝)에서 유래하였음을 방증할 수 있다.

현재 장씨는 자신들의 시조 휘(揮)의 발원지가 하남 복양(河南濮陽)이고, 반(般)의 봉지(封地)인 윤씨의 발원지는 산서 습현(隰縣) 동북쪽이라고 공인했다. 양측의 발원지가 일치하지 않는 것이다. 이에 따라 휘와 반을 동일인으로 소급할 수 없었다. 『산해경』 「해내경」에는 분명하게 소호가 반을 낳았고. 그가 활과 화살을 처음 만들었다고 기록하고 있다. 장(張)씨의 후손들은 장(張) 자(字)와 궁전(弓箭, 활과 화살)이 분리할 수 없는 관계라고 생각하지만, 반(般)과 휘(揮)를 동일인으로 보기는 어렵다. 윤씨의 발원지와 윤성(尹城)의 소재지의 고도는 일치한다. 윤길보의 역사적인 궤적이 윤성의 범위내였듯이 현재의 윤씨 인구 제1위를 차지하고 있는 산동 윤씨도 노괴수(老槐樹)에서 발원하여 이민을 갔다. 노괴수 이민지의 터는 지금의 산서 동남부이며, 고대의 윤성(尹城) 봉지와 고도가 일치한다. 따라서 분명한 것은 휘와 반이 동일인이 아니라는 사실이다.

장씨는 2019년 1월 기준 통계에 따르면 총 9,540만 명으로, 중원 성씨 중 이씨와 왕씨에 이어 세 번째로 많다. 백도백과에 따르면 장(張)의 본래 뜻은 '활시위를 당긴다'는 것으로 활의 현을 팽팽하게 당기거나 느슨하게 하는 것을 의미한다. 활쏘기, 활시위 당기기, 포착, 뻗기 등의 의미로 사용된다. 장(張)은 본시 별의 이름이었는데, 주작 7수 중 5수인데, 천상의 배열 모양이 활과 같았다. 장(張)은 활과 화살을 잘 만드는 씨족 숭배의 원시 천상(天象) 토템으로 씨족명과 지명, 성씨가 되었다. 이상의 장씨에 대한 설명을 보면 이들이 바로 활을 잘 쏘는 동이족(東夷族)이라는 사실을 알 수 있다. 장씨는 관직명을 따 성씨로 삼은 것이다. 고대 시대에 장씨는 하남 복양과 하북 청하 일대에 살고 있었다. 중국의 항간에는 천하의 장씨는 청하에서 발원했다는 말이 돌고 있다. 장씨의 군망은 하북 청하군(淸河郡), 하북 범양군(范陽郡)[탁주시], 섬서 경조군(京兆郡)[서안시], 산서 태원군(太原郡) 등이다.

『신당서』「재상세계표(宰相世系表)」에 이르기를, "황제(黃帝)의 아들 소호 청양씨의 다섯째 아들 휘(揮)는 궁정(弓正)이 되었는데, 궁시(弓矢)를 처음 만들어 자손들에게 장씨 성을 내렸다."고 한다. 고대 시대의 가장 강력한 무기인 활의 발명자는 바로 장휘이다. 그 후손이 장씨가 되었는데, 이를 하북(河北) 장씨라 한다. 『통지』「씨족략(氏族略)」에 기록된 바에 따르면 "춘추 때 진(晉)나라에는 대부(大夫) 해장(解張)이 있었는데, 자는 장후(張侯)이다. 그 후손들이 해장의 자(字)를 따서 장씨(張氏)라 하였다. 또 장씨는 진나라에서 벼슬길에 올랐으나 서기전 403년 한(韓), 조(趙), 위(魏) 세 가문이 진나라를 분할한 뒤 일부만 원래의 땅에 잔류하고 대부분은 삼국의 천도에 따라 이전했다. 그렇게 해서 산서, 하북, 하남의 장씨가 되었다."고 전한다. 장씨의 보첩으로는 하북성의 남피(南皮) 장씨 족보, 산서성 장씨 가보, 요녕성 광녕 장씨 및 순천 장씨 가보, 상해의 신포 장씨 종보, 강소성의 장씨종보, 절강성의 청하 장씨지보 및 장씨 가보 등이 있다.

장씨 중 가장 유명한 사람은 한나라 고조 유방의 장자방으로 불리운 장량(張良)이 있다. 그는 안휘성 박현(亳縣) 사람으로 소하, 한신 등과 더불어 한나라를 건국한 3대 공신 중 한 사람이다. 그는 한(韓)나라 사람으로 명문 재상의 후손이었다. 그러나 진시황이 한(韓)나라를 멸망시키자 열혈지사가 되었다. 그는 진시황이 하남성 원양현 동남쪽의 박랑사(博浪沙)를 지날 때 창해역사(倉海力士)와 함께 진시황의 시해를 도모하기도 하였다. 이후 그는 이름을 바꾸고 하비(下邳)에 숨어 살면서 각종 병법을 익혔다.

진시황이 젊은 나이에 죽자 호해가 환관 조고와 공모하여 이세황제 자리에 오르면서 중원은 일대 혼란상태에 빠져들게 되었다. 진승과 오광의 난을 필두로 천하의 지사들이 봉기하고 일어나자 장량은 유방을 도와 진(秦)나라를 멸망시켰다. 대장군 한신(韓信)을 천거한 사람도 바로 장량이었다. 서기전 207년 장량은 유방에게 계책을 내어 항우보다 앞서 무관을 통과하여 함양을 평정하고 진나라 왕 자영의 항복을 받아냈다.

그러나 진나라가 멸망한 이후 항우가 패권을 장악하고 홍문의 연에서 유방을 죽이려고 하자 장량은 항우의 당숙인 항백을 매수하여 항우를 설득하도록 함으로써 유방을 죽음의 고비에서 벗어나게 만들었다. 이후 항우와의 4년에 걸친 혈투 끝에 승리를 얻어내 마침내 한나라를 건국할 수 있게 만들었다. 그뿐만 아니라 한(漢)나라가 중흥할 수 있는 기틀을 닦았다. 한나라가 건국된 이후 장량은 한껏 몸을 낮추어 개국공신 중 유일하게 살아 남았다. 왕후였던 여치는 개국공신들을 차례로 죽여 토사구팽하였다 그리고 장량이 반란을 일으킬 것이라면서 그가 은거한 험준한 장가계(張家界)로까지 병사들을 보내 죽이고자 하였다. 이때 장량은 산 밑의 병사들에게 돼지고기를 던져주며 얼마든지 버틸 수 있다는 의사를 표명하자 이를 전해받은 여치는 군대를 철수시켰다고 한다. 천혜의 요새인 장가계는 장량의 장씨들의 세계라는 뜻을 갖고 있다. 현재는 유명 관광지가 되어 수많은 한국인들이 장가계를 찾고 있다.

40/ 전씨田氏

우리나라 전씨는 2015년 인구조사 결과 18만6천 명이다. 전남 담양 전씨(潭陽 田氏)가 15만5천 명으로 사실상 단일본이다. 연안, 하음, 평택 전씨 또한 담양 전씨에서 분파된 것이다.

담양 전씨의 시조는 전득시(田得時)이다. 대대로 담양(潭陽)의 토착세력이라고 한다. 그 선계는 확실하지 않으나 중원의 전국시대 제나라 전씨(田齊)의 종친으로 전한다. 담양 시조 묘역에서 매년 양력 5월 5일 대제가 열린다. 전씨 삼은(三隱)으로 불리는 야은 전녹생, 뇌은 전귀생, 경은 전조생 삼형제가 유명하며, 현재 담양 전씨들은 모두 이들 삼형제의 후손이다. 담양(潭陽)은 전남 북부에 위치한 곳으로 백제의 추자혜군(秋子兮郡)이었다. 신라 경덕왕이 추성군(秋成郡)으로 고쳤고, 995년(고려 성종 14년)에 담주도단련사(潭州都團練使)를 두었다가, 1018년(현종 9년) 도단련사를 폐지하였고, 담양군으로 개편하여 나주(羅州)에 편입되었다. 그 외 조선시대의 유명한 도사 전우치가 담양 전씨의 후손으로 전해진다.

담양 전씨는 삼남(三南)지방인 전라도, 충청도, 경상도에 많이 거주한다. 특히 전북, 충남, 대전, 부산/울산/경남권에 많은 편으로 경상북도 울진에도 집성촌이 있다. 전자수의 손자 전훈(田勳)이 경남 의령에 뿌리를 내렸는데, 경남 일대에서 가문을 크게 일으켰다.

중원의 전씨는 순임금의 후손 규씨(嬀氏)에서 나왔고, 진씨(陳氏)와 뿌리를 같이하고 있다. 진(陳)나라[지금의 하남 주구시 회양현]가 멸망하자 진호공의 후손 진완(陳完)은 제나라로 망명하여 전(田)을 씨로 삼았다. 전씨의 시조는 진(陳)

나라 공족 진완(陳完)이다. 백도백과에 따르면 2006년을 기준으로 전(田)씨는 520만 명에 육박하는 중원 46위의 성씨이다. 전씨의 1/3이 하북성, 하남성, 산동성, 귀주성에 집중되어 있다. 전형적인 동이족이다. 전씨 성의 득성 방식은 득성 시조인 전완(田完)의 성을 따른 것이다. 원래 전완은 진나라의 진완(陳完)이 성을 바꾼 것이다. 주요 군망은 북평(北平), 안문(雁門), 경조(京兆), 하남(河南), 평량(平涼), 태원(太原), 천수(天水) 등이다.

전(田)씨는 규성(嬀姓) 규만(嬀滿)의 후손이다. 『잠부론』「지씨성조」에는 다음과 같이 적고 있다.

진(陳)나라 여공(厲公)의 유자(孺子) 진완(陳完)이 제나라로 도망오자, 제나라 환공이 이를 반갑게 맞아 공정 벼슬을 주었다. 그 자손들이 크게 민심을 얻어 드디어 임금 자리를 빼앗고 자립하였으니, 그가 바로 제(齊) 위왕(威王)이며 그로부터 오세가 지나 망하였다. 제나라 사람들은 진(陳)을 전(田)으로 발음했다.

厲公孺子完奔齊 桓公說之 以爲工正 其子孫大得民心 遂奪君而自立 是爲威王 五世以亡 齊人謂陳田矣

『사기』「전경중완세가」,『신당서』「재상세계표」 등에서는 제환공이 규완(嬀完)을 전(田) 땅에 봉하자 그 후손들이 봉지의 이름을 씨로 하여 전씨(田氏)라 불렀다고 한다. 『잠부론』과 내용이 거의 같다. 진(陳)씨는 주무왕이 순임금의 후손 규만(嬀滿)을 진 땅에 봉하면서 생겨난 성씨이기 때문이다. 『사기』「전경중완세가」에는 여공의 아들 진완(陳完)이 그의 숙부 진림이 여공을 계승해 즉위하지 못하고 진(陳)의 대부가 되었는데, 제나라로 도망가는 과정을 다음과 같이 기록하고 있다.

선공 21년(서기전 672년)에 그의 태자 어구를 죽였다. 어구는 진완과 친하였으므로, 화가 자신에게 미칠까 두려워하여 진완은 제나라로 달아났다. 제나라 환공이 그를 경으로 임명하려 하자 사양하며 말했다. "나라 밖을 떠도는 신하인 제가 다행스럽게도 섶을 등에 지는 것을 피하게 된 것은 당신의 은혜인데, 감히 높은 자리를 감당할 수 없습니다." 환공이 그를 공정으로 삼았다.

宣公[二]十一年 殺其太子御寇 御寇與完相愛 恐禍及己 完故奔齊 齊桓公欲使爲卿 辭曰:「羈旅之臣幸得免負檐 君之惠也 不敢當高位」桓公使爲工正

전(田)씨는 서주 시기의 관직인 전복(田僕)에서 출자한 이도 있다. 관직을 성씨로 삼은 것이다. 전복은 서주 초기에 설치된 벼슬로 전답농사와는 무관하게 왕이 행한 길을 관장하는 관리였다. 즉 밭길의 조성과 관리를 책임지고 있는 대부였던 것이다. 매우 중요한 관직으로 하관(夏官) 부사(府司)의 관할에 속했다. 전복의 후손 중 선조 벼슬을 성씨로 삼아 전복씨(田僕氏)라 부르다 단성(單姓) 전씨(田氏)로 바꾸었다.

전씨의 득성시조는 전완(田完)으로 인정되고 있다. 서기전 11세기에 주무왕이 상나라를 멸망시킨 후 순임금의 후손인 규만(嬀滿)을 진후(陳侯)에 봉했다. 그는 호공만(胡公滿)으로 불리웠는데, 그의 10세손인 규완이 제나라로 달아나 제환공이 그를 공정으로 삼았다. 공정이라는 직책은 공장(工匠) 관료들을 관리하는 직책인데, 전(田) 땅에 봉해졌다. 그 후손들이 봉지를 따라 성씨를 전씨로 삼았다. 그리고 전완을 전씨의 득성시조로 숭상하고 있다.

전완 이후 전씨들은 고씨, 국씨, 포씨와 더불어 제나라 4대 대성으로 발전하였다. 이후 전기와 전상이 잇달아 두 군주를 죽이고 제나라 정권을 휘

둘렀다. 마침내 서기전 391년 전완의 8세손 전화(田和)가 상국의 자리에 있다가 제강공(齊康公)을 축출하고 제위에 올랐다. 이 사건을 전화대제(田和代齊) 또는 전씨대제라고 한다. 전씨 정권은 군위를 차지하고서도 나라 이름은 그대로 제나라로 불렀던 것이다. 전씨는 제나라의 도읍인 산동 임치를 발상지로 삼았다. 선진 시기에 전씨는 산서성, 하남성, 북경, 호북성 등지에 분포했던 것으로 보인다. 전(田)씨 제나라는 진시황에게 멸망당했다. 전씨의 군망은 하북 북평군(北平郡){지금의 보정시 북쪽의 만성(滿城)}, 안문군(鴈門郡) 등이다.

41 / 전씨全氏

우리나라 전씨(全氏)는 2015년 기준으로 인구수가 56만 명이다. 정선(旌善) 전씨와 천안(天安) 전씨는 각각 17만6천여명인데, 천안 전씨가 약간 많다. 그 다음으로 옥천(沃川) 전씨 4만8천 명, 용궁(龍宮) 전씨 3만 명 등이다.

정선 전씨가 대종이고, 천안, 옥천, 용궁 등의 본관이 있는데, 이들 모두는 온조 십제의 개국공신인 환성군(歡城君) 전섭(全聶)을 도시조로 하는 단일 계통임을 자처하고 있다. 전섭은 온조가 고구려를 떠나 남하하여 십제를 개국할 때 다른 9명의 신하와 함께 그를 보좌하였으므로 그 공을 인정받아 십제공신(十濟功臣)이라는 공신호를 받고 환성군에 봉해졌다고 한다.

정선 전씨는 신라시대에 발원한 성씨로 십제의 대종인 것으로 보인다. 정선 전씨는 전섭의 8세손 전선(全愃)을 중시조로, 천안 전씨는 16세손 전락(全樂)을 시조로 삼고 있다. 그런데 천안 전씨는 도시조인 전섭이 천안을 식읍으로 받았다는 점에서 자신들이 대종이라고 주장하고 있다. 18개 본관 중 정선과 천안이 양대 분파를 이루고 있다. 본래 정선 전씨의 인구가 더 많았으나 2015년 기준 통계로 천안 전씨에게 역전되었다. 옥천 전씨는 고려 시대 전학준(全學浚)을 중시조로 하며, 용궁 전씨는 고려조 용성부원군(龍城府院君) 전방숙(全邦淑)을 중시조로 한다.

중원에서 전씨의 기원은 주나라의 관명과 관련이 있다고 한다. 이러한 전씨의 기원은 예나 지금이나 전씨 성 전체에 널리 알려져 있기 때문에 전씨의 전체 출자 중 대세를 이루고 있다. 전(全)씨는 주로 서주(西周) 때 관직인 천부관(泉府官)에서 출원하였다. 위·촉·오 삼국시대 대사마 전주(全珠)의 손자 전휘(全暉)는 위나라에서 남양후(南陽侯)에 봉해져 백수(白水){지금의 호북 조양 (棗陽) 일대}를 식읍으로 삼았으며, 후손들이 조합하여 천씨(泉氏)라 하였다고 한다. 천씨는 이후 전씨가 되었다. 전씨는 관직에서 비롯된 성씨이다. 원나라 때 서평장정사(書平章政事) 아로혼사리(阿魯渾薩里)는 그 부친의 자(字)인 만전(萬全)을 따라 전씨(全氏)라고 했다 한다. 현재 만주족, 몽골족, 조선족 중에 모두 전씨가 있다. 2006년 기준 중원의 전씨 인구수는 36만 명으로 한국보다 인구수가 적다. 호남성과 광주(廣州) 지역에 특히 많이 퍼져 있다. 전씨의 주요 군망은 경조군(京兆郡), 전당군(錢塘郡) 등이다.

성씨의 기원은 천부관이라는 관직을 성씨로 삼았는데, 처음에는 천씨라 하다가 전씨가 되었다고 한다. 『길기정집』「전씨세보」에 따르면 전씨는 천 (泉)씨에서 비롯되었다고 한다. 『주례(周禮)』에 따르면 지관(地官)에 속하였는데, 화폐교류와 장터무역을 관장했다. 옛부터 돈과 화폐를 천(泉)이라 하였는데, 전부관(全府官)의 후손들이 관직을 성으로 하여 천성이 되었다. 천(泉)과 전(全)의 음이 같아서 천씨를 전씨로 개칭하였다고 한다. 『천가성사원(千家姓査源)』에서는 전씨가 주나라에서 나왔다고 하는데, 주나라의 천부(泉府)는 원래 상품무역을 주관하는 기관이었다. 천부관원의 후손이 관직명 천 (泉)을 음이 같은 전으로 바꾸어 성씨로 삼았다고 한다.

『중국성씨』「삼백대성」에서는 전욱 고양씨의 후손인 육종(陸終)의 아들 일 전(日籛)은 팽(彭)씨로 대팽(大彭)에 봉해졌으며, 지금의 강소(江蘇)성 동산(銅山)에 있었다고 한다. 팽조는 은나라의 대부로 성은 전(籛)이고, 이름은 견(鏗)이었다. 팽조의 후손 부(孚)가 주천부(周泉府)의 상사(上士)가 되었고, 주관천부(周官泉府)는 『주례(周禮)』에 나오는 지관(地官)에 속했다. 천(泉)을 전(錢)으로 썼다. 이로 인해 관직명을 성씨로 하는 전(錢)씨와 천(泉)씨 등의 성이 있게 되었다. 천씨의 후손들이 같은 음을 가진 전씨(全氏)가 되었다.

전씨의 또 다른 기원은 고려 왕씨와 연관되어 있다. 고려 태조 왕건(王建)은 송악(松岳)군 출신으로 고려 왕조의 개국군주이다. 왕건은 국가의 내부 통일을 공고히 하고 신라 지방의 호강세력들을 억제하여 국내의 혼란을 종식시키고 부(府), 주(州), 군(郡), 현(縣)의 행정구역 체계를 확립하였다. 대외적으로 왕건은 요나라에 멸망한 발해 유민들을 받아들였고, 중원 5대 시대의 여러 왕조와도 우호적 관계를 유지하였다. 이후 고려 왕조는 474년간 통일된 왕씨 고려를 유지하였는데, 1389년 고려 공양왕이 고려 왕조의 34번째 왕으로 즉위하였으나 3년이 채 지나지 않아 퇴위하였고, 퇴위 2년 만에 이성계의 손에 의해 교살당했다. 이후 이씨 조선은 조선 왕조의 정통성을 유지함과 동시에 이씨 정권을 위협하는 고려 왕씨 세력을 몰살시키다시피 했다. 그 결과 조선왕조의 씨성 탄압을 피하고자 왕(王)씨의 왕(王)자에 들 입(入) 자를 붙여 전(全)씨로 바꾼 사람들이 있었다.

『주례(周禮)』「고공기」 옥인에 따르면 "천자는 전(全)을 사용하고 상공은 용(龍)을 사용한다. 전(全)은 옥이다."라고 했다. 전(全)의 본래 의미는 옥을 사람 방 안에 놓아 두어야만 그 형태를 온전하게 잘 소장할 수 있고, 순수하고, 완전하게 보전하고, 완비하는 의의를 확장할 수 있다는 것이다. 고문(古文)에서 전(全) 자는 양손으로 옥을 바치는 사람의 모습을 가리킨다. 전씨들은 옥을 씨족의 원시 토템으로 삼았으며, 이것이 전씨를 상징하게 되었다.

전씨는 원래 주나라 천부지관(泉府之官)에서 유래했으며, 양한(兩漢) 때 절강성 전당(浙江錢塘)으로 이주하여 현지의 유망한 씨족이 되었다. 삼국시대에는 오군(吳郡)전당{지금의 절강성 항주시}에 전유(全柔)가 있었고, 삼국시대에는 오나라의 명장인 전종(全琮)이 있었다. 『자치통감』「위기9」에 오나라 장수 전상(全尙)에 대한 기록이 자세하게 나온다. 전상은 전기의 아버지이고, 전종의 조카이다. 그의 아내는 오나라의 실권을 장악한 손침(孫綝)의 사촌누이였다. 그의 딸은 전혜해인데, 손권의 아들 손량(孫亮)에게 시집을 갔는데 손량이 오나라 황제로 등극하자 황후가 되었다. 이에 따라 전상이 성문교위, 도정후로 봉해졌다. 이후 태상, 위장군이 되었으며, 또한 평후에 봉해졌다. 258년에 손량은 왕권을 위협하는 손침을 주살할 계획을 세우게 된다.

> 오의 주군이 몰래 전공주와 장군 유승과 더불어 손침을 죽이려고 모의하였다. 전황후의 아버지 전상은 태상·위장군이 되었는데, 오의 주군이 전상의 아들인 황문시랑 전기(全紀)에게 말하였다. … 전기는 조서를 받들고서 아버지 전상에게 알렸다. 전상이 멀리 생각하지 못하고 기의 모친에게 말을 하니 그녀가 몰래 사람을 시켜서 손침에게 말하였다. 9월 무오일에 손침이 밤중에 병사를 동원하여 전상을 습격하여 그를 잡았으며, 그의 동생 전은(全恩)을 파견하여 창룡문 밖에서 유승을 죽이고, 날이 밝을 때 쯤에 드디어 궁궐을 포위하였다.
> 吳主陰與全公主及將軍劉丞謀誅綝 全后父尚爲太常衛將軍 吳主謂尚子黃門侍郎紀曰 … 紀承詔告尚 尚無遠慮 以語紀母 母使人密語綝 九月 戊午綝夜以兵襲炯 執之 遣弟恩殺劉承於蒼龍門外 比明 遂圍宮

오의 군주는 전기에게 아버지인 전상에게만 알리고 전기의 어머니는 손침의 사촌누이이므로 알리지 말라고 당부했는데, 아들 전기로부터 조서를 전달받은 전상은 아내에게 이 사실을 모두 털어 놓아 손침 제거 계획이 발각되면서 전상은 붙잡혀서 영릉으로 귀양을 가던 중 피살되었다. 아들인 전기도 자살했다. 전공주는 예장으로 귀양을 갔다.

손침은 광록훈 맹종으로 하여금 태묘에 고하게 하고 오의 주군을 폐위하여 회계왕(會稽王)으로 삼았다. … 전상을 영릉으로 귀양 보내고 곧 뒤쫓아 보내서 살해하였다. 전공주는 예장으로 귀양 보냈다.

綝使光祿勳孟宗告太廟 廢吳主爲會稽王 … 徙全尙於零陵 尋追殺之 遷全公主於豫章

이는 대사를 도모할 때 항상 말조심을 해야 한다는 교훈을 제공해주고 있다. 한 번의 말실수로 인해 온 집안이 풍비박산이 났다. 전상의 부인은 사촌동생을 살리기 위해 자신의 아들과 남편을 모두 잃었고, 딸은 귀양을 갔다. 이밖에도 전씨의 주요 인물로는 삼국시대 오나라 계양태수 전유(全柔), 우대사마, 좌군사, 전당후 전종(全琮), 양무장군 전서(全緒), 오대십국시대 후촉 문주자사 전사웅(全師雄) 등이 있다. 『삼국지』 권60에는 후한 말~삼국시대의 오나라 장군인 전종(全琮, 196년~247년)에 대한 기록이 등장한다.

전종의 자는 자황(子黃)이며 오군(吳郡) 전당 사람이다. 부친은 전유(全柔)이다. … 손책이 오나라에 이르자, 전유는 군사를 일으켜 선두에 나섰으며, 손책은 그를 단양도위에 임명했다. 손권이 거기장군이 되자 전유를 장사(長史)로 삼아 계양 태수로 이동시켰다. 전유는 전종에게 수천 곡의 쌀을 주어 물건과 바꾸러 오군에 보냈는데, 전종은 쌀을 모두 뿌려 사람들을 구제하고 빈 배로 돌아왔다. 전유가 분노하자 전종은 말하길 "거래할 물건은 급한 것이 아니지만 사대부(士大夫)들이 환란을 겪고 있어 미처 알리지 못하고 그들을 구제했습니다."라고 하였다. 전유는 이를 기이하게 여겼다.

全琮字子黃 吳郡錢唐人也 父柔 … 孫策到吳 柔擧兵先附 策表柔為

丹楊都尉 孫權爲車騎將軍 以柔爲長史 徙桂陽太守 柔嘗使琮齎米
數千斛到吳 有所市易 琮至 皆散用 空船而還 柔大怒 琮頓首曰:「愚
以所市非急 而士大夫方有倒縣之患 故便振贍 不及啟報」柔更以奇
之

210년 주유가 죽었을 때, 방통이 주유의 상여를 운구하여 오에 왔다가
돌아가는 길에 전종을 만나 말하기를, "경은 베푸는 것을 좋아하고 명성을
흠모하니, 여남의 번자소(樊子昭)와 비슷합니다. … 역시 한 시대의 뛰어난
인물입니다."라고 했다. 이후 손권이 분위교위로 임명하여 산월을 토벌하
도록 했고, 전종은 정병 1만 명으로 전공을 세워 편장군이 되었다. 건안 24
년(219년), 손권이 여몽과 함께 관우를 공격할 계획을 수립하고 있을 때 전
종이 관우를 토벌할 계책을 올렸다. 손권은 전종의 계책을 활용하여 관우
를 체포한 후 전종을 치하하고 양화정후로 봉했다. 전종은 삼국시대 오나
라의 맹장이었다.

42/정씨鄭氏

우리나라 정씨는 2015년 현재 215만 명으로 인구 기준 5위의 성씨이다. 본관별로는 동래 정씨 47만 명, 연일 정씨 39만 명, 경주 정씨 35만 명, 진주(진양) 정씨 32만 명, 하동 정씨 19만 명, 나주 정씨 10만 명 등이다.

동래 정씨의 시조 정회문(鄭繪文)은 안일호장(安逸戶長)을 지냈다. 기세조 정지원(鄭之遠)의 손자인 정목(鄭穆)이 고려 문종 26년(1072년)에 태부경에 올랐다고 한다. 연일 정씨(迎日 鄭氏)의 시조는 정종은(鄭宗殷)으로 신라 때 간의대부를 지냈다. 본관은 연일(延日)의 옛 지명인 영일(迎日)로 쓰기도 한다. 경주 정씨는 『삼국사기』 「신라본기」에 기록된 것처럼 신라 6부 촌장 중 진지촌장(珍支村長) 지백호(智伯虎)에서 유래한 것으로 알려져 있다. 신라 3대 임금인 유리이사금이 1세기에 본피부(本彼部)에 정씨 성을 사성했다고 한다.

그런데 신라왕이 정씨 성을 하사했다는 것은 믿기 어렵다. 정씨는 신라 이전부터 존재한 아주 오래된 성씨이기 때문이다. 진양 정씨의 시조는 크게 정예(鄭藝), 정자우(鄭子友), 정장(鄭莊), 정헌(鄭櫶)을 시조로 하는 네 계통으로 구분한다. 하동 정씨의 시조는 정손위(鄭遜位), 정응(鄭膺), 정도정(鄭道正)을 시조로 하는 3개의 계열이 있다. 나주 정씨(羅州 鄭氏)는 고려 중엽 때 인물인 정해(鄭諧)를 시조로 한다. 그의 증손자인 정가신(鄭可臣)이 고려 고종 때 벽상삼한삼중대광(壁上三韓三重大匡) 수사도(守司徒)를 역임했다.

정씨들의 족보에는 경주 정씨가 가장 오래된 집안으로 동래 정씨도 경주 정씨에서 분가했다고 기록되어 있다. 그러나 필자가 보기에 이는 사실과 매우 다르다. 경주 정씨는 신라 6부 성씨 중 하나로서 요동반도에서 이동

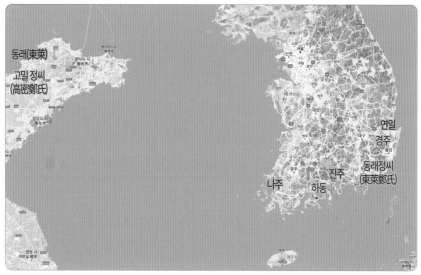

☒ 중원과 한반도의 정씨(鄭氏) 분포 현황

해왔지만, 동래 정씨는 산동성 동래(東萊)에서 이동해 온 성씨로 파악되기 때문이다. 동래 정씨는 부산 동래구에 있었던 변진독로국(弁辰瀆盧國)을 건국한 세력으로 파악된다. 이들은 수시로 신라를 공격하는 등 신라와 격렬하게 대립했다. 『삼국사기』 「신라본기」에는 독로국을 왜(倭)라고 기록하고 있는데, 수십차례 신라와 전쟁을 벌였다. 이들은 신라와 국력이 비슷하거나 더 강한 세력으로 기록되어 있다.

동래 정씨는 산동반도를 비롯해 중원과 한반도에서 모두 바닷가에 살면서 해상교역에 종사하던 세력이었다. 이에 따라 머리를 짧게 깎고 몸에 문신하는 단발문신(斷髮文身)의 습속을 가지고 있었다. 이에 따라 변진국은 왜와 접한다고 했다. 이러한 단발문신 습속은 한반도 남부만이 아니라 중원의 해안가에 살던 씨족들이 대부분 행하던 일반적 습속이었다. 현재는 왜가 열도에 있었던 것으로 보지만 고대 시대에는 중원과 한반도 모두에 단발문신하던 씨족들이 많았다. 특히 바닷가에 살면서 벼농사나 해상교역에 종사하던 사람들은 단발문신을 해서 바다의 상어나 고래 등으로부터 자신을 보호하고자 하였다.

고대 시대 중원 정씨의 기원은 자성(子姓), 강성(姜姓), 희성(姬姓) 등 원류가 다양하다. 정씨의 득성시조는 주나라의 정환공(鄭桓公)이다. 성(姓)은 희(姬)씨로 국호를 씨(氏)로 삼았다. 중원의 정씨는 2013년 기준으로 약 1,241만 명이다. 정씨의 군망은 하남 형양군(滎陽郡), 산동 유방시(濰坊市) 고밀군(高密郡), 하남 남양군(南陽郡) 등이다. 산동 유방시 고밀군은 현재 산동 동래(東萊, 萊州)와 접하고 있다.

주선왕 22년(서기전 806년)에 왕의 이복 동생인 희우(姬友)가 주나라 수도 호경 부근의 정읍에 봉해지면서 나라 이름을 정나라(섬서성 화현 동쪽)라고 했다. 희우는 정환공이 되었다. 사마천의『사기』「정세가(鄭世家)」에 따르면 서기전 774년 정환공이 동쪽의 하남 신정(新鄭) 일대로 옮겨 정나라를 세웠다. 하남 정주 일대이다. 서기전 375년 정나라는 전국 7웅 중 하나였던 한국(韓國)에 의해 멸망당했다. 정나라가 멸망한 후 경(京){지금의 하남 형양 경양성}, 제(制){지금의 형양 서}, 제(祭){지금의 하남 정주 동}, 진(陳){지금의 하남 회양}, 송(宋){지금의 하남 상구} 등에 흩어져 살다가 나라 이름을 기리기 위해 정(鄭)으로 성을 삼았다.

정씨는 상나라 계통의 자성(子姓)에서도 유래하였다. 상왕(商王) 무정(武丁)의 아들인 자전(子奠)의 후손으로 자전은 전후(奠侯)로도 불렸다. 제사(祭奠)를 지낸다 하여 이름을 얻었으니, 상나라의 방국 중 하나였다. 서기전 1046년, 주나라가 상나라를 멸망시키자 자성 정나라는 수(隨)에 멸망당했다. 주나라는 자성 정나라 사람들을 위수 상류의 섬서 보계 부근으로 이주시켰다.

정씨는 강성(姜姓)에서도 유래했는데, 강태공의 후손이다. 주나라가 상(商)을 멸망시킨 후, 주나라 무왕은 강태공의 아들 정숙(井淑)을 정(鄭)에 봉하고,

통치자의 성을 정인(鄭人)으로 삼았으며, 역사에서는 이를 서정(西鄭)이라 불렀다. 정씨 고성은 지금의 섬서 봉상현(鳳翔縣)에 있었다. 주목왕이 서정을 빼앗아 하도(下都)로 삼아 강씨 정나라를 멸망시켰다. 정나라 사람의 성(姓)은 전정씨(奠井氏) 또는 정정씨(鄭井氏), 즉 정씨가 되었다.

사마천은 『사기』에서 정씨가 주나라의 희성에서 비롯된 것으로 기록하고 있다. 희성 정씨는 나라 이름을 성씨로 삼았다. 주나라의 시조는 황제의 후손인 후직(后稷)이다. 『사기』「주본기」에 따르면 후직의 어머니는 제곡의 정비인 강원(姜原)인데, 들에 나가 거인의 발자국을 밟아 임신했다가 열달 후 후직을 낳았는데 상서롭지 않아 아이를 길에 버렸다고 기록하고 있다. 그런데 강원이 후직을 내다 버린 이유는 아이가 아니라 둥그런 살덩어리를 낳자 두려워 그것을 내다 버렸다는 것이다. 그보다 이전에 여와씨가 태호 복희씨와 혼인 후 둥그런 살덩어리를 낳았다. 여와가 살덩어리를 조금씩 떼어 내어 흩뿌리자 모두 사람으로 변했다고 한다. 그렇게 해서 현생 인류가 탄생했다는 것이다. 후직의 신화는 복희의 탄생 신화를 계승한 것으로 분석된다.

『잠부론』「오덕지」에 따르면, 화서(華胥)라는 아름다운 소녀가 뇌택에서 놀다가 거인인 뇌신(雷神)의 발자국을 밟고 복희를 낳았다고 한다. 3년 후 복희의 여동생 여와가 탄생한다. 살덩어리 신화는 서기전 3100년경에 발생한 것으로 추정되는 쿠루 평원전투를 배경으로 한 인도 신화를 기록한 대서사시 『마하바라타』에도 등장한다. 『마하바라타』에서는 하스티나푸라 왕국의 왕비인 간다리가 공처럼 생긴 딱딱한 살덩어리를 낳았다. 100개의 항아리에 기름을 붓고 살들을 떼어 넣어두자 그곳에서 아이들이 나왔다고 한다. 어쨌든 정씨의 시조인 주족(周族)은 살덩어리 탄생신화를 갖고 있으며, 이는 서역에서 비롯된 것으로 분석된다.

강원이 내다 버린 살덩어리를 짐승들이 피해 다니고, 새들이 날개를 펼쳐 따뜻하게 감싸 주자 살덩어리 속에서 한 아이가 나오게 된다. 그래서 강원이 아이를 데리고 집에 돌아온다. 이름을 버렸다는 의미의 기(棄)라고 불렀다. 『산해경』「대황서경」에 따르면 제준(帝俊){제곡의 다른 이름}의 아들로 여겨진다. 기는 성장하면서 농경을 좋아해 삼이나 콩을 심고 기뻐했다. 순을 섬기며 농사에 근무했다. 순임금이 후직이라는 직책을 맡기고 태(邰)에 봉했으며 후직이라고 불렀다.

후직의 후손인 정씨는 태양을 숭배하던 불의 신 축융족이었던 것으로 분석되고 있다. 정나라의 도읍인 신정은 상고시대 동이 축융족(祝融族)들이 몰려 살던 축융의 터(祝融之墟)이다. 『한서』「지리지」에 "지금의 하남 신정은 본래 고신씨의 화정 축융의 터였다."라고 했다. 『대대례기(大戴禮記)』「제계편(帝系篇)」에는 다음과 같이 기록되어 있다.

오회가 육종을 낳았다. 육종이 귀방씨의 누이인 여궤에게 장가를 들어 아들 여섯을 얻었다. 아이를 뱄으나 삼 년간 낳지 못했다. 그 왼쪽 옆구리를 갈라 여섯 명의 아이를 얻었다. 첫째를 번이라 했는데, 번이 곤오가 되었다. 둘째를 혜련이라 했는데, 혜련이 참호가 되었으며, 셋째를 전갱이라 했는데, 전갱이 팽조가 되었다. 넷째를 래언이라 했는데, 래언이 회인이 되었다. 다섯째를 안이라 했는데, 안이 조성이 되었다. 여섯째를 계련이라 했는데, 계련이 미성이 되었다. 곤오는 위(衛)씨다. 참호는 한(韓)씨다. 팽조는 팽(彭)씨다. 운회인은 정(鄭)씨다. 조씨는 주(邾)씨다. 계련은 초(楚)씨다.
吳回氏產陸終 陸終氏娶于鬼方氏 鬼方氏之妹 謂之女嬇氏 產六子 孕而不粥三年 啓其左脅 六人出焉 其一曰樊 是爲昆吾;其二曰惠連

是爲參胡;其三曰籛 是爲彭祖;其四曰萊言 是爲云鄶人 其五曰安
是爲曹姓;其六曰季連 是爲羋姓 昆吾者 衛氏也 參胡者 韓氏也 彭
祖者 彭氏也 云劊人者 鄭氏也 曹姓者 邾氏也 季連者 楚氏也

이에 따르면 정씨는 육종의 넷째 아들인 래언의 후손이다. 래언은 운(妘)
성이라고도 하는데, 회(鄶)에 봉해졌다. 회는 지금의 신정(新鄭)이다. 정(鄭)나
라는 중원의 정 중앙을 차지하고 있었던 강력한 세력이었다. 정씨들의 나
라였던 정(鄭)국은 하남 정주 일대로 신정을 도읍으로 삼았다. 사마천의『사
기』「정세가」에 따르면 정씨의 시조인 정환공은 주선왕이 왕위에 오른지
22년만에 정읍(鄭邑)을 봉토로 받았다. 환공이 봉토를 다스리는 33년 동안
백성들이 모두 그를 좋아했다. 그런데 주유왕이 포사(褒姒)를 총애하여 주
왕실에 변고가 생기자 정환공은 그의 봉토 백성들을 동쪽의 낙수 동편으로

◩ 춘추시대 초기 정나라의 위치

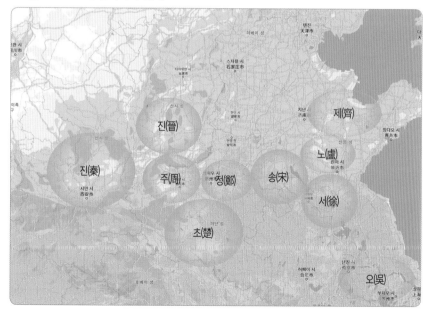

이주하였다. 그런데 『사기』 「정세가」에는 "견융(犬戎)이 여산 아래에서 유왕을 죽이고 정환공까지 모두 죽였다."라고 기록하고 있다.

견융은 늑대를 토템으로 삼았던 오손족 세력 중 하나인 것으로 분석된다. 『후한서』에는 견이(畎夷)가 동이 구이족 중 하나인 것으로 나온다. 백도백과에서는 견융이 서융(西戎)의 한 갈래로서 섬서성 서쪽의 경하(涇河)와 위하(渭河) 유역 일대에 살았던 종족이며 곤이(昆夷), 곤이(混夷), 견이(畎夷)라고 부르기도 했다고 한다. 『사기색은』에서 위소(韋昭)는 춘추시대의 견융(犬戎)과 견이(畎夷)가 같은 음이라고 했다. 대안(大顔)은 곤이(昆夷)라고 하였다. 『산해경(山海經)』에서는 황제(黃帝)의 후손이 견융을 낳았다고 기록하고 있다.

주유왕이 죽음에 이른 사연은 다음과 같다. 주유왕은 이솝 우화의 양치기 소년의 롤모델이었다. 그는 포사라는 미인과 주색잡기에 몰두했는데, 포사는 밀당의 고수였다. 그녀는 유왕 앞에서 한 번도 웃지 않았다. 유왕은 그녀가 웃도록 하기 위해 갖은 방법을 다 동원했는데, 심지어 정실부인 신후(申后)와 태자까지 폐하고 포사의 아들 백복을 태자로 삼았다. 그래도 포사는 웃지 않았다. 그런데 어느 날 병사의 실수로 적군이 왔다는 봉화가 오르자 여러 제후들과 병사들이 궁으로 몰려와 허둥지둥했다. 이 모습을 보고 포사가 웃음을 터트렸다.

이에 유왕은 매일 거짓 봉화를 올리도록 했다. 그 결과 나중에는 아무도 이를 믿지 않았다. 이때 유왕에게 폐해진 신후의 아버지는 견융과 동맹하여 주나라를 침략하도록 한다. 『사기』 「주본기」에는 "유왕이 신후를 폐하고 태자를 쫓아내자 신후(申候)는 화가 나 증(繒)나라, 서이(西夷), 견융족과 함께 유왕을 공격했다."고 한다. 견융이 쳐들어오자 봉화가 올랐다. 그러나 아무도 이를 믿지 않았다. 오직 정환공만이 봉화를 보고 달려왔다. 견융과 동맹한 신후가 이끄는 군사들은 여산 아래에서 주유왕과 태자 백복, 정환공을 살해하였다. 그리고 포사를 사로잡아 갔으며, 주왕조의 재물을 모조리 약탈하였다. 이로 인해 주나라는 서주 시대를 마감하고 낙양으로 천도하여 동주시대를 열게 된다. 이후 500여 년에 걸친 춘추전국시대가 개막되었다. 주나라는 사실상 명목상의 나라로 전락하고 말았다.

정환공이 동쪽의 괵나라와 회나라의 10읍을 얻어 이곳으로 이주한 것으로 나오는데, 『사기』 「정세가」에서는 정환공이 서주에서 주유왕과 함께 죽었다고 기록하고 있어 다소간의 혼란이 있다. 그런데 『국어』 「정어」에 정환공이 죽음을 맞게 된 이유가 기록되어 있다.

주유왕(周幽王) 8년, 정환공은 조정의 사도 업무를 보고 있었고, 9년에는 왕실이 소란해지기 시작했으며, 11년에 환공은 죽음을 당하고 말았다.

정환공은 주나라 조정을 지키다 죽임을 당한 것이다. 정나라는 춘추 초기인 정 장공 시기에 가장 강력한 나라였다. 그러나 이후 강소국으로 세력이 약화되었다. 이때 정나라가 진(晉), 초(楚), 진(秦), 송(宋) 등 강대국 사이에서 생존할 수 있었던 비결은 크게 두 가지였다. 첫째는 강대국 사이의 갈등관계를 활용한 등거리 외교이다. 정나라의 생존을 좌우한 것은 뛰어난 외교전술이었다. 정나라는 진(晉)과 초, 진과 진, 송과 진, 초와 송 등 양국 사이에서 아슬아슬한 줄타기 외교를 통해 자신의 생존전략을 모색했다. 이에 대해 사마천의 『사기』에서는 다음과 같이 기록하고 있다.

(성공) 10년, [정나라는] 진(晉)나라와의 맹약을 어기고 초나라와 맹약

했다. 진여공이 분노하여 군대를 일으켜 정나라를 정벌했다. 초나라
공왕이 정나라를 구했다.

둘째, 정나라는 자산(子産)이라는 춘추시대 최고의 재상을 두고 있었다.
공자는 『논어』에서 자산이 군자의 네 가지 도를 모두 갖추었다고 말했다.
그리고 사마천은 자산의 어진 정치가 정나라를 존속시키는데 매우 중요하
게 작용했다고 평가했다. 자산은 서기전 554년 정경(正卿) 자공(子孔)이 내란
으로 죽자 경(卿)이 되었는데, 춘추시대 최고의 재상이었다. 그는 내부적으
로 국가경제를 부흥시켰음은 물론 중원 최초의 성문법을 완성하기도 하였
다. 그리고 외부적으로 북방의 강대국 진(晉)나라와 남방의 강대국 초(楚)나
라 사이의 세력균형(balance of power)을 활용하여 죽을 때까지 정나라가 평
화를 유지하도록 했다. 성공 5년에 자산이 죽자 정나라 사람들은 모두 통
곡하면서 슬퍼했다고 한다. 백성을 사랑하고 임금에게 충성스러웠던 어진
재상이었다. 자산이 죽은 이후 정나라의 국세가 급격히 쇠락하여 결국 서
기전 375년 한나라에 병탄되고 말았다.

한국과 일본에는 중원을 제외하고 가장 많은 정씨들이 살고 있다. 우리
나라 정씨는 산동반도의 동래(東萊)에서 이주해 온 마한 계통의 동래 정씨와
신라 6부의 성씨 중 하나인 경주 정씨 계통으로 구분되며, 두 정씨는 서로
치열하게 갈등했다. 열도로 이주한 정씨 중 상당수는 한반도를 거쳐 이주
한 것으로 파악된다.

43/ 정씨丁氏

우리나라 정씨(丁氏)는 2015년 통계청 조사기준 24만 명이다. 이중 나주 정씨(羅州 丁氏)가 13만8천 명으로 대종을 이루고 있다. 영광 정씨(靈光丁氏)가 6만4천 명으로 그 뒤를 잇고 있다.

정씨의 도시조는 중원에서 도래한 정덕성(丁德盛)으로 알려져 있다. 당나라 문종때 대승상을 지냈고, 무종 때 대양군에 봉해졌다고 한다. 그런데 853년 직간을 하다 전남 신안군 압해도(押海島)에 유배되어 한반도에 정착하였다고 한다. 현재 나주 정씨는 전남 나주시 및 전남 신안군 압해읍을 본관으로 삼고 있다. 나주 정씨의 인물 중 한 사람인 정약용은 도시조의 유래에 대해 사실관계의 고증이 어렵다며 회의적인 입장을 표명했다고 한다. 나주 정씨의 시조는 정윤종(丁允宗)으로 고려 중기 전라도 압해현(壓海縣) 출신의 무신(武臣)으로 검교대장군(檢校大將軍)을 지냈다. 영광 정씨는 고려조 태학생원 정진(丁晉)을 시조로 삼고 있다. 그의 손자 정찬(丁賛)이 공민왕 시기에 영성군(靈城君)에 봉해졌다.

도시조 정덕성의 실존 여부와 관련하여 백도백과를 검색한 결과 여러 사서와 족보에 기록이 실존하는 것으로 나타나고 있다. 『당제열전(唐帝列傳)』 「당헌종(唐宪宗)」, 『등과기(登科記)』, 『정씨보첩(丁氏譜諜)』 등에 기재된 바에 따르면 정덕성(丁德盛, 800년~894년)의 호는 대양군(大陽郡)으로 약관의 나이에 등과하여 당문종 시기에 한림원대학사를 지냈고, 당무종 시기에 상서우승(尚書右丞)이 되었으며, 당선종시에는 간의대부(諫議大夫)가 되었다고 한다. 이에 황제에게 직언으로 간하는 일이 많아 황제의 분노를 사서 853년 신라로 유배되었다고 한다. 당의종 14년(873년) 황제는 연이어 두 차례 조서를 내려 복귀할 것을 종용하였으나 모두 완곡하게 거절당했다고 한다.[38]

이처럼 정(丁)씨의 연원은 중원이다. 중원 정(丁)씨의 시조는 서기전 11세기 주나라 제후국인 제나라 강태공의 아들 급(伋)이다. 급의 시호가 정공(丁公)이었는데, 시호 정을 성씨로 삼았다. 염제의 후손인 강(姜)성의 후손이다. 현재 정씨의 인구는 576만 명으로 중국 백가성 48위에 해당한다. 정씨의 군망은 제양군(濟陽郡)이다.

정씨는 강성에서 출자한 성씨이다. 『원화성찬』, 『만성통보』, 『통지』「씨족략」 등에 기재된 바에 따르면 정씨는 강태공의 아들 급의 시호 정공을 성씨로 삼았다. 염제 신농씨는 원래 소전의 아들이었는데, 강수(姜水) 주변에 살았다고 해서 강씨라 했다. 주나라 시기에 강태공이 주무왕 희발을 보좌해 상나라를 멸망시키는데 큰 공이 있어 제(齊){지금의 산동 북부}에 봉해졌다. 그의 아들 급(伋)은 주성왕 시기에 주왕실의 중신이 되었다. 또한 후일 주강왕(周康王)의 고명대신으로 주 왕조에 대한 보좌대훈이 있었다. 강급이 사망하자 주왕실은 시호를 정공(丁公)이라 하였고, 그 후손 중에 조상의 시호를 성씨(姓氏)로 삼아 정씨(丁氏)라 하였다.

학자들의 고증에 따르면 정씨의 시초는 3,100년 전 주무왕이 상나라 주왕을 정벌하는 시기로 거슬러 올라간다. 『성씨고략』에는 "태공 금궤(金匱, 강태공)와 주무왕이 주(紂)왕을 정벌할 때 {은상 제후국의} 정후(丁侯)가 조정에 나오지 않았다고 했는데, 이 기록이 정씨가 처음 나타난 것이다.[太公金匱 武王伐紂 丁侯不朝 丁姓始此]"라고 했다. 송나라 정초의 『통지』「이십략」에는 "정씨는 강성(姜姓)이다. 제나라 태공이 정공(丁公)을 낳았는데, 그 지손들이 정을 성씨로 삼았다.[丁氏 姜姓 齊太公生于公 支孫以丁爲氏]"라고 적고 있다. 또한

38 https://xw.qq.com/cmsid/20220307A000V400, 2022. 4. 2

『원화성찬』에는 "제나라 태공이 공을 낳았고, 그 지손들이 공의 휘호를 성씨로 삼았다.[齊太公生于公 支孫以謚为姓]"라고 했다.

『성씨고략』의 기록을 보면 주나라가 상나라를 공격할 당시에 이미 정을 성으로 하는 제후들이 있었다는 것을 알 수 있다. 이들은 상나라 계열로 주나라에 불복했기 때문에 주나라에 의해 멸망한 것으로 추정된다. 그러나 고서적 중에는 정후에 대한 기록이 없어 정씨가 오래된 성씨란 것만을 추정할 뿐이다. 『성씨(姓氏)』에서는 "강씨를 계승했으며, 군망은 제양이다.[系承姜 望出濟陽]"라고 입증하고 있다.

정씨는 최초에 산동성에서 발원하였다. 정씨의 최대 군망이 산동성 제양에 있다는 사실이 그것을 잘 보여준다. 진한 시기에는 산동성에서 강소성, 하남성 일대로 퍼져 나갔다. 현재는 강소성, 복건성, 호남성 등에 가장 많은 정씨들이 살고 있다. 2022년 1월 발표된 공안부의 「2021년 전국성명보고」에 따르면 정씨는 강소성에 가장 많은 인구가 분포하고 있다.

44/ 조씨趙氏

　한국의 조씨는 2015년 기준 35개 본관에 약 106만 명이다. 크게 한양(漢陽) 조씨 33만 명, 함안(咸安) 조씨 28만 명, 풍양(豊壤) 조씨 12만 명 등으로 구분된다. 한양 조씨는 고려 중엽 조순대부 조지수(趙之壽)를 시조로 하고 있다. 후손들이 조선 개국 때 한양으로 옮겨 본관을 한양으로 했다고 한다. 고려왕으로부터 남경을 식읍으로 받고 정착하였으며, 받은 땅이름을 한양(漢陽)으로 하고 본관을 삼았다. 다른 설에 따르면 함경남도 용진 땅에 정착하였다가 조선이 건국한 후 한성부로 이주해 한양을 본관으로 했다고 한다.

　함안 조씨는 신라 말에 당나라의 절강성에서 귀화한 조정(趙鼎)을 시조로 하고 있다. 왕건을 도와 고려 건국의 일등 공신이 되었다. 고려 왕건은 조정을 촉한(蜀漢)의 조자룡에 비유할 정도였다고 한다. 조정을 시조로 삼아 함안에 뿌리를 내린 것으로 기록되어 있다. 풍양 조씨는 경기도 남양주시를 본관으로 하고 있다. 남양주시 진건읍 일대의 옛 지명이 풍양이다. 시조 조맹(趙孟)은 고려 건국에 공을 세우고 개국 공신이 되었다. 옥천 조씨(玉川趙氏)는 고려시대 문하시중을 지낸 조장(趙璋)을 시조로 하고 있다. 옥천(玉川)은 마한시대 전북 순창(淳昌)의 지명이다. 이밖에도 배천 조씨와 임천 조씨는 중원 북송 황제 조광윤의 후손이라고 주장하고 있다.

　이처럼 조씨의 기원은 다양하다. 그러나 그 기원이 신라 말 이상으로 거슬러 올라가지 못하는 실정이다. 이에 따라 조씨가 신라 말 이전에 어디에서 기원하였는지에 대한 분석이 필요한 실정이다. 중국에는 수많은 조씨들이 살고 있으며, 이들은 상고시대로까지 그 기원이 올라간다. 따라서 중원의 조씨들과의 비교검토가 필수적이다.

한양 조씨의 경우 중원의 조씨들도 천수군의 한양(漢陽)을 군망으로 삼고 있다. 즉 중원의 조씨들도 한양에서 살았다는 것이다. 따라서 한양 조씨가 서울을 본관으로 삼은 것인지 아니면 중원의 한양이라는 지명을 갖고 이동했는지 확인이 필요하다.

서울이 한양(漢陽)이 된 것은 신라 경덕왕 16년인 757년에 와서이다. 서울은 백제 시대에는 한산이었고, 고구려는 북한산주라 했다. 따라서 한국의 한양은 한양 조씨들이 중원에서의 군망을 한국으로 이동하면서 그대로 가지고 들어와서 한양이라고 했다는 사실을 알 수 있다. 이 경우 조씨들은 한성 십제 이전인 마한 시대에 한반도에 이주한 것으로 분석된다.

중원의 조씨는 송나라 때 백가성 중 1위였으며, 2014년 현재 총인구가 2,670만 명으로 백가성 8위의 대성이다. 조씨의 발상지는 지금의 산서성으로 진(晉)나라 6경 중 하나였다. 조씨의 시조는 주목왕(周穆王) 때의 조보(造父)이다. 조씨는 중원의 북방 지역에서 흔히 볼 수 있는 성씨 중 하나다. 중원의 조씨들이 집중 거주하고 있는 유력한 군망은 천수(天水)군(감숙성, 치소는 평양)·탁군(涿郡)·하비(下邳)·남양(南陽)·금성(金城)·영천(潁川) 등이 있다. 천수군(天水){치소는 통위현 평양(平壤)}, 탁군(涿郡), 하비(下邳), 남양(南陽), 영천(潁川) 등이다. 동한 영평 17년(74년) 천수군을 한양군(漢陽郡)으로 개칭하면서 천수의 본명을 회복했다. 북위 때 두 개의 천수군이 있었는데, 모두 지금의 감숙성 감곡현 경내에 있었다. 수나라 때는 성주를 한양군으로 삼았다. 5대 시기 후주대에 한양군을 설치하였다.

조씨의 제1원류는 영성(嬴姓)에서 출자하였다. 요순 시대의 순임금은 백익(伯益){전욱 임금의 손자}에게 영성을 내려 주고, 자신의 요(姚)성 딸을 시집보냈다. 백익은 영성을 사용하였는데, 조씨의 구체적인 시조는 조보이다. 주효왕(周孝王)이 주유왕(周裕王)에게 제위를 전할 때 유왕이 무도하자 조보의 7세손 조숙(趙淑)이 주나라를 떠나 진나라의 벼슬길에 오르면서 조씨 자손이 대대로 진대부(晉大夫)가 되어 진나라의 대권을 장악하였다.

전국시대 초인 서기전 5세기에 조씨는 한(韓)씨, 위(魏)씨 등과 연합하여 지(智)씨를 물리치고 지씨 봉지를 나눠 가지자 조경후(趙敬后) 조양자(趙陽子)가 위무후(魏武后), 한애후(韓愛后)와 함께 삼가(三家)가 진나라를 나누어 조나라를 건국하였다. 이를 소위 삼진(三晉)이라고 한다. 손자 조적(趙籍)에 이르렀을 때 정식으로 주위열왕(周威烈王)의 인가를 받아 한(韓), 위(魏) 두 가문과 함께 제후가 되었다. 조(趙)나라는 무령왕(武靈王) 시기에 중산국을 사실상 멸망시키는 등 전성기를 구가하였다.

그런데 진(秦) 소왕 45년(서기전 262년) 진나라가 한(韓)나라의 야왕을 공격하자 야왕이 진나라에 항복하게 된다. 그 결과 다음 [그림]에 나타난 바와 같이 한나라는 산서성의 상당(上黨)과 도읍지인 신정(新鄭)이 서로 통하지 않게 되었다. 이에 한나라는 진나라와의 화친을 조건으로 상당군을 진나라에 넘겨주기로 한다. 그런데 상당군의 백성들은 진나라 편입을 거부하고 조나라에 투항해버린다. 조나라 효성왕 조단(趙丹)은 이를 받아들여 진나라가 한나라를 공격하여 획득한 지역을 아무런 댓가 없이 취하고 말았다. 그 결과 전국시대 7웅 중 가장 강력한 양대 세력이었던 진나라와 조나라 간 일대 결전이 피할 수 없게 되었다. 두 나라가 맞붙은 장평대전은 고대 시대 인류의 전쟁사상 가장 잔인하고 참혹한 전투로 기록되어 있다.

서기전 260년 진나라는 좌서장 왕흘에게 한나라를 치게 하여 상당군을 점령하였다. 상당군의 백성들이 조나라로 달아나자 조나라는 장평에 진을 치고 진나라의 공격에 맞섰다. 이에 진나라는 장평(長平)으로 진군하여 조나라를 공격한다. 조나라는 염파(廉頗)를 총사령관으로 삼아 3년여 동안 장평을 수비했다. 염파는 일진일퇴를 거듭하며 보루를 튼튼하게 쌓고 진나라 군대의 공격을 잘 방어하였다.

진나라가 자주 싸움을 걸었으나, 염파는 수비 위주의 전략을 펼치며 보루 밖으로 나가지 않았다. 그러나 전쟁이 3년이나 장기화된 가운데 흉년이 들어 군량이 부족해지자 조나라 효성왕은 염파가 나가서 싸우지 않는다고 꾸짖었다. 진나라는 염파가 겁이 많고 싸우지 않는다며, 진에서 무서워하는 장수는 조괄(趙括)이라는 이간계를 폈다. 조왕은 유언비어를 그대로 믿고 염파 대신 조사의 아들 조괄에게 방어를 맡겼다. 조괄의 어머니조차 효성왕을 만나 아들이 경솔하다며 왕에게 임명하지 말라고 간언했다. 그럼에도 효성왕은 전쟁 경험이 전무한 상태에서 속전속결의 공격만을 주장하는

🗺 장평대전 당시 전국 7웅의 대치 상황

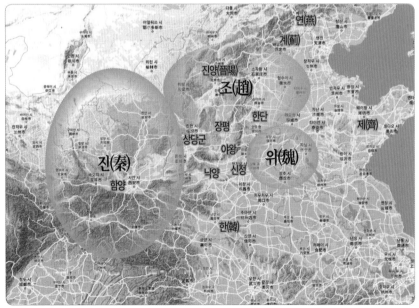

주: 초(楚)나라는 한(韓)과 진(秦) 남쪽에 위치함

풋내기 장수 조괄을 총사령관으로 교체하여 임명한다.

서기전 260년 진나라에서는 조괄이 장군이 되었다는 소식을 듣고, 은밀히 당시 전쟁의 신으로 불리운 무안군(武安軍) 백기(白起)를 상장군으로 임명하여 장평대전을 치르도록 한다. 조괄은 강을 건너 진나라 진영을 공격하는데, 이때 백기는 조나라군을 사방에서 포위하는데 성공한다. 그리고 46일간 조나라 군대를 포위하였다. 그 사이의 장평전투에서 진나라군 20만 명, 조나라군 25만 명이 사망했다. 조나라군 20만 명은 보급이 끊기자 굶주림에 서로 잡아 먹을 지경까지 내몰리자 마침내 진나라 군대에 항복하게 된다.

그런데 백기는 조나라 병사들이 포로로 잡아 둘 경우 부족한 식량을 소모하고, 반란을 일으킬 것을 우려하여 조나라군 20만 명을 생매장하는 잔혹한 결정을 내린다. 자비를 베푼다면서 15세 이하 장정 240여 명은 살려 보냈다. 20만 명의 포로 중 살아남은 이는 이들 뿐이었다. 지금도 장평대전이 치러진 곳에서 45만 명에 달하는 조나라 장정들의 유골이 발굴되고 있다고 한다. 백기에 대한 조나라 백성들의 원한이 사뭇쳐 산서성에는 지금도 두부요리를 먹으면서 백기를 씹어 먹는다고 부른다.

진시황이 죽은 후 진나라는 초나라와 한나라의 공격을 받게 되는데, 서기전 207년 진나라 군을 이끌던 장한이 거록전투 패배 이후 은허에서 항우에게 항복하여 20만 명이 포로가 되었다. 그런데 항우는 진나라 군사들이 반역을 꾀한다며 20만 명을 모두 산채로 매장해버렸다. 역사의 무서운 징벌을 받게 된 것이다.

장평대전의 패배로 조나라의 세력은 지극히 위축되고 진나라는 통일을 위한 기반을 굳게 다질 수 있었다. 조나라를 비롯한 6국은 항전이 죽음이라는 메시지를 받고 모두가 얼어 붙어 버렸다. 이에 다양한 합종을 모색하지만 결국 각개격파 당해 진나라가 최초로 중원을 통일하게 된다. 서기전 222년 진나라에 조나라가 멸망하면서 조나라 왕실 사람들은 뿔뿔이 흩어졌다.

조씨는 영성으로 진(秦)나라와 조상이 같다. 소호의 후손이고, 고요(皐陶)의 후손이다. 고요의 10세손 비렴(蜚廉)이 있었는데, 조씨의 득성시조 조보는 영성으로 백익의 후대 비렴(蜚廉)의 4세손이다. 조보가 진나라 사람과 조나라 사람의 공동 조상이었고, 조보 때부터 성이 조나라였기 때문에 진나라 공족도 조를 씨로 삼아 "여러 조(諸趙)"라는 설이 있다. 진시황제 영정(嬴政)의 이름은 조정(趙政)으로도 불렸다.

조보는 중원의 역사상 가장 저명한 마부로서 주목왕(穆王)(서기전 947년~서기전 928년)의 어가를 몰았다. 도림(桃林) 일대에서 8마리의 준마를 얻어 전훈을 마치고 주목왕에게 바쳤다는 전설이 전해진다. 주목왕은 좋은 마차를 갖추고 조보(造父)에게 말을 몰게 했다. 한 번은 서행하여 곤륜산(昆侖山)까지 갔다가 서왕모(西王母)를 보고 기뻐하여 좋은 벽옥과 비단을 받들고 비단 매듭을 헌상했다. 곤륜산에 올라 황제 헌원씨의 궁에서 놀았으며, 종산의 봉우리를 바라보고 상제의 보물을 갖고 놀았다. 이에 돌아올 줄 모르다가 서(徐)나라 서언왕이 반란을 일으켰다는 소식을 듣고 초조해하던 차에 말몰이의 천재인 조보(造父)가 수레를 몰고 하루에 천리를 달리자 주목왕은 재빨리 호경(鎬京)으로 돌아와 서언왕의 반란을 물리치고 평정하였다. 이에 대해 『사기』 「진본기」에는 다음과 같이 기록하고 있다.

조보는 마차를 잘 몰았으므로 주나라 목왕의 총애를 받았다. 목왕은 기(驥), 온려(溫驪), 화류(驊駵), 녹이(騄耳)라는 수레 끄는 말 네 필을 얻자, 서쪽으로 순행을 떠나서는 즐거워서 돌아오는 것을 잊었다. 서언왕(徐偃王)이 난을 일으키자 조보는 목왕을 위해 수레를 몰았다. 이때 오래도록 말을 달려 주나라로 돌아오는데 하루에 1천리를 달려 난을 평정했다. 목왕이 조성(趙城)을 조보에게 봉하니, 조보의 가족은 이때 부터 조씨(趙氏)가 되었다.

造父以善御幸于周繆王 得驥 溫驪 驊駵 騄耳之駟 西巡狩 樂而忘歸 徐偃王作亂 造父爲繆王御 長驅歸周 一日千里以救亂 繆王以趙城 封造父 造父族由此爲趙氏

조보가 큰 공을 세우자 주목왕은 그에게 조성(趙城){지금의 산서 홍동 진주현} 을 하사했고, 이후 조보족은 조씨(趙氏), 조나라 시족(始族)으로 불렸다. 이때 부터 조보와 그 자손들은 조성이라는 봉지 명을 따라 조씨라 칭하였다. 조 보는 바로 천하 조씨의 시조이다. 조보의 7대손인 조숙대(叔帶) 시기에 자손 들을 거느리고 진나라(晋國)로 이주했다. 이후 조나라를 건국하였는데, 역사 에서는 "주나라를 떠나 진으로 갔다. 조씨가 창성하기 시작했다.[去周如晋, 趙姓始昌]"고 기록하고 있다.

조나라가 멸망했을 때 조씨는 이미 조성(趙城)과 경(耿), 진양(晋陽), 대(代), 한단(邯鄲) 등에 분포하였고, 지금의 산서성, 하북성, 하남성, 산동성 등지에 조씨가 있었다. 조나라의 강역은 지금의 섬서 일부와 산서성 등으로, 조무 령왕 때 중산국을 정복하는 등 영역을 대폭 확장하였다. 산서성, 내몽골까 지 포함되었다.

진시황이 조나라를 멸망시킨 후 왕인 조가(趙嘉)를 서융으로 보내자 조씨 는 감숙성으로 옮겼고, 조가의 아들 조공보 후손은 천수{지금의 감숙}에 거주 하며 망족을 이루었고, 조왕은 진시황에 의해 지금의 호북 방현으로 유배 되어 지금의 호북에서 자손이 번성했다.

진나라 말년에 진나라의 종실 진정(眞定){지금의 하북 정정}인 조타(趙佗)가 남월국을 건국하고, 조씨 성을 오늘날까지 광(廣)과 베트남 북부에 널리 보급하였다. 탁군에도 조씨들이 이주하였는데, 하간 조씨라고 한다.

45/ 조씨曹氏

우리나라 조씨(曹氏)는 여러 본관이 있지만 창녕 조씨 단일본이라고 할 수 있다. 창녕 조씨의 시조는 조계룡(曹繼龍)으로 신라 진평왕의 사위로 알려져 있다. 중원의 조(曹)씨와 한국의 조(曺)씨는 혼용되는 성씨이다. 정조가 조(曺)를 동(東)+일(日)로 해석하여 동(東)+동(東)+일(日)인 조(曹)와 별개 성으로 해석한 이후 조(曺)로 쓰고 있다. 조씨는 동쪽의 태양이라는 뜻으로 축융팔족 중 하나이다. 현재 조씨 인구수는 2015년 기준 약 40만 명이다.

창녕은 고대에 진한 12소국 중 하나인 불사국(不斯國)이 있었던 곳으로 비화가야(非火伽倻), 빗불(非火), 비사벌(比斯伐), 비자벌(比子伐) 등으로 불리웠다. 이들 명칭은 창녕 조씨들을 나타내는 것으로 창녕 조씨들이 가야국 중 한 나라를 건국하고 있었다는 것을 알 수 있다. 신라 경덕왕이 화왕군(火王郡)으로 바꾸었다. 진흥왕 시기(561)에 건립된 「창녕신라진흥왕척경비」에 비자벌군주(比子伐軍主)라는 기록이 있다. 모두 불과 관련된 지명으로서 축융족 창녕 조씨와 밀접한 연관이 있다는 것을 알 수 있다.

중원의 여러 사료에 기재된 바에 따르면 조씨는 축융의 후손이다. 『원화성찬』에 따르면 "전욱의 현손인 육종의 다섯째 아들 안(安)이 조씨이다. 주 무왕이 주(邾)에 봉했는데, 초(楚)에게 멸망당하고 마침내 조씨로 회복되었다."라고 한다. 『통지』「씨족략」에는 "조숙진탁은 주문왕의 아들 무왕의 아우로 상나라를 멸망시켰을 때 정도(定陶, 산동 하택시)에 봉해졌고, 송 경공에게 멸망당한 이후 후손들이 나라이름을 성씨로 삼았다."라고 했다.

조씨는 삼국시대 조조의 후예, 즉 위나라의 국성이다. 조씨의 원류는 상고시기 화정 축융 계열과 서주 왕족 계열로 나뉜다. 중원에서 가장 오래된 성씨 중 하나이다. 송판 『백가성』 중 제26위의 성씨로 2006년에는 28위이다. 하남성, 하북성, 사천성, 감숙성, 강소성, 안휘성, 산동성 등에 집중 분포하고 있다. 인구수로는 약 730만 명 정도이다. 하남성에 약 10%의 조씨가 살고 있다. 조씨의 주요 군망은 초군(譙郡){안휘성 박주(亳州)}, **팽성(彭城)**{강소성 서주(徐州)}, **고평(高平)**{산동성 추성(鄒城)}, **거야(巨野)**{산동성 거야현} 등이다.

조씨의 기원은 크게 셋으로 나뉜다. 첫째는 축융의 후예이다. 조씨는 상고시대 축융 8성 중 하나이다. 둘째, 희성(姬姓)에서 출자했다. 주문왕의 여섯째 아들 조숙진탁(曹叔振鐸)이 조(曹)에 봉해져 조나라(曹國)를 건국하였다. 이후 송나라에 멸망당했다. 자손들이 나라 이름을 본 따 성씨로 삼았다. 셋째, 중앙아시아의 소무구성(昭武九姓) 중에 조씨가 있다. 조나라는 지금의 우즈베키스탄 사마르칸트 동북 일대에 있었다. 일반적으로 서기전 11세기 희씨 성을 가진 조씨가 가장 중요한 원천으로 여겨졌고, 조숙진탁도 조씨의 시조로 알려져 있다.

전욱 고양 임금 시기에 공공(共工)은 전욱과 "제위"를 다퉜다. 이에 전투가 발생하였는데, 공공은 물을 방류하여 전욱을 침수시키려 하였으나, 결국 전욱에 의해 죽임을 당했다. 그러나 공공의 후손들은 여전히 수관(水官)으로 남아 부족연맹에서 치수(治水)를 담당했다. 이후 하나라 시기에 치수 영웅 곤과 우가 등장한다. 곤은 갖은 고생을 다했지만 완전한 치수에 성공하지 못했다. 그 후 우는 곤이 제방을 쌓아서 물을 막는 데 실패했다는 교훈을 정리하고, 하천을 소통하고, 물을 잘 흐르지 못하게 유도하여 홍수를 막힘 없이 소귀대·유인대하(流人大河)로 만드는 방법을 바꾸어 마침내 홍수를 다스려 수해를 수리로 변하게 하였다.

우임금이 치수를 할 때 육종의 5남 안정(安正)이 하우의 치수를 보좌한 공로가 있어 조관(曹官)을 하사 받았다. 조관(曹官)은 노예를 관리하는 직분이 었는데, 노예제 사회에서 이는 매우 중요한 관직에 해당한다. 안의 후손들이 이후 조관이라는 벼슬을 성으로 삼았다. 조안(曹安)은 지금의 하남성 영보(靈寶)현 조수(曹水)에 살았는데, 이곳은 조안이 조씨 성을 받았던 곳이다.

조씨는 전욱 임금의 후예이다. 전욱 임금의 증손자 오회(吳回)는 제곡 고신 임금 시기 화정 축융이 되었다. 오회의 아들 육종(陸終)은 귀방씨(鬼方氏)의 딸을 아내로 맞아 여섯 아들을 낳았고, 다섯째 아들 이름은 안(安)으로 성씨는 조(曹)씨이다. 조나라에 봉해졌다. 주무왕은 조안의 후손 조협(曹挾)을 주(邾)나라(산동성 곡부 동남쪽)에 봉하였다. 전국 시기에 주나라는 초선왕에게 멸망당했다. 이후 주 사람은 나라를 씨로 삼아 주씨로 고쳤고, 어떤 사람은 조씨를 씨로 삼았다.

조씨는 희성에서 출자한 성씨이기도 한데, 주무왕이 상나라를 멸망시킨

▨ 춘추 초기 조(曹)나라의 위치

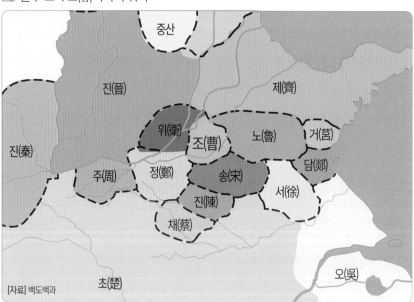

후 주나라 왕조의 기반을 공고히 하기 위해 대대적 분봉을 실시하였다. 상나라의 옛 신하였던 조협을 주(邾)에 봉한 동시에 자신의 동생 진탁을 조읍에 봉하고 조백(曹伯)으로 삼아 조나라를 건국하였다. 그를 조숙진탁(曹叔振铎)이라 하였다. 조나라의 옛 땅은 지금의 산동성 하택(菏澤), 정도(定陶), 조현(曹縣) 일대이다. 도읍은 도구(陶丘)로 지금의 산동성 정도(定陶) 서남쪽이다. 북제 시기에 정도는 조주(曹州)로 조현이 있었다. 서기전 487년 송 경공에게 멸망당하자 진탁의 후손들은 원래 국명을 자신들의 성으로 사용했다. 조진탁(曹振铎)은 바로 조씨의 시조이다.

『진서』에는 흉노족 우현왕 조곡둔마란산(曹穀屯馬蘭山)이 기록되어 있다. 413년, 북위 초 토경호 수령 조룡(曹龍), 장대두 등이 2만 명을 거느리고 포자(蒲子){지금의 산서성 습현(隰縣)}에 들어가 조룡을 대선우로 추대하였다. 416년 6월 병주의 호인(胡人) 수만 명이 떨어져 후진(後秦)을 배반하고 도망하여 평양(平陽)에서 조홍(曹弘)을 대선우로 추대하였다.

조씨의 득성시조는 조숙진탁(曹叔振铎)이다. 희성으로 이름은 진탁이다. 조나라를 분봉받았고, 주문왕 희창과 태사(太姒) 사이의 여섯째 아들로 주무왕 희발의 동모 아우이다. 주나라 제후국인 조국의 초대 군주로 봉해졌고, 조씨 성의 시조가 되었다. 초기의 조씨는 산동성에서 태어나 오랫동안 산동성에서 거주하며 번성했다. 산서(山西), 섬서(陝西), 하북(河北), 안휘(安徽) 등지로 이동한 것은 오래된 일이다.

삼국시대 이후 그 본이 단순했던 조씨 성에 혼란이 일어났는데, 조조가 자신을 조씨라 했다. 후한 시기 조조(曹操)의 아버지는 원래 하후(夏侯)씨였는데 조숭(曹嵩)으로 성을 바꾸었다. 그래서 안휘 조씨가 되었다. 한나라 때 조씨 성은 이미 북방과 안휘 등지에 널리 퍼져 있었다. 조조 이후 조씨가 크게 번성하였다.

당나라 말년에 조씨는 대규모로 강남으로 남천했다. 북방에 오래 살던 조씨 선인들은 황소의 봉기를 피해 온 집안 사람들이 남쪽으로 이주하였는데, 어떤 사람들은 계속 민(閩)으로 전입하여 장주(漳州)로 이주하였다.

서진 후기에 16년에 걸친 '팔왕의 난'으로 사마씨 정권이 쇠락하고, 서진이 멸망하자 사마예는 이듬해 3월 스스로 진왕을 자처하며 강남에 정권을 세웠다. 318년 민제 사마업(司馬業)의 사망 소식이 건강(建康)에 전해져 황제의 직위를 이어받아 건강(建康){장강 이남의 남경(南京)}에 도읍을 정하고, 진을 국호(國號)로 하여 역사적으로 동진(東晉)이라 불렀다. 383년, 저족(氐族)의 귀족(貴族) 정권인 전진(前秦)이 87만 대군으로 남하하여 강남을 공략하려 하자, 동진(東晉)은 8만 군대로 진나라 군대를 안휘성 경내의 비수(淝水)에서 대파하였다. 전란 중에 조씨들은 대대적으로 이주할 수밖에 없었다.

46/ 주씨朱氏

우리나라 주씨는 2015년 통계청 인구조사 기준 19만5천 명이다. 주씨 본관은 신안, 나주, 웅천 등이 있었으나 신안 주씨가 14만8천 명으로 사실 상 단일본이다.

신안 주씨(新安 朱氏)는 능성 주씨(綾城 朱氏)와 합가한 상태인데, 중원에서 비롯된 성씨이다. 시조는 고려 시대에 남송에서 망명한 주잠(朱潛)이다. 처음에는 전남 화순(능주)에 근거를 두어 능성 주씨라 했다. 주잠은 성리학을 집대성한 주자(朱子)의 증손으로 알려져 있다. 남송이 원나라에 의해 멸망의 길을 걷자 고려에 망명했다. 남송이 멸망할 때 많은 사람들이 고려에 망명 하였는데, 이 시기에 주씨들이 한반도로 이주한 것으로 보인다.

중원에서 주씨의 득성시조는 주양씨(朱襄氏)이다. 주양씨는 비룡씨라고도 한다. 주양씨는 5방 상제 중 한 명으로 문헌에는 상고시대 '고제'(적제=赤帝) 라고 부른다. 주양씨는 염제의 다른 이름이다. 염제는 고진의 주야[현재의 하 남성 상구시 자성현]에 도읍하였다고 한다.

주씨는 염제 계열 축융족이다. 축융은 불의 신 또는 태양신을 가리킨다. 축융은 대홍수 시대 이후 중원에서 새로운 역사를 펼쳐 나간 세력이다. 대 체로 하나라 건국 시기와 장소가 일치해 하나라의 건국세력으로 분석된다. 주씨는 육종(陸終)의 다섯째 아들 안짐(安斟)의 후손이다. 『정통지』「씨족략」 에 대한 정초의 주석에 따르면 짐씨는 "조성(曹姓)이다. 또한 짐심씨, 짐관 씨, 짐과씨라고도 했다. 개짐이라고도 했다. 하나라의 제후였다. 나라 이름 으로 성을 삼았다. 축융의 후예다."라고 했다. 『국어』 주석에는 "(짐)씨는 조씨의 별칭이다."라고 했다. 『사기』「하기찬(夏紀贊)」에서 기록하기를 "우는 사씨가 되었는데, 그 후손이 분봉을 받아 나라 이름을 성씨로 사용하였다. 유짐씨라고 했다.[禹爲姒姓 其後分封 用國爲姓 有斟氏]"고 한다. 안짐(安斟)은 조씨(曹氏), 주씨(邾氏), 주씨(朱氏)의 시조이다.

주씨는 다양한 기원을 갖는 성씨로서 주로 희성(姬姓), 기성(祁姓), 자성(子姓)에서 출자하였다. 주씨의 인구는 2013년 기준으로 1,500여만 명이다. 2021년 현재 인구수 기준 14위의 대성이다. 현재 강소성, 절강성 등에 집중 분포하고 있다. 주씨는 중원 역사상 두 왕조를 세운 바 있다. 주원장이 세운 명나라와 오대십국시대 주온이 세운 후량이 바로 그것이다. 특히 명나라 시기에 주씨들이 크게 번성했다. 주씨의 군망은 하남군(河南郡), 패군(沛郡), 오군(吳郡) 봉양군(鳳陽郡) 등이다.

주씨의 득성시조는 주양씨(朱襄氏)로 선조의 이름을 성씨로 삼았다. 주양씨는 태호 복희씨의 대신이었다고 한다. 그때 주(朱){지금의 하남 상구 자성(柘城)}에 봉해졌다. 주씨는 적심목(赤心木)을 토템으로 삼았다. 주(朱) 자는 본래 적심목을 가리키는 신화속의 나무를 가리킨다. 『산해경』「대황남경」에 다음과 같이 적고 있다.

요임금, 제곡 고신, 순임금을 악산에서 장사지냈다. 이곳은 무늬 조개와 세발 달린 새와 수리 부엉이와 매, 연유와 시육, 곰과 말곰 및 호랑이와 표범, 그리고 붉은 나무와 붉은 나뭇가지와 푸른 꽃과 검은 열매가 있다.

帝堯 帝嚳 帝舜葬于岳山 爰有文貝 離兪 鴟久 鷹賈 延維 視肉 熊 羆 虎豹 朱木 赤枝 青華 玄實

위에서 기리키는 주목(朱木)은 건물 지을 때 쓰는 붉은 색깔의 나무를 가리킨다. 주씨의 토템인 적심목(赤心木)은 소나무나 잣나무의 일종이다. 복희의 후손인 부여족은 소나무를 숭배했다는 기록이 있다. 주(朱) 자는 가장 오래된 갑골문과 금문(金文)에도 등장한다. 주는 붉다는 의미로 불을 가리킨다.『설문해자』에서는 "주(朱)는 적심목으로 소나무, 잣나무에 속한다. 나무 목 자를 따라 한 일(一)이 그 중앙에 있다.[朱 赤心木 松柏屬 從木一在其中]"라고 설명한다.

적심목을 토템으로 삼았던 주양씨(朱襄氏)는 이후 염제(炎帝)가 되었다. 염제는 특정인을 가리키는 것이 아니라 태양족의 제위를 가리킨다. 1대 염제 신농, 2대 제괴 (帝魁)를 거쳐 3대인 제승(帝承)이 주양씨이다. 염제는 4대 제명(帝明), 5대 제직(帝直), 6대 제리(帝釐), 7대 제애(帝哀), 8대 제유망(帝楡罔) 등으로 이어졌는데, 8대 유망씨가 황제에게 판천전투에서 패한 것으로 분석되고 있다. 1대 염제 신농이 출현한 시기는 서기전 3218년경이고, 황제 헌원은 서기전 2697년에 즉위한 것으로 나타나 500년의 차이가 있다. 3대 염제 주양씨(朱襄氏)는 모두 지금의 하남 자성(柘城) 일대에서 활동하였으며, 그 후손들은 주(朱)를 성씨로 삼았다. 주씨의 첫 번째 명인은 순임금의 대신 주호(朱虎)이다.

주씨는 조성(曹姓)에서도 출자한 성씨이다. 득성 시조는 조협(曹挾)이다. 조협은 주(邾)나라에 봉해졌는데, 나라 이름을 성씨로 삼았다. 전국시대에 초나라에 주국이 멸망되자 후손들이 조국을 잊지 않기 위해서 우측 변을 떼고 주(朱)로 성씨를 삼았다. 주씨는 상나라의 자성(子姓)에서 출자하기도 하였다. 송나라 건국자 미자의 후손 중에 공자 주(朱)가 있었는데, 그의 후손들이 선조의 이름을 성씨로 삼았다. 희성(姬姓)에서 나온 주씨는 산동의 주국의 나라 이름을 성씨로 삼았다. 이들은 고대 시대에 산동성 추현(鄒縣)에 집중 분포하고 있었다. 기성(祁姓) 주씨는 요임금의 아들 단주(丹朱)의 이름을 성씨로 삼았다. 주는 순임금과의 권력투쟁에서 패해 제위를 잇지 못하자 그 후손들이 주를 성씨로 삼아 사방으로 흩어졌다. 선진 시기에 주씨는 창오(蒼梧)의 들{호남성 영원(寧遠) 구의산 일대}에 분포하고 있었다.

백도백과에 따르면 주양씨가 제위한 시기는 서기전 4239년~서기전 4169년으로 추정된다. 하남 앙소문화 이전 시기의 제황이다. 주양씨는 태호 복희 시기의 제후로서 복희를 섬겼다. 염제 신농씨를 이어 3대 염제가 되었다. 현재 하남 자성(柘城)에 주양씨의 능이 있다. 주양씨는 염제이다. 『사원(辭源)』「2권」에서 설명하기를 "주양씨는 염제의 별칭이다. 충분하게 인정할 만하다.[朱襄氏 炎帝的別名 給以充分認可]"라고 했다.

『장자(莊子)』「거협(胠篋)」에는 "옛날 용성씨, 대정씨, 백황씨, 중앙씨, 율륙씨, 여축씨, 헌원씨, 혁서씨, 존노씨, 축융씨, 복희씨, 신농씨 당시에 백성들은 새끼줄에 매듭을 지어 쓰며 살았지만 음식은 맛있었고, 의복은 아름다웠다. 풍속을 즐거워 했으며, 사는 곳에 편안해 했다. 이웃 나라가 바라보여 닭 우는 소리와 개 짖는 소리가 서로 들리는 데도 백성들은 늙어 죽어서도 서로 왕래하지 않았다.[昔者容成氏 大庭氏 伯皇氏 中央氏 栗陸氏 驪畜氏 軒轅氏 赫胥氏 尊盧氏 祝融氏 伏戲(羲)氏 神農氏 當是時也 民結繩而用之 甘其食 美其服 樂其俗 安其居 邻國相望 鷄狗不音相聞 民至老死而不相往來]"라고 기록하고 있다. 여기에는 주양씨가 언급되지 않고 있지만 이 시기에 주양씨 역시 자급자족하면서 살고 있었다.

『여씨춘추』「고락(古樂)」에 기록되기를 "옛날 주양씨가 천하를 다스릴 때 바람이 많아 양기가 축적되어 만물이 흩어지고 열매가 맺어지지 않았으므로, {주양씨의 대신인} 사달은 5현의 슬을 연주하여 음기가 오게 해서 천하 중생의 삶을 안정시켰다.[昔古朱襄氏之治天下也 多風而陽氣畜積 萬物散解 果實不成 故士

達作爲五弦瑟 以來陰氣 以定群生]"라고 했다.

　백도백과에 따르면 주씨는 지금의 하남성 상구시 자성현(柘城縣) 일대에서 발원하였다. 서주(西周) 시기에 주무왕(周武王)이 조협(曹挾)을 주(邾){지금의 산동 곡부}에 봉했다. 이후 주인들 중 일부가 남쪽의 안휘성 단양, 강소 단도(丹徒) 등지로 옮겼고, 전국 시기 중엽 초(楚)선왕이 주나라를 멸망시키고 주인들을 호북성 황강지구로 이주시켰다. 진한 시대에 주씨는 이미 중원과 화동 지역에 널리 퍼져 있었다. 명나라 시기 주원장이 황제가 된 이후 절강성은 주씨들이 가장 많이 몰려 살았으며, 강소성, 강서성 등 3개 성에 집중 분포했다. 강씨의 군망은 오군(吳郡), 양군(梁郡), 패군(沛郡), 봉양군(鳳陽郡), 하남군(河南郡), 단양군(丹陽郡) 등이다.

47/ 진씨陳氏

　우리나라 진씨는 통계청 인구조사 결과 2015년 기준 15만8천 명이다. 이 중 충남 홍성군 장곡면을 관향으로 하는 여양 진씨(驪陽 陳氏)가 11만 명으로 사실상 단일본이다.

　여양 진씨는 고려 명종(明宗) 시기 진준(陳俊)의 아버지 진총후(陳寵厚)를 시조로 삼고 있다. 『여양진씨대동보(驪陽陳氏大同譜)』에 따르면 시조 진총후는 고려 예종 때 호분위대장군(虎賁衛大將軍)을 역임했으며, 1126년(인종 4)에 이자겸의 난을 평정하는데 공을 세워 대장군에 오르고 여양군(驪陽君)에 봉해졌다고 한다. 여양은 충남 홍성군 장곡면 일대의 고려시대 지명이다.

　중원에서 진씨는 2020년 현재 인구수가 5,440만 명으로 백가성 순위 5위에 해당하는 대성이다. 진씨의 득성시조는 진호공(陳胡公)이다. 진(陳)나라의 이름을 성씨로 삼았다. 진나라 말기 진승(陳勝)·오광의 난으로 진나라가 멸망되는 계기를 만들기도 했다. 진씨의 주요 군망은 영천군(潁川郡), 여남군(汝南郡), 하비군(下邳郡) 등이다.

　진씨는 순(舜)임금의 후손이다. 『통지』「씨족략」에 기재된 바에 따르면 주나라가 건국된 이후 순임금의 후손인 진호공 규만(嬀滿)을 진(陳){지금의 하남 회양(淮陽)}에 봉하여 진나라를 건국했다고 한다. 규만의 사후 그 자손들이 나라이름을 성씨로 삼아 진씨라 했다. 진호공의 10세손인 진완(陳完)이 진나라 내부 분란이 발생하여 왕이 태자를 죽이자 제나라로 달아났다. 진완의 후손들이 제나라에서 세력기반을 구축해 전(田)씨로 개성하고 제나라의 4대 대성으로 발돋움한 후 강성(姜姓) 제나라를 무너뜨리고 전성 제나라를 구축했다.

진씨는 규씨, 전씨, 유씨(劉氏), 백(白)씨, 손(孫)씨 등과 모두 연관되어 있다. 특히 진씨와 전(田)씨는 사실상 계보가 같다. 진씨는 순임금의 직계 후손이다. 요임금은 순임금이 제위에 오르기 전 두 딸을 순에게 시집보내고 규하(嬀河) 인근에 살게 했다. 그래서 순의 후손들은 규성(嬀姓)이라고 불렀다. 서주 초기에 주무왕이 상나라를 멸망시킨 후, 당시 순임금의 후손인 규만을 찾아가 큰 딸 대희(大姬)를 시집보내고 진(陳)에 봉하여 진나라를 세우도록 했다. 따라서 진나라는 동이족 순임금의 후손이 건국한 나라이다. 진나라는 완구(宛丘){지금의 하남 회양}에 도읍하였다.

선진 시기에는 하남성, 안휘성, 호북성 지역에서 주로 활동하였다. 진한 시기에는 호남성, 강소성, 산서성, 산동성 지역으로 확산되었다. 남조(南朝)에 이르렀을 때 진(陳)씨는 복건성의 4대 성(姓) 중 하나가 되었다. 영천(潁川) 진씨의 후손들이 이 일대로 이주해 온 것이다. 진패선(陳覇先)이 남경에 진나라를 세우고, 진무제(陳武帝)로 불리웠다. 위진남북조 시기(386년~589년)에 진나라(557년~589년)는 다수의 진씨 왕들을 봉하였고 자손들은 장강과 주장 사이에 널리 퍼져 나갔다.

진패선이 위진남북조 시대에 진나라를 건국하게 된 것은 후경(後景)의 난을 진압하면서 커다란 무공을 세워 선양을 받았기 때문이다. 남진(南陳)으로 불리웠다. 진패선은 토호들의 반란을 진압하려다 죽고, 형의 아들인 문제가 제위를 이어받아 북제, 후량 등과 대치하는 형국을 이루어냈다. 문제 시기에 내정이 안정화되었다. 이후 북제를 공격하여 강북으로까지 영토를 확장했으나 선비족 수나라에게 멸망당했다. 수문제 양견이 고구려를 침략하기 전 고구려 영양왕에게 "고구려 군사가 많다 한들 진국(陳國)보다 많겠느냐."라며 모욕적인 국서를 보냈다가 선제공격을 당하는 일이 발생했다. 이

때 언급된 진나라가 바로 진씨들의 남조 최후의 진나라를 가리킨다.

당나라 말기에 왕심지(王審知)가 복건성에서 민나라를 세웠을 때 중원의 진(陳)씨가 다시 복건(福建)으로 대규모 이민을 하였다. 이때부터 진(陳)씨는 동남 지역 제일의 대성이 되었다. 진(陳)씨의 주력이 일찍이 진한(秦漢) 시대에 이미 북방을 떠났기 때문에, 동진·수·당의 북방 지구 전란에 진씨들이 타격을 입지 않았다. 그 결과 진씨들이 크게 번성할 수 있었다. 2021년 현재 진씨들이 가장 많이 살고 있는 곳은 광동성이다. 진씨의 군망은 영천군(潁川郡){하남 우주}, 여남군(汝南郡){하남 상채}, 하비군{강소성 휴녕(睢寧)} 등이다. 진씨의 토템은 가운데 '동(東)', 바깥쪽은 '태양으로 올라가는 계단'을 가리키는 것으로, 동(東)은 해가 나무 속에 있음을 뜻하는데, 이를 부목(扶木), 부상(扶桑), 건목(建木) 등으로 부른다. 부목이 있는 곳을 '진'이라고 한다.

48/차씨車氏

　우리나라 차씨는 2015년 통계청 인구조사 기준 19만5천 명이다. 황해남도 연안(延安)을 본관으로 하는 연안 차씨가 18만5천 명으로 단일본이다.

　연안 차씨의 시조 차효전(車孝全)은 고려 왕조 개국에 공을 세워 대광백(大匡伯) 연안군(延安君)에 봉해졌다. 『연안차씨세보』에 따르면 신라 소성왕 때 중신인 차건갑(車建甲)은 소성왕 임종시 왕이 그에게 후사를 부탁하였다고 한다. 현재 그의 묘는 부산 기장군 만화리(萬化里)에 있는데, '차릉(車陵)'으로 불리고 있다. 차건갑의 아들 차승색(承穡)은 애장왕 밑에서 승상으로 왕을 보필하였는데, 왕의 서숙(庶叔) 언승(彦昇)이 반정을 일으켜 왕위(헌덕왕)에 오르자, 헌덕왕을 죽이려다 실패하여 황해도 구월산(九月山)에 은거하였다고 한다. 이때 그는 성을 유씨(柳氏)로 고쳤다고 한다. 고려 태조 때 류차달(柳車達)은 후백제의 견훤을 정벌할 때 공이 있어 대승(大丞)에 오르고 차달이란 이름을 하사받았다.

　황해도 신천군 문화면을 본관으로 삼고 있는 문화 류씨도 류차달(柳車達)을 시조로 삼고 있다. 시조 류차달과 관련하여 차(車)씨와 류(柳)씨가 조상이 같다는 류차씨 동족이성론이 오랫동안 인정되어 왔다. 차류동원설에 따르면 고려 왕건이 류차달의 두 아들 중 첫째 효전(孝全)을 차씨(車氏)로 하고 본관으로 '연안'을 주었으며, 둘째 효금(孝金)을 류씨로 하여 '문화(文化)'라는 관적을 주었다는 것이다. 그 결과 류씨와 차씨는 차유대종회중앙총본부를 만들어 종친운동을 함께 하기도 했다. 서로 혼인도 안하고 동종이라는 인식을 강화하는데 노력해왔다. 그러나 최근 류씨와 차씨 모두 별개의 성이라는 관점이 지배적인 양상으로 나타나고 있다.

중원의 차씨는 그 기원이 다양하다. 먼저, 차씨는 요(姚)성에서 유래한 성씨이다. 『원화성찬』과 『한서』에 기재된 바에 따르면 순임금의 후손인 전씨의 후예 중 한(漢)나라의 승상 천추(千秋)가 연로하여 수레를 구해 성을 출입하였는데, 당시 사람들이 차승상이라고 불렀다. 이에 후손들이 차를 성씨로 삼았다고 한다. 차천추(車千秋)는 차씨의 득성시조이다. 이 경우 차씨는 순임금의 후손이다. 순임금은 우순(虞舜)으로 불리웠는데, 요성(姚姓)의 시조이다.

『통지』「씨족략」에 기재된 바에 따르면 주무왕이 상나라를 멸망시킨 후 순임금의 후손인 규만(嬀滿)을 진(陳){지금의 하남 회양현}에 봉하였는데, 이후 진국이 건국되었다. 자손들이 나라 이름을 따서 진씨라 했다. 순임금은 본래 성이 요(姚)씨여서 후손들이 요씨라 한 사람도 많았다. 규만의 11세손이 나라 이름을 따 진완(陳完)이라 했는데 진나라에 변란이 일어나 제나라로 도망쳐 전(田)씨로 성을 바꾸었다.

전완의 후예 전옥봉(田玉峰)의 다른 이름이 전천추(田千秋)인데, 그가 한무제 유철의 집권 시기 승상이었다. 그는 한무제의 태자가 참소로 죽자, 태자의 억울함을 상소하여 한무제가 뒤늦게 이를 깨닫고 전천추를 승상으로 삼고 부민후(富民侯)에 봉하였다. 한소제가 즉위하고, 유조를 받아 정사를 보좌했다. 노년에 수레를 타고 궁궐에 들어갔는데, 그 때문에 세인들이 그를 차승상으로 불렀다. 이 때문에 그의 후손들이 차를 성으로 삼았다. 『잠부론』「지씨성조」에는 "한무제 때에 천추에게 작은 수레를 하사하여 입궐토록 하였다. 그 때문에 세상에서는 그를 차승상이라고 불렀다.[武帝賜千秋乘小車入殿 故世謂之車丞相]"라고 기록하고 있다.

서기전 81년 천추(千秋)가 염철회의(鹽鐵會議)를 주재하였다. 그리고 원봉 원년(서기전 80년), 연왕 유단의 난을 평정하고 상관 걸왕을 체포했다. 흉노족, 오환족과의 전쟁을 지휘하기도 하였다. 원봉 4년(서기전 77년), 천추(千秋)가 사망하자, 시호를 정후(定侯)라 하고, 아들 전순(田順)이 그의 작위 부민을 세습하였다.

전천추는 차천추(車千秋)라고도 한다. 본래의 성은 전씨였으나 후손들이 그의 호를 따서 차천추라고 불렀으며 차씨의 득성시조가 되었다. 차씨는 진(陳)씨, 전(田)씨, 손(孫)씨와 더불어 순임금의 후손이다. 차천추 당시 한소제는 승상의 나이가 많아 매일 걸어서 조회에 나오기 불편하여 특별하게 수레를 타고 조당을 드나들 수 있도록 조치하였다. 그래서 차승상이라는 아호(雅号)를 얻었다. 그 후 차천추의 후손들이 차씨로 성을 바꾸어 대대로 전해 내려오고 있다.

차씨는 영(嬴)성에서 출자한 성씨이기도 하다. 『노사』에 기재된 바에 따르면 춘추 시기 진(秦)나라에 자차(子車)씨 후손 중에 차씨가 있었다. 춘추시대 진목공(秦穆公)의 대부(大夫) 자여(子輿)씨는 관직의 명칭을 성씨로 삼았다. 『사기』「진본기」에 다음과 같이 기록되어 있다.

대비(大費)는 절을 하고 받고 나서 순임금을 보좌하여 새와 짐승을 조련했다. 그가 많은 새와 짐승들을 길들이니 새와 짐승들은 대부분 길들여졌다. 이 사람이 바로 백예(柏翳)이다. 순임금이 그에게 영성(嬴姓)을 하사하였다.

大費拜受 佐舜調馴鳥獸 鳥獸多馴服 是爲柏翳 舜賜姓嬴氏

백예는 치수에 공로가 커서 순임금이 자신의 딸을 주어 사위로 삼았으며, 영씨라는 성씨를 하사한 것이다. 춘추시기 진나라 대신 중에 여(輿)라는 관칭이 있었는데, 그 후손들이 벼슬 이름을 성씨로 삼았는데, 자여씨 또는 차씨라 했다. 자차엄식(子車奄息), 자차중행(子車仲行), 자차침호(子車鍼虎) 등은 역사에서 '삼량(三良)'으로 불리운다. 이 세 사람은 매우 선량하고 정직하여 진나라를 위해 많은 공훈을 세웠기 때문에 진나라 사람들의 사랑을 받았다. 그런데 진목공은 삼현(三賢)을 죽여 순장시켰다. 이에 진나라 사람들은 비통을 금치 못하였으며, 많은 제후국들이 진목공을 비난했다. 삼량이 죽은 후 그 후손들이 성씨를 간략하게 해서 차씨라 불렀다고 한다.

중원의 차씨는 2020년 기준 52만 명으로 중국 성씨 순위 197위를 차지하고 있다. 송말 원초의 이민족 침입으로 차씨 후손들은 복건성, 광동성 등지로 이주했다. 명나라 초기에 강제로 이주당해 고향을 떠난 사람들이 산서성 홍동현의 역사적 회화나무인 홍동대괴수(洪洞大槐樹)에 모여 제사를 지내는데, 그 중 산서 차씨가 있었다고 한다. 차씨의 군망은 산동성 곡부, 호남성 남평군{지금의 안향 북쪽}, 하남군{지금의 낙양 동북쪽}, 경조군{섬서 서안 서북쪽} 등이다.

49/ 채씨蔡氏

우리나라 채씨는 2015년 인구조사 기준 13만2천 명이다. 이중 강원도 평강군을 본관으로 하는 평강 채씨(平康 蔡氏)가 8만5천 명이고, 그 다음으로 인천(仁川) 채씨가 4만3천 명이다.

평강 채씨의 시조 채경연(蔡敬延)은 감찰규정(監察糾正)을 역임하였고, 아들 채방(蔡邦)이 검교신호위 대장군(檢校神虎衛大將軍)을 지냈다. 고려 고종 때 채송년(蔡松年)이 최향의 난을 평정하고 대장군(大將軍)에 올랐다. 중시조 채송년의 묘소는 강원도 평강군 유진면(楡津面)에 있으며 후손들이 대대로 평강에 세거하고 있다. 인천 채씨의 시조는 고려 때 동지추밀원사에 추증된 채선무(蔡先茂)이다.

중원의 채씨는 길성(姞姓)에서 출자하였는데, 황제의 지예(支裔)이다. 『국어』「진어」에 따르면 황제의 스물다섯 아들 중 성을 얻은 12개 성 중에 길(姞)성이 있다. 『잠부론』「지씨성조」에는 다음과 같이 기록되어 있다.

황제의 아들 스물다섯명은 열두 반열로 나뉘었다. 희(姬), 유(酉), 기(祁), 기(己), 등(滕), 점(葴), 임(任), 구(拘), 희(釐), 길(姞), 현(嬛), 의(衣)씨 등이 바로 그들이다. … 길씨의 딸이 후직의 원비가 되어 주나라 선조들을 번성시켰다. 길씨는 연땅에 봉해졌었다. 뒤에 정나라에 연길이라는 천한 첩이 있어 꿈에 신이 그에게 난초를 주면서 이렇게 말했다. "나는 백조로서 너의 조상이다. 이를 주어 나라를 갖게 하리니 남에게 향기를 내어 사랑을 받으리라." 정문공이 연기를 보고 난초를 주면서 자

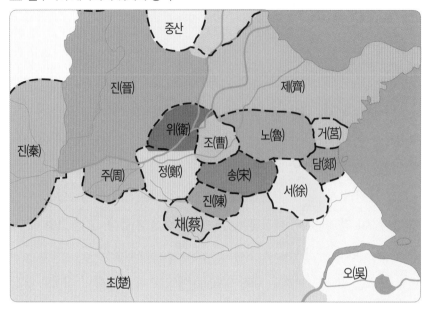

신을 받들도록 했다. 뒤에 연길이 자신의 꿈 이야기를 하면서 이렇게 말하였다. "첩은 재주가 없사오나 다행스럽게 아기를 가졌습니다. 믿지 못하겠거든 감히 난초를 징험해보소서." 문공이 "좋다." 하였으며, 드디어 정목공을 낳았다. 이 길씨의 지파로는 감(闞), 윤(尹), 채(蔡), 광(光), 노(魯), 옹(雍), 단(斷), 밀수(密須)씨 등이 있다.

黃帝之子 二十五人 班爲十二: 姬·酉·祁·己·滕·葴·任·拘·釐·姞·儇·衣氏也...姞氏女爲后稷元妃 繁育周先 姞氏封於燕 有賤妾燕姞 夢神與之蘭曰: "余爲伯儵, 余爾祖也. 是以有國香, 人服媚." 及文公見姞 賜蘭而御之 姞言其夢 且曰: "妾不才, 幸而有子, 將不信, 敢徵蘭乎?" 公曰: "諾." 遂生穆公 姞氏之別 有闞·尹·蔡·光·魯·雍·斷·密須氏

채씨는 희성에 출자하였으며, 주문왕의 후예가 되었다. 주문왕의 5남인 숙도를 채(蔡)에 봉하였다. 관숙(管叔), 곽숙(霍叔)과 함께 은나라 유민들을 감시 관리하도록 하여 '삼감(三監)'이라 불렀다. 무왕이 죽은 후, 주성왕은 나이가 너무 어렸기 때문에 주공단이 섭정하였다. 이에 관숙, 채숙, 곽숙 등은 모두 주공의 섭정을 의심하여 무경과 연합하여 반역하였다. 주공은 무경을 토벌하였고, 후에 관숙을 처형하였으며, 채숙을 추방하였다. 이후 성왕은 채숙도의 아들 호(胡)를 다시 채에 봉하여 채중(蔡仲)이라 불렀다. 춘추 때 초나라의 핍박을 받아 여러 번 이주하였다. 채평후 때 신채(新蔡){현재는 하남에 속함}로 옮겨 상채(上蔡)라 칭하였다. 소후(昭侯)는 주래(州來){안휘성 봉대}로 옮겨 하채(下蔡)라 하였다. 채국은 23대에 걸쳐 24명의 군주가 있었다. 나라가 선지는 600여 년에 달한다. 기원전 447년에 초나라에 의해 멸망당하고 자손들은 초(楚){지금의 호북성}, 진(秦){지금의 섬서성}, 진(晉){지금의 산서성, 제{지금의 산동성} 등 각국에 흩어져 살면서 나라를 성씨로 삼아 채씨(蔡氏)라고 불렀다.

선진시대에 채씨는 주로 지금의 하남, 안휘 경내에서 번성했다. 전국시대에는 연나라에 채택(蔡澤), 제나라의 대부 채조(蔡朝), 초나라의 대부 채구(蔡鳩), 진나라의 태사 채묵(蔡墨) 등 후손들이 여러 나라로 흩어졌다.

50/최씨崔氏

우리나라 최씨는 2015년 기준으로 경주 최씨 94만5천 명, 전주 최씨 46만 명, 해주 최씨 20만 명, 강릉 최씨 15만 명, 탐진 최씨 9만 명, 월성 최씨 8만 명 등으로 전체 인구는 233만 명에 달해 인구수 기준 4위의 성씨이다. 『삼국사기』의 기록에 따르면 유리이사금 시기에 6부의 성씨에 대해 성씨를 사여했다고 한다.

> 9년(32) 봄에 6부(六部)의 이름을 바꾸고, 성씨(姓氏)를 사여하였다. 양산부(楊山部)는 양부(梁部)라고 하고 성(姓)은 이(李)로 하였으며, 고허부(高墟部)는 사량부(沙梁部)라고 하고 성은 최(崔)로 하였다.
>
> 九年 春 改六部之名 仍賜姓 楊山部為梁部 姓李 髙墟部為沙梁部 姓崔

그 중 최씨는 고허부에서 사량부로 바뀌면서 최씨라 했다고 한다. 이처럼 최씨는 신라 초 6부 촌장 중 한 사람인 고허촌의 소벌도리로 알려져 있다. 그런데 실질적 시조는 신라 말기 최치원이라고 한다. 경주 최씨의 시조는 최치원이다. 전주 최씨 등은 최치원 이전에 분가한 것으로 기록되어 있다. 그런데 최씨가 유리이사금이 사성한 성씨라는 것은 믿을 수 없다. 왜냐하면 그보다 훨씬 이전에 중원에도 매우 많은 최씨들이 살고 있었기 때문이다. 신라는 요동반도에서 건국되었는데, 요동반도에는 최가촌 등 최씨 관련 지명이 있다. 따라서 최씨는 중원에서 이주해 온 성씨라는 것을 알 수 있다.

원래 최씨는 산동반도 남쪽의 회수 일대에 거주하던 동이 회이족(淮夷族)의 일파로 알려져 있다. 최씨는 산(山)+새(隹)로 구성되어 있는데, 고대에 새는 태양을 의미하는 것이었으므로 산에 태양이 떠오르는 모습을 성씨로 만든 것이다. 회이(淮夷)는 갑골문에서 추이(隹夷)로 기록되어 있다. 즉 새족, 조이족(鳥夷族)이라는 뜻이다.

최씨는 염제의 후손으로서 강(姜)씨에서 비롯된 성씨이다. 염제 신농이 비조이고, 시조는 강태공(姜太公)이다. 강태공이 제나라에 봉해지면서 산동성 일대에서 최씨들이 활동하였다. 강태공이 도읍한 산동성 임치(臨淄) 또는 치박(淄博)이 최씨의 발원지로 알려져 있다. 치박은 백제의 거발성이 있었던 곳으로 최씨는 신라만이 아니라 백제의 핵심 씨족 중 하나였던 것으로 분석된다. 현재 중원 성씨 중 최씨는 약 420만 명으로 58위를 차지하고 있다. 한국의 최씨는 인구수 기준으로 4위인 233만 명 정도로 중국 못지 않게 많은 최씨들이 살고 있다.

최씨는 요동반도에서 한반도 남부로 이동한 씨족{경주 최씨}과 산동반도에서 이동한 씨족{전주 최씨와 해주 최씨} 등이 있었던 것으로 보인다. 이 중 해주 최씨는 서기전 2세기에 평양 일대에 최씨 낙랑국을 건국한 성씨로 보인다. 이에 따르면 최씨는 신라가 건국되기 훨씬 이전에 한반도에 진입한 선주족들이었다. 『삼국사기』「고구려본기」'대무신왕'조에는 낙랑국의 마지막 왕인 최리(崔理)에 대해 다음과 같이 기록하고 있다.

{15년(32년)} 여름 4월에 왕자 호동(好童)이 옥저(沃沮)에 유람하였을 때 낙랑왕(樂浪王) 최리(崔理)가 나왔다가 그를 보고 묻기를, "그대의 낯빛을 보니 예사 사람이 아니오. 어찌 북국(北國) 신왕(神王)의 아들이 아닙니까"라고 하였다. [최리가] 마침내 함께 돌아와 딸을 아내로 삼게 하

였다. 후에 호동이 나라로 돌아와 몰래 사람을 보내 최씨의 딸에게 알려 말하기를, "만일 〔그대〕 나라의 무기고에 들어가 북을 찢고 나팔을 부수면, 내가 예로써 맞이할 것이요, 그렇지 않는다면 〔맞이하지〕 않을 것이오."라고 하였다. 이에 앞서 낙랑에는 북과 나팔이 있어서 만약 적병이 있으면 저절로 소리가 났다. 그런 까닭에 이를 부수게 한 것이다. 이에 최씨의 딸이 예리한 칼을 가지고 몰래 창고 안에 들어가 북의 면(面)과 나팔의 주둥이를 쪼개고 호동에게 알렸다. 호동은 왕에게 권하여 낙랑을 습격하였다. 최리는 북과 나팔이 울리지 않았기 때문에 대비하지 못하였다. 우리 병사가 엄습하여 성 아래에 다다른 연후에야 북과 나팔이 모두 부서진 것을 알았다. 마침내 딸을 죽이고 나와 항복하였다.

夏四月, 王子好童遊於沃沮, 樂浪王崔理出行, 因見之問曰, "觀君顔色, 非常人. 豈非北國神王之子乎." 遂同歸, 以女妻之. 後好童還國, 潛遣人, 告崔氏女曰, "若能入而國武庫, 割破鼓角, 則我以禮迎, 不然則否." 先是, 樂浪有鼓角, 若有敵兵則自鳴. 故令破之. 於是, 崔女將利刀, 潛入庫中, 割鼓面·角口, 以報好童. 好童勸王襲樂浪. 崔理以鼓角不鳴不備. 我兵掩至城下, 然後知鼓角皆破. 遂殺女子, 出降

　　중원의 최씨의 기원에 대해서는 많은 사서들에 자세하게 기록되어 있다. 『원화성찬(元和姓纂)』 제5권에는 "강씨(姜氏)이다. 제나라 태공이 정공 급을 낳았고, 정공은 숙을을 낳았다. (계자는) 나라를 양위하고 최읍에 살았다. 그렇게 해서 최씨라 했다.(姜姓. 齊太公生丁公伋, 生叔乙, 讓國居崔邑, 因氏焉)"라고 기록되어 있다. 『통지(通志)』「씨족략」에도 "강성으로 제나라 정공 급에서 나왔으며, 계자가 숙을에게 나라를 양위하고 최씨(읍)에서 채식

을 했는데, 마침내 최씨가 되었다.(姜姓, 出齊丁公伋, 季子讓國叔乙, 食采于崔氏, 遂
爲崔氏)"고 한다.

이에 따르면 서주 초년에 염제의 후손인 강상은 문왕과 무왕을 보좌하여
상나라를 멸망시키고 주나라를 건국하는데 공이 컸다. 이에 제에 분봉되어
제나라를 건국하고 공작이 되었다. 강태공 강상의 아들 정공(丁公)은 서주
시대 제나라의 제2대 국군이다. 정공에게는 계자(季子)라는 이름의 적자가
있어 본래는 계자가 제나라 3대 군주 자리를 계승해야 했다. 그러나 계자
는 제나라 군주 위를 받자마자 즉각 강득(姜得, 제나라 숙을공)에게 자리를 양
보하고, 자신은 봉지인 지금의 산동성 장구현(章丘縣) 서북쪽의 최읍(崔邑)에
서 살았다. 강계자의 후손들이 선조 봉지의 이름을 성씨(姓氏)로 하고 최씨
(崔氏)라고 불러 지금까지 3천여 년의 역사를 대대로 전해오고 있다.

『신당서』「재상세계표」에 따르면, "최씨의 출자는 강성이다. 제나라 정공
급의 적자인 계자가 나라의 제위를 숙을에게 양보하고 최읍에서 살았는데,
마침내 최씨가 되었다. 제남(濟南) 동쪽의 조양(朝陽) 서북쪽에 최씨 성이 있
다. 계자가 목백(穆伯)을 낳았고, 목백은 옥(沃)을, 옥은 야(野)를 낳았다. 8세
손인 요(夭)가 저(杼)를 낳았고, 그가 제나라의 정경이 되었다.(崔氏出自姜姓. 齊
丁公伋嫡子季子讓國叔乙, 采食于崔, 遂为崔氏. 濟南東朝陽縣西北有崔氏城. 季子生穆伯, 穆伯
生沃, 沃生野. 八世孫夭生杼, 爲齊正卿)"라고 한다. 최저(崔杼)는 『춘추좌전』에 빈번
히 등장하는 인물로서 제나라 대부였다. 제나라의 22대 혜공부터 26대 경
공 시기까지 제나라의 정치를 장악했던 인물이다. 어린 나이에 제나라 혜공
의 총애를 받아 제나라의 양대 가문이었던 고(高)씨와 국(國)씨 모두가 최저
를 두려워했다. 『춘추좌전』과 『사기』「제태공세가」에는 다음과 같이 기록
하고 있다.

여름 제 혜공이 죽었다. 최저는 혜공의 총애를 받았는데, 고씨와 국씨
는 그의 핍박을 받을 것을 두려워했다. 그래서 혜공이 죽자 두 사람은
최저를 축출하였고, 그는 위(衛)나라로 도망쳤다.

夏齊惠公卒 崔杼有寵於惠公 高國畏其偪也 公卒而逐之 奔衛

　최씨는 강태공의 적자이므로 제나라에서 여러 씨족들이 두려워했다. 이
후 최저는 귀국하여 고씨와 국씨를 누르고 제나라 국정운영에 참여했다.
사마천의 『사기』 「제태공세가」에 따르면 제영공은 총애하는 여인의 간청에
못이겨 태자 광(光)을 쫓아내고 어린 아들 아(牙)를 태자로 삼았다. 그런데
영공이 병이 들어 위독해지자 최저가 광을 귀국시켜 태자로 옹립했다. 그리
고 영공이 죽자 광이 왕위에 오르니 그가 바로 제장공이다.

　사실상 최저가 장공을 왕위에 옹립함으로써 제나라에서 막강한 권력을
행사하게 된다. 최저는 홀아비였는데, 과부로 있던 동곽언의 누이인 동곽

▨ 중원의 청하 최씨와 한반도의 최씨 본관 위치

강을 아내로 맞이하여 아들 최명을 얻었다. 그러나 장공이 최저의 집을 빈번히 방문하면서 최저의 부인인 동곽강의 미모에 반해 불륜을 저질렀다. 이에 대해『사기』에는 "장공 6년 당초 당공의 아내가 미인이었는데, 당공이 죽자 최저가 그녀를 아내로 맞았다. 장공은 그녀와 사통하여 자주 최저의 집에 갔으며, (장공은) 최저의 갓을 다른 사람에게 줄 정도였다."라고 기록하고 있다. 이에 최저가 칭병하여 조회에 나가지 않자 장공이 이를 명분으로 최저의 집으로 찾아왔다.『사기』「제태공세가」에는 이 상황을 다음과 같이 기록하고 있다.

> 최저는 병을 핑계 삼아 일을 돌보지 않았다. 을해일에 장공이 최저에게 가서 문병하고는 최저의 아내를 찾았다. 최저의 아내는 안방으로 들어가 최저와 함께 안에서 문을 걸어 잠그고 밖으로 나오지 않았다. 장공은 기둥을 안고 노래했다. 환관 가거가 장공을 수행하는 관원들을 대문 밖에서 막고 들어와 대문을 잠그니 최저의 부하들이 무기를 들고 안에서 나왔다.
> 崔杼稱病不視事 乙亥 公問崔杼病 遂從崔杼妻 崔杼妻入室 與崔杼自閉戶不出 公擁柱而歌 宦者賈舉遮公從官而入 閉門 崔杼之徒持兵從中起

최저의 가신들이 제장공을 시해하기에 이르른 것이다.『춘추좌전』「양공 25년」조에서는 이를 두고 "최저가 그 군주를 시해했다(崔杼弑其君)."라고 기록하고 있다. 최저는 사관에게 어떻게 기록하였는지 보자 했더니 위와 같이 기록했다고 한다. 해당 사관은 동 기록을 절대로 수정할 수 없다고 하여 논란이 있었으나 최저가 이를 그대로 두도록 했다고 한다. 이후 최저는 장공의 배다른 아우를 새 군주로 옹립하니 그가 제경공이다. 이처럼 최저는 제나라에서 국정을 좌지우지하면서 최씨 중 사서 기록에 가장 많이 등장하는 인물이 되었다.

중원의 최씨는 현재 산동성, 하남성, 하북성, 흑룡강성, 요녕성, 강소성 등에 가장 많이 산다. 산동성 최읍의 청하 최씨(淸河崔氏)와 하북성 박릉 최씨(博陵崔氏) 등 양대 군망이 존재한다. 우리나라의 전주 최씨는 고려 시대와 조선 시대에 청하 최씨라고 불렀다고 한다. 특히 전주 최씨 중 문열공파와 문성공파 등은 중원의 청하에서 왔다고 전해진다.

정리하면 최씨의 득성 시조는 최계자(崔季子)이다. 소전(少典)의 아들 염제 신농씨는 위수(渭水)의 지류인 강수(姜水)에 살아서 강씨라 했다고 한다. 서주 초기 염제의 후손인 강여상, 즉 강태공이 제나라에 봉해지면서 그 아들인 정공에게 대권을 넘겨주었다. 그런데 정공의 아들인 염제의 56세손 계자가 정공 사후 임금 자리를 계승하지 않고 양보하여 최읍에 가서 살았다. 최계자는 어질고 현명한 사람이어서 제위를 양보하고 경치가 수려한 최읍에 가서 살았다. 이후 최읍이 최씨의 성씨가 되었다. 제정공의 자손 중에는 정공의 정(丁)을 따라 정(丁)씨라 했으니 제정공은 최씨와 정씨의 선조가 되는 셈이다.

최씨가 산동 경내에서 발원했기 때문에 계자의 후손들은 제나라 경대부가 되었다. 진한(秦汉) 시기에 최계자의 후손인 최의여(崔意如)가 함양의 진(秦)나라에서 대부로 임직했고, 동래후(東萊侯)가 되었다. 장자인 최백기(崔伯基)는 서한 시기에 동래후(東萊侯)가 되었다. 청하 동무성(東武城){하북성 청하현 동북}, 이후 하남 언릉(鄢陵), 남조 청하대방(淸河大房), 청하소방(淸河小房), 청하 청주방 등의 지파로 나뉘었다. 차남인 최중모(崔仲牟)는 하북성 박릉 안평(博陵安平)에 살았는데, 이후 박릉안평방, 박응대방, 박릉제2방 등의 지파로 나뉘었다. 그래서 청하(淸河)와 박릉(博陵) 양대 군망이 있다. 동한 말년의 5호 16국 시대에 진의 잔존 세력인 왕준(王遵)의 유주군(幽州軍), 선비족 모용씨 세력, 고구려 등이 요동의 패권을 두고 군벌전쟁을 벌였다. 왕준은 유주의 일부를 평주로 재편한 후 자신의 장인인 최비(崔毖)를 평주자사(平州刺史)로 파견하게 된다. 평주자사가 된 최비는 고구려와 우문선비, 단선비 등과 연합군을 형성하여 모용선비를 공격하게 된다. 319년 12월 모용선비를 공격하기 위해 모용선비의 수도 극성(棘城)을 포위하였지만 모용외(慕容廆)가 수성전을 펼치면서 3개 세력을 이간질시켜 방어에 성공한다. 고구려 군이 철군하자 최비는 사면초가에 내몰려 부하장수들과 고구려에 망명하였다. 평주자사 최비(崔毖)가 가족들을 인솔하여 한반도로 피신한 이후 최씨는 한국의 대성으로 발전하였다.

선진시대 최씨 성을 가진 사람은 제나라의 경대부로 산동에서 활동했다. 진·한 시대에 최씨는 빠르게 발전하여 하북 지역의 대족이 되었고, 이를 근원으로 사방으로 이주하였다. 최씨는 서한에서 송나라까지 벼슬아치가 끊이질 않았다. 위진(魏晉)은 당(唐) 초까지 사족(士族)의 서열로 최씨(崔氏)가 으뜸이었고, 국성(國姓) 이씨(李氏)까지 그 뒤를 이을 정도로 최씨(崔氏)들이 화려한 면모를 보여주었다. 특히 당나라 때 가장 눈에 띄었는데, 재상자는 청하 최씨 12명, 박릉 최씨 15명이었다. 송나라 이후 최씨 성이 더욱 널리 분포하여, 청초에 최씨가 대만에 들어갔다

최씨의 군망(郡望)은 청하군과 박릉군이 있다. 청하군(淸河郡)의 치소(治所)는 청양현(淸陽縣), 즉 지금의 하북성 청하현(淸河縣)이다. 『신표(新表)』에 따르면, 최량(崔良)의 15대손 최의여(崔意如)는 진(秦)나라 대부(大夫)로서, 공을 세워 동래후(東萊后)에 봉해졌다. 맏아들 최업(崔業)은 서한(西漢) 때 동래후(東萊后)를 세습하여 청하군 동무성현(東武城縣)[지금의 하북고성현]에 살았고 이때부

터 청하군망이 생겨났다. 박릉군(博陵郡)은 동한조 본초 원년(146년)에 현을 설치하고, 치소는 박릉(博陵){지금의 하북성 리현(蠡縣)}에 있다. 동한 건안 말기에는 박릉군으로 바뀌었다. 삼국시대 조위(曹魏) 정시(正始) 3년(임술, 242년)에 다시 박륙현(博陸縣)으로 바뀌었다. 서진(西晉) 때 박릉국(博陵國)으로 바뀌어 치소는 안평(安平){지금의 하북}이었다.

최씨는 성을 얻은 후 대대로 제나라에서 중요한 벼슬을 지낸 당시 공경세가(公敬世家) 중 하나가 되었다. 최계자의 8세손 최저(崔杼)는 제나라의 권신으로 『춘추좌전』 「양공 25년」에 제나라 장공(莊公)을 죽이고 경공(景公)을 임금으로 세운 뒤 자신은 재상이 되어 여러 해 동안 조정의 대권을 독점하였다. 『춘추좌전』에는 춘추시대 제나라의 대부인 최저(崔杼)를 최자 또는 최무자(崔武子)라고도 불렀다. 『춘추좌전』 「양공 25년」에는 다음과 같이 기록되어 있다. "노양공 25년(서기전 548년) 봄 제나라의 집정대부 최저는 제나라 군대를 이끌고 노나라 북쪽 변경으로 쳐들어 왔는데 그로써 [그 전해 제나라를 공격한] 효백의 군대를 보복하고자 하였다."

훗날 최저가 정쟁에 실패하자 최씨는 제나라에서 권세를 잃고 노나라{지금의 산동(山東)성 곡부(曲阜) 일대}로 피신하여 노경대부(盧慶大夫)에 임하여 벼슬길에 올랐다고 한다. 진나라 시기에 후손인 최의여가 동래후로 봉해졌다. 최의여의 장남 최업(崔業)이 이 작위를 물려받아 청하동무성(淸河東武城){지금의 호북성 故城縣 남부}에 정착했다.

최업의 아우 최중모(崔仲茂)는 박릉안평{지금의 하북성 안평현(安平縣)}에 살았고, 두 사람의 후손은 한위 남북조와 수당 때 각각 강종대족(强宗大族)으로 발전하여 명현(名賢)이 배출되었다. 역사에서는 이를 청하 최씨(淸河崔氏)와 박릉 최씨(博陵崔氏)라고 부른다. 이들은 '칠종5성(七宗五姓)'의 우두머리가 되었다. 당시 천하에 "귀한 성씨로는 최(崔)씨, 노(盧)씨, 이(李)씨, 정(鄭)씨, 왕

(王)씨 만한 것이 없다(言貴姓者不如崔盧李鄭王)"는 속담이 있었는데, 최씨는 천하에서 가장 유명한 성씨 중 하나로 여겨져 '천하제일의 높은 문(天下第一高門)이며 북방호족(北方豪族)의 우두머리였다.

51/ 하씨河氏

우리나라 하씨의 인구는 2015년 통계청 조사결과 23만 명으로 나타났다. 진주(진양) 하씨가 22만6천 명으로 단일본이다. 진주(晉州)의 옛 지명은 진양(晉陽)이다. 삼한시대에 고순시국(古淳是國)이 있었다. 백제 시기에는 거열성(居烈城)이었다고 한다.

진주(진양) 하씨의 시조는 삼한시대부터 선주한 성씨로 알려져 있으나 정확한 세계가 알려져 있지 않다. 이에 따라 고려 현종때 하공진(河供辰)을 시조로 모신 문하시랑공파와 문종때 사직 벼슬을 지낸 하진(河珍)공을 시조로 모신 사직공파로 나누어져있다.

중원의 하씨는 풍성(風姓)으로 태호 복희의 후손으로 알려져 있다. 복희씨 후손의 분봉지 이름을 따서 하씨라 했다 한다. 당나라 시기에 하주(河州)의 지명을 따 하씨라고 칭하였다. 『산해경』「해외동경」 중에는 다음과 같은 기록이 나온다.

> 아래 탕곡(湯谷)이 있고, 탕곡 위에는 부상(扶桑)이 있는데 10개의 해가 목욕하는 곳이다. 흑치(黑齒)의 북쪽에 있다. 물속에 사는 대목(大木)이 있는데 9개의 해는 아랫 가지에 살고 1개의 해는 윗 가지에 산다.
> 下有湯谷 湯谷上有扶桑 十日所浴 在黑齒北 居水中 有大木 九日居下枝 一日居上枝

열 개의 태양을 조합하면 "조(早)"가 되는데 "양(暘)"이라고도 했다. 그 후

물을 만나는 곳에 산다고 하여 '탕(湯)이라 개칭하였고, 열 개의 태양족은 이후 모두 탕을 성씨로 삼았다. 백도백과에 따르면 이러한 탕씨는 강(姜)씨 희(姬)씨보다 훨씬 오래된 성씨이다. 이후 탕씨가 번창하게 되면서 탕씨 중에 탕하(湯河)씨가 떨어져 나와 회하 유역{지금의 강소성 회안(淮安) 초주(楚州)}에 살았는데, 후손들이 살던 땅을 성씨로 삼아 하(河)씨라 했다고 한다. 중원에서도 가장 오래된 성씨 중 하나이다.

당나라 시대에 옛 하주(河州)가 있었는데, 이를 성씨로 삼은 사람들도 있다. 하주는 진한(秦漢) 시기에 롱서(隴西)로 불리운 지역인데, 감숙성 임하회족자치주(臨夏回族自治州) 일대를 가리킨다. 『광여기(廣輿記)』에는 "하주는 옛 서강 지역이다. 진한때 롱서에 속하였고, 당나라에서는 하주라 하였다. 명나라에서 하주군영을 설치했다.[河州 古西羌地 秦漢属隴西 唐曰河州 明置河州衛]"고 적고 있다.

하씨는 태호 복희의 후손인데, 중원에도 복희씨의 후손에 대한 기록이 매우 부족해서 더 이상 추적이 어려운 실정이다. 양양(襄陽), 롱서, 초주(楚州) 등이 군망이다.

52/ 한씨韓氏

한국의 한씨는 2015년 기준 77만 명으로 11위의 대성이다. 그 중 청주 한씨가 75만 명으로 사실상 단일본이다. 청주 한씨는 후조선인 기자조선에서 기원했다. 상나라 말기에 주(紂)왕은 숙부인 기자를 태원 남쪽의 기(箕, 산서 진중시 태곡구)에 봉했다. 이곳은 기자가 오기 전부터 조선 세력들이 자리잡고 있었던 지역이다. 태원 일대에는 조선의 최강국 무종(無終)이 위치하고 있었으며, 기(箕)의 남쪽에도 융적으로 불리운 대융, 소융 등의 세력들이 자리잡고 있었다. 주나라 무왕의 상나라 정벌군을 막아섰던 고죽국의 백이와 숙제가 굶어죽은 수양산(首陽山)도 几 자 모양으로 흐르는 황하가 동쪽으로 흐르는 부분의 산서성 운성시 영제(永濟)에 위치하고 있다. 기자는 조선을 건국한 것이 아니라 조선에 합류한 것이다.

『청주한씨세보』에는 준왕 마한 9대 원왕(元王)의 세 아들 기우평(箕友平), 기우량(箕友諒), 기우성(箕友誠)이 태원 선우씨(太原 鮮于氏), 상당(청주) 한씨(上黨 韓氏), 행주 기씨(幸州 奇氏)의 선조가 되었다고 한다. 『삼국사기』「백제본기」 온조왕조에는 "마한의 백성들을 한산(漢山) 북쪽으로 옮기니, 마한이 드디어 멸망하였다."라고 기록하고 있다. 그런데 『청주한씨세보』에 온조가 마한을 멸망시킨 후 그 유민을 한산의 북쪽, 즉 행주(幸州)로 옮겼다고 하니 온조가 멸망시킨 마한은 준왕의 후손들이었다.

원래 선우씨는 중산국(中山國)의 왕성이고, 한씨는 고조선 준왕으로 기록된 기자조선의 왕성이었던 것으로 파악된다. 선우(鮮于)씨, 기(奇)씨, 한(韓)씨는 모두 기자의 후손이라고 한다. 이들의 족보에는 기자의 후손인 준왕이 남천하여 마한의 왕이 되었고, 그 후 8번째 왕의 아들 셋이 각각 고구려, 백제, 신라로 이동하면서 성이 갈라지게 되었다고 기록되어 있다. 이후 선계를 고증할 수 없어 고려 태조 왕건 시기의 위양공 한란(韓蘭)을 시조로 삼고 있다. 청주 한씨는 원래 상당(上黨) 한씨였는데, 상당이 청주로 포함되자 청주 한씨로 바꾸었다. 조선시대의 상당군(上黨君) 한명회가 유명하다. 한씨와 중원의 산서성 상당군(上黨郡)은 깊은 연관이 있는 것으로 판단된다.

중원의 한씨는 다양한 뿌리를 가진 성씨이다. 한씨의 주요 분포 지역은 북방의 하남, 섬서, 산서, 감숙, 하북, 요녕성 등이다. 백도백과에 따르면 한씨의 득성 시조는 진나라 대부 한무자(韓武子, 서기전 424년~서기전 409년)의 아들 한건(韓虔)으로 알려져 있다. 춘추시에 진(晉)은 한무자를 한원(韓原)에 봉했다. 그러나 한건은 한씨의 득성 시조가 될 수 없다. 그 이유는 전욱 고양 임금의 부친인 한류(韓流)가 이미 서기전 3천 년 전후의 상고시대부터 존속해 온 데다 주무왕 시기인 서기전 1046년에 기자가 신하는 아니지만 조선 후(侯)에 봉해졌다 하고, 주성왕 시기인 서기전 1031년 주성왕 시기에 『시경』「한혁(韓奕)」편에 등장하는 한후가 존재하고 있었기 때문이다. 한씨의 계보는 한류족에 이어 기자족과 섬서 한성의 한후로 이어지는 것으로 보는 것이 타당하다. 그리고 섬서 한성의 한세력이 멸망한 이후 곡옥 환숙의 자손들이 한성의 한후를 계승한다. 즉, 서기전 409년 한무자 사후 한건이 대부직을 승계하였고, 서기전 403년 조씨, 위씨와 함께 진나라를 붕괴시키고 한국(韓國)을 건국하였다. 서기전 230년 진시황에게 나라가 멸망된 후 나라 이름을 본 따 한씨라 하였다. 백도백과에 따르면 2006년 기준으로 약 884만 명으로 중원 백가성 중 26위를 차지하고 있다. 주성왕과 주선왕 시기에 한씨는 자성과 희성의 두 세력이 서로 혼합된 것으로 분석된다.

한씨는 최초로 감숙성, 사천성, 섬서성과 산서성 일대에서 활동하다 상말

주초에 하남성과 하북지구로 진입한 것으로 나타난다. 또 한씨는 북부·동북지역·산동·강소성·절강성 등지로 이동하였다. 송나라 때 중원 사람들이 대거 남으로 이동하면서 한씨도 광동(廣東)과 복건성(福建) 일대로 이주한 것으로 파악된다. 한씨의 군망은 하남 남양군(南陽郡){치소는 완현(宛縣)}과 하남 영천군(穎川郡){치소는 양적(陽翟)}이다.

첫째, 한씨는 황제(黃帝)에서 출자한 성씨이다. 황제족은 섬북의 황토고원에서 시작하여 위하(渭河)와 황하(黃河)를 따라 동쪽으로 세력을 뻗쳐 나갔다. 『사기』「오제본기」에 따르면 황제 헌원 시대에 이르러 신농씨 세력이 약화되어 포악한 제후들을 정벌할 수 없었다고 한다. 그 결과 황제가 판천 들판에서 염제와 세 번 싸워 중원의 패권을 장악했다. 그리고 치우가 반란을 일으키자 탁록(涿鹿) 들판에서 싸워 치우를 죽였다고 한다. 『제계보(帝系譜)』와 『제계성(帝系姓)』에 따르면 "태호 복희씨의 호는 황웅이며 시호는 태호라고 부르는데, 소전(少典)에게 장가들어 염제와 황제를 낳았다."라고 기록하고 있다. 이에 대해 『국어』「진어(晉語)」에는 "소전(少典)이 유교씨(有蟜氏) 딸에 장가들어 황제와 염제를 낳았다. 황제는 희수에서 성장하였고, 염제는 강수에서 자랐다."라고 기록하고 있다. 태호 복희가 장가든 소전(少典)씨는 유웅국(有熊國) 소전족의 딸로 판단된다. 이에 그 아들의 이름을 종족명인 소전(少典)으로 한 것이다. 유웅국의 소전은 유교씨(有蟜氏)와 혼인하여 황제와 염제를 낳았다. 이에 따라 『사기』의 첫머리에도 "황제는 소전씨의 아들이다.(黃帝者 少典之子)"라고 기록한 것이다.

황제에게는 25명의 아들이 있었는데, 성씨를 얻은 아들이 12명이다. 『세본(世本)』에 기재된 바에 따르면 황제는 서릉(西陵)씨의 누조(嫘祖)에 장가들어 소호 청양(靑陽)과 창의(昌意)를 낳았고, 창의는 전욱을 낳았다. 『산해경』에 기재되기를, 창의는 후에 약수(若水)로 내려와 살며 한류(韓流)를 낳았고,

한류는 요자(淖子)족의 처녀 아녀(阿女)를 맞아 전욱을 낳았다. 전욱은 5제 중 한 명이다. 한류는 인명이자 그 지역 씨족의 이름이다. 한류 씨족은 창의족에서 분화돼 한성(韓姓)을 따왔고, 이에 따라 첫 한(韓)씨 성이 만들어졌다. 『죽서기년』에는 창의가 약수(弱手)에 살면서 건황(乾荒)을 낳았다고 하는데, 곽박은 건황이 한류라고 했다. 한류가 있던 시대는 지금으로부터 약 5천년 이전인 용산문화 때였다.[39]

『설문해자』에 따르면 한(韓)은 우물가라는 뜻으로 원래 우물 주위의 난간을 나타낸다. 고고학자들은 용산문화 시기의 하남 탕음현(湯陰縣) 백영(白營) 유적지에서 우물을 발견하였다. 우물의 네 벽은 우물 정(井) 자 모양의 통나무 막대기로 아래에서 위로 올라가 겹겹이 쌓였다. 우물 정(井) 자형 나무틀의 나무 막대기 교차로에는 모두 장부가 끼워져 있다. 한(韓) 자(字)의 우측변 위(韋)는 용산문화 때의 우물 구조와 매우 유사하다. 한류족은 우물을 발명해 한류로 불리운 것이다.

한나라는 도읍이 평양(平陽), 양적(陽翟)이고, 의양(宜陽), 양성(陽成), 형양(滎陽) 등을 차지하고 있어 하나라 축융세력의 봉지를 이어 받았다. 한씨는 축융족으로서 하나라와 일정 부분 계통이 같은 것으로 분석된다. 구체적으로 한씨는 축융팔족 중 하나였던 것으로 기록되어 있다. 이와 관련하여 『대대례기(大戴禮記)』「제계편(帝系篇)」에는 다음과 같이 기록되어 있다.

> 오회씨가 육종을 낳았고, 육종이 귀방씨의 누이 여궤를 아내로 맞아 아들 여섯을 낳았다. 그중 둘째 아들을 혜련이라 했는데, 혜련이 참호가 되었다. … 참호는 한(韓)씨다.
>
> 吳回氏產陸終. 陸終氏娶于鬼方氏, 鬼方氏之妹, 謂之女饋氏, 產六

39 https://zhidao.baidu.com/question/53271385.html, 2022. 2. 28

子 ... 其二曰惠連, 是爲參胡 ... 參胡者, 韓氏也

『산해경』과 『대대례기』의 기록을 종합해보면 한씨의 계보는 다음과 같이
이어지는 것으로 볼 수 있다.

복희-소전-황제-창의-한류-전욱-칭-노동-중려·오회(축융)-육종-
혜련(참호-한씨)

한씨는 황제의 손자인 한류(韓流)의 후대이다. 『산해경』 「해내경」에는 한
류가 전욱 고양 임금의 아버지로 등장한다.

유사(流沙)의 동쪽, 흑수(黑水)의 서쪽에 조운국(朝雲國)과 사체국(司彘
國)이 있다. 황제의 아내 뇌조(雷祖)가 창의(昌意)를 낳았다. 창의는 약수
(若水)에 내려와 살면서 한류(韓流)를 낳았다. 한류는 머리가 길쭉하고
귀가 작으며, 사람의 얼굴에 돼지 입을 하고 있다. 전신에 비늘이 있고,
다리는 넓적하며 돼지다리를 하고 있다. 한류는 요자(淖子)족의 딸 아
녀에게 장가들어 전욱 임금을 낳았다.
流沙之東 黑水之西 有朝雲之國 司彘之國 黃帝妻嫘祖 生昌意 昌意
降處若水 生韓流 韓流擢首 謹耳 人面 豕喙 麟身 渠股 豚止 取淖子
曰阿女 生帝顓頊

유사는 타림분지를 가리키고, 흑수는 감숙성을 흐르는 흑하를 가리킨다.
『사기색은』에 따르면 창의가 내려가 살았던 약수는 촉나라에 있었던 봉국
(若水在蜀即所封國也)이라고 설명하고 있다. 그러나 『여씨춘추(呂氏春秋)』 「고악

「(古樂)」에서는 "전욱(顓頊) 임금은 약수(若水)에서 태어나서 공상(空桑)에서 자랐으며, 이에 임금에 올랐다.[帝顓頊生自若水 實處空桑乃登爲帝]"고 한다. 여기서 약수(若水)는 곧 여수(汝水)로 전욱(顓頊) 고양(高陽)이 하남(河南)에서 태어난 것이 된다. 촉나라든 하남성이든 전욱 임금의 아버지는 한류가 분명한 것으로 분석된다. 요하문명의 홍산문화에서 발굴된 옥기 중에는 돼지토템을 숭상한 것으로 보이는 수많은 옥저룡(玉猪龍)이 출토되었다. 이에 따라 『산해경』에 등장하는 한류(韓流)와 홍산문화의 옥저룡과의 상관성을 살펴볼 필요가 있다. 이는 한류의 후손인 한씨들의 기원을 살펴보는 데 있어 매우 중요한 이슈이기 때문이다. 홍산문화에는 다양한 조형물인 돼지모양 옥기가 등장하는데, 고고학자들은 이것이 단순한 장신구가 아니라 제사장들이 하늘에 제사를 지낼 때 신과 소통하기 위해 사용한 신기(神器)인 것으로 인정하고 있다.

　『산해경』에는 수많은 반수반인의 형상이 등장하는데, 그중에서도 사람

돼지인간 한류(韓流)의 생김새에 대한 상상도

자료: 바이두(http://www.360doc.com/content/20/1019/16/99076_941232690.shtml, 2022. 2. 20.)

과 돼지의 결합체가 인상적이다. 『서유기』의 저팔계뿐만 아니라 황제의 후예들 중 한 사람도 이러한 기이한 용모를 지닌 사람이 있다. 그가 바로 전욱 고양 임금의 아버지인 한류(韓流)이다. 그렇다면 사마천이 『사기』에서 오제로 분류한 황제의 손자이자 전욱의 아버지는 왜 하필 돼지 신의 형상이었을까?

전욱 고양 임금의 출생에 대해서는 이설이 존재한다. 대체로 『세본』, 『대대례기』, 『사기』 등에서는 전욱이 황제의 손자이고, 창의의 아들로 등장한다. 그러나 『산해경』에는 창의의 아들이 한류이고 한류가 전욱 고양을 낳았다고 기록하고 있다. 많은 사료에서 『산해경』과 달리 한류를 삭제해버린 것으로 나타난다. 돼지 형상을 하고 있으니 그럴만도 하다. 한류는 전체적으로 보면 돼지를 주체로 하여 사람과 돼지가 결합된 형상을 갖고 있다. 그

◩ 홍산문화의 다양한 옥저룡의 형태

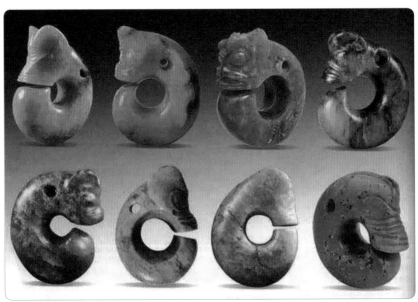

자료: 바이두(http://www.360doc.com/content/20/1019/16/99076_941232690.shtml, 2022. 2. 20.)

런데 왜 숭고한 존재여야만 했을 황제의 손자, 전욱의 아버지는 돼지 신의 모습이었을까?『산해경』에는 돼지와 관련된 수많은 신화가 기록되어 있다. 한류의 모습과 관련해서도 사체국(司彘國)을 언급하고 있는데, 이는 돼지의 나라라는 뜻이다. 이는 사서에 빈번히 등장하는 "시위씨(豕韋氏)"를 연상하게 된다. 시위씨는 하·상·주 3대에 걸쳐 활약한 씨족으로 돼지를 토템으로 삼은 부족이었다. 시위씨의 위(韋)는 한(韓)의 우측 변과 동일한 글자이다. 따라서 시위씨와 한씨는 밀접한 연관이 있다.

돼지를 토템으로 삼은 사체국과 돼지 인간의 형상을 한 한류가 등장하는 것으로 보아 한류는 사체국이 숭배한 돼지신일 수 있다. 상고시대에는 돼지가 육축 중에서도 인간과 가장 가까워 생명을 유지하는데 결정적이었다. 따라서 돼지는 숭배의 대상이 되었고 관련된 토템이 만들어졌을 가능성이 높다.『산해경』「중산경」에는 익망산(翼望山)부터 범산(凡山)에 이르기까지 48산의 신령의 모습은 다 "돼지의 몸에 사람의 머리(彘身人首)"를 한 것으로 나타난다. 이는 한류의 돼지신과 그 형상이 같다.

그런데 홍산문화에서는 돼지 모양을 한 옥저룡이 많이 출토되고 있음에도 불구하고 이에 대한 유래와 의미를 해석하지 못하는 것으로 보인다. 옥저룡의 기원은『산해경』에 등장하는 사체국과 조운국의 한류일 가능성이 높다. 문헌 기록상으로는『산해경』이 유일하다. 고대인들은 돼지가 인간과 같은 기원을 가진 것으로 생각한 것으로 보인다. 옥저룡은 태아의 모습이다. 고대인들이 돼지를 숭배하는 일은 당연한 것으로 보인다. 한류(韓流)와 옥저룡의 연관성은 섬서성 동부지역인 한성(韓城)시의 양대촌(梁帶村) 유적에서 홍산문화의 옥저룡이 발굴된 것을 통해서도 잘 알 수 있다. 양대촌 유적의 시기는 서기전 10세기~서기전 8세기경으로 추정되며 춘추시대 제후국인 예국의 무덤으로 비정된다.

돼지를 설명할 때, 대체로 진흙밭에서 뒹굴며 더러운 모양을 하는 존재로 생각하기 쉬운데, 실제로 돼지는 고대 선민들 사이에서 매우 높은 지위에 있었고, 매우 신격성이 있었다. 우리가 잘 알고 있는 '집(家)' 자의 갑골문자 형태는 돼지 위에 작은 막사를 세운 것이었다. 집과 돼지는 불가분의 관계를 갖고 있었던 것이다. 『산해경』 「동산경」에 기재된 합유(合窳)라는 괴물도 돼지 몸에 사람 얼굴을 하고 있는데, 합유의 특성은 수해를 초래할 수 있다는 점이다. 그의 이미지는 한류와 마흔여덟 산의 신과 완전히 일치한다. 즉 모두 "돼지 몸에 사람 머리"를 하고 있는 것이다. 이립(李立)은 『동이족의 돼지 숭배와 그에 관한 문화현상(東夷族猪崇拜及其相關文化現象)』에서 "하얀 발톱의 멧돼지가 물결을 헤쳐 건너간다."고 했는데, 이는 돼지가 물과 밀접한 연관이 있다는 동이족 속담을 가리키는 것으로 돼지들이 물을 건너면 물난리가 많다는 것을 의미한다. 굴원의 『초사』 「천문」에서도 "어찌하여 예는 하백(河伯)을 쏘아 저 낙수의 여신을 아내로 맞이하려고 했나? 활을 바짝 당겨 활깍지에 끼우고 큰 멧돼지를 쏘네."라고 하며 하백과 돼지의 관계를 밝히고 있는데, 이는 모두 돼지가 가진 신성은 물 속에 있다는 것을 말해준다.

돼지의 신성이 물과 연관되어 있다는 사실을 통해 우리는 돼지와 전욱의 관계를 확인할 수 있다. 전욱 임금도 수성을 갖추고 있기 때문이다. 북방에 위치하며 물과 겨울을 다스리는 신이 현명(玄冥)이다. 『잠부론』에 따르면 전욱 고양은 수덕으로 정치를 펴서 물로써 기(紀)를 삼았다. 그 때문에 수사(水師)를 만들어 모든 관직명에 물 수(水) 자를 넣은 것이다. 『산해경』에 기록된 전욱 가계에 따르면, 우리는 전욱이 가진 물의 신성은 돼지 신인 아버지 한류의 특성을 계승한 것으로 보인다.

북두의 돼지 신(北斗猪神)은 선사시대 요하 유역에서 그 존재감이 확연하게 부각되고 있다. 요하문명의 홍산문화가 등장하기 전까지 돼지는 인간과

거리가 먼 존재로 인식되어 왔다. 그러나 상고시대의 고조선인들은 돼지 형태의 옥을 수없이 만들어 오늘날에는 이를 '옥저룡(玉猪龍)'이라고 부를 정도이다. 옥의 한쪽 끝에는 짐승 머리 부분이 앞으로 돌출되어 있는데, 앞부분은 콧구멍을 나란히 하고 있으며, 입술 부분과 눈 주위에는 피부의 주름을 나타내는 여러 줄무늬가 있다.

요하문명을 일구어낸 상고시대의 고조선족들은 돼지를 원시룡으로 숭배한 것으로 나타난다. 상고시대의 고조선인들이 돼지를 토템으로 삼은 결정적 이유는 농경문화에 돼지가 가장 적합한 육축이었기 때문이었을 것이다. 고고학적 재료들을 살펴보면 상고시대에 요하유역의 홍산문화 지역에는 농경이 발달해 있었고, 돼지는 인간과 가장 친화력을 갖는 동물이었다. 따라서 동이족들은 돼지를 매우 중요하게 생각했다. 옥저룡은 한류와 깊은 연관이 있다.

둘째, 이상과 같은 상고시대 한씨의 기원과 더불어 이후 상주교체기에 한씨(韓氏)는 상나라 계열의 자성(子姓)과 주나라 계열의 희성(姬姓)으로도 분화된 것으로 분석된다. 『사기』「송미자세가」에 따르면 기자는 서주(西周)의 무왕에게 홍범구주를 설파하고 동쪽의 조선으로 떠나간다. 주무왕 시기 서주의 도읍은 호경(鎬京)으로 지금의 장안(長安) 서남쪽이다. 기자동래설을 주장하는 사람들 중에는 이곳에서 기자가 평양으로까지 이동했다고 주장한다. 그런데 원래 기자의 봉읍은 호경의 동쪽인 산서성의 기(箕) 지역이었으므로 그곳으로 이동했다는 것을 알 수 있다. 산서 태원에는 무종을 비롯한 고조선의 거수국들이 성립되어 있었고, 상나라 기자족 유민이 대거 결합한 것으로 파악된다. 주무왕은 기자를 신하로 삼고자 하였으나 그는 상나라 유민들과 조선이라는 나라가 엄존했기 때문에 주나라를 섬길 수 없었고, 주무왕도 그를 조선에 봉했는데 신하로 대하지 못한 것이다. 주무왕이 기자를 봉했다는 것은 기자조선이 주나라의 중원 세력과 독립적인 위치를 유지하고 있었으며, 산서성의 중부 이북은 조선세력의 땅으로 인정받았다는 것을 의미한다.

이에 무왕은 즉시 기자를 조선에 봉하였으나 그를 신하로 대하지 않았다. 그 뒤 기자가 주왕을 조회하기 위해 옛 은나라의 도읍지를 지나가다가, 궁실이 훼손되어 벼와 기장이 자라고 있는 것을 보았다. 기자는 상심하여 소리내어 울고 싶었으나 그럴 수 없고, 울먹이려니 아녀자들 같아서, 「맥수(麥秀)」라는 시를 지어 노래했다.

於是武王乃封箕子於朝鮮, 而不臣也. 其後箕子朝周, 過故殷虛, 感宮室毀壞, 生禾黍, 箕子傷之, 欲哭則不可, 欲泣為其近婦人, 乃作麦秀之詩以歌詠之

누군가를 나라에 봉하는 경우 그 나라는 당연히 신하의 나라가 된다. 그런데 사마천은 주나라가 조선을 신하로 대하지 않았다고 했다. 모순된 표현을 통해 우리는 주나라와 기자조선이 서로 독립적인 관계를 유지하며 인근 지역에 존재했다는 것을 알 수 있다. 『한서』「동이전」, 『한서』「지리지」, 『삼국지』「위지 동이전」 등에 따르면 기자는 은나라가 멸망하기 전 낙랑조선으로 간 것으로 나온다. 『한서』「지리지」의 기록을 보면 다음과 같다.

은나라의 도가 약해지자 기자는 조선으로 갔다. 그 백성들에게 예의, 전잠과 베짜는 것을 가르쳤다. 낙랑조선 백성들은 금팔조를 어겨, 살인을 하면 당시에 죽여서 갚고, 상해를 입히면 곡식으로 배상하고, 도둑질을 하면 남자는 가노로 삼고 여자는 노비로 삼았다.

殷道衰 箕子去之朝鮮 敎其民以禮義田蠶織作 樂浪朝鮮民犯禁八
條 相殺以當時償殺 相傷以穀償 相盜者 男沒入爲其家奴 女子爲婢

그런데 여기서 낙랑조선은 원래부터 기자가 봉해진 산서성 진양 인근에
있었던 것으로 비정된다. 그렇지 않다면 기자가 낙랑조선왕의 신분으로 다
시 중원에 들어왔던 사실을 설명할 수가 없다. 주나라 초기에 한반도의 평
양에서 중원으로 왔다갔다 하며 조회한다는 것이 상상이나 되는가? 기자
가 왕이 된 뒤 맥수(麥秀)라는 슬픈 시를 읊었는데 상나라의 후손들이 모두
슬퍼했다는 것은 기자가 은허에서 가까운 곳에 위치한 낙랑조선의 왕이 되
었다는 것을 보여준다.

이후 『삼국지』 「한조」에는 조선왕 준이 등장하는데, 『위략』을 인용하여
준(準)이 기자(箕子)의 후예라는 점을 분명히 하고 있다. 그리고 연나라의 진
개가 기자의 후예였던 조선을 공격하여 사방 2천 리의 땅을 빼앗았다고 했
다. 이후 준왕은 위만에게 나라를 빼앗긴다. 그리고 다음과 같은 기록이 등
장한다.

{준왕(準王)}은 그의 근신과 궁인들을 거느리고 도망하여 바다를 경유
하여 한의 지역에 거주하면서 스스로 한왕이라 칭하였다. 위략: 준의
아들과 친척으로서 [조선]나라에 남아있던 사람들도 그대로 한씨라는
성을 사칭하였다. 준은 나라 밖에서 왕이 되었으나 조선과는 서로 왕
래하지 않았다. 그 뒤 준의 후손은 절멸되었으나, 지금 한인 중에는 아
직 그의 제사를 받드는 사람이 있다.
將其左右宮人走入海, 居韓地, 自號韓王. 魏略曰: 其子及親留在國
者, 因冒姓韓氏. 準王海中, 不與朝鮮相往來. 其後絶滅, 今韓人猶

有奉其祭祀者

준왕은 조선왕이었으나 한지(韓地)에 들어온 후 조선왕이 아니라 한왕(韓王)을 칭했다. 이미 빼앗긴 나라였기 때문에 마한 땅에 들어와 한왕이라 부른 것이다. 물론 마한은 별도로 존재한 나라였다. 성씨도 한씨로 부르기 시작했다. 준의 후손이 절멸된 후에도 한씨들이 살아 남아 그에게 제사를 지내면서 청주 한씨가 기원한 것으로 보인다. 그런데 『잠부론』「지씨성조」에도 위만의 공격으로 (준왕이) 바다 한 가운데로 이주했다는 내용이 등장한다.

옛날 주(周) 선왕(宣王) 때(서기전 827년~서기전 782년) 역시 한후(韓侯)가 있었는데 그 나라는 연나라에서 가까웠다. 그래서 시(『시경』)에 "저 드넓은 한성(韓城)은 연나라 백성들이 완성한 것이다."라고 했다. 그 뒤 한서(韓西){준왕} 역시 성을 한(韓)이라 하였는데, 위만에게 정벌당해 바다 한가운데로 옮겨 살았다.

昔周宣王亦有韓侯, 其國也近燕, 故詩云:『普彼韓城, 燕師所完.』其後韓西亦姓韓, 為魏滿所伐, 遷居海中

그런데 여기서 준왕은 처음부터 성이 한씨였다고 기록하고 있다. 즉 주선왕 시기의 한후와 『시경』「한혁편」의 한혁이 모두 한씨와 연관되어 있다는 것이다. 그런데 『시경』「한혁편」은 주성왕 시기의 사실을 기록한 것이다. 『고본죽서기년』에 주성왕 12년에 한후에게 한성을 하사했다는 내용이 등장한다. 따라서 위에서 인용한 『잠부론』「지씨성조」의 기록은 첫 문장과 두 번째 문장의 선후관계가 잘못되어 있다.

『잠부론』이 인용한 『시경』「한혁편」의 내용은 한후에게 한성을 넘겨 주었다는 것과 혼인동맹을 맺었다는 내용이 주를 이루고 있다. 그리고 한후가 북방의 예맥족 등을 모두 관장하는 것으로 나온다. 주(周)족과 한(韓)족이 서로 연합하여 북방의 흉노족을 방어했던 것이다. 『시경』「한혁편」은 한씨의 유래와 관련하여 한류 이후 최초로 등장하는 매우 중요한 기록이므로 뒤에서 이에 대해 자세하게 살펴보도록 할 것이다.

어쨌든 『사기』「한세가」에서 한씨는 희성으로 나오지만 『삼국지』「한조」의 『위략』에서는 기자의 후예, 즉 자성으로 서로 다르게 나타난다. 그리고 『잠부론』의 전체 내용상으로 보아도 한씨를 희성으로 파악한 것으로 보인다. 희성과 자성은 중원의 패권을 다투던 서로 대립적인 성씨 계보이다. 물론 옛날 성씨들이 자성과 희성을 모두 취하는 경우가 많았으므로 명확한 계보를 구분하는 것은 매우 어렵다.

분명한 것은 기자의 기씨, 선우씨 등은 분명히 자성(子姓)이라는 사실이다. 기자(箕子)는 송나라를 건국한 미자, 그리고 주왕에게 살해당한 비간 등과 함께 은나라의 3대 성인 중 한 사람으로 불리운다. 상나라 시기에 기자가 봉해진 곳은 융적과 빈번히 마주치게 되는 산서성 태원의 남쪽에 위치한 기(箕){지금의 산서 진중시 태곡으로 태원 남쪽} 지역이었다. 기자가 봉해진 기 지역 인근에는 무종을 비롯하여 조선의 여러 방계국가들이 있었다. 기자의 후손은 선우(鮮于)씨로도 불리운 것으로 나타난다.

선우씨는 제나라 환공 시기에 중원의 나라들을 공격하던 백적의 나라로 중산국의 선조들인 것으로 파악된다. 백적은 동이족 상나라의 제후국이었다. 천진의 선우톈에서 「선우황비문」이 발굴되었는데, 비문에는 선우황이 은상의 후손이며, 기자의 후예라고 기록되어 있다. 이형구 교수가 확보한 탁본에는 "(선우)의 이름은 황이며, 자는 백겸인데, 그 조상은 은나라 기자(箕子)의 후예에서 나왔다(君諱璜 字伯謙 其先祖出于殷箕子之苗裔)."라고 기록되어 있다. 중국의 역사학자 진반(陳槃)은 1969년 『춘추대사표열국작성급존멸선이(春秋大事表列國爵姓及存滅譔異)』에서 "선우(鮮于)는 중산(中山)이라고도 한다. 회남자(淮南子)는 우(虞)는 혹 우(于)라고 했다. 선우(鮮于)는 그 선조가 자성인데(其先子姓), 기자는 조선에 봉하고, 기자의 둘째 아들은 우(于·평산으로 추정)에 봉했다. 여기서 자손들은 조선의 선(鮮)과 봉지 우(于)를 따서 선우(鮮于)씨라 했다(子孫因合 鮮于爲氏)."라고 한다. 백도백과에 따르면 선우씨는 자(子)성이며, 국명과 읍명을 합쳐 성씨가 되었다. 기자의 후손들이라고 한다. 그리고 기자의 후손인 기준이 위만에게 나라를 빼앗기고 한지로 이동하여 한왕을 칭하다가 한씨라 했다고 한다. 이러한 자성 한씨의 계보는 아래와 같이 정리할 수 있다.

태호-소전-황제-소호-제곡 고신-설-상나라—기자(箕子)--기준(箕準)--한씨(韓氏)

그리고 선우국은 춘추 초기에 산서성 북부에서 활동하고 있었는데, 선우씨(鮮虞氏), 비씨(肥氏), 고씨(鼓氏), 구유씨(仇由氏)의 4개 씨족국가를 거느리고 있었다. 진(秦)과 진(晉) 사이에 위치해 두 나라의 패권경쟁에 휘말리기도 하였다. 그리고 진(晉)나라와 혼인관계로 맺어지기도 했다. 백적은 강성해서 『관자』에서는 백적이 중원의 진나라를 포함해 여러 소국들을 공격했는데, 제환공이 서쪽으로 백적을 물리쳤다고 기록하고 있다. 제환공 북벌의 명분을 제공한 세력이 바로 선우 백적국이다.

셋째, 주무왕이 사망한 이후 주나라는 커다란 위기를 맞이하게 된다. 어린 주성왕이 즉위한 후 주공이 섭정하면서 수많은 반란이 일어났다. 관채의 반란을 필두로 엄인, 서인 및 회이 그리고 포고(蒲姑) 등이 연이어 주나라에 반기를 들었다. 은나라의 유민들이 끊임없이 반란 대열에 참여했다. 무왕은 소공 석을 연에 봉하였으나 부임하지 못하고 보(保)에 임명되어 주나라를 호위하는 역할을 수행했다. 주성왕은 즉위 7년째 친정을 개시하자마자 8년에 당(唐)에서 다시 반란이 일어났고, 10년에 이복동생인 숙우를 당나라에 봉하였다. 그리고 주성왕 12년에 주성왕의 군대와 연나라 군대가 축성한 한성을 한후에게 사여했다. 그 이듬해에도 주성왕의 군대는 제후(齊侯)와 노후(魯侯)를 만나 융을 정벌하게 된다.

　이상에서 살펴본 바와 같이 주나라는 성립과 동시에 수많은 세력들의 반란에 시달렸다. 그래서 숙우를 당에 봉하고, 2년후 한후에게 한성을 주며 혼인동맹을 추진했다. 『여씨춘추』에 따르면 당숙우(唐叔虞)는 주성왕의 이복동생으로 희성(姬姓)이다. 주성왕은 숙우를 당(唐){현재의 산서성 임분시 익성(翼城)}에 봉하였다. 당은 원래 요임금의 후손들이 봉해진 곳이었다. 당 지역은 조선의 방계세력들인 융적(戎狄)이 강세를 보이고 있었던 지역이다. 당숙우를 봉하기 전인 주성왕 8년에 당나라에서 반란이 일어났는데, 주공이 이를 진압하고 그 백성들을 두(杜)로 이주시켰다. 이에 따라 당에는 제후가 없었다. 『사기』「진(晉)세가」는 이때의 상황을 다음과 같이 기록하고 있다.

　　무왕이 세상을 떠나고 성왕이 왕의 자리에 올랐는데, 당(唐)나라에 난이 발생하자 주공은 당나라를 멸망시켰다. 성왕이 오동나무 잎을 다듬어 규(珪)를 만들어 숙우에게 주면서 장난삼아, "이것으로 너를 봉하노라."라고 했다. 사일(史佚)이 이에 날을 잡아 숙우를 제후로 세우라고 청했다. 성왕이 말했다. "나는 숙우에게 장난친 것뿐이다. 사일이 말했다. "천자에게는 농담이 없습니다. 말씀하시면 사관이 기록하고, 예의로써 그것을 완성하며 음악으로 그것을 노래하는 것입니다. 이에 드디어 숙우를 당(唐) 땅에 봉했다. 당 지역은 하수와 분수(汾水)의 동쪽에 있으며, 사방이 100리가 되므로 그를 당숙우라고 불렀다.

武王崩 成王立 唐有亂 周公誅滅唐 成王與叔虞戲 削桐葉為珪以與叔虞曰：「以此封若」史佚因請擇日立叔虞 成王曰：「吾與之戲耳」史佚曰：「天子無戲言 言則史書之 禮成之 樂歌之」於是遂封叔虞於唐 唐在河 汾之東 方百里 故曰唐叔虞

주성왕 10년인 서기전 1033년에 숙우를 반란으로 인해 주인 자리가 비어있던 당(唐)에 봉하게 된 것이다. 숙우를 당에 봉하기 전 해에 식신(息愼)씨, 즉 조선 세력이 내조하여 모종의 협의를 하였는데, 주성왕은 영백에게 명하여 회식신지명(賄息愼之命)을 짓게 했다. 이는 식신, 또는 숙신, 융적으로 불리운 조선이 주나라와 가까운 곳에 위치하고 있었다는 것을 알 수 있다. 특히 당국(唐國)은 요임금과 하나라의 옛터로서 당시 사방의 융적부락, 즉 조선의 여러 방계국가들과 맞닿아 있었다. 당나라는 반란 이후 민족갈등이 첨예하였고, 당숙우는 내부 모순을 해소하는데 전력을 기울였다. 식신이 당의 반란 이후 주나라에 내조한 것은 조선의 입장을 전한 것으로 분석된다.

당숙우는 강태공의 외손자로서 진(晉)의 시조이기도 하다. 그 자손들이 제위를 계승한 후 당읍면 임진수(臨晋水)를 바로 본다고 해서 진후(晋侯)라 칭했다. 그런데 당숙우가 당에 봉해진 후 2년 후에 한성(韓城)에 한후(韓候)를 봉했다. 이를 기념하여 『시경』「대아」'한혁'편이 지어졌다. 그런데 『사기』「한세가」에는 중국인이면 누구나 다 아는 『시경』「대아」'한혁'편에 대해 아무런 언급도 하지 않은 채 다음과 같이 한씨의 시조에 대해 기록하고 있다.

한(韓)나라의 선조는 주나라와 같은 성으로 희씨(姬氏) 성이다. 그의 후손들이 진(晉)나라를 섬겨 한원(韓原)에 봉토를 얻어 한무자(韓武子)라고 하였다. 한무자 이후 3대째에 한궐(韓厥)이 있었는데, 그의 봉토의 성을 따라 한씨라고 한 것이다.

韓之先與周同 姓姬氏 其後苗裔事晉 得封於韓原 曰韓武子 武子後 三世有韓厥 從封姓爲韓氏

주성왕이 이복동생인 숙우를 당에 임명한지 2년 후에 황하의 맞은 편 섬서 한성에는 한후가 봉해진다. 『시경』「대아」'한혁(韓奕)'편에는 아래와 같이 주나라 천자가 한혁에게 연나라 백성들이 쌓아올린 성을 하사하고, 북쪽의 기추기맥(其追其貊)을 다스리는 제후로 삼았다는 내용을 노래한 시가 등장한다. 여기서 시의 주인공인 한후가 바로 한류(韓流) 이후 최초로 등장하는 한씨이다.

크고 높게 치솟은 양산은 우임금이 다스렸네. 밝으신 그 도로 한후가 명을 받았네. … 한후가 아내를 얻었다네. 분왕의 생질녀자, 궤보의 딸이라네. 한후가 아내를 맞으러 궤의 영지로 갔네. … 저 거창하고 큰 한성은 연나라 군사가 완성시켰네. 조상의 명을 받들어 여러 만이를 다스리네. 왕은 한후에게 추와 맥도 하사하였네. 북쪽의 나라들을 두루 받아 그 지역의 제후가 되었네. 성을 쌓고 해자를 파고 밭을 정리하고 부세를 매겼네. 천자께 백호 가죽과 붉은 표범, 누런 말곰의 가죽을 바쳤네.

奕奕梁山 維禹甸之 有倬其道 韓侯受命 … 韓侯取妻, 汾王之甥, 蹶父之子. 韓侯迎止, 于蹶之里 … 溥彼韓城 燕師所完 以先祖受命 因時百蠻 王錫韓侯 其追其貊. 奄受北國, 因以其伯. 實墉實壑, 實畝實

籍. 献其貔皮, 赤豹黃羆

『시경』「한혁편」을 둘러싸고 크게 두 가지 논쟁이 벌어졌다. 첫째는 「한혁편」이 가리키는 시기가 언제인가 하는 것이다. 최근까지 주선왕 시기를 가리킨다는 주장이 다수를 차지해 왔다. 그러나 『고본죽서기년』에 주성왕 12년이라고 명확하게 기록되어 있고, 이 기록이 신뢰를 얻게 되면서 주성왕 시기라는데 더 이상 이론이 제기되지 않을 정도이다. 『잠부론』에 따르면 『시경』 한후 외에도 주선왕 시기에도 한후가 있었다고 한다.

둘째, 「한혁편」에 등장하는 한성(韓城)이 어디에 있었는가 하는 점이다. 이를 둘러싸고 섬서 한성이라는 주장과 하북성 고안현의 한성이라는 주장이 맞서왔다. 조위의 왕숙(王肅)은 "탁군 방성현에 한후의 성이 있다.[涿郡方城縣有韓侯城]"고 주장했다. 또 수경주(水經注)에서 말하길 "방성은 지금의 순천부 고안현으로 순천부 남서쪽으로 백이십리에 있다.[方城今爲順天府固安縣 在府西南百二十里]"라고 하였다. 『대청일통지』에는 "한성은 고안현 서남쪽에 있고, 『현지』는 현재 이름은 한후영(韓侯營)으로 현 동남 18리에 있다.[韓城在固安縣西南;『縣志』今名韓侯營, 在縣東南十八里]"라고 했다.

이에 따라 한혁의 한성은 섬서 한성이 아니라 북경시 통현 서쪽의 고안현 동북쪽에 있다고 주장되어 왔다. 그러나 북경 일대에 있는 한성 인근에는 크고 높은 양산(梁山)이 없고, 우임금이 다스렸다는 것과는 연관성을 찾아볼 수 없다. 따라서 한성은 섬서 한성을 가리킨다는 것을 알 수 있다. 후한 시기 정현, 남송의 주희 등은 한성이 섬서 한성이라고 보았다. 북경 인근의 한성은 한(韓) 세력이 이후 이동한 곳으로 비정된다.

주성왕 시기의 연나라 군대는 연소공의 군대를 가리킨다. 연소공은 연나라에 부임하지 못하고 호경보정(鎬京輔政)에 머물렀다. 그의 곁에는 연나라 군대의 일부가 따라다니며 수시로 그가 연나라로 부임하는 것을 돕고자 한 것으로 파악된다. 『사기』「주본기」에 따르면 연소공은 삼공이 되어 섬읍 서쪽을 주관하였다. 따라서 연소공의 군대가 한성을 쌓은 것이다.

『시경』「한혁편」은 주나라와 연나라의 군사들이 완성한 한성을 한후에게 넘겨주었다는 내용이 핵심을 이루고 있다. 이밖에도 한후가 분왕(汾王)의 생질녀이자 궤보의 딸인 한길(韓姞)에게 장가드는 것에 대한 내용이 등장한다. 아울러 한후가 한성에서 북방의 여러 만이, 그리고 추(追)와 맥(貊), 즉 예맥족을 다스리게 되었다는 것을 분명하게 제시하고 있다. 이는 주나라와 한후가 혼인동맹을 통해 북방에 대한 방어를 서로 약조했다는 것을 보여준다. 그리고 비휴 가죽과 붉은 표범 가죽 등 문피를 교역했다는 내용이 나온다. 문피교역에 대해서는 『관자』에 그 내용이 자세하게 나온다. 거기에는 발조선과 제나라가 척산에서 문피 교역을 했다는 내용이 등장한다.

그렇다면 『시경』「한혁편」의 한후는 과연 누구였을까? 이에 대해서는 중국학자들은 주나라와 같은 희성 한씨를 가리킨다는 주장이 대세를 이루고 있었다. 그러나 필자가 보기에 한후는 고조선의 단군을 가리키는 것으로 보는 것이 타당하다. 김상기(1984)는 「한혁편」의 한(韓), 추(追), 맥(貊)을 한(韓), 예(濊), 맥(貊)으로 보았다. 아울러 호표피가 산융 등 고조선의 특산품임을 지적했다. 김성호(2000)는 『사기』「한세가」가 섬서 한후를 삭제한 역사왜곡을 자행했다며, 『사기색은』을 인용하여 곡옥 환숙과 별개의 환숙의 아들 한만(韓滿)이 주성왕 시의 한후, 즉 환씨족이라고 주장했다. 『사기』「한세가」의 "한(韓)나라의 선조는 주나라와 같이 희성(姬姓)이다."라는 것에 대해 『사기색은』은 다음과 같이 주석했다.

『계본(系本)』과 『춘추좌전』의 옛 설에 따르면 모두가 한만(韓萬)을 곡옥(曲沃) 환숙(桓淑)의 아들, 즉 진(晉)의 갈려나간 서자(支庶)라고 부른다. 또 『국어』에서 숙향이 한선자(韓宣子)가 능히 무자(武子)의 덕을 닦았다고 말하자, 다시 일어나 감사히 절하며 말하길, 「옛 우리 조상 환숙(桓叔)으로부터 그 아래가 모두 그대가 내려주신 은덕을 입고 있는 것이군요.」라고 하였다. 또한 환숙이 본래 한의 조상이라 하였다. 지금의 한후(韓侯) 후손 중에 별도의 환숙(桓淑)이 있었는데, 곡옥(曲沃) 환숙(桓淑)과 관련이 없다. 이는 태사공(太史公)의 의도와 어긋난다.

然按系本及左傳舊說, 皆謂韓萬是曲沃桓叔之子, 即是晉之支庶. 又國語叔向謂韓宣子能修武子之德, 起再拜謝曰「自桓叔已下, 嘉吾子之賜」, 亦言桓叔是韓之祖也. 今以韓侯之後別有桓叔, 非關曲沃之桓叔, 如此則與太史公之意亦有違

『사기색은』에 따르면 곡옥 환숙과 별도의 환숙이 존재했다는 것을 알 수 있다. 사마천의 고향은 한성(韓城)이다. 자신의 고향의 역사에 대해 누구보다 잘 알고 있었을 것임에도 불구하고 그는 『사기』에서 한의 역사를 삼진(三晉, 한, 위, 조)의 역사로 축소시켜 서술했다. 춘추필법의 전형인데, 여기에는 사마천의 개인적 상황도 반영되었다. 한성은 동이족 한씨들의 본향이고 사마천 자신도 동이 축융족 사마씨의 후손이다. 진나라를 건국한 사마씨의 역사를 기록한 『진서』 「사마의본기」에는 사마씨가 축융족이라는 사실을 분명히 하고 있다.

선황제(宣皇帝)의 휘는 의이고, 자는 중달이다. 하내군 온현 효경리 사람으로 성은 사마씨이다. 그 선조는 전욱 고양 임금의 자손인 중려로서, 하관(夏官) 축융이었다. 요순시대와 하상시기를 거쳐 대대로 그 축융의 직을 이어왔고, 주나라에 이르러 하관이 사마가 되었다.

宣皇帝諱懿, 字仲達, 河內溫縣 孝敬里人, 姓司馬氏. 其先出自帝高陽之子重黎, 爲夏官祝融, 歷唐虞夏商, 世序其職. 及周, 以夏官为司馬

　따라서 사마천은 『사기』 「한세가」에서 『시경』의 「한혁편」에 대해 언급조차 하지 않았고, 자신의 고향이 한성(韓城)이라는 사실도 기록하지 않았다. 중국인들이 『시경』을 최고의 가치를 갖는 서적 또는 광대한 역사서로 존중하고 있다는 점을 감안하면 사마천이 『시경』 「한혁편」을 읽어보지 않았다는 것은 있을 수 없는 일이다. 공자는 죽음에 이르러 자신이 상나라의 후손이라는 사실을 밝혔는데, 사마천은 끝까지 동이족이라는 사실을 숨겼다. 『시경』 「한혁편」의 섬서 한후가 삭제되어 버린 결과 한씨의 계보가 왜곡되

🗺 춘추 초기 주나라와 제후국의 정립도

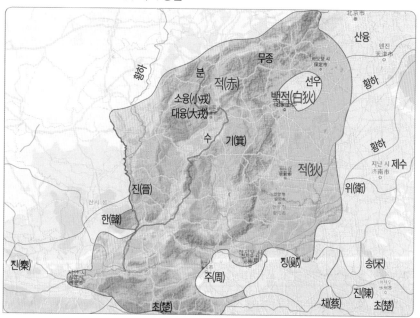

어 서기전 424년~서기전 409년 한원에 봉해진 한무자가 한씨의 시조가 되는 결과가 초래되었다.

그동안 『시경』 「대아」 '한혁'편은 주선왕 시기(서기전 827년~서기전 782년)의 기록인 것으로 해석되어 왔다. 그러나 『고본죽서기년』 권7에는 다음과 같이 기재되어 있다. "(주성왕) 12년 왕의 군대와 연나라의 군대가 한성을 쌓았다. 왕이 그곳에 한후를 명했다(十二年, 王師燕師城韓. 王錫韓侯命)." 주성왕 12년이면 서기전 1031년이다. 『시경』 「한혁편」은 주선왕이 아니라 주성왕 시기를 다루고 있다는 것을 알 수 있다. 따라서 『잠부론』 「지씨성조」의 한씨 관련 기록은 주성왕 시기 한혁편의 한후가 먼저이고, 그 이후 주선왕 시기에도 한후가 있었다는 것으로 해석해야 맞다.

그리고 「한혁편」의 "혁혁한 양산(梁山)은 우임금이 다스렸네."를 통해 한성의 위치를 비정할 수 있다. 동한 시기의 정현(鄭玄)은 『한서(漢書)』 「지리지」에 근거하여 "양산은 하양(夏陽)의 서북쪽에 있다."라고 주를 달았다. 즉 오늘날의 섬서 한성(韓城)을 가리키는 것이다. 하북성 고안현의 동북쪽에 있다는 한성은 주나라 초기의 한성이 아니다. 중요한 것은 단지 연나라 병사들만이 아니라 주성왕의 병사들까지 모두가 힘을 합쳐 쌓은 한성(韓城)을 한후(韓侯)에게 넘겨주었다는 사실이다.

이러한 『시경』 「대아」 '한혁'편은 주성왕 시기에 한후가 왕을 만나 북방의 여러 민족을 방어하는 역할을 맡고 궤보의 딸을 얻어 정략결혼을 하게 된 것을 노래한 것이다. 한후는 주나라와 연나라 병사들이 힘써 완성한 성을 하사받고 예맥족까지 통솔하게 된다. 이 당시 서주는 초기에 해당하는데, 북방의 예맥족들과의 평화를 위해 한후와 동맹을 맺기에 이르른 것이다. 주성왕의 군대는 한후를 임명한 직후인 13년(서기전 1102년)에도 제후 및 노후와 회합하여 융(戎)을 정벌해야 했다(十三年, 王師會齊侯魯侯伐戎). 결국 한후를 한에 봉하고 한성을 증축하여 예맥족과 동맹함과 동시에 북방 여러 민족의 침략을 방어하고자 하였던 것이다.

이 시기에 한후(韓候)가 주나라에 입조하여 후에 봉해진 것은 주성왕 시기에 매우 중요한 정치 활동이었으며, 이 시는 이러한 상황에 대해 상세하게 기술하고 있다. 한후는 북방의 추맥(追貊) 또는 예맥(濊貊)을 비롯한 여러 민족들을 포괄하면서 북방을 도맡게 된다. 그러나 섬서 한후국은 주평왕 때 (서기전 770년~서기전 720년) 진(晉)에 흡수되어 멸망하고 만다. 『잠부론』에 따르면 한(韓) 왕실은 진(晉)의 공족인 목후(穆候)(서기전 811년~서기전 785년)의 손자 한만(韓萬)이 한원(韓原) 지역에 봉해지면서 다시 이어지게 된다. 그리고 사마천의 『사기』 「한세가(韓世家)」에서는 한(韓), 위(魏), 조(趙) 3국이 진(晉)을 삼분하였고, 한국이 중원에서 전국 7웅으로 활약했던 내용을 기록하고 있다. 다만 『잠부론』에서는 『시경』 「한혁편」의 한후가 위만에게 나라를 빼앗긴 조선의 준왕으로 연결된다고 주장하고 있다. 준왕은 서기전 208년에 즉위하여 서기전 194년에 나라를 빼앗겼다. 이에 따르면 준왕은 청주 한씨의 시조격 인물이다. 청주 상당(上黨)은 한(韓) 세력이 있었던 산서성의 상당군 (上黨郡)과 동일한 지명이다.

백도백과에 따르면 한성(韓城)은 서기전 8만 년부터 5만 년까지의 구석기 시대 인류의 활동 족적이 남아 있는 유구한 역사를 자랑하는 곳이다. 하상 시기에 옹주(雍州)에 속했다. 『서경』 「우공」 '옹주'편에 용문(龍門)이 나오는데, 이곳이 바로 한성이다. 적석산 기슭에서 배에 옥돌을 실어 황하 연안의 중심지인 용문 서하에 이르렀던 것이다. 그리고 다시 용문, 즉 한성에서 황하를 따라 발해까지 이동하였다. 이는 한(韓) 세력의 이동경로를 잘 보여준다.

흑수(黑水)와 서하(西河) 사이가 옹주(雍州)이다. … 공물은 아름다운 옥
[璆]과 진귀한 보석[琳]이었다. 이 공물은 적석산(積石山) 기슭에서 배에
실어 용문(龍門)산 서하(西河)로 운송하여 위수(渭水)로 모이게 했다. 곤
륜(崑崙)과 석지(析支) 거수(渠搜)에서 융단도 바쳤으니 서융(西戎)의 질
서도 잡힌 것이다. 진산과 기산을 인도하여 형산(荊山)에 이르렀고 황
하를 건너 호구(壺口)산과 뇌수(雷首)산을 거쳐 태악(太嶽)에 이르렀으며
저주산과 석성산을 거쳐 왕옥(王屋)산에 이르렀으며 태행(太行)산과 항
산(恒山)을 거쳐 갈석(碣石)산에 이르러 바다에 다다랐다.
黑水西河惟雍州 … 貢璆琳瑯玕 浮于積石 至于龍門西河 會于渭汭
織皮昆侖 析支 渠搜 西戎即序 道九山: 汧及岐至于荊山, 踰于河: 壺
口、雷首至于太嶽: 砥柱、析城至于王屋: 太行、常山至于碣石, 入
于海{『사기』「하본기」}

　　한혁이 한후로서 한성에서 활동한 이후 주나라의 내정은 안정을 찾아 가
지만 주선왕 시기에 이르러 다시 혼란에 빠져들게 된다. 주나라는 건국 초
기를 제외하고는 제대로 힘 한번 써보지 못하고 쇠락의 길을 걷게 된다. 주
선왕(서기전 827년~서기전 782년) 때 다시 한 번 한후에게 도움을 요청한 것으
로 보인다. 주선왕 시기는 서주 후기에 해당하는데, 내우외환으로 국운이
쇠락하다가 려왕(厲王) 시대에 사회·정치적 대란을 거치면서 선왕은 국가 재
부흥책을 도모할 수밖에 없었다. 동쪽으로 회이를 정벌하고, 북쪽으로 험
윤(玁狁), 즉 흉노를 정벌하여 다른 나라의 모욕과 침략을 방어해야만 했다.
또한 신후를 사읍진으로 옮겨 남쪽의 요충을 수비하고, 재상 중산보를 파
견하여 제성을 중수해 동방을 방어하며, 한후를 한에 봉하고 한성을 증축
하여 북방 여러 민족의 침략을 방어하고자 하였다.

진목후(晉穆侯, 서기전 811년~서기전 785년)는 제녀(齊女)를 아내로 맞아, 장남 '구(仇)'를 태자(太子)로 삼고, 차남은 '성사(成師)'라고 불렀다. 『춘추좌전』 「노환공 2년」에서는 태자의 이름을 원수를 뜻하는 구(仇)라고 짓고 아우를 성사라고 한 것은 난을 자초한 것이라고 지적했다. 서기전 785년 진목후(晉穆侯)가 세상을 떠나자 진문후의 숙부인 진상숙(晉殤叔)이 군위를 찬탈하였다. 4년 뒤인 서기전 780년 태자 구가 상숙을 공격해 죽이고 진문후(晉文后)로 즉위한다. 진의 도읍은 기(翼){지금의 산서성 기성 동남쪽}에 있었다. 문후의 아들 소후(昭后)가 재위할 때 숙부인 성사(成師)를 곡옥(曲玉){지금의 산서성 문희(聞喜)}에 봉하고 환숙(桓叔)이라고 불렀다. 곡옥 환숙은 널리 인재를 모아 세력을 확장시켰다. 곡옥 환숙에 이르기까지 진나라는 황하와 임분시 일대에 있었다. 그런데 『잠부론』에는 "무릇 환숙(桓叔)의 후손으로 한씨(韓氏), 언씨(言氏), 영씨(嬰氏), 화여씨(禍余氏), 공족씨(公族氏), 장씨(張氏) 등이 있는데, 이는 모두 한의 후손(韓后)으로 희성(姬姓)이다."라고 했다. 곡옥 환숙은 환인-환웅-단군으로 이어지는 환씨들과 같은 호를 사용하였는데, 그 후손 중에 한씨가 있어 환과 한이 상호 호환되었던 것으로 분석된다. 환은 '밝다'는 태양의 의미와 함께 하나(一), 즉 하늘을 나타내고, 한은 환과 상통함과 동시에 칸(汗) 즉 왕이라는 의미도 갖고 있다.

곡옥 환숙(桓叔)이 봉지를 받은 6~70여 년간 익(翼)의 소후와 곡옥 환숙 양대 세력 사이의 충돌이 끊이지 않았다. 소후는 재위 7년 만에 대부 반보(潘父)에게 살해당하고, 환숙이 군주가 된다. 그러나 진(晉)나라 사람들이 그를 받아 들이지 않자 환숙은 곡옥으로 돌아갔다. 진나라 사람들은 소후의 아들 평을 진효후(晉孝候)로 옹립한다. 진효후 재위 8년째 곡옥 환숙이 죽고 세자가 위를 승계하였는데, 그가 곡옥 장백(曲沃庄伯)이다. 장백은 진효후를 죽이고 진나라 사람들은 다시 효후의 아들 진악후(晉鄂候)를 군주로 세웠다. 악후가 6년간의 재위 후 사망하자 곡옥장백은 진나라를 공격한다. 이때 주평왕(周平王)이 진나라 내정에 간섭해 곡옥 장백을 정벌한다. 악후의 사후 진애후가 등극하는데, 즉위 2년째(서기전 709년) 곡옥 장백이 죽고 그 아들 곡옥 무공이 즉위한다. 진애후 9년(서기전 709년), 곡옥 무공은 군사를 일으켜 기성을 공격하였다. 곡옥 무공의 사(使) 한만(韓萬)이 진애후를 죽였다. 이에 대해 『춘추좌전』「환공 3년(서기전 709년)」에는 다음과 같이 기록하고 있다.

> 노환공 3년 봄, 곡옥을 다스리는 진장백의 아들 진무공 칭이 익성을 치려고 형정에 주둔했다. 진장백의 동생인 한만(韓萬)이 전차를 조종하고 곡옥의 가신 양홍(梁弘)이 전차 우측의 전사가 되어 익후인 진애후를 분수(汾水) 가의 저습지대로 몰아갔다. 이때 참마가 나무에 걸려서 멈추게 됐다. 밤이 됐을 때 익후를 사로잡고 진환숙의 사부인 난빈의 아들로 진애후 때의 대부인 난숙공도 잡아 죽였다.
>
> 三年春 曲沃武公伐翼 次于陘庭 韓萬御戎 梁弘爲右 逐翼侯于汾隰 驂絓而止 夜獲之 及欒共叔

진나라 사람들은 다시 애후의 아들을 세워 진소자후(晉小子候)라 불렀다. 서기전 705년에 곡옥 무공이 평화협상을 내세워 소후를 유인하여 사로잡아 죽인다. 소후의 아들이 진후(晉侯)로 등극하는데, 진후 즉위 28년째 되는 해에 곡옥 무공이 다시 진을 공격한다. 그리고 철저히 승리하여 진나라를 완전히 패망시킨다. 그리고 20여 년의 투쟁 끝에 서기전 679년, 주희왕은 곡옥 무공을 정식으로 진나라의 군주로 임명하여 공(公)으로 삼고 진나라의 땅을 모두 병합하였다. 곡옥 무공은 정식으로 진무공으로 등극하지만 그 다음 해 죽는다. 양 세력 간 갈등이 67년간 계속되었다.

한원은 지금의 한성 남원(韓城南原), 즉 용정원(龍亭原) 또는 한성고성 서쪽에 있는 것으로 비정된다. 한무자 한만의 현손 한궐(韓厥)시기에 지역명을 따서 한씨라 하였다. 진나라의 북쪽에는 융적으로 불리운 고조선 방계국들이 존재하고 있었다. 그리고 기자조선도 태원 남쪽에 위치하고 있었던 것으로 분석된다. 따라서 한씨와 자성 기씨들은 상당한 기간 동안 산서성에서 공존한 것으로 볼 수밖에 없다. 『사기』에는 당숙우에서 정후까지 5대는 재위연도를 유추할 수 없다고 한다. 그리고 정후 17년에 주여왕이 반란으로 인해 체 땅으로 달아나자 대신들이 정치를 대행하는 공화(共和)기가 도래하게 된다. 이러한 상황은 주나라와 진나라가 매우 혼란스러웠다는 것을 보여준다.

진무공 사후 등극한 이가 바로 진헌공(晉獻公)이다. 이 시기 산융, 적, 무종 등 조선 세력들은 태원 일대에 위치하고 있었다. 진나라의 왕위쟁탈전이 심화되면서 중이(重耳)가 어머니의 나라 적(狄)으로 망명하게 된다. 『춘추좌전』에서는 융국(戎國)이라고 적고 있다. 따라서 중이의 외가는 융적(戎狄) 세력이다. 중이의 망명 사건은 『춘추좌전』을 비롯한 중원의 사서에 자세히 기록되어 있는데, 융적으로 망명한 사실은 잘 알려져 있지 않다. 융적은 중이 어머니의 나라로 고조선 세력으로 분석된다. 『춘추좌전』「장공 28년」(서기전 666년)에는 다음과 같이 기록되어 있다.

진헌공은 부친 진무공의 첩인 제강과 간통해 훗날 진목공의 부인이 된 진목희와 태자 신생(申生)을 낳았다. 진헌공은 또 융국(戎國)으로부터 두 여자를 맞이했다. 대융(大戎)의 호희(狐姬)는 훗날 진문공이 된 중이(重耳)를 낳았고, 소융(小戎)의 여인은 진혜공 이오(夷吾)를 낳았다.

烝于齊姜 生秦穆夫人及大子申生 又娶二女於戎 大戎狐姬生重耳

小戎子生夷吾

중이를 낳은 대융의 호희는 산융 즉, 조선의 여인으로 분석된다. 중이는 나중에 진문왕으로 즉위(서기전 636년~서기전 628년)하는데, 많은 고초를 겪어 진문왕에 등극하여 춘추오패 중 한 사람이 된다. 진헌공의 애첩 여희가 자신의 아들을 왕위에 올리고자 태자 신생은 곡옥{산서성 문희현}으로, 중이는 포(蒲){산서성 영제시}로, 그리고 이오는 이굴(二屈){산서성 길현}로 내쳤다. 진헌공은 서기전 656년에 총애하는 여희에 속아 태자인 신생(申生)을 핍박하여 목을 매달아 죽게 하였다. 나아가 여희를 황후로 삼고 그녀의 소생인 해제를 태자로 삼았다. 이후 중이는 포에서 가까운 적(狄)으로 망명한다. 중이가 내쳐진 포는 지금의 포판시{산서성 영제} 일대이다. 이곳은 우순(虞舜) 임금의 치소이자 상나라의 제후국 고죽국이 위치하고 있었던 곳이다. 포는 발계 지명으로 조선이 위치하던 곳이었다. 따라서 이곳의 북방에 위치한 적과 융은 바로 조선을 가리킨다. 중이는 조선의 딸의 아들, 즉 조선의 외손자였던 것이다. 중이가 조선에 망명하고 나중에 진문공으로 즉위한다.

곡옥환숙의 아들인 한만(韓萬)의 현손 한궐(韓厥)은 진나라 정경(正卿)을 지내며 진나라 내 한씨의 세력의 확대를 도모한다. 춘추 말기 진나라는 한씨(韓氏)·조씨(趙氏)·위씨(魏氏) 등 6경이 전권을 행사했다. 서기전 490년에 범씨, 중행씨가 조나라에서 멸망하자 서기전 453년에 한, 조, 위 세 집안이 지씨를 모두 멸망시키고 그 지역을 삼분하였다. 이때부터 진나라는 한·조·위 3국으로 양분되었다. 서기전 403년 한궐의 7대손 한건(경후) 때 주천자(周天子)는 삼가를 모두 제후로 공식 인정했다.

이로써 전국 시대에 한국은 전국 칠웅 중의 하나가 되었다. 한국은 처음 평양(平陽){지금의 산서성 임분(臨汾)}으로 도읍을 정했다가 이후 양적(陽翟){지금의 하남 우주시)으로 이전했다. 한애후(韓哀侯) 때 정나라를 쳐부수고 수도를 정나라의 도읍인 하남 신정(新鄭)으로 옮겼는데, 그 강역은 지금의 산서성 동남부와 하남 중부로 위, 진, 초의 삼국의 사이에 있었다. 한애후의 증손자인 선혜왕(宣惠王)이 칭왕하기 시작했다. 선혜왕의 현손인 한왕안(韓王安)에 이르렀을 때, 한국의 세력은 날로 약해졌다. 서기전 230년 진나라가 한나라를 멸망시키고 한왕안을 포로로 잡아 영천군에 두었다. 영천에서 한국이 멸망한 이후 국인들이 한을 성씨로 삼았다.

한씨의 계보는 다소 혼란의 소지가 있다. 그러나 이들은 원래 전욱 고양의 후손으로서 자성(子姓)이었다가 주나라 시기에 희성(姬姓)으로도 개성한 것으로 나타난다. 그렇게 해서 한씨 조선의 주력이 된 것이다. 중원에서 한씨의 군망(郡望)은 다음과 같다. 첫째, 영천군(潁川郡)으로 치소는 양적(陽翟)[지금의 하남성 우주(禹州)]이다. 진(秦)나라가 한(韓)나라를 멸망시킨 곳으로 영천군을 지금의 하남성 중부에 설치하였다. 둘째, 남양군(南陽郡)이다. 전국(戰國)시 진소왕(秦昭王) 35년에 설치되었다. 서기전 263년 진나라의 백기(白起)가 한을 공격하여 남양군을 취하자 한의 도읍인 신정과 상당군(上黨郡)이 분리되었다. 복우산 이남, 한수 이북에도 남양(南陽)이 있는데 한과 초(楚)가 나누어 가졌다. 진(秦)이 완(完)을 치소로 삼아 남양군을 설치하였다. 지금의 하남성 남양시다. 셋째, 창려군(昌黎郡)이다. 조위(曹魏)에서 수나라 초까지 지금의 요녕성 요동 의현(義縣) 일대에 창려군이 있었다. 현재 하북성 창려현은 수당 시대에 노룡현(盧龍縣) 경내에 있다. 요나라는 광녕현을 설치하고 영주를 치소로 삼았다. 지금의 창려현이다. 한씨의 기원과 이주 분포를 살펴보면 임분→양적→신정→양적→태원→남양→창려 등으로 요약할 수 있다.

한씨는 춘추시대 진(晋)나라에서 처음 활동하였는데, 한건(韓虔)이 평양(平陽)[지금의 산서성 임분(臨汾)]에 한국(韓國)을 건국한 이후 두 차례 천도했다. 하나는 양적(陽翟){지금의 하남성 우주(禹州)}이고, 다른 하나는 신정(新鄭)이다. 두 번의 수도 이전으로 급속히 번성하여 하남에 기반을 닦았다. 진(晉)이 망한 후 한 국의 종실인 한기(韓起)가 영천왕(英川王)에 봉해졌다가 태원(太原)으로 봉해졌고, 그 후손인 한건(韓騫)이 왕망의 난을 피해 남양으로 남천하면서 한씨는 동한에서 크게 발전하였다. 후주소보(后周少保) 한포(韓褒)는 창려(昌黎){지금의 요녕성 의현}에 거주하였고, 그 아들 한중량(韓仲良)은 경조삼원(京兆三原){지금의 산서성 삼원}에 거주하였다. 한씨와 연관된 지역은 운성(運城), 임분(臨汾), 상당(上黨), 둔유(屯留), 호관(壺關), 려성(黎城), 한단(邯鄲) 등 주로 산서성 남쪽에 위치하고 있다. 특히 진나라 통일 직전 시기 상당군은 한(韓)에 있었다. 진나라와 조나라 사이의 거대한 전쟁인 장평대전이 발생한 곳은 고평(高平)시이다.

운성군은 하동군으로도 불리우고 있다. 운성군에는 소금호수 해지(解池)가 있다. 현재 중국의 사해(死海) 염지(盐池)가 염호구(盐湖區)에 있다. 소금이 많이 나므로 예로부터 수많은 정치세력들의 염호를 둘러싼 쟁탈전이 발생하였다. 순임금의 도성 포판(蒲阪), 하나라의 도읍 안읍(安邑) 등도 운성군 일대에 있었다. 서기전 30세기에 황제와 치우가 전쟁을 한 이유도 바로 하동 염지를 장악하기 위한 것이었다고 한다. 요·순·우 임금의 도읍지도 모두 인근 지역에 있었다.

백도백과 검색 결과에 따르면 운성염호(運城鹽湖)는 4천여 년 이상 소금을 생산해온 역사로 전국적으로 유명했다. 지금으로부터 약 5억 년 전, 신생기(新生紀) 제4세대에 형성되었으며, 면적은 약 120㎢로 이스라엘 사해(死海)와 같은 내륙의 함수호(咸水湖)로 알려져 있다. 이스라엘 사해 흑니(黑泥)는 염화물 위주인데 반해, 운성염호 흑니(黑泥)는 황산염을 주로 한다. 둘 다 인체에 유익한 미네랄 원소가 풍부하다.

53/ 허씨許氏

　우리나라 허씨는 2015년 기준으로 양천(陽川) 허씨, 김해 허씨, 하양(河陽) 허씨 등 약 33만 명이다. 이들은 한반도에서도 김수로왕과 허왕후 사이에서 비롯된 김해 허씨를 제외하고는 본관에 양계 지명을 사용할 정도로 태양을 숭배하던 축융 오손족의 후손들이다. 이들은 모두 허황옥의 자손으로서, 김해 김씨와 혼인을 피하고 있다. 허왕후는 김수로왕과의 사이에 10남을 두었는데, 태자 거등왕과 허씨 성을 하사받은 두 아들을 제외한 나머지 7명은 모두 출가했다고 한다. 백도백과 검색에 따르면 허씨는 현재 중국에만 약 9백만 명이 살고 있으며, 주로 강소성, 산동성, 운남성, 광동성, 하남성, 안휘성, 절강성 등에 집중 분포하고 있다.

　허씨는 희성(姬姓)에서 출자한 대표적 동이족이다. 이들은 황제-창의-한류(韓流)-전욱 고양-축융오회-육종으로 이어지는 계보에 속하는 성씨이다. 황제에서 소호 금천과 창의가 갈려 나오고, 창의 계열에서 전욱 고양 임금이 등장한다. 전욱은 축융 오회로 연결되는 양(陽), 곤(昆) 계열 양이(陽夷)의 시조이다.

　전욱의 손자인 육종은 아들 여섯을 낳았는데, 장자 번(樊)이 기성(己姓)이 되어 곤오(昆吾)에 봉해졌다. 곤오는 지금의 산서성 안읍(安邑) 일대로서 상고시대의 임금인 전욱지허(顓頊之虛), 즉 전욱 임금이 살았던 곳이다. 이렇게 해서 지역 이름을 따서 곤오씨가 되었다. 백도백과와 『고사전(高士傳)』에 따르면 요임금 시기에 곤오씨의 최고 지도자는 양성 괴리(陽城 槐里){지금의 하남 등봉} 사람인 허유(許由)로 당대 최고의 현자이자 실력자였다.

중원 최초의 통일 국가인 하나라를 건국한 우와 그 아버지 곤은 모두 서강족(西羌族) 출신이다. 그리고 하나라의 건국과 연관된 세력은 곤오 축융족들이다. 이들은 한민족의 주축 세력 중 하나가 된 오손 축융족이다. 사마천의 『사기』 「서남이열전」에 오손에 대한 기록이 다음과 같이 등장한다.

서남이의 군장은 열 명이었는데 야랑이 가장 강대했다. 그 서쪽에는 미막(靡莫)의 무리가 열 부락이나 되었는데 전(滇)이 가장 강대했다. 전으로부터 북쪽의 군장은 열 명이었는데 공(邛)이 가장 강대했다. 이들은 다 같이 머리를 상투 모양으로 묶고 농사를 지으면서 마을을 이루고 살았다. 그들의 바깥 서쪽으로는 동사(同師) 동쪽부터 북쪽으로 엽유에 이르기까지를 수(巂), 곤명(昆明)이라고 불렀다. 이들은 모두 머리를 땋아 내리고 가축을 따라 이리저리 옮겨 다니며 일정하게 사는 곳도 없고 군장도 없지만 그 땅은 수천 리나 되었다.
西南夷君長以什數 夜郎最大 其西靡莫之屬以什數 滇最大 自滇以北君長以什數 邛都最大 此皆魋結 耕田 有邑聚 其外西自同師以東北至楪楡 名為巂昆明 皆編發 隨畜遷徙 毋常處 毋君長 地方可數千里

이 기록에서 미막(靡莫)은 곤미(昆靡), 곤막(昆莫)을 나타내는 것으로 오손족을 가리킨다. 이들은 조선과 마찬가지로 추결(魋結)(상투)을 한 것으로 나온다. 『사기』 「역생·육가열전」에서도 남월왕 위타가 한고조의 사신 육가(陸賈)를 만났을 때 상투를 하고 있었다(陸生至 尉他魋結 箕倨見陸生)고 했다. 위만이 조선에 망명할 때에도 추결(魋結)(상투)을 하고 왔다(魋結蠻夷服而東走出塞). 이는 고대 요동에서 남월, 그리고 운남성 일대까지 대륙백제가 있었다는 것을 감안하면 이들이 동일한 습속을 유지하고 있었다는 것을 알 수 있다. 이를 통해서 상투는 조선과 마한, 백제 등 동이족의 습속으로 분석된다. 이들의 바깥 서쪽의 동사에서 엽유까지의 사람들은 추결이 아니라 머리를 땋아 내리는 편발을 하고 있었다는 것을 통해 동이족과 다른 습속을 가졌다는 것을 알 수 있다.

서남이 오손족은 유목민으로서 수천 리를 이동하면서 살았다. 그리고 자신들이 사는 곳을 곤명이라고 불렀다는 것에서 알 수 있듯이 곤(昆)을 지표 지명으로 삼았다. 더 구체적으로 『사기』「대완열전」에는 오손에 대한 기록이 등장한다.

"신이 흉노 땅에 있을 때 들은 바로는 오손의 왕은 이름이 곤막(昆莫)인데, 그 아버지는 흉노의 서쪽 변방에 있는 작은 나라의 왕이었습니다. 흉노가 쳐들어와 그 아버지를 죽여 곤막은 태어나자마자 초원에 버려졌습니다. 그런데 까마귀가 고기를 물고 와서 그 위를 날고 늑대가 와서 그에게 젖을 먹였습니다."

"臣居匈奴中 聞烏孫王號昆莫 昆莫之父 匈奴西邊小國也 匈奴攻殺 其父 而昆莫生棄於野 烏嗛肉蜚其上 狼往乳之"

이러한 『사기』의 기록에 따르면 오손족은 서기전 3세기 경에야 처음으로 역사 기록에 등장한다. 천산산맥 북쪽 기슭을 거점으로 활약한 유목민이다. 오손족의 최고 통치자는 곤막(昆莫), 곤미(昆彌, 昆靡) 등으로 불리웠다. 월지가 흉노의 공격을 받아 서진하는 과정에 붕괴되었으나 곤막 엽교미가 흉노의 지원을 받아 오손국을 부활시키고 월지 세력에게 복수하였다. 중원의 사서들에서는 이들의 선조를 "곤이(昆夷)", "곤융(昆戎)", "윤성(允姓)" 등으로 기록하고 있다. 이를 통해 이들의 선조가 상고 시대에 중원으로 진입한 곤오(昆吾)족이라는 것을 알 수 있다. 곤오족은 하상(夏商) 시기에 존속한 기성(己姓) 부족으로 처음 복양(濮阳)에 봉해졌다가 하나라 후기에 하백(夏伯)이 되었으며, 허주(許州){현재의 허창}로 이주했다가 상나라에 멸망당했다.

이러한 곤오 축융족은 한반도에도 들어온 것으로 나타나고 있다. 영암의 옛 지명 곤미(昆湄, 古彌), 진주의 옛 지명 진양(晉陽), 진주 강(姜)씨와 진주 소(蘇)씨, 창원 황(黃)씨, 창녕 조(曹)씨 그리고 사천의 곤양(昆陽), 곤명(昆明), 군미국(軍彌國) 또는 곤미국(昆彌國), 포항의 곤륜산(崑崙山) 그리고 수많은 양계, 곤계 지명들은 오손족이 한반도에 선주하던 민족이라는 사실을 보여준다.

어쨌든 오손족은 하나라 시기에 곤오(昆吾)라는 이름으로 서역에서 대륙으로 진입한 것으로 나타나고 있다. 하나라는 하상대 단대공정에 의해 서기전 2070년경에서 서기전 1600년경까지 존속한 것으로 추정되고 있다. 이들은 하나라 걸왕을 도왔으나 상나라 탕왕에게 멸망당했다. 『국어』「진어」에서 하(夏)는 진(晉)이라 했다. 즉 하나라는 진양(晉陽), 평양(平陽){현재의 임분} 또는 하남 허창(許昌), 복양(濮陽)에 도읍하였으며, 그 강역은 산서와 하북의 남부, 하남성, 산동성, 안휘성 일대에 해당한다. 두주(杜註)에는 "대하, 즉 진양을 하허(夏墟)"라고 했다고 한다. 하나라 걸의 황후 달기는 축융족 소씨(蘇氏) 출신이다.

곤오씨들이 위치했던 곳은 중원의 변두리가 아니라 중앙에 해당하는 하남성 허창(許昌)과 복양이다. 이들은 중원의 역사상 최초로 기와지붕을 발명한 것으로 정평이 나 있다. 이들의 지표지명은 곤(昆)과 양(陽)이다. 이들의 후손인 오손족은 태양의 자손이라는 의미를 갖는데, 왕의 이름이 곤막(昆莫), 곤미(昆彌)로서 이는 태양왕이라는 뜻이다. 이들은 태양을 유독 좋아해서 가는 곳마다 양계 지명을 남겼다. 하나라의 도읍 진양과 낙양, 곤양, 복양, 평양 등이 이들에 의해 이름 붙여진 것으로 파악된다. 그리고 『사기』「화식열전」에 등장하는 남양(南陽)은 하나라 사람들이 살던 곳이다. 『국어』「정어」에는 곤오가 하백(夏伯)이라고 했다. 곤오는 사실상 하나라를 통치하던 세력이다. 『시경』「상송(商頌)」편에는 "곤오가 하의 걸"이라고 했다. 걸은 곤오에서 살았던 것이다.

하남성에는 곤양이라는 곳이 있고, 곤오(昆吾)의 본명은 번(樊)으로 전욱의 증손자인 육종의 큰 아들이었다. 곤오는 하나라 시기에 곤오국을 건국했다. 곤오는 기씨(己姓)로 동(董)씨, 팽(彭)씨, 독(禿)씨, 운(妘)씨, 조(曹)씨, 짐(斟)씨, 미(羋)씨 등과 함께 축융 8족 중 하나였다. 백도백과 검색결과에 따르면 곤오는 고(顾)씨, 소(蘇)씨, 온(溫)씨, 동(董)씨 등의 시조로 불리운다. 허씨 시조 허유가 곤오족인 것으로 보아 허씨도 곤오족이다.

허씨의 득성 시조인 허유는 서기전 2323년 탄생하였다. 요임금 시기에 10개의 태양이 동시에 떠오른 것으로 표현된 중원의 대혼란이 발생하자 요임금은 덕과 능력을 겸비한 허유에게 제위를 넘겨주려는 의사를 전달했다. 당시 곤오족의 수장이었던 허유는 이를 거절하고 영수(潁水)의 양기산(陽箕山)에 은거한다.

이후 요임금은 그를 다시 구주장관으로 청했는데, 그는 듣고 싶지 않다는 표시로 영수(潁水) 물가에 가서 귀를 씻었다. 허유는 사후에 기산에 묻혔는데, 요임금은 그를 기산공신(岐山公神)이라고 하였고, 후세인들은 기산을 허유산(許由山)이라고 불렀다. 4,100여년 전 영수 유역의 기산[40] 아래에서 허유가 활동했다. 허유는 요, 순, 우임금 모두의 스승이 되었다고 한다(三代宗師). 상고시대 사악 중 "백이를 허에 봉해 허유라고 했다.[伯夷封許 故曰許由]"

40 『사기』에 따르면 고공단보가 기산에서 주나라의 건국 기반을 다졌다.

는 주장이 설득력을 얻고 있다. 『사기』 「백이열전」에는 "내가 기산에 올랐더니, 그 위에 허유의 묘가 있다고 했다.[余登箕山, 其上蓋有許由冢云]"고 기록하고 있다.

이후 하나라 곤오는 상탕에 의해 멸망당한 이후 하남 허창(許昌)으로 대거 이주하였다. 허창은 과거의 허주로 허씨들의 본향이다. 『태평어람』은 『서정기(西征記)』를 인용하여 "허창성은 본래 허유의 거소였다."라고 했다. 안사고는 『급취편』 주에서 "허씨는 허유의 후손이다."라고 했다. 오늘날 하남성 등봉시 기산과 영수 유역의 허창시, 우주시, 언릉현 일대는 영하(潁河) 유역을 따라 허씨의 조상들이 살던 곳이며, 지금까지도 허씨와 관련된 수많은 전설과 유적들이 전해져 내려오고 있다.

『신당서』 「재상가계표」에 따르면 허씨는 강성(姜姓)에서 출자한 성씨이기도 하다. 즉, 남방 천제인 염제의 후예이기도 한 것이다. 염제는 강수(姜水)에서 오래 살아 강씨가 되었다. 중원 서안(西安)의 서쪽에 위치한 보계(寶鷄)의 남쪽 강성보(姜城堡)가 강씨의 발원지이다. 인근에 염제릉이 있다. 염제는 남방 천제로 불사조, 주작으로 불리우기도 한다. 불의 왕이라는 뜻으로 염제가 바로 태양족(축융족) 오손의 시조이다. 『통지』 「씨족략」, 『성씨고략(姓氏考略)』 등에 따르면 허씨와 강(姜)씨, 강(羌)씨, 제(齊)씨는 모두 염제의 후손이다. 허씨는 요순 시기 사방 부락의 부족장들인 상고사악(上古四岳) 중 한 사람인 백이(伯夷)의 후손이기도 하다.

허씨는 희성 부족들과 연합을 결성하고 자성(子姓) 상족과도 함께 번영하였다. 그리고 이후 희씨와 강씨 부족을 주축으로 한 동맹군이 상나라 주왕(紂王)을 물리치고 희씨 성(姓)의 나라인 서주(西周)를 세웠다. 서기전 11세기 주성왕 때 대규모의 땅을 제후들에게 분봉하였는데, 허나라(許國)는 이때 분봉된 강씨 성을 가진 제후국 중 하나였다. 그 시조는 문숙(文淑)이며, 허문숙

(許文淑)이라고도 하였다. 지금의 허주(許州){지금의 허창}에 허국이 있었다.

춘추시대에는 정(鄭)·초(楚) 등의 세력이 강력했고, 허(許)나라는 이들 제후국의 침공을 계속 당하였으나, 이를 막아내지 못하였다. 백도백과에 따르면 서기전 654년, 초나라가 허국을 정벌하자 허후가 저항할 힘이 없어 사죄하고서야 초나라가 퇴군하였다. 초성왕이 재위할 때 다시 허나라를 공격하자 허후는 다시 사죄하고 군사를 물리치게 했다. 이런 상황에서 허나라가 할 수 있는 일은 그 칼날을 피해 이동하는 것 뿐이었다. 서기전 576년 허령공(許靈公) 때 강제로 협(叶){지금의 하남성 협현}으로 옮겼고, 서기전 533년에는 다시 그 나라를 성보(城父){지금의 안휘성 박현(亳縣)}로 옮겼다. 서기전 529년에 다시 협으로 옮겼고, 서기전 524년에 다시 용성(容城){지금의 하남성 노산(魯山)}으로 옮겼다.

허나라는 용성으로 옮겨 긴 숨을 돌렸지만, 당시 주 왕실이 쇠약해져 제후들의 분쟁을 막을 힘이 없어 허나라와 같은 소국은 계속해서 공격당하는 운명을 피할 수 없었다. 허나라는 전국시대 초기에 초나라에 의해 멸망당했고, 각국에 포진해 있던 허씨는 사방으로 흩어졌다. 허나라가 망한 후 후손들은 나라 이름을 씨로 삼고 허씨라 칭했다. 허씨족은 하북 고양(高陽), 하남 상채(上蔡), 하남 낙양(雒陽), 산서성 태원(옛 晉陽), 회계군(會稽郡) 오현(吳縣){지금의 강소성 소주시} 등을 군망으로 삼았다. 여기서 고양은 전욱 임금의 출신지이기도 하다.

허씨는 염제-전욱 계열로서 양이족, 즉 축융족이다. 백도백과에 따르면, 허씨의 허(許)는 천상을 바라보는 모양을 성으로 만든 것(觀天像定姓)이다. 허의 오른쪽 부수인 오(午)는 태양이 가장 강렬한 정오를 나타내고, 이는 현조(玄鳥)의 날개를 가리킨다. 즉, 하늘에 태양이 정 중앙에 떴을 때를 표현한 것이다. 이와 관련해서 허유와 관련된 다음의 고사가 전해진다.

"허유가 영하(穎河) 일대{지금의 하남성 허창시}를 지나는데 문득 하늘로부터 '지금 이 땅에 왔으니, 이 땅이 유(由) 너로구나'[此時到地 此地由爾]"라는 말을 들었다. 허유가 하늘을 우러러보니 하늘은 한 점 그림자 없이 붉은 해만 눈부신 빛을 발하고 있었다. 이때 마침 오시가 되었다. 이에 허유는 언(言)과 오(午)가 바로 허(許)라고 했다. 이 땅은 나 유(由)를 가리키므로 나는 "허유이다. 이것은 하늘의 뜻이다."라고 했다고 한다. 그렇게 해서 허(許)라는 성이 만들어진 것이다.

허씨는 남방의 해안가에서 유래한 성씨라는 설이 있으나 곤오족이 서융을 가리키므로 최초는 북서쪽과 남서쪽에서 점차 남방과 동쪽으로 이동한 것으로 보는 것이 타당하다. 『사기』에는 「대완열전」과 「서남이열전」에 오손족이 등장한다. 그 결과 곤오족은 돈황을 거쳐 하남성 일대로 그리고 운남성에서 사천성을 거쳐 하남성 일대로 진입한 두 세력이 존재한 것으로 보인다. 이후 남방, 북방, 동방 등지로 이주한 것으로 분석된다. 백도백과에서는 동아시아인들이 남쪽에서 시작돼 선사시대에 남에서 북으로 이동했다고 기록하고 있다. 그런데 인류 문명사에서 동아시아인은 북에서 남으로 끊임없이 이동했다. 예컨대 중원의 역사에서 북방인들의 대규모 남천은 서진 말년에 시작된 5호 16국 시대, 당나라 시기 안사의 난(安史之亂), 당나라와 송나라가 교체한 오대십국(五代十國) 등 모두 세 차례에 걸쳐 이루어졌다.

허씨의 발원지가 지금의 하남성 허창 동쪽(河南省 許昌 東)이라는 설도 있다. 춘추전국시대 허나라는 정(鄭)·초(楚) 등에 밀려 지금의 하남과 안휘부 일대에 여러 차례 천도하였다. 허나라가 초나라에 멸망한 후 지금의 호북 형산(荊山)과 호남 지강 등지로 일부 이주한 것을 제외하고는 대다수의 허씨들은 현지에서 번성하거나 북상하여 이주하였다. 허씨가 북상하면서 처음 이주한 곳은 하북성 고양(高陽)이었다.

허씨들은 오손족에 속하는 종족으로서 타림분지에서 오랜 세월 동안 월지족과 동거했다. 때로는 협력하고 때로는 전쟁을 하면서 이들은 융합되어 나갔다. 특히 이들은 중원으로 옥(玉)을 실어 나르며 강력한 세력을 구축해 나갈 수 있었다. 일부는 인도 방면으로도 이주한 것으로 보인다.『삼국유사』「가락국기」에서 허황옥의 출신지로 기록한 아유타 또는 아요디아(Ayo-dhya)는 인도 옛 아유타국의 수도로, 북부 주 파자바드 현(Fazabad district) 경내에 있었다. 백도백과에 따르면 아요디아시는 사라유 강 우안, 뉴델리에서 동쪽으로 555km 떨어져 있다. 아요디아는 빼앗을 수 없고, 이길 수도 없다는 뜻을 갖고 있다. 아요디아는 코살라(Koshala) 왕국의 수도였는데, 이때는 사케타(Saketa)라고 불렀다.『삼국유사』「가락국기」에 단 한 번 등장하는 '아유타'는『삼국유사』가 인용한『개황력』과『개황록』에 기록된 것을 전했을 가능성이 높다. 이때는 이미 인도를 다녀온 승려들이 많았을 것이므로 사케타가 아요디아로 변한 것을 반영하여 음차로 아유타라고 정리했다고 보는 것이 타당하다.

아유타 왕국은 허씨들이 세운 나라로 분석된다. 그런데『사기』와『한서』 등에 따르면 서기전 2세기에 흉노가 흥기하여 감숙 서쪽 끝에서 돈황 일대에 살던 월지 세력을 축출하고, 흉노와 손잡은 오손 세력이 월지에 대한 공세를 강화한다. 그러자 월지 세력의 주축은 타림분지에서 내려와 서쪽의 소그디아나와 박트리아로 이주하여 대월지국을 건국한다. 잔존 세력은 소월지라 칭했다. 이때 그곳에 있던 사카족의 지배세력들이 월지 세력을 피해 다른 곳으로 이주해버린다. 그리고 월지의 다섯 족장 중 쿠샨족이 인도 북부 일대까지 세력을 확장해 쿠샨 왕조를 건국하게 되고, 그 결과 아유타국은 멸망하게 된다.

아유타국은 오손족 허씨들의 나라였다. 이들은 나라가 멸망한 후 인도

북부에서 차마고도(茶馬古道) 또는 미얀마 오지를 통과하는 오척로(五尺路)(김병모, 2018)를 거쳐 중원의 사천성 보주 지역으로 이주한 것으로 파악된다. 이때 중원으로 이주한 인도계 오손 사카족들이 지금의 운남성 곤명(昆明)과 사천성 일대에 정착한 것으로 보인다. 곤명의 곤(昆)은 양(陽)과 함께 오손족들이 사용하던 지표지명이다. 이 지역에는 지금도 곤(昆)씨들이 존재한다.

백도백과 검색결과에 따르면, 허황옥은 32년 보주(普州){현 사천성 자양시(資陽市) 안악(安岳) 서운향(瑞雲鄕)}에서 탄생했다. 허황옥의 묘비에는 보주태후라고 적혀 있는데, 그녀가 보주 출신이라는 것은 지명과 씨족의 일치를 통해서 입증가능하다. 안악현에는 현재 허가패(許家壩), 허가구(許家沟) 등 14개의 허씨 집성촌에 15만 명이 살고 있다(김병모, 2018: 233). 원래 사천성 지역은 촉땅으로 만이의 땅이었다. 백도백과 검색에서는 북주(北周) 건덕 4년인 575년에 안악현을 치소로 하는 보주가 동시에 설치된 것으로 되어 있다. 안악은 현재 사천성에서 가장 큰 현으로 보주의 별칭이다. 험준한 산악지대에 편안하게 살 수 있는 곳이라 해서 붙여진 지명이다. 지명이 아주 오래된 것이고 통폐합을 반복한다는 사실을 감안하면 그 이전에도 이곳이 보주였을 가능성이 높다. 수나라 시기에 폐해졌다가 당나라 때 다시 되살아났다. 이후에도 수차례 통폐합을 거듭하다가 명나라 시기에 현재의 지명이 되었다.

보주가 속한 자양시와 안악현의 '어머니 강'인 악양하(岳陽河)는 오손족의 지표지명인 양계 지명이고 인근에 곤륜산(昆侖山)이 있다. 안악은 "중국 석각예술의 고향"으로서 수많은 불교 석각이 즐비하다. 그중에는 "위로 돈황에 오르고, 아래로 큰 발을 내딛는다(上承敦煌, 下启大足)"는 명문 등이 기록되어 있고, "중국불상의 수도(中國佛雕之都)"라 불리울 정도로 수많은 불교 석각

예술품들로 유명하다.

보주에는 중원의 후한 시기 을유년(925년)에 기록된 『신정기(神井記)』라고 적힌 금석문이 있다(김병모, 2018). 여기에는 허황옥 일가에 대한 기록이 나타난다. 그에 따르면 동한(25년~220년) 초기 보주(普州)에 허황옥이라는 소녀가 있었다고 한다. 정묘년(서기전 54년)에 기근이 들어 많은 사람들이 고향을 떠났는데, 이때 (증조모가) 산기가 있어 마을에 잔류했다. 고향에 남은 그 아버지(증조부)가 구걸하면서 연명하였고, (조부에게) 먹일 젖이 없었다고 한다. 그래서 증조부가 우물가에서 경건히 하늘의 도움을 빌자 우물 속에서 물고기가 뛰어 올라 그것을 쪄서 죽을 만들어 먹었다고 한다.

이와 같은 『신정기』의 내용에 따르면 허황옥 일가는 매우 빈곤한 지경에 처하고 있었다는 것을 알 수 있다. 우물의 물고기를 매일 두 마리씩 잡아 몇 년을 버틸 정도였으니 생존 자체가 어려웠을 것으로 파악된다. 이 시기 중원 전체는 수많은 농민반란이 발생하고 있었다. 이에 광무제는 "금노령(禁奴令)"을 내리고, 각지의 호강지주(豪强地主)들의 무장을 해제하고 세수를 늘리기 위해 도전제도(度田制度)라는 새로운 세제를 실시한다. 도전은 농지를 조사하는 것으로 호구 확인도 포함된다.

광무제는 건무 15년(39년)에 농지측량과 호적 조사를 명령하고, 각 주·군별로 논밭 수와 호구 등을 철저히 조사하여 토지와 노동력을 통제하도록 했다. 또 호강지주의 토지 인구를 사찰해 호강 가문의 토지 흡수와 노역 인구 수를 제한함으로써 국가 세입을 증가시키고자 하였다. 그런데 호강지주들은 지방 관리와 결탁하는 방식으로 이 정책에 반대했다. 그리고 호강지주들과 지방 관리 등이 이를 악용해 중소 지주와 농민들에 대한 착취를 강화함에 따라 보주의 허씨들도 권세가들과 갈등을 빚었으며, 여러 차례에 걸쳐 봉기하였다. 이 과정에서 허황옥의 집안도 강제 이주 대상에 포함된 것으로 파악된다.

　정리하면 허황옥은 김수로왕과 혼인하기 이전에 빈곤선에 있었고, 더구나 거듭된 반란으로 그 뿌리가 송두리째 뽑힌 상태에 있었다. 이러한 상태에서 허황옥 일가는 월지족과 오손족의 지원하에 가야국의 김수로왕과 국혼하여 가야를 건국하는데 결정적 역할을 한 것으로 나타난다.

54/ 홍씨洪氏

　우리나라 홍씨는 남양 홍씨와 풍산 홍씨 등이 주요 본관이다. 2015년 기준 홍씨는 56만여 명에 달한다. 이 중 남양(南陽) 홍씨는 경기도 화성시 남양읍이 본관이고, 약 49만 명으로 홍씨의 대종을 이루고 있다. 남양 홍씨는 고려 개국공신 홍은열(洪殷悅)을 중시조로 하는 당홍계(唐洪系)와 고려 때 홍선행(洪先幸)을 시조로 하는 토홍계(土洪系)의 두 계통으로 나뉜다.

　남양 홍씨 중에서도 당홍계의 인구가 가장 많은데, 고구려 영류왕 때 당나라 8학사 중 한 사람인 홍천하(洪天河)가 연개소문의 정변으로 인해 신라로 피신하여 남양을 본관으로 삼았다고 한다. 토홍계는 홍선행(洪先幸)을 시조로 삼고 세계를 이어온 남양의 토착 성씨라고 주장하고 있다. 그리고 풍산 홍씨는 경북 안동 풍산이 본관으로 시조는 고려 시대 홍지경(洪之慶)이다. 이상에서 살펴본 바와 같이 홍씨는 고구려 말기 또는 고려 시대 이상으로 그 기원이 소급되지 못하고 있다. 홍씨는 여러 성씨 중 가장 오래된 성씨 중 하나이므로 이에 대한 추적이 필요한 실정이다.

　홍씨는 여러 가지 기원을 가진 매우 오래된 동이족 성씨이다. 최초의 득성 시조는 상고시대의 공공(共工)이다. 홍씨가 형성된 이후 가장 많이 살고 있는 지역은 광동(廣東), 대만, 복건, 절강성 등 중국 동해안 지역이다. 특히 광동성에 홍씨 전체 인원의 약 14%가 살고 있다고 한다. 2016년판 '성씨 명인 이야기'에 따르면 홍씨는 약 246만 명으로 중국 내 인구 순위 99위를 차지하고 있다.

　홍씨는 염제 신농씨에서 출자한 동이족이고, 그 시조는 공공(共工)이다.

『원화성찬』과 『상서』 등에 기재된 바에 따르면, 공공은 황제(黃帝) 때부터 천하의 수리 관직을 맡아 사람들에게 물의 신(水神)으로 추앙받았다. 전욱 고양 임금 시기에 공공은 군대를 일으켜 천하를 쟁탈했으나, 후에 실패하여 원수를 피하고자 공(共)에 삼수(氵) 변을 추가하여 홍씨로 성을 바꾸었다. 그렇게 해서 물의 신이라는 사실을 잊지 않으려 했다고 한다. 공공씨는 불의 신 축융족인 전욱 고양 세력과 적대관계를 이루고 있었다.

홍씨는 공국(共國)의 후손으로 알려져 있다. 『통지(通志)』 「씨족략」에 기재되기를, 서주(西周) 시기에 공국(共國)이 있었는데, 자손들이 나라 이름을 성씨로 삼았다고 한다. 후에 삼수 변을 추가해 홍씨라 했다. 홍씨는 제홍(帝鴻), 즉 황제 헌원씨의 후손이다. 『노사(路史)』에 기록된 바에 따르면 제홍(헌원씨)의 후손 중에 홍씨가 있었다고 한다.

중원의 여러 갈래 홍씨의 득성 시조는 공공으로 확인되고 있다. 공공은 상고시대 염제의 후예로서 황제 당시 수관을 담당했던 인물이다. 『계서(啓書)』에는 "공공은 사람의 얼굴에 뱀의 몸을 하고 있고, 머리털은 붉다."고 했다. 『산해경』 「대황서경」에 부주부자(不周負子)에 대한 설명에서 "서북해의 밖 대황의 모퉁이에 부주부자산이 있다고 한다. … 우임금이 공공국을 공격한 산이 있다."라고 했다. 공공씨는 물(水)의 세력으로 불(火) 세력과 수차례 전쟁했다. 우임금과 공공, 전욱과 공공, 중려와 공공, 축융과 공공의 전쟁이 바로 그것이다. 『산해경』 「해외북경」에는 "공공의 신하를 상류(相柳)씨라고 하는데, 머리가 아홉 개이며, 아홉 개의 산에서 나는 것을 먹는다. … 우임금이 상류씨를 죽였는데 그 피가 내려 오곡의 종자를 심지 못했다."라고 전하고 있다. 아울러 『산해경』 「해내경」에도 다음과 같이 공공에 대해 기록하고 있다.

염제의 아내요, 적수의 딸인 청요가 염거를 낳고, 염거가 절병을 낳고, 절병이 희기를 낳고 희기가 축융(불의 신)을 낳았는데, 축융이 내려와 강수에 거처하면서 공공을 낳고, 공공이 술기를 낳았다. … 공공(물의 신)이 후토(토지의 신)를 낳고 후토가 열명(시간의 신)을 낳았다. 열명이 한 해의 12달을 낳았다.

炎帝之妻赤水之子 聽訞生炎居 炎居生節竝 節竝生戲器 戲器生祝融 祝融降處於江水 生共工 共工生術器 … 共工生后土 后土生噎鳴 噎鳴生歲十有二

공공은 상고시대의 중원에서 가장 유력한 세력 중 하나인 것으로 나타난다. 『산해경』에 공공과 관련된 기록이 가장 많이 등장하는 것으로 보아 공공은 상고 시대의 가장 강력한 씨족인 것으로 분석된다. 공공과 관련된 신화는 황하 중류 인근의 낙류(洛流) 지역에 중심축이 있는 것으로 그려지고 있다. 공공이 수리를 관장한다고 전해져 물의 신으로 추앙받았다.

전욱 임금 때, 병력을 일으켜 천하를 다투는 데 실패하여 중원에서 밀려났다. 당초에는 공공의 위(位)를 기념하기 위하여 공(共)성이라 하였다. 이후 후대에는 원수를 피하여, 또 공공이 수덕이 있으므로 물 수를 추가하여 홍(洪)씨라 했다. 즉 홍씨는 공공의 후손들이 공공이 물의 신이라는 것을 잊지 않으려고 공(共)성 옆에 물 세 점을 더하여 홍(洪)이라고 불렀던 것이다. 후대에는 공공을 홍(洪)씨의 득성시조로 추앙하고 있다. 『회남자』에는 중원이 서고동저 지형을 이루고 있는 이유를 다음과 같이 설명하고 있다.

옛날에 공공(共工)이 전욱(顓頊)과 싸울 때 노기가 폭발해 머리로 불주산(不周山)을 들이받으니, 하늘을 받치고 있던 기둥이 무너지고 땅의 벼리가 끊어졌다. 그리하여 하늘은 서북쪽으로 기울어지고, 일월성신(日月星辰)도 그 방향으로 옮겨졌다. 땅은 동남쪽으로 내려앉아 물과 먼지는 이 방향으로 돌아가게 되었다.

昔者共工與顓頊爭爲帝 怒而觸不周之山 天柱折 地維絶 天傾西北 故日月星辰移焉 地不滿東南 故水潦塵埃歸焉

즉, 공공이 축융족 전욱 임금과의 전쟁에서 패하자 하늘을 받치고 있던 기둥인 부주산을 머리로 들이받아 지축이 기울었다는 것이다. 그만큼 공공 세력이 강성했다는 것을 알 수 있다. 순임금 시기에 공공은 지금의 북경 일대 유주(幽州) 밖으로 유배되었다. 이에 대해 사마천의 『사기』에는 "순임금은 순행에서 돌아와 요에게 말하여 공공을 유릉(幽陵)에 유배 보내서 북적(北狄)을 변화시켰다."라고 기록하고 있다. 이에 대해 공공 씨족이 유배된 곳이 북경 일대로서 당시 고조선 세력이 이 일대에 위치하고 있었던 것으로 분석되어 고조선의 주축을 이루었던 것으로 파악된다. 상주(商周) 시기에 공공의 후예들은 이미 점차 중원 지역으로 재진입했던 것으로 나타나고 있다.

이후 서주 시기에 홍씨 성을 가진 두 봉지{공백(共伯)의 공국(共國)과 양후(揚侯)의 홍동국(洪洞國)}는 지금의 하남(河南) 휘현(輝縣)과 산서(山西)의 홍동(洪洞)에 나뉘어 있었다. 이때 홍씨들은 요녕(遼寧)·하남(河南)·산서(山西)성에서 활약한 것으로 보인다. 한대에 이르러 홍씨는 이미 요녕성, 하남성, 산서성 등지에서 활약했다. 한나라 시기에 이르러 하북, 하남, 안휘 일대까지 확대되었다. 중국에서 홍씨들이 집중 거주하고 있는 군망은 평산군(平山郡), 돈황군(敦煌郡), 선성군(宣城郡){안휘 定城} 예장군(豫章郡) 등이다. 홍씨와 관련된 사서의 기록을 보면 다음과 같다.

『통지(通志)』「씨족략」: "서주에 공국(共國)이 있었다. 자손들이 나라 이름을 성씨로 삼았다. 이후 물 수 변을 추가해 홍씨가 되었다."

『통지(通志)』「씨족략 2권」: "홍씨는 본래 공씨인데, 원수를 피하기 위해 홍씨로 개명했다."

『성씨심원(姓氏尋源)』「2권」: "『성찬』에서 말하길 공공씨의 후손으로 본래 성씨는 공씨이고, 후에 수덕을 기리고 원수를 피하기 위해 물 수 변을 추가해 홍씨라 했다."

55 / 황씨黃氏

우리나라 황씨는 2015년 통계청 조사 기준 70만 명으로 인구수 순위 16위의 성씨이다. 그 중 창원 황씨가 27만 명으로 가장 많고, 그 다음으로 장수 황씨 17만 명, 평해 황씨 16만 명, 우주(紆州) 황씨 2만5천 명 등의 순이다.

조선 후기의『동국만성보(東國萬姓譜)』에 따르면 황씨(黃氏)의 도시조(都始祖)는 황락(黃洛)으로 중원의 절강성 사람이다. 신라 유리왕 때 한(漢)의 사신으로 베트남에 다녀오던 중 표류하여 경북 울진군 평해읍에 도착했고, 황락의 셋째 아들인 병고(丙古)가 창원백(昌原伯)에 봉해지면서 창원 황씨를 이루었다고 한다. 그러나 황씨의 이전 계보를 고증할 수 없어 창원 황씨, 장수 황씨, 평해 황씨 등이 각각 시조를 달리하고 있다. 창원 황씨는 단일 시조가 아니라고 알려져 있어 최소 3개파, 최대 8개파로 나뉘어 있다. 고려(高麗) 충정왕(忠定王) 때 황석기(黃石奇)를 파조로 하는 회산군계(檜山君係), 황충준(黃忠俊)을 파조로 하는 시중공계(侍中公係), 황양충(黃亮沖)의 호장공계(戶長公係) 등이 바로 그것이다.

창원(昌原)에는『삼국사기』의 포상팔국전쟁에 참전한 골포국(骨浦國)이 위치하고 있었던 것으로 보이며, 이후 변진국 중 하나인 미오야마국(弁辰彌烏邪馬國)에 속한 것으로 비정된다. 창원시 마산 지역의 옛 지명은 구산현(龜山縣)인데, 이는 거북을 토템으로 삼던 황씨들의 지표지명인 것으로 분석된다. 현재는 마산합포구 구산면(龜山面) 일대에 해당한다. 중원의 황씨들은 초나라에 병합되기 전에 호북성 무한시(武漢市) 북쪽에 위치하고 있었는데,

한양성(漢陽城)에 구산(龜山)이 있다.

경남 김해에도 가야가 건국되기 전 구봉(龜峯)에 올랐다는 기록이 있는데, 구봉은 선주하던 황씨들의 지표지명인 것으로 보인다. 그런데 더욱 놀라운 것은 김수로의 가야국 사람들이 불렀던 구지가(龜旨歌)의 내용이다. 『삼국유사』 「기이·가락국기(駕洛國記)」에 구지가와 관련된 내용이 다음과 같이 등장한다.

후한 세조 광무제 건무 18년 임인 3월 계욕일에 살고 있는 북쪽 구지(龜旨){이것은 산봉우리를 일컫는 것으로 십붕(十朋)이 엎드린 모양과도 같기 때문에 그렇게 말한 것이다.}에서 이상한 소리가 부르는 것이 있었다. 백성 2~3백 명이 여기에 모였는데 사람의 소리 같기는 하지만 그 모습을 숨기고 소리만 내서 말하였다. "여기에 사람이 있느냐." 아홉 간(干) 등이 말하였다. "우리들이 있습니다." 또 말하였다. "내가 있는 곳이 어디인가." 대답하여 말하였다. "구지입니다." 또 말하였다. "황천(皇天)이 나에게 명하기를 이곳에 가서 나라를 새로 세우고 임금이 되라고 하여 이런 이유로 여기에 내려왔으니, 너희들은 모름지기 산봉우리 꼭대기의 흙을 파면서 노래를 부르기를 '거북아 거북아, 머리를 내밀어라. 만일 내밀지 않으면 구워먹으리'라고 하고, 뛰면서 춤을 추어라. 그러면 곧 대왕을 맞이하여 기뻐 뛰게 될 것이다."

屬後漢世祖光㞛帝建㞛十八年壬寅三月禊洛之日 所居北龜旨 {是峯巒之稱 若十朋伏之状 故云也.} 有殊常聲氣呼喚 衆庶二三百人集會於此 有如人音隱其形而發其音曰 "此有人否." 九干等云 "吾徒在." 又曰 "吾所在為何." 對云 "龜旨也." 又曰 "皇天所以命我者御是處惟新家邦為君后 為兹故降矣 你等湏掘峯頂撮土歌之云 '龜何龜

何 首其現也 若不現也 燔灼而喫也.' 以之蹈舞 則是迎大王歡喜踊
躍之也."

거북은 김해 김씨와는 아무런 관련이 없다. 김수로가 가야를 건국한 해
가 42년이므로 축융족 황씨들보다 훨씬 뒤에 김해로 들어왔다. 그리고 구
지봉이 가야 건국 전에 이미 존재하고 있었으므로 구지가는 선주하던 황씨
들을 밀어내는 과정을 노래한 것이라고 할 수 있다. '거북'은 김해에 선주
하던 축융족 황씨를 의미하는 것이고, '머리를 내밀어라'는 김해에 잔류한
황씨들에게 모습을 드러내고 나가라는 의미로 해석되며, '그렇지 않으면
구워먹으리'는 김해에서 나가지 않으면 죽이겠다는 위협이다. 김수로 세력
의 김해 진입에 대해 마한과 변진 축융족들의 합의가 있었음에도 상당수의
황씨들이 나가기를 거부한 것으로 보인다. 그 결과 구지가를 힘차게 불러
댔던 것이다. 김해시와 양산시 사이를 흐르는 낙동강의 옛 지명은 황산하
(黃山河)로서 황씨들이 창원에서 김해까지의 영역을 장악하고 있었다는 사
실을 잘 보여준다. 『신증동국여지승람』「권22」'양산군 산천'조에 '황산강
(黃山江)'이 부(府)의 서쪽 18리에 있다고 했다. 『삼국사기』「신라본기」에 황
산하와 관련된 기사들이 다음과 같이 기록되어 있다.

{탈해이사금} 21년(77) 가을 8월에 아찬(阿湌) 길문(吉門)이 가야(加耶)
의 병사들과 황산진(黃山津) 어귀에서 싸움을 벌여 1천여 명의 목을 베
었다. 길문을 파진찬(波珍湌)으로 삼고 군공을 포상하였다.
二十一年 秋八月 阿湌吉門與加耶兵戰於黃山津口 獲一千餘級 以
吉門為波珍湌 賞功也

{지마이사금} 4년(115) 가을 7월에 왕이 친히 가야(加耶)를 정벌하였다. 보병과 기병을 거느리고 황산하(黃山河)를 건너는데, 가야인들이 군사를 수풀 사이에 숨겨두고 기다리고 있었다. 왕이 깨닫지 못하고 곧장 나아가니, 복병들이 나타나 여러 겹으로 에워쌌다. 왕이 군사들을 지휘하여 분연히 공격하고서, 포위를 헤치고 물러났다.

秋七月 親征加耶 帥步騎度黃山河 加耶人伏兵林薄以待之 王不覺 直前 伏發圍數重 王揮軍奮擊 決圍而退

장수 황씨는 신라 말기 시중(侍中)을 역임한 황경(黃瓊)을 시조로 삼고 있다. 조선 세종 때 18년 동안 영의정에 재위한 황희(黃喜)의 후손이다. 장수(長水)는 백제 시대의 우평(雨坪)이었는데, 고려에서 장수현(長水縣)으로 고쳐서 남원부(南原府)의 임내(任內)로 하였다. 황경(黃瓊)의 9세손(世孫) 공유(公有)가 고려 명종(明宗) 때 무신(武臣)의 난을 피해 고향 장수(長水)로 돌아왔고, 다시 지방 관헌을 피하여 남원(南原)으로 옮겼다고 한다. 고려 명종(明宗) 이전부

▨ 적봉에서 출토된 홍산문화 거북용 옥

터 장수(長水)를 관향(貫鄕)으로 삼았을 것으로 보인다.

평해 황씨는 황씨(黃氏)의 도시조(都始祖) 황락(黃洛)이 표류하여 도착한 경북 울진군 평해읍을 본관으로 삼고 있다. 황락은 후한 광무제(光武帝) 건무(建武) 4년(28년) 무자(戊子)년에 대장군(大將軍) 강하후(江夏侯)로 봉해졌는데, 한나라 때 사신으로 배를 타고 가다가 풍랑으로 표류하여 당시 고구려 땅인 근을어현(斤乙於縣){지금의 경상북도 울진군 평해}에 이르렀고 이후 이곳에 정착했다고 한다. 황락의 후손 중에 갑고(甲古), 을고(乙古), 병고(丙古) 삼형제가 있었는데, 첫째 갑고는 기성군(箕城君), 둘째 을고는 장수군(長水君), 셋째 병고는 창원백(昌原伯)으로 봉해졌다고 한다.

중원의 황씨(黃氏)는 다양한 뿌리를 둔 동이족이다. 황제에게는 25명의 아들이 있었는데, 성씨를 얻은 아들이 12명이다. 『세본(世本)』에 기재된 바에 따르면 황제는 서릉(西陵)씨의 누조(嫘祖)에 장가들어 소호 청양(靑陽)과 창의(昌意)를 낳았고, 창의는 전욱을 낳았다. 그런데 『산해경』에서는 창의가 사천성에 있는 약수(若水)로 내려와 살며 한류(韓流)를 낳았고, 한류는 요자(淖子)족의 처녀 아녀(阿女)를 맞아 전욱을 낳았다고 한다. 이에 따르면 전욱은 황제의 손자가 아니라 현손이다. 전욱 임금은 고양(高陽){지금의 하남성 기현(杞縣)}에서 살았다. 전욱은 칭을 낳았고, 칭은 중려와 오회를 낳았다. 오회는 육종을 낳았다. 전욱 임금은 서기전 2514년~서기전 2436년까지 78년 동안 재위했다. 전욱 고양은 증손인 중(重)과 려(黎)에게 명하여 하늘로 통하는 길을 닫아버렸다. 이를 절지천통(絶地天通)이라고 한다. 본격적인 신권정치(神權政治)를 단행한 것이다. 전욱 임금의 릉은 하남성 안양시 내황현(內黃縣) 양장진에 있다.

전욱 임금의 손자 오회(吳回)가 육종(陸終)을 낳았는데 육종(陸終)의 둘째 아들이 혜련(惠連)이다. 참호(參胡)라고도 한다. 요임금 말기에 홍수가 잦았다.

요임금은 곤(鯀)에게 치수를 맡겼으나 성공적이지 못하였는데, 그의 아들 우가 치수에 성공해 하나라를 건국한다. 혜련은 우와 함께 치수에 참여했는데, 치수에 성공한 공로로 서기전 2220년 요임금에 의해 참호(參胡)에 봉해진다. 요임금은 참호의 지명을 황국(黃國)으로 바꾸고, 혜련(惠连)에게 황운(黃雲)이라는 성과 이름을 사여했다. 그 이후 후손들이 나라 이름을 따서 황씨라 했다. 그 지역은 현재의 분양(汾陽)으로 산서성(山西省) 서부 태원(太原) 분지 서단의 도시이다. 황씨의 계보를 정리하면 다음과 같다.

황제-창의-한류-전욱-칭-노동-오회-육종-혜련(惠連)-황씨

황씨를 비롯한 축융 8족은 모두 동이계열로 하나라를 건국하는 중추 역할을 수행하였다. 중원의 양계 지명은 축융족과 깊은 관련이 있다. 축융은 불의 신 또는 태양신을 가리킨다. 축융에는 여덟 개의 종족이 있다. 이들이 대홍수 시대 이후 중원에서 새로운 역사를 펼쳐 나간 세력이다. 하나라 시기와 일치한다. 이들 축융족은 태양을 숭배하던 마한과도 깊은 연관이 있다. 상고 하·상·주 시대에 중원에는 화하족이 존재하지 않았다. 하(夏, 여름)나라의 주력인 오손족은 축융, 즉 태양을 숭배하던 세력으로서 중원에 수많은 양(陽)계 지명을 남겼다. 양(陽)과 곤

◻ 황씨의 토템 황금거북

(昆)은 모두 태양을 가리키는 말이다. 이들 축융족이 머물던 곳에는 예외없이 양계 지명이 따라 붙었다.

황(黃)씨의 토템은 여러 성씨의 토템 중 가장 특이한데, 황(黃)씨의 씨족을 상징하는 족휘(族徽)는 천원귀(天黿龜)이다. 천원귀

[자료] 중국의 황씨 족보에서 캡처함

는 하늘의 황금 자라, 하늘의 큰 황금 거북을 의미한다. 황제의 후손이었던 황씨들은 큰 거북을 씨족의 표시로 삼았다. 큰 거북은 헌원이며 황제족의 표식이자 족장이다. 고대 황씨는 거북을 원시 토템으로 삼았던 것이다. 최근 중국학자들은 홍산문화 우하량 제2지점과 제5지점에서 각각 옥거북을 발굴했다고 발표했다. 몸은 거북이고 머리는 용이다. 이를 통해 우리는 동이 구이족 중 하나인 황이(黃夷)들이 상고시대에 이미 적봉지역에서 활동했다는 사실을 확인할 수 있다.

다음으로, 황씨의 핵심 원류는 영성(嬴姓)에서 출자한 성씨라는 것이다. 『후한서』의 동이 구족 중 황이(黃夷)가 황씨를 가리킨다.

「왕제」에 이르기를 '동방을 이(夷)라 한다'고 하였다. 이(夷)란 근본이다. [그 의미는] 이(夷)가 어질어서 생명을 좋아하므로 만물이 땅에 근본하여 산출되는 것과 같다는 말이다. 그러므로 [이는] 천성이 유순하여 도리로서 다스리기 쉽기 때문에 군자국과 불사국이 있기까지 하다. 이(夷)에는 아홉 종류가 있으니, 견이(畎夷), 우이(于夷), 방이(方夷), 황이(黃夷), 백이(白夷), 적이(赤夷), 현이(玄夷), 풍이(風夷), 양이(陽夷)가 그것이다. 그러므로 공자도 구이(九夷)에 살고 싶어하였다.

王制云:「東方曰夷.」夷者 柢也 言仁而好生 萬物柢地而出 故天性柔順 易以道御 至有君子·不死之國焉 夷有九種 曰畎夷 于夷 方夷 黃夷 白夷 赤夷 玄夷 風夷 陽夷 故孔子欲居九夷也

『사기』「진본기(秦本紀)」에 따르면 황씨는 동이족 영성(嬴) 14성 중 하나이기도 하다.

⌧ 서기전 877년 호북성과 하남성 접경의 황국 위치

자료: 바이두 백도백과

진(秦)나라 조상은 성이 영(嬴)씨이다. 그 후손이 나누어 봉해져 봉국 이름으로 성씨를 삼으니, 서(徐)씨, 담씨, 거씨, 종려씨, 운엄씨, 도구씨, 장량씨, 황(黃)씨, 강(江)씨, 수어씨, 백명씨, 비렴씨, 진(秦)씨가 있게 되었다.

秦之先爲嬴姓 其後分封 以國爲姓 有徐氏 郯氏 莒氏 終黎氏 運奄氏 菟裘氏 將梁氏 黃氏 江氏 脩魚氏 白冥氏 蜚廉氏 秦氏 然秦以其先造父封趙城 爲趙氏

백도백과에 따르면 상고시대 백익(伯益)의 후예로, 백익의 장남 대렴(大廉)이 황이(黃夷)의 지도자였다. 하나라 시기에 옛 황국(黃國)을 건국하였고, 상나라 시기에 나라 이름을 성씨로 삼았다. 『고본죽서기년(古本竹書紀年)』에는 "(하제) 상(相)이 즉위하고, 상(商)에 살았다. 회이를 정벌했다. 2년, 풍이와 황이를 정벌했다.[帝相元年戊戌, 帝即位, 居商. 征淮夷. 二年, 征風及黃夷]"고 기록되어 있다. 이뿐만 아니라 "제설 21년 견이, 백이, 현이, 풍이, 적이, 황이에게 명하였다.[帝泄 二十一年, 命畎夷、白夷、玄夷、風夷、赤夷、黃夷]"고 한다. 황이는 하나라 시대에 이미 활발하게 활동하던 매우 오래된 동이족이었다.

백도백과에 따르면 상나라 갑골문 복사에는 "황윤 이강(黃尹二羌)을 정벌했다."는 기록이 있고, 갑골문(前6213, 乙4642)에는 황석(黃奭)이라는 인물이 제사를 지낸 것으로 나온다. 황씨는 2006년 현재 약 2,700만 명으로 중원 인구수 기준으로 7위의 대성이다. 춘추 시기에 황국(黃國)은 하남성 동남부와 호북성 동북부의 경계 지역에 건국되어 있었는데, 서기전 648년 춘추 패자를 자칭하던 초나라에 멸망당했다. 황국고성은 하남성 황천(潢川)현에 위치하고 있다. 『고본죽서기년』의 기록에 따르면 황국의 씨족은 서(徐)씨와 마찬가지로 회이(淮夷)족들이었던 것으로 파악된다. 초기에는 황이(黃夷)로 불리웠고, 동이 구이족의 핵심 씨족 중 하나였다.

황국은 『춘추좌전』「노환공 8년」(서기전 704년)의 사서 기록에 다음과 같이 최초로 등장한다. 이때 초나라는 중원 진출을 위해 수나라와 황나라를 정벌하려 하였다. 황나라와 수나라는 혼인관계로 맺어진 동맹국이었다.

여름, 초무왕이 제후들을 침록(沈鹿, 호북성 종상현)에 모이게 했다. 황(黃)나라와 수(隨)나라가 참석하지 않았다. 초무왕이 위장을 보내 황나라를 문책했다. 자신은 직접 군사를 이끌고 가 수나라를 공격했다.

夏 楚子合諸侯于沈鹿 黃·隨不會 使薳章讓黃 楚子伐隨

회수에 있었던 황나라는 멀리 떨어져 있어 화를 피하였으나 초나라의 문책을 받았다. 그런데 초무왕은 서기전 690년 나국과 노국을 정벌한 이후 수나라 공격을 준비하는 과정에서 사망했다. 이후 노장공 19년(서기전 675

년)에 초문왕이 처음으로 황나라를 정벌했다. 원래 초문왕은 파(巴)와 연합해 신(申)나라를 공격했는데, 파국인들을 업신여기면서 혹사시켰다. 그러자 파왕이 반란을 일으켰다. 이때 초나라의 수장 염오(閻敖)는 이를 막지 못하고 도망쳤다. 초문왕은 염오를 사로잡아 죽였다.

파군은 전열을 정비한 후 초나라까지 쳐들어 왔다. 초문왕은 직접 군사를 거느리고 나루터에서 크게 싸웠다. 이때 원한을 품고 있던 염오의 일족들이 초군으로 위장해 초진에서 초문왕을 발견하고 일제히 화살을 쏘았다. 초문왕은 뺨에 화살을 맞았으며, 초군이 모두 대패하여 70~80%의 군대가 궤멸했다. 초문왕은 패잔병을 이끌고 성으로 돌아갔는데, 성문을 지키던 육권이 이겼느냐고 물었다. 이에 패했다고 하자 초나라가 칭왕한 이래로 패배한 적이 없다며, 황국을 이기고 돌아 오지 않으면 문을 열어 주지 않겠다고 했다. 이에 초문왕은 황국을 공격하여 황국 군대를 격파하였으나 그 뒷날 화살 맞은 얼굴의 상처가 도져 죽고 말았다. 육권은 초문왕의 주검을 안고 눈물 흘리다 자결하였다. 이러한 초문왕의 황국 공격에 대해『춘추좌전』「장공 19년조」에는 다음과 같이 기록하고 있다.

{노장공 19년(서기전 675년)} 봄에 초문왕은 {파나라 군대를} 방어하다가 나루터(津)에서 대패하고 돌아왔다. 그런데 {그의 보좌역인} 육권이 성을 열어 주지 않자 마침내 황을 정벌하여 황국 군대를 적릉(踖陵)에서 쳐부순 뒤 귀국했다.

十九年春 楚子禦之 大敗於津還 鬻拳弗納 遂伐黃 敗黃師于踖陵還

서기전 658년에 황국은 제나라와 동맹을 맺게 되는데, 이는 정복야욕을 드러낸 초나라와의 관계를 멀리하고 제나라의 힘을 빌리기 위함이었다.

{희공 2년(서기전 658년)} 가을, 제환공과 송환공, 강(江)인, 황인이 관택 (貫, 산동성 조현)에서 동맹을 맺었다. 이는 강나라와 황나라가 제나라 에 굴복했기 때문이다.

秋 盟于貫 服江黃也

황나라와 강나라는 초나라와 가까워 초와 결맹하고 있었으나 초나라의 공격을 받자 제나라와 동맹을 맺게 된 것이다. 당시 춘추시기 최초의 패자 였던 제환공의 재상인 관중(管仲)은 황나라와 강나라를 지원하는 것이 패권 을 유지할 수 있는 길이라고 주장했다. 그런데 동맹을 맺자마자 초나라가 정(鄭)나라를 공격하게 된다. 그러자 서기전 657년 가을 제환공이 이들 나 라들과 초나라를 정벌하기 위해 만나게 된다.

{희공 3년(서기전 657년)} 가을, 제환공과 송환공, 강인, 황인이 양곡(陽 穀)에서 만났다. 이는 초나라를 치기 위한 것이었다.

秋 會于陽穀 謀伐楚也

서기전 656년 가을에는 진(陳)나라의 대부 원도도(轅濤塗)가 정나라 대부 신 후(申候)에게 제환공의 군대가 진과 정 사이를 지나가면 군량조달 등으로 괴 로움을 당할테니 동쪽으로 가도록 해 동이(東夷)에게 무력시위를 하도록 제 안했다. 진나라로서는 제나라에 군량을 바치지 않으려 한 것인데, 정나라 신 후가 이 사실을 제환공에게 고자질했다. 그러자 제환공이 원도도를 잡아 가 두었다. 그리고 강인, 황인과 함께 진(陳)나라를 공격했다.

서기전 659년 가을에 황나라가 제나라를 믿고 초에 공물을 바치지 않자 겨울에 초나라가 황나라를 정벌했다. 그리고 서기전 655년에 초나라가 현국(弦國)을 멸망시키자 현국 사람들이 이웃 황국으로 망명했다. 서기전 648년 여름 초나라 사람이 황국을 멸망시켰다. 제나라는 황국을 도와주지 않았다. 『춘추좌전』「노희공 12년」(서기전 648년)조에는 다음과 같이 기록하고 있다.

{희공 12년(서기전 648년)} 봄, 제후들이 위나라 초구에 외성을 쌓았다. 이는 적인의 난을 두려워했기 때문이다. 이때 황나라는 제후들이 제나라와 화목한 것을 믿고 초나라에 공물을 바치지 않았다. 이들은 말했다. "초나라 도성인 영(郢)에서 우리나라까지는 9백 리나 되는데 어떻게 우리를 해치겠는가!" 여름, 초나라가 황나라를 멸망시켰다.

十二年春 諸侯城衛楚丘之郛 懼狄難也 黃人恃諸侯之睦于齊也 不共楚職 曰 "自郢及我九百里 焉能害我." 夏 楚滅黃

황나라의 갑작스런 멸망은 나라의 존립을 유지하는데 있어서는 남을 믿고 의존해서는 안되며, 스스로 한시의 방심도 하지 않고 대비해야 한다는 사실을 잘 보여주고 있다. 황씨의 군망은 강하(江夏)군, 회계(會稽)군, 낙양(洛陽)군 등이다.

황씨는 황제의 직계 후손이다. 이들의 먼 시조는 순임금 시대의 백익으로 거슬러 올라간다. 백익은 황제의 6세손이고, 소호임금의 5세손이며 그의 조모는 전욱 임금의 손녀 여수(女修)이다. 백익은 치수에 공이 있어 순임금으로부터 영성(嬴姓)을 사여받았다. 그 후손 중에 황씨(黃氏)가 있었는데, 대략 하나라 초기에 지금의 하남 황천(潢川)에 황국(黃國)을 세웠다. 상나라가 하나라를 멸망시킬 때 상나라를 지지하여 그 세력을 확대할 수 있었다. 그러나 주나라가 상나라를 멸할 때에는 중립을 견지하여 나라의 작위가 자작(子爵)으로 내려가 황자국(黃子國)이라 하였다. 춘추시대에는 초나라가 패권을 잡았는데 황국과 수국, 나국, 노국 등이 이에 대항하였는데, 황국은 서기전 648년에 멸당했다. 이에 황국의 후손들이 나라 이름을 성씨로 삼았다.

황씨들은 한반도에 비교적 일찍 들어온 것으로 보인다. 그런데 특히 춘신군 황헐의 후예들이 초나라 멸망 이후 한반도로 대규모로 이주해온 것으로 파악된다. 황헐(黃歇)은 원래 황국(黃國) 사람으로 황나라는 지금의 하남 황천(潢川)현 일대에 위치하였다. 영성(嬴姓) 국가 중 하나였는데, 춘추시기에 초나라에 합병되었다. 춘신군(春申君) 황헐은 전국(戰國) 시기 4공자(四公子) 중 한 사람이다. 전국 말기에 황헐은 초군을 이끌고 노(魯)나라를 공격했다. 진(秦)나라가 나날이 강대해져서 초나라는 도읍을 거듭하여 옮겼고, 최종적으로 지금의 안휘 합비 일대의 수춘(壽春)으로 이동하였다. 춘신군의 봉지도 따라서 동쪽으로 이동하여 이미 초나라에 병합된 오나라 땅, 즉 지금의 상해 일대가 되었다. 춘신군은 봉지의 사람들을 이끌고 동쪽의 새로운 봉지로 옮겼는데, 그곳에는 강이 있어, 하빈의 땅을 황헐포(黃歇浦)라 부르고, 그 강물을 황포강(黃浦江)이라 불렀다. 상해는 옛날 춘신군의 봉지를 간략하게 칭한 이름이다.

사마천의 『사기』에는 「춘신군열전」이 있다. 춘신군은 황헐을 가리킨다. 황헐은 진나라가 초나라를 정벌하려는 시도를 여러 차례 막아내는 데 성공한 초나라 최고의 재상 중 한 명이었다. 황헐이 활동하던 시기에 진나라 소왕의 휘하에는 전신으로 불리운 백기가 있었다. 백기는 초나라를 공격하여 초의 도읍 영(郢)을 점령하기도 했다. 황헐은 여러 나라를 두루 다니며 보고 들은 것이 많아 시대의 흐름을 잘 파악하고 있었다.

황헐은 진소왕을 설득하여 강국인 진나라와 초나라가 전쟁을 하면 힘없는 나라들이 세력을 얻어 어부지리를 얻을 것이라면서 화친할 것을 주장했다. 당시 진나라는 조나라를 눈엣가시로 여기고 있었다. 진소왕은 화친의 댓가로 춘신군과 초나라 태자가 진나라에 볼모로 들어올 것을 요구한다. 춘신군은 몇 년 후 초 경양왕이 병석에 누웠다는 소식을 듣고 몰래 태자를 진나라에서 탈출하게 한다. 그렇게 해서 태자 완이 고열왕에 즉위하게 된다. 진소왕은 춘신군을 죽이려 하였으나 화친하는 것이 낫다는 중신들의 의견을 좇아 살려준다.

이에 초나라로 복귀한 후 춘신군은 재상에 올랐으며, 오늘날 상해시 일대를 봉읍으로 취하게 된다. 춘신군은 국력회복에 주력하여 초나라의 강성함을 회복하였으며, 제후들을 합종하여 진나라를 공격하기도 한다. 그러나 백기와의 전쟁에서 조나라가 참패한 이후 사실상 중원의 주도권은 진나라로 넘어간 상태였고, 합종 전략은 크게 실패하고 만다.

초나라 고열왕은 춘신군이 여러 부인을 구해 바쳤으나 후사가 없었다. 이때 조나라의 이원이 춘신군에게 여동생을 바치기에 이르고, 춘신군은 그녀를 총애하여 임신하게 된다. 이를 안 이원은 춘신군에게 여동생이 임신한 사실을 아는 이가 아무도 없으니 초왕에게 바칠 것을 요청한다. 그렇게 되면 춘신군의 아들이 초나라 왕이 될 것이고, 결국 춘신군이 초나라를 차지할 수 있지 않겠느냐는 것이다. 이에 춘신군은 이원의 여동생을 왕후로 들여 보내고 얼마 후 그녀가 아들을 낳자 왕은 그를 태자로 삼았다.

춘신군이 재상이 된 지 25년이 되던 해에 고열왕은 병석에 누웠는데, 춘신군의 빈객이었던 주영이 춘신군에게 "세상에는 뜻하지 않은 복이 오는가 하면 생각지도 못한 화가 찾아오기도 합니다."라고 말했다. 대비를 단단히 해야 한다는 귀띔을 한 것이다. 그러나 춘신군은 이 말을 제대로 듣지 않았다. 며칠 후 고열왕이 죽자 이원은 궁에 결사대를 매복하여 춘신군을 죽이고, 그 일가를 몰살시켰다. 고열왕 사후 춘신군의 아들이 초나라 왕으로 등극하니 그가 바로 초유왕이다.

이와 비슷한 일이 진(秦)나라에서도 발생했는데, 여불위가 바로 그 사람이다. 춘신군과 달리 여불위는 제거당하지 않고 상경으로서 나중에 진시황이 되는 영정이 성인이 될 때까지 최고의 권력을 구가한다. 그런데 태후가 된 주희가 계속해서 여불위를 찾자 여불위는 묘안을 찾게 되는데, 그것은 노애라는 씩씩한 남자를 내시인 것처럼 위장하여 주희에게 보낸 것이었다. 주희는 노애와의 관계에 만족하여 아들을 둘이나 낳았다. 그런데도 사람의 욕심은 끝이 없는 법이다. 노애는 영화로운 생활에 만족하지 않고 자신의 자식이 왕이 되게 하겠다며 반란을 일으키고 만다. 그 결과 노애와 그 자식이 모두 몰살당하고, 여불위는 정계에서 은퇴하고 낙향한다. 그러나 나무가 아무리 가만히 있고자 해도 바람이 흔들어대는 법이어서 수많은 제국의 빈객들이 내왕하게 되자 결국 자신의 아들에게 받은 편지를 읽고 나서 자결을 하고 만다.

황씨 중 명인이 많지만 그 중 제갈량의 부인 황월령이 유명하다. 의외로 황월령에 대해서는 알려진 바가 적은데, 그녀는 사실상 제갈량을 만들어낸 천하의 모사였다. 황월령은 형주의 호족이었던 명사 황승언(黃承彦)의 딸이었다. 황승언은 제갈량에게 딸을 시집 보내고 싶어서 "몸은 누추하고 누런 머리에 얼굴은 검어 추하지만 재능이 있는 여자를 배필로 맞이할 수 있겠는가?" 하고 물었다. 그리고 나서 제갈량의 형수가 황월령에게 장가들 것을 권유하자 비록 얼굴이나 몸이 추하지만 그녀가 쓴 시들을 읽어 보고 그 뛰어남에 놀랐다고 말했다. 이후 전격적으로 혼인이 이루어졌다.

혼인 바로 직전에 제갈량은 유비의 삼고초려로 인해 세상에 나갈 것인지에 대해 고민 중이었다. 황승언의 집에 찾아가 의논을 하고 있는데, 황월령이 제갈량에게 말했다. "지금은 좌고우면할 때가 아닙니다. 세상이 당신을 부르는 것인데 무엇을 망설이십니까?" 이 말에 탄복한 제갈량은 황월령과 혼인 후 유비를 따라 천하 삼분지계를 이루게 된다. 황월령은 거상 집안의 여인이어서 천하대세를 다 파악하고 있었으며, 각종 신무기를 개발하는가 하면, 온갖 지략에 능수능란했다고 한다. 군량을 나르던 목우류마는 황월령의 대표적 작품이다. 그리고 제갈량이 들고 다니던 부채에는 황월령이 써준 각종 계책들로 가득차 있었다고 한다. 우리가 제갈량의 솜씨로 알고 있던 많은 것들이 황월령의 작품이었던 것이다.

황씨는 먼 옛날 적봉 일대에서 연산(燕山)을 거쳐 산서성, 그리고 하남성 일대로 이주한 것으로 보인다. 특히 연산 일대에서 발원한 황씨(黃氏)들은 대렴(大廉)을 따라 황천(黃川)으로 이주하여 황나라를 건국하였다. 서기전 648년 황천(黃川) 황나라가 초나라에 멸망당하자 황씨들은 하남 중부로 소수가 이주했고, 초나라 배후로 대거 옮겨 호북(湖北)성 등지에 정착했다.

전국시대부터 진한시대까지 황씨는 이미 호북지구로 대거 이동해 강릉(江陵), 강하(江夏) 등 8개 황씨 군망을 형성했고, 이를 기반으로 강남으로 발전해나갔다. 황씨의 발자취는 이미 섬서와 사천성, 동쪽은 동해, 남쪽은 호남과 강서(江西)에 이르렀다.

광동성은 황씨 인구 제1의 성으로 전국 황씨 전체 인구의 약 19.5%를 차지한다. 중원 전체로는 광동성, 사천성, 호남성 등 세 성에 집중돼 황씨 전체 인구의 약 42%를 차지하고 있으며, 광서성, 강서성, 호북성, 복건성, 강소성 등 다섯 성에 28%가 집중돼 있다. 전국적으로 장강 이남에 황씨들이 많이 살고 있으며, 그 이북에는 황씨가 적게 살고 있다. 황씨의 군망은 강하(江夏)군, 회계(會稽)군, 영릉(零陵)군, 파동(巴東)군, 낙양(洛陽)군, 진안(晋安)군, 복양(濮陽)군 등이다.

| 맺음말 |

　이 책자에서는 우리나라의 주요 성씨 55개에 대한 역사적 기원을 추적하여 제시하였다. 그동안 우리나라의 성씨는 6세기에 가서야 사용되었다는 주장이 당연한 사실인 것처럼 인식되어 왔다. 그 결과 대전의 성씨 뿌리공원에는 우리나라 대부분의 성씨 본관들의 기원이 고려 시대에 머물러 있는 것으로 나타나고 있다. 사실 족보를 통해 성씨의 기원을 추적하는 것은 거의 불가능하다. 나로부터 30대만 올라가도 1억명 이상의 조상이 결부되기 때문이다. 따라서 수많은 문중들의 족보가 고려 초에 머물 수밖에 없었던 것이다. 이러한 사실을 이유로 강단사학에서는 한민족이 6세기 이전에 성씨 없이 살았다고 주장하고 있다. 이는 한민족이 족내혼과 족외혼 구분없이 수천 년을 살아왔다는 것으로 한민족이 뿌리가 없는 민족이라고 주장하는 것과 같다(이수건, 2003; 박홍갑, 2014).

　대표적으로 국사편찬위원회 위원이었던 박홍갑씨는 우리나라에는 6세기까지도 성씨가 없었다고 주장했다. 그 근거는 「진흥왕순수비」 등에 성씨가 안 나타난다는 것이다. 박홍갑(2014: 97)은 이병도(1976: 605~610)에 근거하여 다음과 같이 한민족이 원래 성씨 없이 살았던 민족이라고 주장한다.

　박혁거세나 석탈해와 김알지에 사용된 성씨가 실제로는 후대에 와서 소급 추록한 것에 지나지 않는다는 것이 학계의 설명이다.··· 학계에 보고된 자료를 종합하면, 우리 성씨가 본격적으로 사용되기 시작한 시기는 신라말에서 고려초다.··· 따라서 통일신라 이전에는 중국과 달리 인간 호칭에 대해 고유명만 사용하다가 그 후 점차 중국식 한자로

된 성을 받아들이면서 성과 이름이 조합된 것으로 봐야 할 것 같다.

그 이전에 이수건(2003: 35)은 "최치원·최언휘(崔彦撝) 등 6두품 출신 문사들에 의한 승려들의 비문에는 유교적인 모화사상으로 인해 우리의 성씨가 주로 중국에서 유래하였다는 사실을 강조하였다."면서 이는 근거가 없다고 주장했다. 이름만 사용하다가 중국에서 한자식 성을 수입하여 소급해서 갖다 붙였다는 것이다. 그리고 왕건이 고려를 건국한 이후 지역 토착 호족세력들에게 성씨와 본관을 지정해주었다고 주장한다. 소위 지연과 혈연을 결합한 토성분정(土姓分定)을 단행했다는 것이다.[41]

이수건(2003년)과 박홍갑(2014년)의 주장대로라면 원래 성씨가 없었던 한국인들에게 고려 시대에 와서야 새로운 사회질서를 확립하기 위해 자의적으로 성씨와 본관을 붙여 줬다는 것이 된다. 여기서 더 나아가 박홍갑은 왕건조차 성씨가 없었다고 주장한다(박홍갑, 2014: 101).

한민족은 단군조선에서 이어져 온 반만년의 역사를 자랑한다고 주장하고 있는데, 민족의 기본 단위를 이루는 씨족의 역사는 고작해야 1,500년에 불과하다는 주장이 어떻게 성립할 수 있는가? 원래 민족이란 씨족에 근거하여 성립되는 것이 일반적이다. 민족이 '상상된 공동체'[42]로서 위로부터 만들어진 것이라고 한다면 씨족은 혈연에 기초한 공동체를 가리킨다. 씨족 성씨는 기록물만이 아니라 구전으로 이어져 오는 것이 일반적이다. 물론

---

41 이수건(2003)은, 토성분정은 고려 태조 23년에 가서야 이루어진 것이라고 주장하고 있다.
42 베네딕트 앤더슨은 민족을 '상상된 공동체(Imagined Community)'로 규정했다(Anderson, 1983). 홉스봄은 이를 원형 민족주의(Proto-nationalism)라고 불렀다(Hobsbawm, 1990). 민족이라는 실체는 위로부터 만들어진 신화이기 때문에 아래로부터 민중들의 민족 관념과 다를 수 있다는 것이 이들의 주장이다. 이같은 민족과 달리 씨족은 혈연으로 이루어진 실재하는 실체라고 말할 수 있다. 따라서 한민족의 역사는 유구한데, 그 씨족의 역사는 일천하다는 주장은 성립할 수 없다.

많은 사람들이 중간에 성씨 세계(世系)가 단절되는 일이 있을 수 있다. 그리고 전쟁에서 패배한 경우 씨성이 말살되어 살아가는 경우가 많다. 이는 한국인에게만 해당하는 것이 아니라 중원에서도 일반적으로 발생한 현상이었다. 따라서 한민족의 역사가 유구하다면 한국 성씨는 그보다 더욱 더 오랜 기원을 갖고 있는 것으로 보는 것이 타당하다.

이 연구에서 한국 성씨의 기원을 55개 성씨별로 살펴본 결과 한민족은 중원을 거쳐 한반도로 이동해 온 것으로 나타났다. 이에 대해 강단사학자들은 한민족의 구성원들이 성씨없이 살다가 아무 근거없이 중원의 유명한 성씨를 수입하여 자의적으로 사용했다고 주장한다. 대표적으로 장씨 사례를 들 수 있다. 『삼국사기』와 『삼국유사』에서는 장보고의 이름을 궁복(弓福) 또는 궁파(弓巴)라고 했다. 그런데 박홍갑(2014: 100)은 이를 두고 다음과 같이 장보고가 창성 개명을 한 것이라고 주장했다.

> 장보고 같은 이는 그의 원래 이름이었던 궁복(弓福)을 버리고 장보고(張保皐)라 창성 개명했다. 당시 중국에서는 장씨가 둘째가라면 서러워 할 정도의 명문가였기에, 그의 이름에 활 궁(弓) 자가 들어 있다는 걸 빌미로 장씨를 선택한 것이다.

한국의 장씨는 아무 이유도 없이 중국의 잘 나가는 성씨를 가져다 사용했다는 것이다. 토템이 성씨의 기원이라는 사실조차 이해하지 못하는 참으로 어처구니 없는 자의적 해석이라고 말하지 않을 수 없다. 장씨는 원래 활을 토템으로 삼았던 씨족이다. 『백도백과』에서는 이에 대해 『설문해자』를 인용하여 다음과 같이 설명하고 있다.

장(張)의 본래 뜻은 '활시위를 당긴다'는 것으로 활의 현을 팽팽하게 당기거나 느슨하게 하는 것을 의미한다. 활쏘기, 활시위 당기기, 포착, 뻗기 등의 의미로 사용된다. 장(張)은 본시 별의 이름이었는데, 주작 7수 중 5수인데, 천상의 배열 모양이 활과 같았다. 장(張)은 활과 화살을 잘 만드는 씨족 숭배의 원시 천상(天象) 토템으로 씨족명과 지명, 성씨가 되었다.

张的本义是 '使弓弦' 把弦绷在弓上 将要开弓 与'弛'相对 引申为开弓 上弦 捕捉 伸展等意义 张 也是星名 属朱雀七宿中的第五宿 天象的排列形状似弓 张是擅长制造弓箭的氏族崇拜的原始天象图腾 进而成为氏族名 地名和姓氏

성씨가 뿌리를 나타내는 것이라고 한다면 이들은 그 기원에 대한 제대로 된 분석조차 하지 않고 고려, 조선조의 족보나 사료 등을 근거로 한국인이 원래 성씨 없이 살았던 뿌리없는 민족이라고 주장하고 있는 것이다. 그 결과 이들은 상고 시대에 한민족이 한반도라는 국경 내에 한정되어 살았을 것이라는 강한 가설하에 한민족의 역사를 수천 년이나 사장시키는 결과를 초래해왔다. 이 연구는 이러한 문제점을 극복하기 위해 이루어졌다.

이 연구에서 우리나라 성씨의 기원을 추적해 본 결과 박씨, 백씨, 배씨, 안씨, 강(康)씨, 나씨, 노씨, 하씨, 마씨, 정씨, 소씨, 허씨, 조(曹)씨, 홍씨 등은 서역에서 비롯된 성씨로 밝혀졌다. 태호 복희의 후손이 박(巴=朴)으로 나타났고, 백씨, 배씨, 임씨, 하씨 등도 복희의 풍성(風姓)에서 비롯된 성씨들이다. 그리고 강씨, 조씨, 한씨, 오씨, 신씨, 양씨, 우씨, 신(辛)씨, 최씨, 고씨, 정(丁)씨 등은 중원의 서쪽에서 비롯된 강족(姜族) 또는 서강족(西羌族)인 것으로 나타나고 있다. 이들 중 다수는 염제 신농씨의 후손들이다. 이씨, 손씨, 송씨 등은 중원 또는 산동 지역에서 기원하였다. 인류의 인문시조로 숭앙받는 태호 복희(太昊伏羲)씨는 서기전 3500년~서기전 4000년경에 이미 풍성(風姓)이라는 성씨를 갖고 있었다. 염제와 황제도 서기전 3000년경에 살았던 지역의 강(江) 이름을 따서 성씨를 만들었다.[43] 그 자손들도 성씨를 이어받았음은 물론이다.

그런데 한민족은 6세기에 가서야 성씨를 만들었다고 한다면 중원 사람들과 비교해 뿌리가 거의 없는 것이나 마찬가지가 된다. 역사학계와 보학계의 '뿌리없는 민족설' 혹은 '조상부정설'은 고작해야 신라 초기 또는 고려 시대, 조선 시대의 기록에 기초한 것으로 한민족의 상고 시대에 대한 분석이 결여되어 있다. 중원의 성씨와 한민족의 성씨가 일치하지만 선험적으로 중원에서 오지 않은 것을 전제로 우리가 중국 성씨를 수입했다고 주장하고 있는 것이다. 한민족 구성원 모두가 가짜 성씨를 갖고 산다는 주장이 여전히 통용되고 있다.

그렇다면 중원의 동이족은 한민족과 어떠한 관계를 맺고 있었을까? 기존의 역사학계에서는 당연하다는 듯이 동이족과 한민족이 서로 연관성이 없다고 주장하고 있다. 예를 들어 『삼국사기』「김유신열전」에 김씨의 출자가 소호 금천(少昊金天)이라고 기록되어 있고, 「문무왕비문」에는 성한과 투후 김일제를 연결시키는 내용이 나타난다. 그런데 이를 두고 이병도(1976: 52~53; 619)는 신라 왕족들이 관념적으로 시조의식을 드러낸 것에 불과하다고 주장한다. 단지 김씨 왕가에서 자신들의 집안을 신성시하기 위해 고대

---

43 『국어(國語)』「진어(晉語)」에는 "옛날 소전(少典)이 유교(有蟜)씨의 딸을 취하여 황제와 염제를 낳았다. 황제는 희수(姬水)에서 성장하였고, 염제는 강수(姜水)에서 자랐다. 자라면서 그들의 덕행이 달라 그 때문에 황제는 희성이 되었고 염제는 강성이 되었으며 두 임금은 무력을 사용하여 서로 다투었다. 이는 덕이 서로 달랐기 때문이었다. 성이 다르면 덕도 다른 법이요 덕이 다르면 종족이 다른 것이다."라고 했다. 『백도백과』에 따르면 황제와 치우 사이의 탁록전쟁은 지금으로부터 5,000년 전에 발생했다고 한다.

의 제왕들이나 위인들을 시조로 끌어다 붙였다는 것이다.

그렇다면 중원의 수많은 씨족들은 자신들의 조상 세계를 태호 복희나 염제, 황제로 연결시킬 수 있는가? 이들로 연결된 것을 입증할 수 있는 족보라도 있는가? 중원의 성씨들이 족보를 갖고 있지만 그중 절대 다수는 그 시기가 일천한 경우가 많다. 이에 따라 대부분 사서 기록에 입각해 자신들의 뿌리를 찾고, 거기에 연결하는 경우가 일반적이다.

더구나 중국 학자들은 황제를 제외한 태호 복희나 소호 금천이 모두 화하족인 자신들과 다른 동이족이라고 주장하고 있다. 산동성 임기의 동이박물관에는 태호 복희, 치우, 소호 금천, 전욱 고양, 축융, 제곡 고신, 백익, 순 임금, 구이(九夷) 등이 모두 동이족이라고 전시하고 있다. 그렇다면 이들 동이족들은 구체적으로 한민족과 어떤 관계를 맺고 있는 것일까?

『후한서』「동이열전」'서문'에는 "이(夷)에는 아홉 종류가 있으니, 견이(畎夷), 우이(于夷), 방이(方夷), 황이(黃夷), 백이(白夷), 적이(赤夷), 현이(玄夷), 풍이(風夷), 양이(陽夷)가 그것이다."라고 했다. 이들 동이족이 대부분 한민족의 시조들이다. 현재까지의 연구결과 견이는 오(吳)씨, 황이는 황(黃)씨이고, 방이는 방(方)씨, 양이는 산동반도의 래이족 모(牟)씨로 나타나고 있다.[44] 우이(于夷)

---

44 『고본죽서기년』에도 "후분 즉위 3년에 견이, 우이, 방이, 황이, 백이, 적이, 현이, 풍이, 양이 등 구이가 내어했다(後芬卽位 三年 九夷來禦 曰畎夷 于夷 方夷 黃夷 白夷 赤夷 玄夷 風夷 陽夷)"고 기록하고 있다. 여기서 견이는 귀방, 곤이, 견이, 견융, 오씨 오장군과 연결된 견융을 가리키는 것으로 오(吳)씨와 연관된 것으로 분석되고 있다. 그리고 우이족은 월지족으로서 태호 복희 풍씨의 후손인 박씨, 백씨, 배씨, 임씨, 하씨 등과 연관되어 있다. 『산해경』「해내경」에는 "태호(太皞)가 함조(咸鳥)를 낳고 함조가 승리(乘釐)를, 승리는 후조(後照)를 낳았는데, 후조가 처음으로 파(巴)의 시조가 되었다."라고 기록하고 있다. 그리고 『삼국지』「위서」'무제기'에는 "건안 20년(215년) 9월 파(巴) 7성의 이왕(夷王) 박호(朴胡)가 파이(巴夷)를 들어 내부하였다."는 기록이 등장한다. 『산해경』과 『삼국지』의 기록을 연결해보면 파이의 핵심은 박씨이고, 박씨는 태호 복희의 후손인 것을 알 수 있다. 황이는 황씨를 가리키는 것이다.(https://www.sohu.com/a/290807481_120052908; 2022. 5.12) 『일주서』「왕회」에서는 "방국(方國)이 하왕조 전에 이미 존재하였고, 상고 시대의 방족과 방국은 구이족 방이에서 출자한 것이다(说

는 우이(嵎夷)로 산동반도의 월지족을 가리키는데, 태호 복희 풍씨의 후손인 박씨, 백씨, 배씨, 임씨, 하씨 등과 연관되어 있다. 동이족과 관련된 이러한 기록들과 최근의 연구결과들을 살펴보지도 않고 한민족을 뿌리없는 민족으로 내몰아서야 되겠는가?

한국에서는 실증사학이라는 논리가 지배하면서 구체적 물증이 없으면 이를 인정하지 않으려는 풍조가 생겨났다. 그런데 정작 자신들은 성씨의 기원에 대해 제대로 검증도 해보지 않은 채 고려 시대 또는 조선 시대의 몇몇 제도를 살펴보고 실증되지 않은 주장들을 양산하고 있다. 예를 들어 이수건 (2003년)은 삼국이 성립하기 이전 고대 씨족 사회에는 아직 성이라는 것이 없었다며, 성씨를 쓴 것처럼 기록한 것은 모두 중국 문화를 수용한 뒤에 지어낸 것이라고 했다(이수건, 2003: 96). 그리고 최초의 토성은 『세종실록지리지』의 토성(土姓)이라며, 이는 중국과 관련이 없는 성씨들이라고 주장했다.

예를 들어 『세종실록지리지』「전라도」'나주목'에는 토성(土姓)이 김(金), 나(羅), 오(吳), 정(鄭), 진(陳), 손(孫), 남(南), 박(朴), 유(柳) 등 아홉 개가 있는 것으로 나온다. 이들 성이 한국의 토착성이라는 것이다. 그런데 필자가 이 책자에서 추적해 본 결과 이들 아홉 개 성은 모두 중원에서 상고 시대부터 이주해 온 성씨들이다. 중국과 관련이 없는 것이 아니라 중원을 지배하다 한반도로 이주해 온 대표적 성씨들인 것이다.

나씨와 노씨의 경우 중원에서도 가장 오래된 성씨 중 하나이다. 나주 나씨는 중국 송나라의 나부(羅富)가 사신으로 왔다가 나라가 멸망하는 바람에 발라(發羅)현에 정착하였다고 밝히고 있다. 금성 나씨의 경우에도 고려 초의

明方国在夏朝前就已存在 上古有方族 方国系出自九夷之一的方夷)"라고 기록하였다.(http:// news.sohu.com/a/525708648_121300090, 2022. 5. 12.) 양이(陽夷)는 산동반도의 양이 (良夷), 즉 래이 모씨와 연관되어 있는 것으로 분석된다.(苗威, 2010) 백이는 백씨를 지칭하는 것으로 추정되고 있다. 현이는 제비를 토템으로 삼던 상나라 종족들이다.

삼한 공신인 나총례를 시조로 삼고 있다. 광주(광산) 노씨의 경우 신라에서 광주백으로 봉해진 노해(盧垓)를 득관조로 삼고 있으나 고려 때의 노만과 노서를 시조로 하고 있다.

그런데 광주라는 지명이 되살아난 것은 왕건의 고려 건국 이후이다. 그리고 나주라는 지명도 왕건 시기에 새롭게 옛 지명 나(羅)를 회복할 수 있게 되었다. 우리는 광주의 옛 지명을 무진주로 알고 있다. 『삼국사기』에 동성왕이 498년에 무진주(武珍州)로 행차했다는 기사가 최초로 나오는데, 백제 시기에 실제로 광주를 무진주라고 불렀는지는 의문이다. 무진주라는 지명은 신라 신문왕 때(686년) 발라주를 발라군으로 격하하면서 새로 만든 지명이기 때문이다. 어쨌든 고려 왕건 시기에 무진주를 광주로 바꾼 것으로 나타난다. 그런데 왜 많은 지명 중에서 하필 광주였을까? 이러한 의문을 갖던 중 필자는 광주(光州)라는 지명이 중국의 하남성에도 있다는 사실을 확인하게 되었다.

『백도백과』에 따르면 하남성 광주에는 서기전 2030년 이전에 고대 광국(光國)이 건국되어 있었다. 광국이 멸망한 후 그곳을 광주라 불렀고, 광주의 치소는 지금의 하남성 광산(光山)현이다. 하남 광산현 바로 옆에는 나산(羅山)현이 있다. 광주와 관련하여 『백도백과』에는 "광주와 강소성, 절강성, 상하이, 민월 사이의 관계는 깊지 않고, 동이에서 왔으며, 예전에 양주지역에 속했다.[光州与苏、浙、沪、闽关系匪浅 ,来自东夷 ,古属扬州之域]"는 기록이 나타난다

지명의 도플갱어를 보는 듯한데, 더욱 놀라운 것은 하남성 광주와 광산에는 노씨들이 살고 있고, 나산에는 나씨들이 살고 있다는 사실이다. 현재 광주(광산) 노씨들의 본관, 그리고 나주(금성) 나씨들의 본관과 한문으로 글자 하나 틀리지 않고 동일하다. 이를 역추적해 본 결과 이곳에 살던 나씨와 노씨들이 지명을 갖고 한반도로 이주한 것으로 파악되었다. 『삼국지』「한

조」에 진한인들이 진시황의 진역[45]을 피해 마한에 왔다고 했으므로 서기전 3세기 이전에 이미 마한이 성립하고 있었다는 것을 알 수 있다. 마한의 치소는 월지국이었으므로, 태호 복희의 후손인 월씨는 박씨, 백씨, 배씨 등을 포함하고 있었다. 아울러 박씨와 나씨는 판순만 7대 성으로 항상 같이 이동한 것으로 나타나고 있다.[46] 따라서 월지국이 성립한 서기전 3세기에 이미 나씨와 노씨들이 한반도에 들어와 있었다는 것을 알 수 있다. 이들이 이동할 때 광주와 광산, 나산 등의 지표지명을 갖고 이동한 것이다.

　이들 지명은 왕건의 고려 건국 이후 새로 생긴 것이 아니라 그 이전에 나씨와 노씨들이 한반도로 이동하면서 지명도 복제해 사용했기 때문에 광주, 나주라는 지명이 오래 전부터 사용되고 있었다. 발라(發羅)는 박씨와 나씨들의 족명에 기초한 이름이다. 박트리아의 월지족 도읍은 박라(博羅)라고 하였고, 중원에도 박라(博羅)라는 지명이 존재한다. 라(羅)는 메소포타미아 문명의 배화교 세력이나 이집트 문명에서 태양신으로 숭배했던 태양신 라(Ra)에서 유래한 것이다. 이뿐만 아니라 노씨와 관련하여『세종실록지리지』와『신증동국여지승람』「지리지」에서는 광주를 노지(奴只)라고 불렀다는 기록이 등장한다. 여기서 노지는 선주족인 노씨들의 땅, 즉 노지(盧地)를 간략하

---

45 진시황은 중원을 통일한 서기전 221년 직후에 호(胡)가 진나라를 망하게 할 것이라는 말을 듣고 흉노(匈奴)를 막기 위해 몽염(蒙恬) 장군을 시켜 조(趙) 장성과 연(燕) 장성 등을 연결해 만리장성을 쌓았다. 그 과정에서 진역이 광범위하게 행해졌는데, 진시황이 사망한 서기전 210년에 끝이 났다. 진한인들이 서기전 3세기 초에 마한으로 들어왔으므로 마한의 핵심 씨족이었던 나씨와 노씨 등은 그 이전에 이미 이동을 해왔다는 것을 알 수 있다.『춘추좌전』에 따르면 서기전 690년 나국과 노국 사람들은 나라가 초나라에 멸망하자 망국의 한을 잊지 않기 위해 나라 이름을 따서 나(羅)씨, 노(盧)씨라 했다. 그리고 이들은 중원의 남부와 한반도 등지로 이주를 시작했다.

46 판순만이(板楯蠻夷)의 7대 성씨에는 나(羅), 박(朴), 독(督), 악(鄂), 도(度), 석(夕), 공(龔) 등이 있다. 그런데『백도백과』에 따르면 노씨와 임(任)씨도 판순만이에 포함되어 있었던 것으로 나타난다. 이들은 중원에서 파이(巴夷)로 불리웠는데, 작전 과정에서 판자를 방패로 만들어 죽도록 돌진해 '판순만(板楯蠻)'이라는 별명을 얻었다고 한다.

게 표현한 것으로 분석된다. 갑골음으로 노(盧)는 [gərə(ㄱㄹ)]로 빛(光)을 의미한다.[47] 고려 초 씨족들이 부활하면서 이들은 예전 지명을 복원하는 데 열성적이었다. 그 결과 광명족을 가리키는 나(羅)나 광(光)이라는 씨족 명과 지명들이 고려 초에 새로이 되살아났다. 이는 그 이전부터 광주와 나산이라는 지명이 존재했다는 것을 의미한다. 나씨와 노씨는 영산강 유역의 선주족들이었다.

이처럼 성씨의 기원이 상고 시대로 거슬러 올라가는 마당에 조선 시대의 자료를 갖고 토성 운운할 정도이니 놀라울 따름이다. 이들은 고작해야 고려, 조선조의 자료만 언급하고 있으며 정작 성씨의 기원이라고 할 수 있는 상고 시대에 대해서는 고려조차 하지 않고 있다. 특히 동이족의 실체에 대해서도 아무런 인식도 없이 한민족 성씨의 기원을 규정하고 있다.

중원 최초의 나라로 주장되고 있는 하나라를 건국한 우임금은 서강족(西羌族) 출신이라는 것이 수많은 문헌을 통해 입증되고 있다. 따라서 중원의 화하족은 실체가 없는 것으로 판명나고 있다. 우리나라의 우(禹)씨와 신(辛)씨, 곽씨는 모두 하우(夏禹) 임금의 후손들이다. 이뿐만 아니라 하(夏)나라는 축융족들에 의해 뒷받침된 나라였다. 축융 오손족들은 태고 시절부터 태양을 숭배했다. 이들 밝족과 축융족 등 동이족들이 중원과 사방을 모두 장악하고 살다가 한반도로 이주해와 새로운 영역을 개척했다. 그리고 열도에 새로운 문명을 전수했다. 소(蘇)씨, 황씨, 한씨, 정(鄭)씨, 강(姜)씨, 조(曺)씨 등은 모두 축융족의 후손들이다.

한국 고대 사회의 씨성 구조는 씨성 탄압을 통해 그 구조가 심대하게 변

---

47 최춘태(2017)에 따르면 노룡(盧龍)이라는 지명은 갑골음으로 빛을 나타내는 가라로 발음된다고 한다. 불교에서 말하는 법신(法身) 비로자나불(毗盧遮那佛)과 보신(報身) 노사나불(盧舍那佛)은 모두 빛 또는 광명 신을 가리키는데, 여기에 모두 노(盧)가 들어 있다. 이는 노가 빛(光)을 나타낸다는 사실을 보여준다.

형되었다. 특히 신라가 백제와 고구려를 정벌한 이후 혹독한 씨성탄압을 실행한 것으로 나타나고 있다. 신라는 한반도에 가장 늦게 진입한 흉노족 김씨의 나라였다. 처음 한반도 동쪽의 척박한 땅에 위치해 세력이 미약했다. 그 결과 백제와 고구려를 멸망시킨 후 두 나라의 씨성 대족들의 씨를 말려 버렸다. 백제에는 대성팔족이 존재했는데, 진씨, 해씨, 목씨, 사씨, 백씨, 국씨, 협씨, 연씨 등 대성팔족은 현재 흔적조차 찾아 보기 어려울 정도이다. 그 결과 오늘날 한국 씨성 본관은 모두 신라 위주로 되어 있다.

신라는 백제와 고구려를 점령한 이후 골품제를 강화해 서라벌 귀족 중심의 지배체제를 공고화하는 데 전력을 기울였다. 이에 따라 백제나 고구려의 대성들은 커다란 탄압을 받았다. 그 결과 이들은 한반도에서 대부분 사라지고 만다. 중국, 일본 등으로 이주하거나 신라 육부의 성씨(이·정·손·최·배·설)나 박·석·김의 왕성으로 바꾸는 일이 많았다. 그 결과 고려 시대 비문을 연구한 김용선의 연구(2016년)에 따르면 묘비에 기록된 성씨는 대부분 신라의 성씨들로 나타나고 있다. 그리고 백제의 성씨나 고구려의 성씨는 한반도에서 자취를 감추고 말았다.

이종욱의 『신라골품제연구』(1999년)에 따르면 신라는 성씨에 대한 탄압만이 아니라 골품제를 통해서 피점령 지역의 주민들은 진촌주(오늘날의 면장) 이상의 직책을 갖지 못하도록 탄압했다. 아울러 대부분의 피정복 지역민들은 노예살이나 마찬가지의 상황에 처하게 되었다. 수많은 백성들이 먹을 것이 없어 자식을 산 채로 묻거나 종으로 전락했다. 『삼국사기』「열전」 '향덕(向德)조'에는 신라 피점령민들의 처참한 상황을 알려주는 내용이 등장한다.

향덕은 웅천주(熊川州)의 판적향(板積鄕) 사람이다. ... 천보(天寶) 14년 을미(755)에 흉년이 들어 백성들이 굶주렸고 전염병이 겹쳤다. 부모도 굶주리고 병이 났으며, 어머니는 또 종기가 나서 모두 거의 죽게 되었다. 향덕이 밤낮으로 옷도 벗지 않고 정성을 다하여 몸을 편안하게 하고 마음을 위로하였으나 봉양할 것이 없었다. 이에 [자신의] 넓적다리 살을 베어 내어 드시도록 하였고, 또 어머니의 종기를 빨아내어 모두 무사하게 되었다.

향덕은 이름만 있지 성이 없다는 것을 알 수 있다. 신라 귀족들의 노예가 되어 본래의 성씨를 잃어버린 것이다. 씨성에 대한 탄압과 골품제의 실시만이 아니라 9주 5소경으로 지방제도를 재편하여 지명조차 바꿔버렸다. 그래서 백제와 고구려의 주요 성씨들이 자신의 본관을 포기하거나 아니면 중국, 일본 등지로 망명했다. 씨성을 바꾼 이들도 많았다. 그 결과 오늘날 한국 씨성 본관은 모두 신라 위주로 되어 있다. 그리고 시조의 세계가 고려 시대 이전으로 올라가는 경우가 드물다. 거기에다 강단사학자나 보학 연구자들이 입증도 못하는 실증주의 논리에 빠져 한민족 성씨의 기원을 신라 말 또는 고려 초 이상으로 거슬러 올라갈 수 없는 인식론적 차단막을 형성시켜 놓았다.

우리의 선조가 상고 시대부터 존재하지 않았다면 현재의 우리는 존재할 수 없다. 따라서 상고 시대의 인류 중 같은 성씨를 사용한 명인이나 제왕들로부터 뿌리를 찾으려는 시도는 후손들이 해야 할 당연한 의무이자, 인간으로서의 도리라고 말할 수 있다. 여기서는 한민족의 성씨의 기원을 신라 초기 또는 고려 초기가 아니라 상고 시대로까지 거슬러 올라가 한민족 성씨들의 역사적 기원을 추적하였다.

이 책자에서는 우리나라 성씨와 본관의 기원이 6세기 또는 고려 초 왕건의 사성 등에 의해 만들어졌다는 기존 주장들이 국내·외의 사료들이나 유물들을 무시한 채 고려나 조선 시대의 사료들에 의거하여 자의적으로 이루어졌다는 점을 밝혀보고자 하였다. 결론적으로 우리나라의 성씨는 6세기에 가서야 만들어진 것이 아니다. 한문 성씨는 중국에서 들여온 수입품이 아니라 우리 민족 스스로가 상고 시기부터 성씨를 사용하였고, 그 제도가 오히려 중원으로 퍼져 나간 것이다. 앞으로 우리나라 씨족들의 역사가 상고 시기로까지 거슬러 올라가 민족의 기원에 대한 논의가 활성화되기를 기대해본다.

참고문헌

- 『강희갑자보』
- 『계서(啓書)』
- 『고려사』「지리지」
- 『고본죽서기년』
- 『공자가어』
- 『공전』
- 『관자』
- 『괄지지』
- 『광운』
- 『광주지』「점교본」
- 『구당서』
- 『구오대사(舊五代史)』
- 『국명기』
- 『국어』
- 『급총주서』
- 『길가메시 서사시』
- 『길기정집』
- 『남제서』
- 『노사』
- 『노씨족보』
- 『논어』
- 『논형(論衡)』
- 『당서(唐書)』
- 『당서지전통속연의(唐書志傳通俗演義)』
- 『당제열전』「당헌종」
- 『대당서역기』
- 『대대례기』
- 『대중화족보』
- 『동국만성보(東國萬姓譜)』
- 『동춘당선생별집(同春堂先生別集)』
- 『등과기』
- 『마하바라타』
- 『만성통보』
- 『맹자』
- 『명현씨족언행류고』
- 『모전(毛傳)』
- 『백가성고략』
- 『백도백과』
- 『병아』
- 『북사』
- 『사고전서』
- 『사기』
- 『사기색은』
- 『사기정의』
- 『사기집해』
- 『사원』
- 『사해』
- 『산해경』
- 『삼국사기』
- 『삼국유사』
- 『삼국유사』「가락국기」
- 『삼국지』「위서무제기」
- 『삼국지연의』
- 『삼국지』
- 『삼국지』「위지동이전」
- 『상룡록』
- 『상서』
- 『상서대전』
- 『상우록(尙友錄)』
- 『서경』
- 『서유기』
- 『서홍범』
- 『설문』
- 『설문통훈정성』
- 『설문해자』
- 『설원』
- 『세종실록지리지』
- 『성씨고략』
- 『성씨급취편』
- 『성보』
- 『성원』
- 『성원운보(姓源韻譜)』
- 『성씨심원(姓氏尋源)』
- 『성찬』
- 『세본』

◦『소순족보(蘇洵族譜)』　　◦『속갑골문편록』　　◦『속갑골문편』

◦『수경주』　　　　　　　◦『수서』　　　　　　　◦『수신기』

◦『순자』　　　　　　　　◦『습유기』　　　　　　◦『시경』

◦『시의소』　　　　　　　◦『신당서』　　　　　　◦『신어(新語)』

◦『신증동국여지승람』「지리지」　　　　　　　　◦『신찬성씨록』

◦『씨족원류』　　　　　　◦『양서』　　　　　　　◦『양직공도』

◦『여서도사유씨족보』　　◦『여씨춘추』　　　　　◦『열하일기(熱河日記)』

◦『영인본』　　　　　　　◦『오월춘추(吳越春秋)』　◦『우공』

◦『우서(虞書)』　　　　　◦『원화성찬』　　　　　◦『위서(魏書)』

◦『윤씨수성고(尹氏受姓考)』◦『은계수편』　　　　◦『이아』「석고」

◦『이천서씨 공동공파 2005년 계유보』　　　　　　◦『일본서기』

◦『일주서』「왕회」　　　◦『자치통감』　　　　　◦『잠부론』「지씨성」

◦『장자(莊子)』　　　　　◦『정씨보첩』　　　　　◦『정통지』「씨족략」

◦『제계보』　　　　　　　◦『제계성』　　　　　　◦『제왕기』

◦『제왕세계(帝王世系)』　◦『제왕세기』　　　　　◦『제왕세가』

◦『제왕운기』　　　　　　◦『조선씨족통보』　　　◦『조선왕조실록』

◦『좌전정의』　　　　　　◦『주례』　　　　　　　◦『죽산안씨대동보』

◦『죽서기년(竹書紀年)』　◦『중국성씨』　　　　　◦『중국성씨대전』

◦『중국성씨지도』　　　　◦『중문백과』　　　　　◦『중화윤씨통지』

◦『진서』　　　　　　　　◦『진서』「진한조」　　◦『진서』「선제사마의본기」

◦『진주소씨족보』　　　　◦『천가성사원(千家姓査源)』◦『청사고』

◦『청주한씨세보』　　　　◦『초민족원우동방고』　◦『초백서』

◦『초사』　　　　　　　　◦『춘추공양전』　　　　◦『춘추공자보』

◦『춘추좌전』　　　　　　◦『춘추합참도』

◦『태백산사고본(太白山史庫本)』　　　　　　　　◦『태평어람』

◦『통지략』　　　　　　　◦『통지』「씨족략」　　◦『포박자』

◦『풍속통의』　　　　　　◦『학방정』　　　　　　◦『한서』

◦『한서』「지리지」　　　◦『해동역사』　　　　　◦『회남자』

◦『후한서』 ◦『후한서』「동이열전」 ◦『흑구』
◦『흑산역사연혁편』

◦「광개토왕릉비」 ◦「김인문묘비」 ◦「대당고김씨부인묘명」
◦「문무왕비문」 ◦「부여융묘지명」 ◦「선우황비문」
◦「신정기」 ◦「창녕신라진흥왕척경비」◦「흥덕왕비문」

• 백도백과, 텐센트망

• 국토지리정보원, 『지명사전』
• 김병모, 『허황옥 루트 – 인도에서 가야까지』, (재)고려문화재연구원, 2018
• 김성호, 『씨성으로 본 한일민족의 기원』, 푸른숲, 2000.
• 김연주, 『선진 시기 산동성 지역 '동이(東夷)'에 관한 연구』, 이화여대대학원 박사학위 논문, 2011.
• 김용선, 『(속)고려묘지명집성』, 한림대학교 출판부, 2016.
• 당가홍 지음(정재서 역주), "동이(東夷)와 그 역사적 지위," 『이하동서설』, 우리역사재단, 2011.
• 박동, 『영산강 마한 태양족의 기원과 발전』, 도서출판 범신, 2020.
• 박홍갑, 『우리 성씨와 족보 이야기』, 산처럼, 2014.
• 부사년 지음(정재서 역주), 『이하동서설』, 우리역사재단, 2011.
• 신영자, 『갑골문의 비밀』, 도서출판 문, 2011.
• 신채호, 『조선상고사』, 일신서적출판, 1998.
• 양만연, "한국 문화와 중국 초나라 문화의 연관성 탐구," 연합뉴스, 2004. 12. 10.
• 왕칭, "고고학 자료로 본 동이문화," 『중국 산동지역의 동이』, 동북아역사재단·한중관계연구소 편, 2018.
• 이병도, 『한국고대사연구』, 바영사, 1976.
• 이수건, 『한국의 성씨와 족보』, 서울대학교출판문화원, 2003.
• 이종욱, 『신라 골품제 연구』, 일조각, 1999.

- 이종호, 『한국 7대 불가사의』, 역사의 아침, 2007.
- 정인보, 『조선사연구』(하권), 서울신문사, 1947.
- 정형진, 『고깔모자 쓴 단군』, 백산자료원, 2003.
- 천관우, 「삼한의 성립 과정」, 『사학연구』, 1975.
- 천관우, 「마한제국의 위치 비정」, 『동양학』, 9, 1979.
- 최남선, 『불함문화론』, 정재승·이주현 역주, 우리역사연구재단, 2008.
- 최재천, 『개미제국의 발견』, 사이언스북스, 2014.
- 최춘태, 『갑골음으로 잡는 식민사학·동북공정』, 북랩, 2017
- Anderson, Benedict, Imagined Communities, London, 1983.
- Hobsbawm, E. J., Nations and Nationalism since 1780, Cambridge University Press, 1990.
- 郭鵬飛, 『爾雅』〈釋詁〉 「林烝天帝皇王后辟公侯, 君也」探析, 漢學研究第18卷 第2期, 63-64, 2000.
- 李立, '東夷族猪崇拜及其相關文化現象,' 1996.
- 苗威, "'良夷'解析", 『民族史研究』, 東北師範大學歷史文化學院, 2010
- 『2015 통계청 인구주택총조사』